Zusammenlegung und Zulegung rechtsfähiger Stiftungen
des bürgerlichen Rechts

Zivilrechtliche Schriften

Beiträge zum Wirtschafts-, Bank- und Arbeitsrecht

Herausgegeben von Peter Kreutz und Dieter Reuter

Band 61

PETER LANG

Frankfurt am Main · Berlin · Bern · Bruxelles · New York · Oxford · Wien

Jakob Hoffmann

Zusammenlegung und Zulegung rechtsfähiger Stiftungen des bürgerlichen Rechts

PETER LANG
Internationaler Verlag der Wissenschaften

Bibliografische Information der Deutschen Nationalbibliothek
Die Deutsche Nationalbibliothek verzeichnet diese Publikation
in der Deutschen Nationalbibliografie; detaillierte bibliografische
Daten sind im Internet über http://dnb.d-nb.de abrufbar.

Zugl.: Kiel, Univ., Diss., 2010

Gedruckt auf alterungsbeständigem,
säurefreiem Papier.

D 8
ISSN 0941-147X
ISBN 978-3-631-61717-5

© Peter Lang GmbH
Internationaler Verlag der Wissenschaften
Frankfurt am Main 2011
Alle Rechte vorbehalten.

www.peterlang.de

Vorwort

Die vorliegende Arbeit wurde im Wintersemester 2010/2011 von der Juristischen Fakultät der Christian-Albrechts-Universität zu Kiel als Dissertation angenommen. Gesetzesänderungen sowie Literatur und Rechtsprechung konnten bis Ende November 2010 berücksichtigt werden. Die Anregung für das Thema der Dissertation gab ein Fall aus der Praxis. Dieser verdeutlichte, dass Stiftungsorgane und Aufsichtsbehörden, die sich mit den Möglichkeiten einer Vereinigung von Stiftungen näher befassen, hierbei zunächst auf eine Fülle weitgehend ungeklärter Rechtsfragen stoßen. Meinem Doktorvater, Herrn Professor *Dr. Hartmut Oetker,* verdanke ich den Rat, die Zusammenlegung und Zulegung von Stiftungen daher zum Gegenstand der vorliegenden Untersuchung zu machen. Ihm danke ich außerdem für die größtmöglichen wissenschaftlichen Freiheiten, die er mir bei der Erstellung der Arbeit gewährte.

Die Beschäftigung mit dem Stiftungsrecht faszinierte mich in zunehmendem Maße. Dazu trug zweifellos der Umstand bei, dass das Stiftungsrecht seit seiner Modernisierung im Jahre 2002 und den sich anschließenden Novellierungen der Landesstiftungsgesetze auch vonseiten der Wissenschaft neu geordnet wird: Kaum ein Stein verbleibt ungeprüft auf dem anderen – für den Doktoranden eine interessante Herausforderung, die wissenschaftliche Phantasie erlaubt und verlangt – bei der aber auch Freud und Leid oft nah beieinander liegen können. Eine besondere Faszination übte das Stiftungsrecht aber vor allem deshalb auf mich aus, weil es wie wohl kaum ein anderes Rechtsgebiet einem Menschheitstraum einen rechtlichen Rahmen gibt: nämlich dem Wunsch, – nach irdischen Maßstäben – Ewiges zu schaffen.

All das verhinderte indes nicht, dass es immer wieder Momente gab, in denen es schien, als würde nichts gelingen. Für seine aufmunternden Worte gerade in diesen Situationen bin ich Herrn Professor *Dr. Peter Kreutz* sehr dankbar.

Meinen Eltern und meinem Bruder danke ich von Herzen für ihren Zuspruch und ihre in jeder Hinsicht umfassende Hilfe, auf die ich mich seit jeher verlassen kann. Den größten Dank schulde ich *Julie* für ihr Verständnis und ihre liebevolle Unterstützung. Ihr widme ich diese Arbeit.

Hamburg, den 15. Dezember 2010   *Jakob Hoffmann*

Inhaltsübersicht

Inhaltsverzeichnis

13

14

18

1. Teil: Einleitung und Grundlagen

§ 1. Einleitung

Die Zusammenführung von Unternehmen, die als privatrechtliche Körperschaften und Personengesellschaften verfasst sind, ist aus dem Wirtschaftsalltag nicht wegzudenken. Die Gründe solcher Fusionen sind vielfältig: Oft steht dahinter die Absicht, durch ein Zusammengehen die Marktpräsenz auszubauen, neue Absatzmärkte oder Branchen zu erschließen oder durch die Ausnutzung von Synergieeffekten Einsparpotentiale zu realisieren. So können Fusionen ebenso Teil der Wachstumsstrategie eines Unternehmens wie Ausdruck einer strukturellen Konsolidierung des Marktes sein. In jedem Falle aber stehen sie für unternehmerische Entscheidungen, die, ohne einer sachlichen Rechtfertigung zu bedürfen, getroffen werden, weil die Mitglieder bzw. Gesellschafter es wollen. Denn sie entscheiden autonom über Existenz und Ausgestaltung ihres Verbands.[1] Entsprechend ihrer erheblichen praktischen Bedeutung hat die Verschmelzung von Unternehmen unterschiedlicher Rechtsformen im Umwandlungsgesetz eine ausführliche Regelung erfahren.

Die rechtsfähige Stiftung bürgerlichen Rechts hat hingegen keine Mitglieder, die befugt wären, autonom über ihre Existenz und Ausgestaltung zu entscheiden.[2] Zugleich in Abgrenzung vom Verband wird sie gemeinhin definiert als rechtsfähige Organisation, die bestimmte, durch ein Stiftungsgeschäft festgelegte Zwecke mit Hilfe eines Vermögens verfolgt, das diesen Zwecken dauernd gewidmet ist.[3] An die Stelle des den Verband dominierenden wandelbaren Mitgliederwillens tritt in der Stiftung demnach der im Stiftungsgeschäft objektivierte Stifterwille.[4] Mit den Worten des *Bundesverfassungsgerichts* ist es das Eigentümliche einer Stiftung, dass „der *Stifterwille* für die Stiftung dauernd konstitutiv bleibt", so dass „Charakter und Zweck der Stiftung [...] *mit diesem Anfang* in die Zukunft hinein und für die Dauer der Existenz der Stiftung" festliegen.[5] Da-

---

1   *Rittner,* Die werdende juristische Person, S. 234 f.

2   *Flume,* Die juristische Person, § 4 V 1 (S. 131). Inwieweit der Stifter zu einer hiervon abweichenden Gestaltung befugt ist, wird indes kontrovers diskutiert; vgl. zunächst nur *Reuter,* in: Münchener Kommentar zum BGB, § 85 Rn. 1 ff.

3   Staudinger/*Rawert,* BGB, Vorbem. zu §§ 80 ff. Rn. 4; Seifart/*v. Campenhausen,* Stiftungsrechts-Handbuch, § 1 Rn. 6; Erman/*O. Werner,* BGB, Vor § 80 Rn. 7.

4   *Happ,* Stifterwille und Zweckänderung, S. 19; *Rawert,* in: Hopt/Reuter, Stiftungsrecht in Europa, S. 109, 129.

5   BVerfGE 46, 73, 85 (Hervorhebungen im Original); vgl. auch Staudinger/*Rawert,* BGB, Vorbem. zu §§ 80 ff. Rn. 4.

mit steht die Stiftung, wie *Liermann* es treffend formuliert hat, „wie ein Fels
[...] mitten in den sie umbrandenden Wogen des modernen Lebens, das sich von
den Lebensverhältnissen zur Zeit der Errichtung der Stiftung sehr weit entfernt
haben kann".[6] Das sei, resümiert er, „Schwäche und Stärke der Stiftung
zugleich".[7] Dem von *Liermann* versinnbildlichten Spannungsverhältnis zwischen Beständigkeit und Flexibilität der Stiftung ist in der Literatur zuletzt große
Aufmerksamkeit zuteil geworden.[8] Unter dem Gesichtspunkt der Flexibilität
stellt sich auch die Frage, inwieweit eine Stiftung in der Lage ist, ihre Struktur
dadurch zu verändern, dass sie mit einer anderen Stiftung zu einer größeren Einheit fusioniert.[9] Nach dem eingangs Gesagten liegt jedenfalls auf der Hand, dass
den Möglichkeiten einer Fusion von Stiftungen wegen ihrer Fokussierung auf
den Stifterwillen deutlich engere Grenzen gezogen sind als bei anderen, vom
Mitgliederwillen beherrschten juristischen Personen.

Verglichen mit der Verschmelzung von Körperschaften und Personengesellschaften hat die Fusion von Stiftungen dementsprechend in der Praxis Selten-
heitswert. Nach einer im Jahre 1977 veröffentlichten Erhebung der Interministeriellen Arbeitsgruppe „Stiftungsrecht"[10] gab es zur damaligen Zeit in Bayern ein
bis zwei Zusammenlegung pro Jahr, in Bremen und Rheinland-Pfalz seit 1950
jeweils drei und in Hessen seit 1945 ca. 15 Zusammenlegungen. In Berlin und
Schleswig-Holstein wurde die Häufigkeit mit sehr bzw. relativ selten angegeben. *Neuhoff* bezifferte die Zahl aufgehobener und zusammengelegter Stiftungen
in seiner Kommentierung aus dem Jahre 1978 mit insgesamt 30 bis 50 pro
Jahr.[11]

Die Ergebnisse einer vom Verfasser im Jahre 2008 an die Aufsichtsbehörden gerichteten Umfrage bestätigen den Eindruck einer nach wie vor eher geringen praktischen Relevanz von Stiftungszusammenlegungen und -zulegungen.

---

6   *Liermann*, Deutsches Stiftungswesen 1948-1966, S. 153, 155.

7   *Liermann*, Deutsches Stiftungswesen 1948-1966, S. 153, 171.

8   Vgl. etwa aus jüngerer Zeit die Dissertationen von *Beckmann* (Änderung der Stiftungs-
     satzung), *Happ* (Stifterwille und Zweckänderung) und *S. Hahn* (Organschaftliche Ände-
     rung der Stiftungssatzung).

9   Damit hängen die von *Jakob/Studen*, ZHR 174 (2010), 61, 62, angesprochenen „Funkti-
     onalisierungstendenzen" freilich eng zusammen.

10   Bericht der Interministeriellen Arbeitsgruppe „Stiftungsrecht" zu Fragen einer Neuges-
     taltung des Stiftungsrechts, in: Hauer u. a., Deutsches Stiftungswesen 1966-1976,
     S. 361, 421.

11   Soergel/*Neuhoff*, BGB, 11. Aufl., Vor § 80 Rn. 50.

Für das Jahr 2007 ließen sich bei dieser bundesweiten[12] Befragung lediglich vier Zusammenlegungen (davon eine durch Organbeschluss) und acht Zulegungen (davon sieben durch Organbeschluss), also zwölf Fälle von Stiftungsfusionen insgesamt nachweisen. Dabei sind – trotz geringer absoluter Zahlen – auffällige regionale Unterschiede zu konstatieren. So kam es in Hessen, das ca. 1600 rechtsfähige Stiftungen des bürgerlichen Rechts zählt,[13] allein im Jahre 2007 zu einer Zusammenlegung und fünf Zulegungen, allesamt durch Organbeschluss initiiert. Das Regierungspräsidium Tübingen weist für denselben Zeitraum allein in seinem Zuständigkeitsbereich zwei behördliche Zusammenlegungen und eine behördliche Zulegung aus, während es im übrigen Baden-Württemberg im Jahre 2007 nicht zu einer einzigen Stiftungsfusion gekommen ist. Signifikant ist auch, dass die für ca. 1200 Stiftungen[14] zuständige hamburgische Aufsichtsbehörde von nur ein bis zwei Fällen in zehn Jahren berichtete. Die Gründe hierfür dürften neben unterschiedlichen landesgesetzlichen Regelungen vor allem in einer divergierenden Behördenpraxis liegen.

Die geringe praktische Bedeutung der Stiftungszusammenführung korreliert mit einer nur äußerst rudimentären gesetzlichen Regelung: Während das Umwandlungsgesetz in seinem allgemeinen Teil Verschmelzungen unter Beteiligung verschiedenster Rechtsformen in mehr als 100 Vorschriften abhandelt, thematisieren in den Stiftungsgesetzen der Länder jeweils nicht mehr als zwei Paragraphen die Voraussetzungen und Rechtsfolgen von Stiftungsfusionen. Dabei weisen die Landesstiftungsgesetze im Detail durchaus erhebliche Unterschiede auf.

Es verwundert bei dieser gesetzlichen Ausgangslage nicht, dass Raum für eine Vielzahl von Zweifelsfragen bleibt, zu denen, soweit sie in der Literatur überhaupt Beachtung finden, überwiegend kontroverse Standpunkte eingenommen werden. Von einer für Stifter, Stiftungen und Aufsichtsbehörden wünschenswerten Rechtssicherheit ist man insofern noch weit entfernt. Diese Rechtsunsicherheit beschränkt sich im Übrigen nicht auf den Rechtsanwender: So hat der thüringische Gesetzgeber bei der jüngsten Neufassung des Stiftungsgesetzes[15] auf die Regelung einer durch die Stiftungsorgane initiierten Zusam-

---

12 Für die Länder Brandenburg und Nordrhein-Westfalen – dem stiftungsreichsten Bundesland – ließen sich dabei jedoch keine Fallzahlen ermitteln. In Niedersachsen konnte nur der Zuständigkeitsbereich der Regierungsvertretung Braunschweig erfasst werden.

13 *Bundesverband Deutscher Stiftungen,* Stiftungen in Zahlen 2009 – Rechtsfähige Stiftungen des bürgerlichen Rechts, Stand: Februar 2010; abrufbar unter www.stiftungen. org.

14 *Bundesverband Deutsche Stiftungen,* wie vorige Fn.

15 GVBl. 2008, S. 561 ff.

menführung dem Vernehmen nach in der Annahme verzichtet, dass ihm die erforderliche Gesetzgebungskompetenz nicht zustehe[16] – während nahezu alle anderen Stiftungsgesetze gerade solche Vorschriften umfassen.

Damit besteht Grund genug, die Vereinigung von Stiftungen im Kontext des Widerstreits zwischen Beständigkeit und Flexibilität von Stiftungen näher zu untersuchen und ihre Möglichkeiten und Grenzen im Folgenden aufzuzeigen.

§ 2. Grundlagen

A. Zur Terminologie

I. „Zusammenlegung" und „Zulegung"

Dem Bundesstiftungsrecht (§§ 80 bis 88 BGB) sind die Begriffe „Zusammenlegung" und „Zulegung" unbekannt. Die meisten Landesstiftungsgesetze enthalten zwar Vorschriften über die Zusammenlegung, teilweise auch über die Zulegung, definieren sie aber nicht. In der stiftungsrechtlichen Literatur hat sich gleichwohl ein im Wesentlichen einheitliches Begriffsverständnis etabliert. Dieses knüpft an den allgemeinen Sprachgebrauch an, in dem „zusammenlegen" Synonym dafür ist, Dinge „miteinander zu verbinden" oder zu „vereinigen", etwas „zuzulegen" demgegenüber die Bedeutung hat, bereits und weiterhin Bestehendes durch Hinzufügung zu vermehren oder zu vergrößern.

Unter der *Zusammenlegung* wird danach die Vereinigung von mindestens[17] zwei Stiftungen zu einer neuen Stiftung verstanden.[18] Sie erscheint somit als das stiftungsrechtliche Pendant zu der im Umwandlungsgesetz behandelten Verschmelzung durch Neugründung.[19] Wie diese (vgl. § 2 Nr. 2 UmwG) setzt die Zusammenlegung folglich die Errichtung einer neuen Stiftung, den Übergang der Vermögen von den zusammenzulegenden auf die neue Stiftung sowie das Erlöschen der zusammengelegten Stiftungen voraus. Dagegen wird bei der *Zu-*

---

16 Anders noch der Gesetzentwurf, vgl. LT-Drs. 4/3949, S. 29.

17 In aller Regel sind indes nicht mehr als zwei Stiftungen an der Zusammenlegung beteiligt. Dieser Normalfall wird daher der nachfolgenden Untersuchung zugrunde gelegt. Für den eher theoretischen Fall, dass an einer Zusammenlegung mehr als zwei Stiftungen beteiligt sind, gelten die Ausführungen entsprechend.

18 Seifart/v. Campenhausen/*Hof,* Stiftungsrechts-Handbuch, § 10 Rn. 356; *Peters/Herms,* ZSt 2004, 323, 325; *Saenger,* ZSt 2007, 81; Semler/*Stengel,* UmwG, § 161 Rn. 43.

19 Zur Hervorhebung dieser Parallele ist im Stiftungsrecht auch von der „Zusammenführung durch Neugründung" die Rede, vgl. *Oetker,* FS O. Werner, S. 207, 208.

legung mindestens[20] eine Stiftung in eine andere, ihrerseits fortbestehende Stiftung aufgenommen.[21] Sie ist insoweit der umwandlungsgesetzlichen Verschmelzung durch Aufnahme ähnlich[22] und setzt wie diese (vgl. § 2 Nr. 1 UmwG) den Übergang der Vermögen der zuzulegenden Stiftung auf die fortbestehende, aufnehmende Stiftung sowie das Erlöschen der zugelegten Stiftung voraus. Jeweils ist zu differenzieren, ob die Zusammenlegung oder Zulegung auf der Initiative der Stiftungsorgane, also *auf Organbeschluss* beruht oder ob sie von der Stiftungsaufsichtsbehörde *durch Hoheitsakt* verfügt wird.[23]

Zusammenlegung und Zulegung werden gemeinhin unter den Oberbegriffen Zusammenführung, Vereinigung, Fusion oder – in Anlehnung an die gesellschaftsrechtliche Diktion – Verschmelzung zusammengefasst. Die begriffliche Einordnung kann naturgemäß keinen Aufschluss darüber geben, wie Zusammenlegung und Zulegung rechtstechnisch ins Werk zu setzen sind. Daher darf insbesondere aus der in der stiftungsrechtlichen Literatur mitunter anzutreffenden Bezeichnung von Zusammenlegung und Zulegung als „stiftungsspezifischen Verschmelzungen" nicht der Schluss gezogen werden, die Vorschriften des Umwandlungsgesetzes fänden auf sie Anwendung. Vielmehr ist im Ausgangspunkt schon jetzt hervorzuheben, dass die rechtsfähige Stiftung nicht zu den nach § 3 UmwG verschmelzungsfähigen Rechtsträgern zählt.

Schließlich ist klarzustellen, dass mit der „Umwandlung" im Stiftungsrecht, anders als es im Lichte des Umwandlungsgesetzes scheinen mag, kein umwandlungsrechtliches Institut gemeint ist. Vielmehr wird der Begriff im Stiftungsrecht, namentlich in § 87 Abs. 2 S. 1 BGB, Art. 8 Abs. 1 S. 1 StiftG Bay und § 22 Abs. 2 S. 1 StiftG SA, als Synonym der Zweckänderung gebraucht.

II. „Satzungsänderung" und „Grundlagenänderung" im Stiftungsrecht

Unter einer „Satzungsänderung" ist jede Änderung des Wortlauts der Satzung zu verstehen.[24] Es liegt auf der Hand, dass die begrifflich in Betracht kommenden Fälle von Satzungsänderungen von ganz unterschiedlicher Tragweite sind, indem sie von lediglich redaktionellen Klarstellungen über Veränderungen der

---

20   Vgl. Fn. 17.
21   Seifart/v. Campenhausen/*Hof,* Stiftungsrechts-Handbuch, § 10 Rn. 355; *Peters/Herms,* ZSt 2004, 323, 326; Semler/*Stengel,* UmwG, § 161 Rn. 42.
22   „Zusammenführung durch Aufnahme", vgl. wiederum *Oetker,* FS O. Werner, S. 207, 208.
23   Vgl. vorerst nur *Heuer/Ringe,* Rote Seiten zu Stiftung & Sponsoring 3/2005, S. 3; *Reuter,* in: Münchener Kommentar zum BGB, § 87 Rn. 15.
24   *Mecking,* in: Münchener Handbuch des Gesellschaftsrechts, § 89 Rn. 2.

Organstruktur bis hin zur Zweckänderung oder zur Auflösung reichen. Um diesen Unterschieden Rechnung zu tragen, wird in der Literatur terminologisch weiter differenziert: zum Teil zwischen Satzungsänderungen und Grundlagenänderungen,[25] zum Teil zwischen einfachen und qualifizierten Satzungsänderungen.[26]

Vorzugswürdig erscheint es, begrifflich zwischen Satzungsänderungen und Grundlagenänderungen zu differenzieren. Gegen die Unterscheidung zwischen einfachen und qualifizierten Satzungsänderungen ist nicht nur einzuwenden, dass etwa die Auflösung mit dem Begriff der Satzungsänderung kaum treffend beschrieben werden kann, geht sie über eine Änderung des Satzungswortlauts doch weit hinaus. Die Unterscheidung zwischen Satzungs- und Grundlagenänderung hat außerdem vor allem den Vorteil, dass sie sich eher mit den Formulierungen der Landesstiftungsgesetze deckt, die überwiegend zwischen Satzungsänderung einerseits und Zulegung, Zusammenlegung, Zweckänderung und Auflösung bzw. Aufhebung andererseits unterscheiden (vgl. etwa §§ 7, 8 StiftG Nds). Es liegt dann nahe, die auf diese Weise durch den Gesetzgeber, insbesondere im Hinblick auf ihre Voraussetzungen, vorgenommene Abgrenzung von den übrigen Satzungsänderungen auch terminologisch klar zu fassen. Hierfür bietet sich der auch im Gesellschaftsrecht gebräuchliche Begriff der Grundlagenänderung an, der zugleich bereits einen – mit den insoweit engeren tatbestandlichen Voraussetzungen der Landesstiftungsgesetze korrespondierenden – Anhalt dafür gibt, dass die damit angesprochenen Maßnahmen über die Tragweite sonstiger Satzungsänderungen hinausgehen, indem sie Einfluss auf die organisatorischen Grundlagen der Stiftung nehmen.

Allerdings ist zu betonen, dass, soweit im Folgenden von Grundlagenänderungen die Rede ist, damit allein eine Abgrenzung gegenüber sonstigen Satzungsänderungen bezweckt ist, nicht aber eine über den beschriebenen Umfang hinausgehende wertungsmäßige Vergleichbarkeit der grundlagenändernden Maßnahmen unterstellt werden soll. An die gewählte begriffliche Abgrenzung allein dürfen insofern keine rechtlichen Folgerungen geknüpft werden. Insbesondere wird an späterer Stelle noch eingehend zu untersuchen sein, inwieweit sich Zusammenlegung und Zulegung von Zweckänderung und Auflösung unterscheiden, mit denen sie in der Literatur nicht selten in Verbindung gebracht werden.

---

25 *Burgard,* Gestaltungsfreiheit im Stiftungsrecht, S. 332.
26 *Rawert,* in: Hoffmann-Becking/Rawert, Beck'sches Formularbuch, Form. I. 27 Anm. 24.

B. Thematische Eingrenzung

Die Untersuchung beschränkt sich auf die Zusammenlegung und die Zulegung unter Beteiligung rechtsfähiger Stiftungen des bürgerlichen Rechts im Sinne der §§ 80 ff. BGB. Die Zusammenführung öffentlich-rechtlicher und kirchlicher sowie unselbständiger Stiftungen wird im Weiteren nicht näher untersucht. Dies erscheint dadurch gerechtfertigt, dass in der Praxis Probleme der Zusammenführung von rechtsfähigen Stiftungen des bürgerlichen Rechts dominieren. Im Folgenden sind allein die wesentlichen Unterschiede gegenüber öffentlich-rechtlichen, kirchlichen und unselbständigen Stiftungen unter dem Gesichtspunkt der Zusammenführung kurz zu skizzieren.

Ein besonders markanter Unterschied zwischen bürgerlich-rechtlichen und öffentlich-rechtlichen Stiftungen besteht darin, dass letztere, ohne dass auf den Willen eines Stifters Rücksicht zu nehmen wäre, durch den bloßen actus contrarius zu ihrer Errichtung – also durch Gesetz oder aufgrund eines Gesetzes – aufgehoben oder mit einer anderen öffentlich-rechtlichen Stiftung fusioniert werden können. Trotzdem finden nach einigen Landesstiftungsgesetze die für privatrechtliche Stiftungen geltenden Regelungen auch auf öffentlich-rechtliche Stiftungen Anwendung (vgl. § 21 StiftG BW).[27] Die Zusammenführung (rechtsfähiger) kirchlicher Stiftungen unterscheidet sich von der Rechtslage bei bürgerlich-rechtlichen Stiftungen insbesondere dadurch, dass sie aufgrund der verfassungsrechtlich garantierten Religionsfreiheit nur im Einvernehmen mit der betreffenden Kirche statthaft ist.[28]

Schließlich wirft die Fusion unselbständiger, nichtrechtsfähiger Stiftungen wegen des fortbestehenden Rechtsverhältnisses zu ihrem Stifter und zu ihrem Träger[29] ganz andere Fragen auf als die Zusammenführung rechtlich selbständiger Stiftungen. Vor allem ist bei unselbständigen Stiftungen die fortdauernde Bindung an einen historischen Stifterwillen nicht in derselben Weise bindend wie bei selbständigen Stiftungen. Wegen ihrer Abwicklung über den Träger wiegen bei unselbständigen Stiftungen im Übrigen die organisatorischen Vorteile einer Fusion gering. Praktisch eher relevant ist daher die Zusammenfassung mehrerer unselbständiger Stiftungen zu einer selbständigen Stiftung.[30]

---

27 Dazu *Alscher,* Die Stiftung des öffentlichen Rechts, S. 185, 206 ff.

28 Seifart/*v. Campenhausen,* Stiftungsrechts-Handbuch, § 25 Rn. 12 ff.

29 Vgl. *Seyfarth,* Der Schutz der unselbstständigen Stiftung, S. 94 ff.; *Herzog,* Die unselbständige Stiftung des bürgerlichen Rechts, S. 124 ff.

30 Seifart/v. Campenhausen/*Hof,* Stiftungsrechts-Handbuch, § 36 Rn. 170.

C. Sonderrecht der Zusammenlegung und der Zulegung

Da sich das Ziel von Zusammenlegung und Zulegung, mehrere Stiftungen miteinander zu vereinigen, bereits auf der Grundlage der allgemeinen stiftungsrechtlichen Vorschriften erreichen lässt, bedarf es hierfür nicht zwingend besonderer gesetzlicher Regelungen.[31] So lässt sich die Zusammenführung bereits dadurch realisieren, dass mehrere Stiftungen gemeinsam eine neue Stiftung errichten (§§ 80, 81 BGB), diese oder eine bereits bestehende Stiftung durch Satzungsänderung als ihre Anfallberechtigte einsetzen (vgl. § 88 BGB) und schließlich ihre eigene Auflösung beschließen. Das Vermögen der aufgelösten Stiftungen geht sodann im Rahmen der Liquidation auf die anfallberechtigte (neue oder fortbestehende) Stiftung über (§§ 88 S. 3, 47 ff. BGB).

Dass die meisten Landesstiftungsgesetze gleichwohl besondere Regelungen über die Zusammenführung von Stiftungen enthalten, zeigt zum einen, dass es zu kurz griffe, Zusammenlegung und Zulegung als bloße begriffliche Kategorien für das Ineinandergreifen der nach allgemeinem Stiftungsrecht ohnehin bestehenden Gestaltungsmöglichkeiten anzusehen. Zum anderen wird an den Vorschriften der Landesstiftungsgesetze deutlich, dass die Gesetzgeber die nach den allgemeinen Regelungen bestehenden Möglichkeiten einer Stiftungszusammenführung offenbar für ungenügend hielten. Insoweit sei zunächst schlaglichtartig nur auf einige Aspekte hingewiesen: So kommt die Aufhebung einer Stiftung nach § 87 Abs. 1 BGB nur in Betracht kommt, wenn die weitere Zweckverfolgung unmöglich ist oder das Gemeinwohl gefährdet. Demgegenüber lässt die Mehrzahl der Landesstiftungsgesetze eine Zusammenlegung durch Organbeschluss, mit der das Erlöschen der beteiligten Stiftungen als juristischer Person zwangsläufig einhergeht, schon unter der Voraussetzung einer wesentlichen Veränderung der Verhältnisse zu. Darüber hinaus lässt sich darauf verweisen, dass – legt man die allgemeinen Regeln zugrunde – der Vermögensübergang auf die neue bzw. fortbestehende Stiftung im Wege der Einzelrechtsübertragung erfolgen müsste (§§ 88 S. 3, 47 ff. BGB) – denn Gesamtrechtsnachfolger der Stiftung kann gemäß §§ 88 S. 3, 46 BGB nur der Fiskus sein –, während einige Landesstiftungsgesetze für die Zusammenlegung bzw. die Zulegung Gesamtrechtsnachfolge aber ausdrücklich vorsehen.

Den Ansatz der Landesgesetzgeber, Zusammenlegung und Zulegung als eigenständige Institute des Stiftungsrechts auszugestalten, nimmt die vorliegende Arbeit auf, um ihn aus länderübergreifender Perspektive fortzuentwickeln. Wie

---

31   Hierzu auch *Katschinski,* Non Profit Law Yearbook 2001, S. 65, 75.

im Einzelnen noch zu zeigen sein wird, ist das Verhältnis des Landes- zum Bundesstiftungsrecht dabei Quelle vielfältiger rechtlicher Probleme.

D. Gründe und Motive der Zusammenlegung und der Zulegung

Die Gründe und Motive von Stiftungszusammenführungen können – ungeachtet ihrer erst an späterer Stelle zu untersuchenden rechtlichen Legitimität im Einzelfall – vielfältig sein. Das lehrt nicht nur die Vergangenheit (dazu I.), sondern zeigt sich auch in der heutigen Stiftungspraxis (II.).

I. Geschichtlicher Abriss

Die Zusammenlegung von Stiftungen wird bereits aus dem hohen Mittelalter berichtet. Ursprünglich boten die damaligen Jahrtagsstiftungen nur Wohlhabenden die Möglichkeit, sich durch die Zuwendung von Kapital an die Kirche oder die Anstellung eines Priesters, eines sog. Altaristen, ein dauerhaftes Andenken zu bewahren.[32] Als diese Altaristen dazu übergingen, ihr Auskommen dadurch zu sichern und zu verbessern, dass sie mehrere Pfründen auf sich vereinigten, konnten auch weniger Begüterte Jahrtagsstiftungen errichten. *Liermann* beschreibt die Folgen dieser Entwicklung als „verheerend":[33] Es entstanden Kleinstiftungen, deren Kapital nicht ausreichte, um ihre gottesdienstlichen Zwecke dauerhaft zu verfolgen. Viele Pfründen überschuldeten sich. Dem zu beobachtenden Stiftungssterben traten die Stadträte entgegen, indem sie entweder die Zwecke der sonst nicht überlebensfähigen Stiftungen änderten oder mehrere zusammenlegten („unio").[34]

Die mit der Reformation einsetzende und sich in der Aufklärung radikalisierende Verweltlichung des Stiftungswesens bewirkte eine Erweiterung der landesherrschaftlichen Eingriffsbefugnisse gegenüber den Stiftungen.[35] In der Folge veranlasste *Maximilian Graf von Montgelas* als bayerischer Minister die Zusammenlegung und verwaltungsmäßige Zusammenfassung gleichartiger Stif-

---

32 *Liermann*, Geschichte des Stiftungsrechts, S. 111 ff.
33 *Liermann*, Geschichte des Stiftungsrechts, S. 114.
34 *Liermann*, Geschichte des Stiftungsrechts, S. 114 f., 120.
35 *Schulze*, in: Erler/Kaufmann, Handwörterbuch zur deutschen Rechtsgeschichte, Bd. IV, Sp. 1986.

tungen, um das Stiftungswesen zu konsolidieren und die hoheitliche Verwaltung der Stiftungen zu vereinfachen.[36]

Anfang des 20. Jahrhunderts waren es dann gesamtwirtschaftliche Einflüsse, die erneut Anlass zu Zusammenlegungen von Stiftungen gaben. Nachdem *Heimberger* bereits im Jahre 1913 die Leistungsfähigkeit kleinerer Stiftungen angesichts des veränderten Geldwerts als gefährdet angesehen hatte,[37] ließ die nach dem Ende des Ersten Weltkriegs einsetzende Hyperinflation viele Stiftungsvermögen tatsächlich „zu einem Nichts" zusammenschrumpfen.[38] Der preußische Gesetzgeber reagierte, indem er § 1 Abs. 1 des Gesetzes über Änderungen von Stiftungen vom 10. 7. 1924 erließ und die Zusammenlegung so erstmals in Gesetzesform goss. Danach wurde den Vorständen notleidender Stiftungen die Befugnis eingeräumt, durch Beschluss und mit Genehmigung der staatlichen Aufsichtsbehörde die Stiftung zusammenzulegen, aufzuheben oder in ihren Zwecken zu ändern.[39]

Unter verändertem Vorzeichen spielte die Zusammenlegung während der Herrschaft der Nationalsozialisten eine Rolle, die auf diese Weise Stiftungen den Parteiorganisationen einverleibten oder deren Zwecken dienstbar machten.[40] Im Übrigen übernahm es die Nationalsozialistische Volkswohlfahrt, das Stiftungswesen zu zentralisieren, wozu sie die statistischen Daten von Stiftungen erhob, um solchen, deren Erträge ihr zu gering erschienen, neue Zweckbestimmungen zu geben oder um sie zu größeren Einheiten zusammenzufassen.[41] Aus jener Zeit sind vielfach Bestrebungen dokumentiert, kleine Stiftungen zusammenzulegen oder aufzuheben, um unter dem Vorwand angeblicher Gemeinwohlgefährdung den mit ihrer Verwaltung verbundenen Aufwand zu reduzieren.[42]

Innerhalb der sowjetischen Besatzungszone und der späteren Deutschen Demokratischen Republik ließ schließlich der Sowjetsozialismus vom Stiftungswesen wenig übrig. Staatsfremde Vermögensmassen wurden aus ideologischen Gründen als Bedrohung empfunden und einzelne Stiftungen daher zu

---

36 *Liermann,* Geschichte des Stiftungsrechts, S. 222 f.
37 *Heimberger,* Veränderung des Stiftungszwecks, S. 115.
38 *Liermann,* Geschichte des Stiftungsrechts, S. 283; ferner *Schulze,* in Erler/Kaufmann, Handwörterbuch zur deutschen Rechtsgeschichte, Bd. IV, Sp. 1989.
39 Zur „Gültigkeit" des Gesetzes RGZ 121, 166 ff.
40 *Liermann,* Geschichte des Stiftungsrechts, S. 285 ff.
41 *Rawert/Ajzensztejn,* in: v. Campenhausen u. a., Stiftungen in Deutschland und Europa, S. 157, 165 f.
42 *Liermann,* Geschichte des Stiftungsrechts, S. 289; *Rawert/Ajzensztejn,* in: v. Campenhausen u. a., Stiftungen in Deutschland und Europa, S. 157, 162 f., 167 f.

Sammelstiftungen zusammengelegt und unter staatliche Verwaltung gestellt.[43]
Nur wenige Stiftungen überdauerten – dem staatlichen Zugriff versehentlich
entgangen oder als kirchliche Stiftungen ausnahmsweise bewusst verschont –
die Zeit bis zur Wiedervereinigung. Zur Reaktivierung dieser allein nicht lebens-
fähigen Altstiftungen bediente man sich erneut der Zusammenlegung – nunmehr
indes mit der wohlwollenden Intention, das Anliegen des Stifters fortwirken zu
lassen.[44]

II. Heutige Stiftungspraxis

In der heutigen Stiftungspraxis können die Beweggründe und Motive, über eine
Zusammenlegung oder Zulegung nachzudenken, vielfältig sein. Nicht selten
spielt dabei die Einflussnahme der Politik eine Rolle, dies umso eher, wenn öffentlich-rechtliche Körperschaften oder Anstalten einst Stifter der betroffenen
Stiftungen gewesen sind oder die Stiftungen staatliche Aufgaben übernehmen
oder flankieren. Ein Beispiel für eine aus politischen Gründen angedachte,
schließlich aber nicht realisierte Zusammenlegung betrifft die „Kulturstiftung
des Bundes" und die „Kulturstiftung der Länder".[45] Dahinter stand die Überlegung, die Kulturförderung durch die Fusion beider Stiftungen besser koordinie-
ren zu können.[46] Ebenfalls einen politischen Hintergrund hatte die zeitweilig
beabsichtigte Fusion der thüringischen „Ernst-Abbe-Stiftung" mit der „Stiftung
für Technologie, Innovation und Forschung Thüringen (STIFT)", um die beiderseitigen Aktivitäten auf dem Gebiet der Wissenschaftsförderung zu bündeln.[47]
    Eine durch die Politik veranlasste Neuordnung erfuhr Anfang 2009 die nie-
dersächsische Stiftungslandschaft. Dahinter stand die Bestrebung, die Förderung
von Kultur, Sport und Umwelt, die zuvor auf drei rechtsfähige Stiftungen bürgerlichen Rechts – namentlich die „Niedersächsische Lottostiftung", die „Niedersächsische Sportstiftung" und die „Niedersächsische Umweltstiftung" – verteilt war, inhaltlich aber zusammengehören, in entsprechenden Stiftungen zu
bündeln. Wenngleich in offiziellen Verlautbarungen von einer „Zusammenlegung" von Lotto- und Sportstiftung zur „Niedersächsischen Lotto-Sport-

---

43   *v. Campenhausen,* in: v. Campenhausen u. a., Stiftungen in Deutschland und Europa,
     S. 183, 184 ff.
44   Ausführlich *Denecke,* Die Reaktivierung von Alt-Stiftungen, passim, speziell zur Zu-
     sammenlegung ebenda, S. 32 f.; vgl. auch *v. Campenhausen,* in: v. Campenhausen u. a.,
     Stiftungen in Deutschland und Europa, S. 183, 198.
45   Beide sind ausweislich ihrer Satzungen rechtsfähige Stiftungen des bürgerlichen Rechts.
46   *Saenger,* ZSt 2007, 81.
47   *Saenger,* ZSt 2007, 81.

Stiftung" die Rede war,[48] handelte es sich nicht um eine Zusammenlegung im Rechtssinne, sondern um die Neugründung der Lotto-Sport-Stiftung mit den Zwecken Sport- und Integrationsförderung und der Umleitung der staatlichen Zuwendungen an diese. Andere Förderbereiche übernahmen die durch Umwandlung aus der Umweltstiftung hervorgegangene „Niedersächsische Bingostiftung für Umwelt und Entwicklungsarbeit" sowie die zur Kulturförderung schon zuvor existente „Stiftung Niedersachsen". Die Lotto- und die Sportstiftung, deren Fördertätigkeiten die Lotto-Sport-Stiftung bzw. die Bingostiftung und die Stiftung Niedersachsen übernahmen, wurden aufgelöst und liquidiert.

Neben politischen Erwägungen geben in der Praxis vor allem wirtschaftliche Gründe Anlass, über die Zusammenführung von Stiftungen nachzudenken, insbesondere wenn es zu einem Verfall des Stiftungsvermögens kommt. Dessen schleichende Aufzehrung kann bei Stiftungen, die typischerweise auf unbestimmte Dauer angelegt sind, Folge einer anhaltenden Geldentwertung sein.[49] Besonders gravierend sind die Auswirkungen der Inflation naturgemäß bei Stiftungen, die von Anfang an mit einem verhältnismäßig geringen Vermögen ausgestattet waren und aufgrund ihres zudem meist kleinen Wirkungskreises wenig Aussicht auf Erhöhungen ihres Vermögensstocks durch Zustiftungen haben. Als – auch rechtspolitisch – problematisch erscheint es daher, dass das Steuerrecht bis Ende 2006 die Stiftungserrichtung gegenüber der Zustiftung privilegierte, was zur Errichtung einer Vielzahl von Stiftungen mit eher spärlicher Kapitalausstattung führte.[50] Jedenfalls ist davon auszugehen, dass dieser Umstand auf längere Sicht eine erhöhte Anzahl von Stiftungsfusionen zur Folge haben wird.[51]

Nicht nur, aber gerade bei kleinen Kapitalstiftungen, deren Vermögensanlage gering diversifiziert ist, kann ein Verfall des Stiftungsvermögens zudem daraus resultieren, dass etwaige von der Stiftung gehaltene Unternehmensbeteiligungen an Wert verlieren. So haben manche Stiftungsvermögen durch die Wirtschafts- und Finanzkrise seit dem Jahre 2007 und den damit verbundenen Verlusten an den Kapitalmärkten nicht unerhebliche Einbußen erlitten. Laut einer Umfrage von *PricewaterhouseCoopers* hat ein Drittel der befragten 110 Stiftungen infolge der Finanzkrise Vermögensverluste von bis zu 25 % hinnehmen

---

48 So die Pressemitteilung des Niedersächsischen Ministeriums für Inneres, Sport und Integration vom 21. 1. 2009.

49 *Härtl*, Ist das Stiftungsrecht reformbedürftig?, S. 65; *Karper*, Zusammenlegung von privatrechtlichen Stiftungen, S. 1.

50 *Rawert*, DNotZ 2008, 5, 6.

51 So auch *Wigand*/Haase-Theobald/Heuel/Stolte, Stiftungen in der Praxis, § 3 Rn. 41.

müssen.[52] Als (Extrem-) Beispiel nennen *Roth/Knof* die Stiftung Industrieforschung, deren ausschließlich aus Aktien der IKB Deutsche Industriebank AG bestehendes Stiftungsvermögen sich mit dem Kursverfall von 33 Euro im Frühjahr 2007 auf weniger als 60 Cent je Aktie Mitte 2009 so dramatisch verringerte, dass die Stiftung die Förderung neuer Forschungsinitiativen habe stoppen müssen.[53] Anstaltsstiftungen können vor allem dann in finanzielle Engpässe geraten, wenn der Stiftungsbetrieb defizitär ist, also die laufenden Instandhaltungs- und Verwaltungskosten nicht mehr erwirtschaftet.[54]

In all diesen Fällen mag eine Zusammenlegung oder Zulegung ins Auge gefasst werden. *PricewaterhouseCoopers* ermittelte, dass unter den befragten Führungskräften aus dem Stiftungswesen immerhin nahezu jeder vierte angesichts der Finanz- und Wirtschaftskrise der vergangenen Jahre von vermehrten Stiftungsfusionen ausgeht.[55] Dazu trägt der Umstand bei, dass die Stiftung im Gegensatz zu Kapital- und Personengesellschaften nicht in der Lage ist, sich durch Kapitalerhöhung an den Finanzmärkten zu finanzieren bzw. neue Gesellschafter aufzunehmen und daher im Wesentlichen auf die Einwerbung unentgeltlicher Zuwendungen angewiesen ist.[56] Gelingt eine Vermögensaufstockung auf diese Weise nicht, kann die Fusion von Stiftungen sinnvoll, zur Vermeidung einer Auflösung sogar die einzig verbleibende Handlungsoption sein. So können sich durch die Verschmelzung ihrer Vermögen neue, lukrativere Anlagemöglichkeiten eröffnen,[57] oder es kann – wie bei der Reaktivierung von Altstiftungen[58] – ein Grundstockvermögen geschaffen werden, das die Wiederaufnahme der Zweckverfolgung überhaupt erst gestattet. Sofern die Fusion den Wirkungskreis der beteiligten Stiftungen vergrößert, kann sie außerdem für die Zukunft die Aussicht verbessern, das Stiftungsvermögen durch „Fundraising", also das gezielte Einwerben von Zustiftungen, zu erhöhen. Nicht zuletzt können Zusammenlegung und Zulegung auf organisatorischer Ebene Synergieeffekte schaffen,

---

52 *PricewaterhouseCoopers,* Auswirkungen der Finanz- und Wirtschaftskrise auf deutsche Stiftungen, S. 12; vgl. auch *Orth,* DStR 2009, 1397, der von „mindestens 10 %" ausgeht.
53 *Roth/Knof,* KTS 2009, 163 Fn. 1.
54 *Roth/Knof,* KTS 2009, 163 f.
55 *PricewaterhouseCoopers,* Auswirkungen der Finanz- und Wirtschaftskrise auf deutsche Stiftungen, S. 9.
56 *Kübler/Assmann,* Gesellschaftsrecht, § 12 III 2.
57 *Oetker,* FS O. Werner, S. 207 f.
58 Dazu ausführlich *Denecke,* Reaktivierung von Alt-Stiftungen, passim.

die den Verwaltungsaufwand verringern und damit fortan finanzielle Entlastungen bewirken.[59]

Bei unternehmensverbundenen Stiftungen[60] kann zudem ihr unternehmerisches Engagement Anlass zu einer Zusammenführung geben. So lassen sich mehrere von Unternehmensträgerstiftungen (unmittelbar) geführte Unternehmen durch Zusammenlegung oder Zulegung in der Hand einer Stiftung zusammenfassen, etwa um die Marktpräsenz des hieraus entstehenden Unternehmens zu vergrößern.[61] Dies mag vor allem dann in Betracht kommen, wenn eine Veräußerung des Unternehmens an der Stiftungssatzung scheitert.[62] Die Fusion von Beteiligungsträgerstiftungen, die Anteile an demselben Unternehmen halten, kann sinnvoll sein, um die unternehmerischen Entscheidungsvorgänge zu vereinfachen, oder dann in Betracht kommen, wenn eine Anteilsübertragung – sei es wegen einer entsprechenden Bestimmung in der Stiftungssatzung oder einer dahingehenden Vinkulierungsklausel im Gesellschaftsstatut – ausscheidet. Halten die Stiftungen Beteiligungen an unterschiedlichen Unternehmen, so ermöglicht ihre Fusion die Bildung eines Konzerns mit der Stiftung als Konzernspitze.[63]

Schließlich können Gründe für eine Zusammenführung aus der Sphäre des Stifters herrühren. Als Beispiel wird der Fall genannt, dass der Stifter im Zeitpunkt der Stiftungserrichtung irrtümlich davon ausgegangen ist, dass es keine Stiftung mit dem von ihm bedachten Zweck gäbe, der er sein Vermögen hätte zustiften können. Das ungewollte Nebeneinander mehrerer Stiftungen mit vergleichbaren Zwecken ließe sich bereinigen, wenn die Stiftungen fusionierten.[64] Diese Überlegung mag in ähnlicher Weise für Familienstiftungen eine Rolle

---

59 *Oetker,* FS O. Werner, S. 207; Seifart/v. Campenhausen/*Hof,* Stiftungsrechts-Handbuch, § 10 Rn. 354; *Wigand*/Haase-Theobald/Heuel/Stolte, Stiftungen in der Praxis, § 3 Rn. 41.

60 Zur im Detail uneinheitlichen Terminologie *Schlüter/Stolte,* Stiftungsrecht, Kap. 1 Rn. 74 m. w. N.

61 Die praktische Bedeutung dürfte indes gering sein: Soweit ersichtlich, gibt es in Deutschland heutzutage keine Stiftung mehr, die ein Unternehmen unmittelbar betreibt, vgl. *Schwarz,* BB 2001, 2381, 2382. Ein prominentes historisches Beispiel ist die Carl-Zeiss-Stiftung, dazu *Gummert,* in: Münchener Handbuch des Gesellschaftsrechts, § 81 Rn. 58.

62 Zur Zulässigkeit solcher Unveräußerlichkeitsklauseln *Beckmann,* Änderung der Stiftungssatzung, S. 186 ff.

63 Zu den Besonderheiten des Stiftungskonzernrechts Staudinger/*Rawert,* BGB, Vorbem. zu §§ 80 ff. Rn. 119; *Reuter,* in: Münchener Kommentar zum BGB, §§ 80, 81 Rn. 104.

64 *O. Werner,* in: O. Werner/Saenger, Die Stiftung, Rn. 384.

spielen, wenn mit der Zeit zugunsten einer Familie mehrere Stiftungen entstanden sein sollten.[65] Möglicherweise hat der Stifter aber auch bereits von vornherein eine spätere Fusion ins Auge gefasst, diese in der Satzung vielleicht schon tatbestandlich umrissen oder sogar in allgemeiner Weise für zulässig erklärt, um der Stiftung eigene Entwicklungsspielräume zu eröffnen. Auf die Grenzen, die solchen Satzungsregelungen gezogen sind, wird an späterer Stelle zurückzukommen sein.

E. Abgrenzung von anderen Gestaltungsmöglichkeiten

In einigen der beschriebenen Fallkonstellationen können neben der Zusammenführung auch andere Gestaltungsmöglichkeiten in Betracht kommen, die von der Zusammenlegung und der Zulegung abzugrenzen sind. So lassen sich eine Reduzierung des Verwaltungsaufwands und eine Effektuierung der Stiftungsarbeit durch Realisierung von Synergien unter Umständen bereits durch die bloße Kooperation von Stiftungen[66] oder die Einführung einer gemeinsamen Stiftungsverwaltung[67] erreichen. Des Weiteren kann eine Stiftung Vermögensgegenstände unter Erhalt ihrer Zweckbindung durch Zustiftung in eine andere Stiftung einbringen.

I. Kooperation von Stiftungen

Die Kooperation von Stiftungen kann ganz unterschiedlich ausgestaltet sein.[68] Häufig haben Kooperationen eine Intensivierung des Informationsaustauschs, gemeinschaftliche Projektfinanzierungen, die Etablierung von Studien- und Expertengruppen oder sogar die Gründung gemeinschaftlicher Einrichtungen zum

---

65 Von einer geringen Bedeutung der Zusammenführung namentlich für Familienstiftungen geht jedoch *Sorg,* Familienstiftung, S. 140, aus.

66 Seifart/v. Campenhausen/*Hof,* Stiftungsrechts-Handbuch, § 7 Rn. 133; *Fritsche,* in: O. Werner/Saenger, Die Stiftung, Rn. 711; *Heuer/Ringe,* Rote Seiten zu Stiftung & Sponsoring 3/2005, S. 5.

67 *Ebersbach,* Handbuch des deutschen Stiftungsrechts, S. 140; Seifart/v. Campenhausen/ *Hof,* Stiftungsrechts-Handbuch, § 10 Rn. 354; *Lehmann,* StiftG SH, § 6 Anm. 3.7.; *Heuer/Ringe,* Rote Seiten zu Stiftung & Sponsoring 3/2005, S. 4 f.; zumindest ungenau Soergel/*Neuhoff,* BGB, § 87 Rn. 5, der die gemeinsame Stiftungsverwaltung als Fall der Zulegung einordnet.

68 Dazu vor allem *Schlüter,* in: Bertelsmann Stiftung, Handbuch Stiftungen, 1998, S. 833 ff., sowie die empirische Untersuchung von *Theurl/Saxe,* Stiftungskooperationen in Deutschland, passim.

Gegenstand.[69] Die Kooperation beruht meist auf einer vertraglichen Vereinbarung zwischen den beteiligten Stiftungen,[70] die allerdings lediglich die Modalitäten der zweckgerichteten Tätigkeit betrifft und deren Abschluss damit Sache der geschäftsführenden Stiftungsvorstände ist. Insbesondere bleiben die rechtlichen Grundlagen der Stiftungen – Rechtsfähigkeit, Zweckbestimmung, Vermögen und Organisation – unangetastet.[71] Kooperationen dienen den involvierten Stiftungen zumeist lediglich im Hinblick auf ein bestimmtes Projekt dazu, die Effizienz ihrer Aktivitäten durch die Bündelung finanzieller Ressourcen, aber auch von Erfahrung, Kontakten, Know-how, Ideen und Image zu erhöhen.[72]

Anders als die Zusammenführung ist die Kooperation von Stiftungen daher vor allem ein Mittel, um Effizienzsteigerungen durch Synergieeffekte projektspezifisch, nicht aber dauerhaft zu verwirklichen. Da indes bereits die Vorbereitung der Kooperation finanzielle Aufwendungen erfordert und überdies, ist sie einmal zustande gekommen, von den beteiligten Stiftungen prinzipiell jederzeit wieder aufgelöst werden kann, stellt sie insbesondere für Stiftungen, die in Vermögensverfall geraten sind, wohl nur selten eine sinnvolle und erfolgversprechende Alternative zur Zusammenführung dar.

II. Gemeinsame Stiftungsverwaltung

Die Einrichtung einer gemeinsamen Stiftungsverwaltung greift im Gegensatz zur bloßen Kooperation in die Organisationsverfassungen der beteiligten Stiftungen ein und stellt damit für diese eine Satzungsänderung dar.[73] Sie ermöglicht eine Reduzierung des für die einzelne Stiftung anfallenden Verwaltungsaufwands, wobei die Rechtspersönlichkeiten der Stiftungen erhalten bleiben und auch ihre Vermögen getrennt zu führen sind.[74]

Die gemeinsame Stiftungsverwaltung ist damit auf der Ebene praktischer Stiftungsarbeit eine Vorstufe der Zusammenführung.[75] Sie ermöglicht die Ein-

---

69 *Schlüter*, in: Bertelsmann Stiftung, Handbuch Stiftungen, 1998, S. 833, 839 ff.
70 *Schlüter*, in: Bertelsmann Stiftung, Handbuch Stiftungen, 1998, S. 833, 842 ff.
71 Vgl. auch *Freyer*, in: Strachwitz/Mercker, Stiftungen in Theorie, Recht und Praxis, S. 594, 595: rechtliche und wirtschaftliche Unabhängigkeit der kooperierenden Stiftungen bleibe erhalten.
72 *Schlüter*, in: Bertelsmann Stiftung, Handbuch Stiftungen, 1998, S. 833, 845 ff.; *Theurl/Saxe*, Stiftungskooperationen in Deutschland, S. 13 ff.
73 Vgl. auch Seifart/v. Campenhausen/*Hof*, Stiftungsrechts-Handbuch, § 10 Rn. 354.
74 Seifart/v. Campenhausen/*Hof*, Stiftungsrechts-Handbuch, § 10 Rn. 354; *Lehmann*, StiftG SH, § 6 Anm. 3.7.
75 Vgl. den Fall des BayVerfGH vom 28. 12. 1984, Az. Vf 10-VII-81, unter I. der Gründe (insoweit in BayVBl. 1985, 332 ff. nicht abgedruckt).

sparung von Personalaufwand und durch eine bessere Koordination der Stiftungsaktivitäten die Ausnutzung von Synergien. Andererseits bleibt der an die rechtliche Selbständigkeit und die getrennte Verwaltung der Vermögen geknüpfte Formalaufwand auch bei Etablierung einer gemeinsamen Stiftungsverwaltung erhalten. Aus diesem Grunde wird gerade bei einem Verfall des Stiftungsvermögens die Zusammenführung gegenüber einer gemeinsamen Verwaltung das Mittel der Wahl sein.

III. Zustiftung

Vor allem von der Zulegung ist weiterhin die Zustiftung zu unterscheiden. Darunter werden Zuwendungen an eine bestehende Stiftung verstanden, die – im Gegensatz zu Spenden – nicht zum Verbrauch bestimmt sind, sondern das Grundstockvermögen erhöhen und damit am Bestanderhaltungsgebot teilhaben.[76] In die Nähe der Zulegung rückt die Zustiftung dann, wenn ein Stifter in der Satzung für den Fall der Auflösung (zum Beispiel nach § 87 Abs. 1 BGB) vorgesehen hat, das verbleibende Vermögen an eine andere Stiftung zur Erhöhung ihres Grundstocks auszukehren. Eine solche Bestimmung ist als Satzungsregelung im Sinne von § 88 S. 1 BGB zulässig. Im Gegensatz zur Zulegung bedingt die Zustiftung zwar im Regelfall keine organisatorische Umgestaltung der Empfängerstiftung, sondern das zugestiftete Vermögen verschmilzt ohne weiteres mit dem bereits vorhandenen Grundstockvermögen.

Die Grenzen zwischen Zustiftung und Zulegung beginnen aber zu verschwimmen, wenn diese unter Auflagen oder zu satzungsfremden Zwecken erfolgen soll,[77] und der Zustifter damit Einfluss auf Inhalt und Tätigkeit der Empfängerstiftung zu nehmen beabsichtigt. Der entscheidende Unterschied ist jedoch, dass bei der Zustiftung der Einfluss des Zustifters in einem angemessenen Verhältnis zur Steigerung der Funktions- und Leistungsfähigkeit stehen muss, die die Empfängerstiftung durch die Stärkung ihrer Kapitalbasis erfährt.[78] Damit wird dem Charakter der Zustiftung als Vermögenszuwendung Rechnung getragen. Der Zulegung als der Vereinigung von Rechtsträgern würde die schematische Orientierung an dem jeweils in die neue Stiftung eingebrachten Vermögen nicht gerecht. Bei der Zulegung sind vielmehr, wie noch eingehend zu zeigen ist, die Stifterwillen das Maß aller Dinge, die nicht nur die Determinanten für

---

76   *Rawert,* DNotZ 2008, 5, 6 f.; *Schlüter/Stolte,* Stiftungsrecht, Kap. 2 Rn. 162.

77   Inwieweit solche Zustiftungen zulässig sind, ist streitig, vgl. *Rawert,* DNotZ 2008, 5, 8 ff., einerseits und *Reuter,* npoR 2009, 55, 59 ff., andererseits.

78   *Rawert,* DNotZ 2008, 5, 13; *Reuter,* npoR 2009, 55, 61.

den künftigen Einsatz der Stiftungsmittel darstellen, sondern auch die organisatorische Ausgestaltung der aufnehmenden Stiftung prägen.

Im Einzelfall kann es Auslegungsfrage sein, ob der Stifter, der sich im Rahmen einer späteren Zustiftung wesentlichen Einfluss auf die Tätigkeit der Empfängerstiftung ausbedungen hat, damit auch oder eher die Möglichkeit einer Zulegung ins Auge gefasst hat. Umgekehrt kann im Einzelfall auch an eine Zustiftung zu denken sein, wenn die vom Stifter in der Satzung in erster Linie vorgesehene Zusammenführung scheitert.

F. Gang der Untersuchung

Die vorliegende Arbeit gliedert sich in fünf Teile. Dem Einleitungs- und Grundlagenteil schließen sich zwei Teile an, in denen die Möglichkeiten zunächst einer Zusammenführung durch Organbeschluss, sodann einer Zusammenführung durch Hoheitsakt erörtert werden, wobei jeweils zwischen Zusammenlegung und Zulegung differenziert wird. Aufgrund der insoweit bestehenden Gemeinsamkeiten sind Rückverweisungen innerhalb der Arbeit zur Vermeidung von Wiederholungen unumgänglich. Dennoch erscheint eine getrennte Darstellung von Zusammenlegung und Zulegung vorzugswürdig, um die bestehenden Unterschiede hervorzuheben und dem Leser den Zugang zu den für ihn relevanten Themenkomplexen zu erleichtern. Die erörterungsbedürftigen Rechtsfragen werden dabei nach Rechtsgrundlagen, Voraussetzungen und Rechtsfolgen gegliedert. In einem vierten Teil werden die Publizität und die steuerlichen Folgen von Zusammenlegung und Zulegung als übergreifende Fragestellungen diskutiert. Der fünfte Teil beginnt mit einer Zusammenfassung der wesentlichen Ergebnisse dieser Arbeit, an die sich ein Ausblick und Vorschläge de lege ferenda anschließen.

2. Teil: Zusammenführung durch Organbeschluss

§ 3. Zusammenlegung durch Organbeschluss

A. Bestandsaufnahme der gesetzlichen Regelungen

Während die Zusammenlegung von Stiftungen im Bundesrecht keinerlei Erwähnung findet, enthalten mit Ausnahme von Bayern, Mecklenburg-Vorpommern und Thüringen sämtliche Landesstiftungsgesetze unterschiedlich detaillierte Regelungen über die Zusammenlegung durch Organbeschluss.

Für die Voraussetzungen der Zusammenlegung verweisen die Stiftungsgesetze von Baden-Württemberg[79] und Brandenburg[80] allein auf etwaige Regelungen der Stiftungssatzung, während die übrigen Landesstiftungsgesetze eigene materielle Voraussetzungen angeben, diese indes vielfach wiederum unter den Vorbehalt einer abweichenden Satzungsregelung stellen.[81] Von Gesetzes wegen lassen die Stiftungsgesetze eine Zusammenlegung durchweg nur unter der Voraussetzung einer wesentlichen Veränderung der Verhältnisse zu.[82] Einige Stiftungsgesetze setzen auch die Vereinbarkeit der Zusammenlegung mit dem Stifterwillen ausdrücklich voraus.[83] Ob und wie der Stifter im Übrigen an der Zusammenlegung beteiligt werden muss, ist unterschiedlich normiert. Einige Gesetze sehen lediglich die Anhörung des lebenden Stifters vor,[84] während andere

---

79   § 14 Abs. 2 S. StiftG BW.

80   § 10 Abs. 1 S. 1 StiftG Bbg.

81   § 5 Abs. 2 StiftG Bln, § 8 Abs. 1 S. 1 StiftG Bre, § 9 Abs. 2 S. 2 StiftG He, § 7 Abs. 2 S. 3 StiftG Nds, § 5 Abs. 2 S. 1 StiftG NRW, § 8 Abs. 2 StiftG RhPf, § 7 Abs. 1 S. 1 StiftG Saar, §§ 10 Abs. 1, 9 Abs. 1 S. 1 StiftG Sa, § 21 Abs. 1 StiftG SA.

82   § 5 Abs. 2 StiftG Bln, § 8 Abs. 1 S. 1 StiftG Bre, § 9 Abs. 2 S. 1 StiftG He, § 7 Abs. 1 S. 1 StiftG Nds, § 5 Abs. 2 S. 1 Nr. 1 StiftG NRW, § 8 Abs. 2 StiftG RhPf, § 7 Abs. 2 S. 1 StiftG Saar, §§ 10 Abs. 1, 9 Abs. 1 S. 1 StiftG Sa, § 21 Abs. 1 StiftG SA, § 5 Abs. 1 S. 2 Nr. 2 i. V. mit S. 1 Nr. 2 StiftG SH, leicht abweichend und die Veränderung der Verhältnisse nur als Regelbeispiel für einen sachlichen Grund nennend: § 7 Abs. 1 S. 1 Nr. 2 StiftG Hbg.

83   § 5 Abs. 1 S. 2 StiftG Bln, § 7 Abs. 1 S. 1 Nr. 3 StiftG Hbg, § 9 Abs. 1 S. 2 StiftG He, § 7 Abs. 2 S. 1 StiftG Nds.

84   § 10 Abs. 2 StiftG Bbg, § 7 Abs. 3 S. 2 StiftG Hbg, § 5 Abs. 2 S. 2 StiftG NRW, § 9 Abs. 2 StiftG Sa.

seine Zustimmung verlangen.[85] Schließlich bestimmen manche Landesstiftungsgesetze zudem, dass die Zusammenlegung nicht in die Rechte von Destinatären eingreifen darf.[86]

Bei Vorliegen dieser Voraussetzungen „kann", wie es in einigen Stiftungsgesetzen heißt, der Vorstand,[87] das „zuständige"[88] bzw. das „zur Verwaltung berufene"[89] Stiftungsorgan die Zusammenlegung beschließen.[90] Hiervon weicht das hessische Recht insofern ab, als es nicht einen Organbeschluss kennt, sondern allein den Antrag des Organs, über den die Aufsichtsbehörde entscheidet.[91] Eine Beteiligung der Aufsichtsbehörde sehen indes auch die übrigen Stiftungsgesetze vor, wenn sie die hoheitliche Genehmigung bzw. Anerkennung zur Voraussetzung der Zusammenlegung machen.[92]

Auf der Rechtsfolgenseite bestimmen die Landesstiftungsgesetze überwiegend, dass die neue Stiftung mit der Erteilung der Genehmigung bzw. Anerkennung rechtsfähig wird,[93] womit nach schleswig-holsteinischem Recht zugleich die zusammengelegten Stiftungen erlöschen.[94] Die Frage des Vermögensübergangs sprechen nur einige Stiftungsgesetze ausdrücklich an, indem sie für den Zeitpunkt des Entstehens der neuen Stiftung zugleich den Übergang der Vermö-

---

85 § 8 Abs. 1 S. 3 StiftG Bre, § 7 Abs. 2 S. 2 StiftG Nds, § 9 Abs. 2 StiftG Sa; ferner § 7 Abs. 2 S. 2 StiftG Saar, § 21 Abs. 2 S. 1 StiftG SA, § 5 Abs. 1 S. 2 Hs. 2 StiftG SH: bei entsprechender Satzungsregelung.
86 § 7 Abs. 2 S. 3 StiftG Nds, § 21 Abs. 2 S. 2 StiftG SA.
87 § 8 Abs. 1 StiftG RhPf.
88 § 5 Abs. 1 S. 1 StiftG Bln, § 10 Abs. 1 S. 1 StiftG Bbg, § 5 Abs. 1 S. 1 StiftG NRW, § 7 Abs. 1 und 3 S. 1 StiftG Saar, § 5 Abs. 1 S. 1 StiftG SH.
89 § 7 Abs. 1 und 3 S. 1 StiftG Nds, § 21 Abs. 1 und 3 S. 1 StiftG SA.
90 Mitunter ist auch nur von einem Beschluss „der Stiftung" die Rede, vgl. § 7 Abs. 1 S. 1 StiftG Hbg.
91 § 9 Abs. 1 S. 1 StiftG He.
92 § 14 Abs. 2 S. 1 StiftG BW, § 5 Abs. 1 S. 3 StiftG Bln, § 10 Abs. 1 S. 2 StiftG Bbg, § 8 Abs. 2 S. 1 StiftG Bre, § 7 Abs. 3 S. 1 Hs. 1 StiftG Hbg, § 7 Abs. 3 S. 3 StiftG Nds, § 5 Abs. 2 S. 3 StiftG NRW, § 8 Abs. 3 StiftG RhPf, § 7 Abs. 3 S. 2 StiftG Saar, § 10 Abs. 2 i. V. mit § 9 Abs. 1 S. 2 StiftG Sa, § 21 Abs. 3 S. 2 StiftG SA, § 5 Abs. 2 S. 1 StiftG SH.
93 § 14 Abs. 2 S. 3 StiftG BW, § 5 Abs. 3 S. 1 Hs. 2 StiftG Bln, § 8 Abs. 3 StiftG Bre, § 7 Abs. 3 S. 3 StiftG Hbg, § 7 Abs. 3 S. 4 StiftG Nds, § 5 Abs. 2 S. 4 StiftG NRW, § 7 Abs. 4 S. 1 StiftG Saar, § 10 Abs. 3 StiftG Sa, § 21 Abs. 5 StiftG SA, § 5 Abs. 2 S. 1 StiftG SH.
94 § 5 Abs. 2 S. 1 StiftG SH.

38

gen der zusammengelegten Stiftungen – teils unter explizitem Einschluss der Verbindlichkeiten[95] – vorsehen.[96]

B. Rechtsgrundlage

I. Erfordernis einer Rechtsgrundlage

Während etwa der Verein vom wandelbaren Willen seiner Mitglieder getragen wird, die bei allseitigem Einvernehmen ohne weiteres seine Auflösung (§ 41 BGB) und damit erst recht seine Verschmelzung beschließen können (§ 103 UmwG), verfügt die mitgliederlose Stiftung über kein vergleichbares personales Substrat. Die Zusammenlegung bedürfte daher nur dann keiner besonderen rechtlichen Grundlage, wenn die Stiftungsorgane bereits aus ihrer organschaftlichen Stellung und damit aus eigenem Recht befugt wären, eine solche Entscheidung zu treffen. In diese Richtung weist die in der Literatur gelegentlich anzutreffende Rede vom „allzuständigen" Stiftungsvorstand, der eine besondere Machtfülle,[97] ja eine „fast einem Eigentümer gleichkommende Position"[98] innehabe.[99] Daran trifft zu, dass als einziges obligatorisches Organ der Stiftung im Zweifel der Vorstand dazu berufen ist, Entscheidungen mit Wirkung für die Stiftung zu treffen.[100] Das Spektrum dieser Entscheidungen ist jedoch gemäß §§ 86 S. 1, 27 Abs. 3 BGB auf die Angelegenheiten der Geschäftsführung begrenzt.

Allerdings gehen die Ansichten darüber, was unter „Geschäftsführung" zu verstehen ist, in der stiftungsrechtlichen Literatur auseinander. Zum Teil wird darunter im Sinne eines weiten Begriffsverständnisses jede den Zweck der Stiftung fördernde Tätigkeit sowohl tatsächlicher als auch rechtsgeschäftlicher Art verstanden.[101] So werden auch Satzungsänderungen, solange sie nur den Stiftungszweck unberührt lassen, als Maßnahmen der Geschäftsführung eingeord-

---

95   § 5 Abs. 3 S. 2 StiftG Bln, § 10 Abs. 4 StiftG Sa, § 5 Abs. 2 S. 3 StiftG SH.

96   § 14 Abs. 3 S. 4 StiftG BW, § 7 Abs. 4 S. 2 StiftG Saar.

97   Seifart/v. Campenhausen/*Hof*, Stiftungsrechts-Handbuch, § 4 Rn. 119; *Burgard,* Gestaltungsfreiheit im Stiftungsrecht, S. 223.

98   *Hof,* GS Walz, S. 233, 237, sodann jedoch deutlich einschränkend S. 238: „Der Vorstand kann daher keineswegs nach Gutdünken wie ein Eigentümer mit der Stiftung und ihrem Vermögen verfahren".

99   Vgl. auch *Sieger/Bank,* NZG 2010, 641, 642.

100 Man mag von einer Reservekompetenz des Vorstandes für all diejenigen Entscheidungen sprechen, die nicht einem anderen Stiftungsorgan zugewiesen sind.

101 *Burgard,* Gestaltungsfreiheit im Stiftungsrecht, S. 223; *S. Hahn,* Organschaftliche Änderung der Stiftungssatzung, S. 85.

net.[102] Nach anderer Ansicht wird der Geschäftsführungsbegriff enger gefasst und darunter lediglich die ordnungsgemäße Verwaltung des Stiftungsvermögens und dessen Einsatz zur Erfüllung des Stiftungszwecks verstanden.[103] Teil der Geschäftsführung sind danach beispielsweise der Abschluss von Anstellungs- und Förderverträgen und auch die Leitung eines im Vermögen der Stiftung stehenden Betriebs. Damit sind jedenfalls solche Maßnahmen, die, wie für die Zusammenlegung schon angesichts des mit ihr zwangsläufig verbundenen Erlöschens der beteiligten Stiftungen deutlich wird, die Grundlagen der Stiftung verändern, nicht von der Geschäftsführungsbefugnis des Vorstands umfasst.

Diesem engen Begriffsverständnis gebührt der Vorzug. Es deckt sich zunächst mit der im Gesellschafts- und Vereinsrecht weithin herrschenden Meinung, die im Einklang mit den gesetzgeberischen Wertungen (vgl. etwa § 116 Abs. 1 und 2 HGB) zwischen Geschäftsführungsaufgaben und Grundlagenänderungen strikt unterscheidet.[104] Dies legt es nahe, im Stiftungsrecht ebenso zu differenzieren.

Gerade im Hinblick auf die Zusammenlegung wird diese Sichtweise durch § 103 UmwG bestätigt, wonach der Beschluss über die Verschmelzung im Verein nämlich Sache der Mitglieder und nicht des geschäftsführenden Vorstandes ist. Denn die Aufgaben des Vorstands können ausweislich des § 86 S. 1 BGB, der diesbezüglich auf die vereinsrechtlichen Bestimmungen verweist, in der Stiftung nicht grundsätzlich andere sein als im Verein. Vor diesem Hintergrund ist die Zusammenlegung als stiftungsrechtliches Pendant zur Verschmelzung nicht als Gegenstand der Geschäftsführung anzusehen, so dass der Stiftungsvorstand die Zusammenlegung nicht aus eigenem (Geschäftsführungs-) Recht, sondern allenfalls auf einer besonderen rechtlichen Grundlage beschließen darf.

Für den Stifter, der sich selbst zum Vorstand bestellt (und sich in der Satzung diesbezüglich keine besonderen Rechte ausbedungen) hat, gilt nichts anderes. Denn mit der Anerkennung der Stiftung als rechtsfähig steht ihr der Stifter, wie es gemeinhin heißt, „wie ein Dritter" gegenüber.[105]

Steht die Beschlussfassung über die Zusammenlegung durch ein neben dem Vorstand gebildetes, fakultatives Organ (zum Beispiel einen Beirat oder ein Kuratorium) in Frage, so bedarf das Erfordernis einer besonderen Rechtsgrundlage keiner näheren Begründung. Denn solche Organe werden durch den Stifter in

---

102 So tendenziell S. Hahn, Organschaftliche Änderung der Stiftungssatzung, S. 85.

103 Bamberger/Roth/Schwarz/Backert, BGB, § 86 Rn. 5; Jakob, Schutz der Stiftung, S. 204.

104 Statt vieler Oetker/Weitemeyer, HGB, § 114 Rn. 4, 6; abweichend im Sinne eines weiten Begriffsverständnisses jedoch Waldner, in: Münchener Handbuch des Gesellschaftsrechts, § 28 Rn. 1.

105 Vgl. nur S. Hahn, Organschaftliche Änderung der Stiftungssatzung, S. 87.

der Satzung kreiert und mit Rechten ausgestattet. Nach der Satzung richtet sich folglich auch, ob ein fakultatives Organ befugt ist, eine Zusammenlegung zu beschließen.

II. Rechtsgrundlage im Bundesrecht

Eine abstrakt-generelle und damit im Ausgangspunkt von den Festlegungen des Stiftungsgeschäfts und der Stiftungssatzung unabhängige Rechtsgrundlage der Zusammenlegung durch Organbeschluss könnte sich aus dem Bundes- oder aus dem Landesrecht ergeben (vgl. § 85 BGB).

Durch Beschluss ihres Organs und damit aus der Stiftung heraus initiiert ist die Zusammenlegung eine Maßnahme ihrer Selbstregulierung als Privatrechtssubjekt. Eine entsprechende Rechtsgrundlage wäre daher zum Stiftungsprivatrecht als dem privatrechtlichen Normenbestand des Stiftungsrechts zu zählen. Das Stiftungsprivatrecht ist anerkanntermaßen Teil der gemäß Art. 74 Abs. 1 Nr. 1 GG vorrangig dem Bund zugewiesenen (konkurrierenden) Gesetzgebungsbefugnis für das „bürgerliche Recht".[106] Mithin ist im Folgenden zunächst zu untersuchen, ob das Bundesrecht Vorschriften über die organseitig veranlasste Zusammenlegung enthält. Relevante Regelungen könnten – thematisch naheliegend – im Umwandlungsgesetz, ferner in den §§ 80 bis 88 BGB enthalten sein.

1. Umwandlungsgesetz: §§ 2 ff. UmwG

Das Umwandlungsgesetz erfasst rechtsfähige Stiftungen des bürgerlichen Rechts jedoch ausschließlich als übertragende Rechtsträger im Rahmen der Ausgliederung aus dem Stiftungsvermögen (§§ 124, 161 ff. UmwG). In den enumerativ aufgeführten und damit nach einhelliger Meinung abschließenden[107] Kreis der verschmelzungsfähigen Rechtsträger (vgl. § 3 UmwG) hat der Gesetzgeber die Stiftung ausweislich der Gesetzesbegründung bewusst[108] nicht aufgenommen. Vorbehaltlich der – prima facie allerdings nicht unzweifelhaften – Vereinbarkeit mit dem Willen des Bundesgesetzgebers bliebe gemäß § 1 Abs. 2 UmwG die Möglichkeit, die Zusammenlegung von Stiftungen durch ausdrückliche (bundes- oder) landesgesetzliche Regelung den Bestimmungen der §§ 2 ff. UmwG zu unterstellen. Entsprechende Verweisungsnormen gibt es jedoch

---

106 *Schulte/Risch,* in: O. Werner/Saenger, Die Stiftung, Rn. 1332.
107 Statt aller *Sagasser*/Bula/Brünger, Umwandlungen, B Rn. 12; Semler/*Stengel,* UmwG, § 3 Rn. 13.
108 BT-Drs. 12/6699, S. 116, 130.

nicht.[109] Im Gegenteil gestalten die Landesstiftungsgesetze die Zusammenlegung, wie schon der abweichende Begriff nahelegt, mit mehr oder weniger detaillierten Regelungen als eigenständiges Rechtsinstitut aus, ohne dabei auf die Regelungen des Umwandlungsgesetzes zurückzugreifen.

Der sich aufdrängenden Überlegung, ob der Stifter das Verschmelzungsrecht der §§ 2 ff. UmwG durch Satzungsregelung für anwendbar erklären kann, steht der insoweit eindeutig eine formell-gesetzliche Regelung voraussetzende Wortlaut des § 1 Abs. 2 UmwG entgegen („...wenn sie durch ein anderes Bundesgesetz oder ein Landesgesetz ausdrücklich vorgesehen ist").[110] Weder das Stiftungsgeschäft noch die Satzung sind indes formelle Gesetze (im Sinne von Art. 2 EGBGB). Dass zahlreiche Landesstiftungsgesetze den Stifterwillen zum obersten Leitsatz der Auslegung und Anwendung des Stiftungsrechts erklären, kann an diesem Befund schon deshalb nichts ändern, weil das Landesrecht für die Auslegung von Bundesrecht (§ 1 Abs. 2 UmwG, Art. 2 EGBGB) nicht maßgeblich ist.

Somit ist festzuhalten, dass trotz der allenthalben betonten Ähnlichkeiten zwischen der Zusammenlegung und der Verschmelzung im Sinne der §§ 2 ff. UmwG das Umwandlungsgesetz als Rechtsgrundlage für die Zusammenlegung jedenfalls unmittelbar nicht in Betracht kommt.[111]

Der einzig verbleibende Weg, die §§ 2 ff. UmwG rechtsfortbildend auf die Stiftung zu erstrecken, ist durch § 1 Abs. 2 UmwG versperrt. Nach allgemeiner Ansicht ist die Vorschrift Ausdruck eines numerus clausus, der die durch das Gesetz eröffneten Umwandlungsmöglichkeiten („Umwandlung im Sinne des Absatzes 1") auf die ausdrücklich geregelten Umwandlungsarten und insbesondere auf die ausdrücklich für beteiligungsfähig erklärten Rechtsträger beschränkt.[112] Dies steht einer entsprechenden Anwendung auf solche Rechtsträger entgegen, die bewusst nicht oder nur teilweise in den Kreis der umwandlungsfähigen Rechtsträger einbezogen sind.[113] Zwar wird gerade die Entscheidung des Gesetzgebers, die Stiftung im Umwandlungsrecht auf die Rolle des übertragen-

---

109 Zumindest missverständlich *Lindner,* Umwandlung einer Stiftung in eine Aktiengesellschaft, S. 103.

110 Ebenso *Fritsche,* in: O. Werner/Saenger, Die Stiftung, Rn. 719.

111 Vgl. *Lutter/Drygala,* UmwG, § 3 Rn. 5; Kallmeyer/*Marsch-Barner,* UmwG, § 3 Rn. 2; *Otto,* Handbuch der Stiftungspraxis, S. 253; *Peters/Herms,* ZSt 2004, 323, 324; *Saenger,* ZSt 2007, 81; *Schiffer,* Die Stiftung in der Beraterpraxis, § 7 Rn. 29; *Wachter,* Stiftungen, Kap. J Rn. 1; Soergel/*Neuhoff,* BGB, § 87 Rn. 5: „gemeinhin nicht anzuwenden, auch nicht analog"; *Katschinski,* Non Profit Law Yearbook 2001, S. 65, 75.

112 *K. Schmidt,* Gesellschaftsrecht, § 13 I 3 a; *Schnorbus,* DB 2001, 1654, 1656.

113 *Lutter/Drygala,* UmwG, § 1 Rn. 26.

den Rechtsträgers im Rahmen der Ausgliederung zu beschränken, aus gewichtigen Gründen kritisiert.[114] Bis an die Grenze des Verstoßes gegen höherrangiges Verfassungs- oder vorrangiges Europarecht ist sie für die Rechtsanwendung jedoch bindend,[115] so dass das Umwandlungsgesetz nach geltendem Recht als Grundlage der Stiftungszusammenlegung nicht in Betracht kommt.[116]

2. Bürgerliches Gesetzbuch

a) § 87 Abs. 1 BGB

Das Bürgerliche Gesetzbuch sieht die Zusammenlegung von Stiftungen in den §§ 80 bis 88 jedenfalls nicht ausdrücklich vor. In unmittelbarer Anwendung enthält § 87 Abs. 1 BGB nur die Befugnis der Aufsichtsbehörde, die Aufhebung bzw. Zweckänderung ihrerseits zu veranlassen. Auf die Zusammenlegung durch Organbeschluss scheint die Vorschrift daher weder im Hinblick auf ihren Adressaten noch im Hinblick auf den inhaltlichen Befugnisrahmen zugeschnitten. Verbreitet wird aber zumindest die hoheitliche Zusammenlegung als „mildere Alternative" zur Aufhebung[117] oder „besondere Spielart" der Zweckänderung[118] ebenfalls unter § 87 Abs. 1 BGB subsumiert. Die Richtigkeit dieser Ansicht zunächst unterstellt, lässt sich weitergehend fragen, ob § 87 Abs. 1 BGB, der nach seinem Wortlaut nur die zuständige Behörde zur Zweckänderung oder Aufhebung ermächtigt, analog auf organseitig initiierte Maßnahmen und damit auch auf die Zusammenlegung durch Organbeschluss Anwendung finden kann.

In der Literatur hat die Frage bislang wenig Beachtung gefunden; nur vereinzelt wurde sie ohne nähere Begründung teils bejaht,[119] teils verneint.[120] Für eine Analogie scheint der Grundsatz der Subsidiarität des behördlichen Eingreifens[121] zu sprechen: Wenn der Staat die ihm zustehenden Eingriffsbefugnisse stets nur ausüben darf, wenn nicht stiftungsintern Abhilfe geschaffen wird, ist zu erwägen, ob die entsprechenden hoheitlichen Maßnahmen dem Stiftungsvorstand nicht möglicherweise erst recht zustehen müssten. Der Subsidiaritätsgrundsatz hat allerdings bei näherem Hinsehen nicht die „Kraft", eine Organkompetenz zu begründen. Denn dogmatisch ist der Subsidiaritätsgrundsatz Aus-

114 Allen voran *K. Schmidt,* Non Profit Law Yearbook 2001, S. 107, 111 ff.
115 *Lutter/Drygala,* UmwG, § 1 Rn. 26; *K. Schmidt,* FS Kropff, S. 260, 264.
116 Ebenso *Oetker,* FS O. Werner, S. 207, 213.
117 *Reuter,* in: Münchener Kommentar zum BGB, § 87 Rn. 15.
118 *Ebersbach,* Handbuch des deutschen Stiftungsrechts, S. 139.
119 So *Muscheler,* Stiftungsrecht, S. 278.
120 So *Happ,* Stifterwille und Zweckänderung, S. 91; Erman/*O. Werner,* BGB, § 87 Rn. 2.
121 Statt aller Seifart/v. Campenhausen/*Hof,* Stiftungsrechts-Handbuch, § 4 Rn. 120.

fluss des Verhältnismäßigkeitsprinzips,[122] das im Verhältnis von Bürger und Staat die dem Einzelnen zustehenden Freiheitsrechte vor übermäßigen staatlichen Einwirkungen schützt. Eine Erweiterung subjektiver Rechte lässt sich mit dem Verhältnismäßigkeitsprinzip hingegen nicht begründen. Im Verhältnis der Stiftungsorgane zur Aufsichtsbehörde gilt Entsprechendes, so dass sich aus der Subsidiarität aufsichtlichen Handelns zugunsten der Stiftungsorgane keine weiterreichenden Kompetenzen herleiten lassen, als ihnen nach den für sie geltenden Regelungen zustehen. § 87 Abs. 1 BGB kommt demnach als Rechtsgrundlage für die Zusammenlegung durch Organbeschluss nicht in Betracht.

b) §§ 86 S. 1, 27 Abs. 3, 665 BGB

Eine bundesgesetzliche Rechtsgrundlage der Zusammenlegung durch Organbeschluss könnten ferner die §§ 86 S. 1, 27 Abs. 3, 665 BGB darstellen, die im neueren Schrifttum im Anschluss an *Burgard*[123] zunehmend als Grundlage für Satzungsänderungen durch den Stiftungsvorstand angesehen werden.[124] Dieser sei in seinem Handeln unter den Voraussetzungen des § 665 S. 1 BGB nämlich nicht nur zu punktuellen Abweichungen vom Stifterwillen berechtigt und verpflichtet, sondern in Ermangelung eines Entschließungsorgans im Sinne des § 665 S. 2 BGB habe er zudem das Recht und die Pflicht, die Satzung zu ändern, sofern die „Anordnungen des Stifters in Anbetracht einer gegenüber dessen Vorstellungen abweichenden Sachlage und gemessen an dessen objektiven Willen insbesondere im Blick auf die Verfolgung des Stiftungszwecks nicht (mehr) interessengerecht" seien.[125]

Ob dem zugestimmt werden kann oder die Vorschrift – was nach ihrem Wortlaut näherliegt – nicht vielmehr lediglich zu Satzungsdurchbrechungen legitimiert[126], kann hier letztlich offen bleiben. Denn jedenfalls bezieht sich § 665 S. 1 BGB nur auf Abweichungen von Weisungen, die der Auftraggeber dem Beauftragten zur Ausführung des Auftrags erteilt hat, nicht auf Abweichungen vom

---

122 Vgl. *Burgard*, Gestaltungsfreiheit im Stiftungsrecht, S. 209; Staudinger/*Rawert*, BGB, Vorbem. zu §§ 80 ff. Rn 70; Bamberger/Roth/*Schwarz/Backert*, BGB, § 87 Rn 1.

123 *Burgard*, Gestaltungsfreiheit im Stiftungsrecht, S. 335 ff.

124 Vgl. *Rawert*, DNotZ 2008, 5, 12 f.; *Mecking*, in: Münchener Handbuch des Gesellschaftsrechts, § 89 Rn. 4; kritisch noch *Rawert*, FS Priester, S. 647, 656, sowie *S. Hahn*, Organschaftliche Änderung der Stiftungssatzung, S. 53.

125 *Burgard*, Gestaltungsfreiheit im Stiftungsrecht, S. 337; zustimmend *Rawert*, DNotZ 2008, 5, 12; verhalten *Reuter*, AcP 207 (2007), 1, 13; ablehnend nunmehr *ders.*, Die Stiftung 4 (2010), 49, 50.

126 Grundsätzlich ablehnend *Muscheler*, GS Walz, S. 451, 461 ff., allerdings ohne Diskussion der §§ 86 S. 1, 27 Abs. 3, 665 BGB.

Auftrag selbst.[127] Übertragen auf die Rechtslage in der Stiftung folgt daraus, dass der Vorstand auf der Grundlage der §§ 86 S. 1, 27 Abs. 3, 665 BGB zwar unter Umständen in Angelegenheiten der Geschäftsführung von den Bestimmungen der Satzung abweichen darf. Entscheidungen, die – ersichtlich – den Fortbestand der Stiftung und damit den „Auftrag" als solchen betreffen – wie Auflösung und Zusammenlegung –, können hingegen nicht auf jene Vorschriften gestützt werden. Schon deshalb können die §§ 86 S. 1, 27 Abs. 3, 665 BGB nicht Rechtsgrundlage der Zusammenlegung durch Organbeschluss sein.[128]

3. Ergebnis

Damit ist im Ergebnis festzuhalten, dass weder das Umwandlungsgesetz noch das Bürgerliche Gesetzbuch eine Rechtsgrundlage für den Zusammenlegungsbeschluss enthalten.

III. Rechtsgrundlage im Landesrecht

Demgegenüber sehen, wie bereits dargelegt wurde, mit Ausnahme der Gesetze Bayerns, Mecklenburg-Vorpommerns und Thüringens sämtliche Landesstiftungsgesetze die Zusammenlegung durch Organbeschluss ausdrücklich vor. Jedoch ist klärungsbedürftig, ob den Ländern insoweit die erforderliche Gesetzgebungskompetenz zusteht.

1. Gesetzgebungskompetenz der Länder

a) Vorrangige Gesetzgebungskompetenz des Bundes für das Stiftungsprivatrecht

Da die Zusammenlegung durch Organbeschluss Gegenstand der vorrangig dem Bund zugewiesenen Gesetzgebungskompetenz für das bürgerliche Recht ist,[129] wären die bestehenden landesgesetzliche Regelungen gemäß Art. 72 Abs. 2 GG nur dann kompetenziell verfassungsgemäß, wenn der Bund von seiner Gesetzgebungskompetenz insoweit keinen Gebrauch gemacht hätte.

Da das Bundesrecht, wie gezeigt, selbst keine ausdrückliche Regelung der Zusammenlegung von Stiftungen enthält, stellt sich die Frage, ob der Bundesgesetzgeber von der ihm zustehenden Gesetzgebungsbefugnis dadurch Gebrauch gemacht hat, dass er das Stiftungsprivatrecht in den §§ 80 ff. BGB insgesamt erschöpfend kodifiziert hat. In der Literatur werden dazu konträre Auffassungen vertreten.

---

127 Vgl. *Oetker/Maultzsch,* Vertragliche Schuldverhältnisse, § 11 Rn. 33.
128 Im Ergebnis auch *Burgard,* Gestaltungsfreiheit im Stiftungsrecht, S. 340 Fn. 30.
129 Vgl. § 3 B II.

aa) Abschließende bundesgesetzliche Regelung des Stiftungsprivatrechts: Meinungsstand

Nach *Strickrodt* soll das Stiftungsprivatrecht in den §§ 80 ff. BGB eine abschließende Regelung gefunden haben, so dass für materielles Landesrecht kein Raum bleibe und „nur noch rein verfahrensrechtliche Regelungen der Genehmigung und der Aufsicht zulässig" seien.[130] Auch nach *Ebersbach* soll den Ländern „abgesehen von den ausdrücklichen Vorbehalten [...] die Regelung der öffentlich-rechtlichen Fragen des Stiftungsrechts [...] überlassen" sein.[131] Sinngemäß meint *Muscheler,* dass den Ländern eine „*zivilrechtliche* Gesetzgebungskompetenz" nur auf Grundlage von § 85 BGB zustehe.[132]

Dem steht die von *Ballerstedt* anlässlich des 44. Deutschen Juristentags artikulierte Auffassung gegenüber, der Bundesgesetzgeber habe „nur gewisse unter bürgerlich-rechtlichen Gesichtspunkten für unerläßlich erachtete Fragen reichsrechtlich" regeln wollen und im Übrigen auf die „Lückenausfüllung durch das Landesrecht" vertraut.[133] Den Ländern stehe daher auch abseits des § 85 BGB eine Gesetzgebungskompetenz für das Stiftungsprivatrecht zu, soweit die betreffenden Sachfragen nur bundesgesetzlich nicht geregelt seien.[134] In dieser Tradition habe, meint *Schwarz,* auch der Modernisierungsgesetzgeber des Jahres 2002 ausweislich seiner Begründung das Stiftungsprivatrecht nur unter einzelnen Aspekten bundeseinheitlich und abschließend geregelt.[135]

bb) Stellungnahme

Entscheidend für eine Gesetzgebungsbefugnis der Länder ist mithin, ob der Bund eine erschöpfende Regelung des Stiftungsprivatrechts getroffen hat. Dies bemisst sich anhand der vom *Bundesverfassungsgericht* aufgestellten Maßstäbe nach einer Gesamtwürdigung des bundesrechtlichen Normenbestandes, wobei dem Willen des Gesetzgebers maßgebliche Bedeutung zukommt.[136]

---

130 *Strickrodt,* JR 1962, 285, 289.
131 *Ebersbach,* Handbuch des deutschen Stiftungsrechts, S. 39 f.; ähnlich *Haecker,* SchlHA 1972, 153; *Andrick,* Stiftungsrecht und Staatsaufsicht, S. 61.
132 *Muscheler,* Stiftungsrecht, S. 85 (Hervorhebung im Original).
133 So *Ballerstedt,* Gutachten zum 44. DJT, S. 8, 12; ebenso *Duden,* JZ 1968, 1.
134 *Ballerstedt,* Gutachten zum 44. DJT, S. 8, 12; *Andrick/Suerbaum,* Stiftung und Aufsicht, § 5 Rn. 9 f.; ebenso wohl noch Staudinger/*Rawert,* BGB, Vorbem. zu §§ 80 ff. Rn. 1.
135 *Schwarz,* DStR 2002, 1718, 1719; *ders.,* ZEV 2003, 306; ebenso *Heuel,* StiftG NRW, § 5 Anm. 1.
136 St. Rspr.: BVerfGE 1, 283, 296; 7, 342, 347; 20, 238, 248; vgl. auch v. Mangoldt/Klein/*Oeter,* GG, Art. 72 Rn. 65.

(1) Wille des Gesetzgebers

In der Begründung des Gesetzes zur Modernisierung des Stiftungsrechts betont der Gesetzgeber, die Voraussetzungen für die Entstehung einer rechtsfähigen Stiftung bürgerlichen Rechts nunmehr in den §§ 80, 81 BGB abschließend bestimmt zu haben.[137] Der auf den ersten Blick nahe liegende Umkehrschluss, der Gesetzgeber habe eine abschließende Regelung im Übrigen, also außerhalb der Entstehungsvoraussetzungen für Stiftungen, nicht treffen wollen, lässt sich bei näherem Hinsehen jedoch nicht ziehen. Dieser Folgerung steht zum einen entgegen, dass sich der Gesetzgeber in Bezug auf die §§ 80, 81 BGB nur deshalb zu einer Betonung ihres abschließenden Charakters veranlasst sehen musste, weil sich damit eine Abwendung von der früheren Rechtslage verband.

Zum anderen finden sich in einer anderen Passage der Regierungsbegründung klare Hinweise darauf, dass der Gesetzgeber auch darüber hinaus eine erschöpfende Regelung des Stiftungsprivatrechts beabsichtigte. Expressis verbis wollte der Reformgesetzgeber nämlich „die Zuständigkeit und Verfahren der Stiftungsbehörden, die nähere Ausgestaltung und Arbeitsweise von Stiftungen sowie die Aufsicht über Stiftungen" einer landesgesetzlichen Regelung überlassen.[138] Sowohl die Zuständigkeit und das Verfahren der Aufsichtsbehörden als auch die materielle Aufsicht über Stiftungen sind allerdings genuin öffentlich-rechtliche Fragen, die ohnehin in die Regelungskompetenz der Länder fallen.[139] Zur Regelung der außerdem angesprochenen „Ausgestaltung und Arbeitsweise von Stiftungen" sind die Länder schon gemäß § 85 BGB befugt, wonach die Stiftungsverfassung nämlich neben den Bestimmungen der Satzung nicht nur auf Bundes-, sondern auch auf Landesrecht beruht (zur Bedeutung des § 85 BGB noch sogleich). Damit hat der Bundesgesetzgeber letztlich nur diejenigen Materien ausdrücklich zur Disposition landesgesetzlicher Regelung gestellt, die ohnehin in die Gesetzgebungskompetenz der Länder fallen. Dies ist zumindest ein starkes Indiz dafür, dass er über die Regelung der Entstehung von Stiftungen hinaus auch im Übrigen von einer abschließenden bundesgesetzlichen Regelung des Stiftungsprivatrechts ausging.[140]

---

137 Vgl. BT-Drs. 14/8765, S. 7, 10.

138 So BT-Drs. 14/8765, S. 7.

139 Vgl. nur Erman/*O. Werner*, BGB, Vor § 80 Rn. 29.

140 Ebenso *Risch,* in: Mecking/Schulte, Grenzen der Instrumentalisierung von Stiftungen, S. 185, 204; wohl auch *Schulte/Risch*, DVBl. 2005, 9, 10. Vgl. auch *Rawert*, FS Priester, S. 647, 657, demzufolge „es ein zentrales Anliegen der Reformdebatte war, das Landesrecht auf ein reines Aufsichtsrecht zu reduzieren".

(2) Bedeutung des § 85 BGB

Für eine im Grundsatz erschöpfende Regelung spricht es auch, wenn ein Bundesgesetz den Ländern punktuell Gesetzgebungsbefugnisse einräumt.[141] Stellt der Bundesgesetzgeber damit nämlich klar, dass *insoweit keine* abschließende Regelung getroffen wurde,[142] so liegt der Schluss auf eine im Übrigen erschöpfende bundesgesetzliche Regelung nahe. Denn andernfalls wäre der ausdrückliche Vorbehalt entbehrlich.

Einen solchen Vorbehalt zugunsten der Länder enthält § 85 BGB für die „Verfassung" der Stiftung.[143] Dagegen lässt sich nicht einwenden, dass § 85 BGB seinem Wortlaut nach lediglich feststellenden Charakter habe und den Erlass landesrechtlicher Regelungen nicht ausdrücklich zulasse.[144] Denn nach der Auslegungsregel des Art. 1 Abs. 2 EGBGB sind landesgesetzliche Regelungen zulässig, soweit im Bürgerlichen Gesetzbuch die Regelung den Ländern „vorbehalten" ist. Eine ausdrückliche Zulassung einer landesgesetzlichen Regelung ist danach nicht erforderlich. Ausreichend ist vielmehr, dass sich der Vorbehalt zugunsten der Länder aus einer Vorschrift des Bürgerlichen Gesetzbuches – und sei es auch nur durch Auslegung – ergibt.

(3) Kodifikationsprinzip

Die Annahme einer erschöpfenden bundesgesetzlichen Regelung des Stiftungsprivatrechts lässt sich schließlich auf das in Art. 55, 218 EGBGB zum Ausdruck kommende Kodifikationsprinzip stützen.[145] Danach ist das Bürgerliche Gesetzbuch als grundsätzlich abschließende Kodifikation des bürgerlichen Rechts konzipiert,[146] weshalb der Bund von seiner konkurrierenden Gesetzgebungskompe-

---

141 Sachs/*Degenhart*, GG, Art. 72 Rn. 20, sowie *Jarass*, NVwZ 1996, 1041, 1045, der zu Recht darauf hinweist, dass eine genaue Ermittlung des gesetzgeberischen Willens gleichwohl erforderlich sei.

142 *Jarass*, NVwZ 1996, 1041, 1045 m. w. N.

143 *Muscheler*, Stiftungsrecht, S. 85; Soergel/*Neuhoff*, BGB, § 85 Rn. 4; Staudinger/*Rawert*, BGB, § 85 Rn. 1; *Hüttemann*, ZHR 167 (2003), 35, 50; ausführlich *S. Hahn*, Organschaftliche Änderung der Stiftungssatzung, S. 34 ff.

144 So aber *S. Hahn*, Organschaftliche Änderung der Stiftungssatzung, S. 35.

145 Vgl. auch *Strickrodt*, JR 1962, 285, 286, 289; *Breuer*, Zweckumwandlung und Aufhebung, S. 41 f.; *Karper*, Zusammenlegung von privatrechtlichen Stiftungen, S. 76; aus dem jüngeren Schrifttum *Machreich*, Aspekte der formellen Verfassungsmäßigkeit, S. 47 ff., und *Happ*, Stifterwille und Zweckänderung, S. 138.

146 Sachs/*Degenhart*, GG, Art. 72 Rn. 28; Soergel/*Hartmann*, BGB, 12. Aufl., Art. 55 EGBGB Rn. 1; v. Münch/*Kunig*, GG, Art. 72 Rn. 13; v. Mangoldt/Klein/Starck/*Oeter*,

tenz (Art. 74 Abs. 1 Nr. 1, 72 Abs. 1 GG) für diejenigen Rechtsgebiete, „die jeweils noch als bürgerlich-rechtlich anerkannt sind",[147] in erschöpfender Weise Gebrauch gemacht hat. Für die Länder folgt daraus neben der in Art. 55 EGBGB ausdrücklich angeordneten Aufhebung entgegenstehenden Landesrechts eine Regelungssperre „nach vorwärts".[148] Diese Sperrwirkung des Kodifikationsprinzips umfasst als Teil des bürgerlichen Rechts auch das Stiftungsprivatrecht.[149] Danach sind die Länder nur insoweit gesetzgebungsbefugt, als die Art. 56 bis 152 EGBGB oder Bestimmungen des Bürgerlichen Gesetzbuches selbst Vorbehalte statuieren,[150] wie ihn hinsichtlich der „Verfassung" der Stiftung die Vorschrift des § 85 BGB enthält.[151]

(4) Ergebnis

Nach Maßgabe des Kodifikationsprinzips und in Übereinstimmung mit dem auch in § 85 BGB zum Ausdruck gekommenen gesetzgeberischen Willen hat der Bund das Stiftungsprivatrecht mithin grundsätzlich erschöpfend geregelt.

b) Gesetzgebungskompetenz der Länder nach § 85 BGB

Eine Gesetzgebungskompetenz der Länder kann folglich nur aus dem Vorbehalt des § 85 BGB hergeleitet werden. Dafür müsste es sich bei der Zusammenlegung um eine „Verfassungs"-Frage handeln.

GG, Art. 72 Rn. 71; *Säcker,* in: Münchener Kommentar zum BGB, Art. 55 EGBGB Rn. 1.
147 BVerfGE 7, 342, 351; Soergel/*Hartmann,* BGB, 12. Aufl., Art. 55 EGBGB Rn. 1; Staudinger/*Merten,* BGB, Vorbem. zu Art. 55-152 EGBGB, Rn. 18; weitergehend *Nipperdey,* NJW 1951, 897, 899, der das Kodifikationsprinzip grundsätzlich auf alle privatrechtlichen Rechtsverhältnisse erstreckt.
148 Staudinger/*Merten,* BGB, Vorbem. zu Art. 55-152 EGBGB Rn. 10, 15.
149 Vgl. *Machreich,* Aspekte der formellen Verfassungsmäßigkeit, S. 47 ff., der allerdings im Ergebnis zu weit geht, wenn er das Kodifikationsprinzip großzügig auf das öffentliche Stiftungsrecht erstreckt, auch soweit dieses nach dem Willen des Gesetzgebers gerade Sache der Länder sein und bleiben sollte.
150 Vgl. BVerfGE 20, 238, 251; 24, 367, 386; Staudinger/*Merten,* BGB, Vorbem. zu Art. 55-152 Rn. 7.
151 Soergel/*Hartmann,* BGB, 12. Aufl., Art. 55 EGBGB Rn. 5 Fn. 41; Staudinger/*Merten,* BGB, Art. 1 EGBGB Rn. 56; *Säcker,* in: Münchener Kommentar zum BGB, Art. 55 EGBGB Rn. 2; *Machreich,* Aspekte der formellen Verfassungsmäßigkeit, S. 241, sowie die in Fn. 143 Genannten.

aa) Zusammenlegung durch Organbeschluss als „Verfassungs"-Frage

Dies hängt davon ab, wie der Begriff der Stiftungsverfassung verstanden wird. In der Literatur stehen sich ein enges und ein weites Begriffsverständnis gegenüber.

(1) Enger Verfassungsbegriff

Im Sinne eines engen Verfassungsbegriffs sieht eine ältere, von *Muscheler* aufgegriffene Mindermeinung neben Zweckumwandlung und Aufhebung auch Regelungen über die Zusammenlegung und die Zulegung nicht als Gegenstände der „Verfassung" im Sinne des § 85 BGB an.[152] Eine „Verfassung", so *Muscheler,* könne nämlich nur haben, was existiere und „in seiner Identität erkennbar" sei. Als konkretes Zweckvermögen werde die Stiftung in ihrer Identität durch ihren Zweck geprägt. Mit ihrer Zielrichtung auf die Beseitigung des konkreten Zweckvermögens oder zumindest den Austausch des sie prägenden Zwecks seien Bestimmungen sowohl über die Zweckänderung und Auflösung als auch über die Zusammenführung von Stiftungen keine unter § 85 BGB zu subsumierenden Verfassungsfragen.[153] Dieser Befund werde durch § 87 Abs. 2 S. 2, Abs. 3 BGB bestätigt, der zwischen Zweckumwandlung und Verfassungsänderung unterscheide, so dass die in § 87 Abs. 1 BGB geregelte Zweckumwandlung nicht selbst Bestandteil der Verfassung sein könne.[154] Die Vorschrift des § 88 S. 1 BGB, die für die Rechtsfolgen des Erlöschens auf die Stiftungsverfassung verweist, stehe dieser Sichtweise nicht entgegen, weil es ausweislich des Folgesatzes, der auf das Landesrecht Bezug nehme, nicht „Verfassung", sondern „Stiftungsgeschäft" heißen müsse. Zudem sei § 88 S. 2 BGB als eigenständige Kompetenzgrundlage ohnehin überflüssig, wenn die Bestimmung des Anfallberechtigten bereits als Teil der „Verfassung" im Sinne des § 85 BGB anzusehen wäre.[155] Und schließlich könne die „Verfassung" im Stiftungsrecht aus systemati-

---

152 *Muscheler,* Stiftungsrecht, S. 87; zustimmend *Beckmann,* Änderung der Stiftungssatzung, S. 117 f., 119; für Zweckumwandlung und Aufhebung ebenso bereits *Kohler,* Lehrbuch des Bürgerlichen Rechts, Band 1, § 186 III; *Windscheid/Kipp,* Lehrbuch des Pandektenrechts, Erster Band, S. 292 f. („Existenz und Zweck der Stiftung" seien keine Verfassungsfragen).

153 *Muscheler,* Stiftungsrecht, S. 87; *Beckmann,* Änderung der Stiftungssatzung, S. 118.

154 *Muscheler,* Stiftungsrecht, S. 87; *Beckmann,* Änderung der Stiftungssatzung, S. 118; vgl. auch *Strickrodt,* Stiftungsrecht, I 5 b (S. 103 f.) in Fn. 3: „Die Aufhebung einer Stiftung, die in § 87 mit ihren Voraussetzungen und Folgen in besonderer Weise geregelt ist, stellt einer im Rahmen von § 85 vorzunehmenden Satzungsänderung gegenüber ein Gestaltungsrecht eigener Art dar; siehe § 87, Abs. 2 Satz 2 (!)."

155 *Muscheler,* Stiftungsrecht, S. 88.

schen Gründen nicht anders verstanden werden als im Vereinsrecht, wo die in den §§ 41 ff. BGB angesprochene Auflösung des Vereins ebenfalls nicht Teil der in den §§ 25 bis 40 BGB geregelten „Verfassung" sei.[156]

(2) Weiter Verfassungsbegriff

Demgegenüber formulierte schon das *Reichsgericht* mit Blick auf § 85 BGB: „Zur Verfassung gehören u. a. die Bestimmungen über das Erlöschen wie auch über die Änderung des Stiftungszwecks."[157] Dies entspricht der heute herrschenden Meinung, die dem Verfassungsbegriff des § 85 BGB alle „organisatorischen und materiellen Grundentscheidungen" zuordnet, die „Gestalt und Zielrichtung (= die Identität) der Stiftung bestimmen".[158] Als Teil der so verstandenen „Verfassung" werden neben Regelungen über die Zweckänderung und das Erlöschen auch Bestimmungen über die Zusammenlegung der Stiftung angesehen.[159] *Burgard* verweist zur Begründung auf das Gesellschaftsrecht, wo Regelungen über Zweckänderungen und die Auflösung der Gesellschaft „selbstverständlicher Teil der gesetzlichen oder statutarischen Verfassung" seien.[160]

(3) Stellungnahme

(a) Der Wortlaut des § 85 BGB

Aus dem Wortlaut des § 85 BGB lässt sich für keine der referierten Ansichten ein überzeugendes Argument gewinnen. Wenn es auch zutrifft, dass eine Verfassung nur haben kann, was existiert und eine eigene Identität aufweist, so mögen damit die Voraussetzungen für das Bestehen einer Verfassung zutreffend benannt sein. Dass die Verfassung deshalb nicht die Voraussetzungen enthalten

---

156 *Muscheler,* Stiftungsrecht, S. 87.

157 RGZ 121, 166, 168.

158 So *Reuter,* in: Münchener Kommentar zum BGB, § 85 Rn. 1; ferner *Burgard,* Gestaltungsfreiheit im Stiftungsrecht, S. 183; *Seifart/v. Campenhausen,* Stiftungsrechts-Handbuch, § 3 Rn. 11 f.; *Staudinger/Rawert,* BGB, § 85 Rn. 2; *Schlüter/Stolte,* Stiftungsrecht, Kap. 1 Rn. 46.

159 Vgl. *Breuer,* Zweckumwandlung und Aufhebung, S. 42; *Jeß,* Verhältnis des lebenden Stifters zur Stiftung, S. 81; *Karper,* Zusammenlegung von privatrechtlichen Stiftungen, S. 76 f.; *Soergel/Neuhoff,* BGB, § 87 Rn. 5; *Pennitz,* in: Historisch-kritischer Kommentar zum BGB, §§ 80-89 Rn. 31; *Staudinger/Rawert,* BGB, § 87 Rn. 1; *Ballerstedt,* Gutachten zum 44. DJT, S. 11; *Thiesing,* DJZ 1913, 318, 319 („unzweifelhaft"); für Regelungen über Zweckänderungen auch *Ph. Hahn,* Die Stiftungssatzung, S. 329.

160 *Burgard,* Gestaltungsfreiheit im Stiftungsrecht, S. 341 Fn. 35; ebenso *Oetker,* FS O. Werner, S. 207, 219, und *v. Hippel,* Grundprobleme von Nonprofit-Organisationen, S. 452.

dürfte, unter denen das Bezugsobjekt erlischt oder wesentliche Veränderungen erfährt, kann damit aber nicht begründet werden. Bezeichnenderweise sieht *Steffen* Eingriffe in den Bestand und in die Grundlagen der Stiftung gerade deshalb als vom Begriff der Verfassung umfasst an, weil sie diese unmittelbar beträfen.[161] Als Zwischenbefund ist festzuhalten, dass eine am Wortlaut der Norm orientierte Auslegung letztlich nicht weiterführt.[162]

(b) Die Systematik des § 87 BGB

Überzeugende Gründe für ein enges Begriffsverständnis lassen sich ebenso wenig aus der Systematik des § 87 BGB herleiten. Wenn § 87 Abs. 2 S. 2 und Abs. 3 BGB Zweckumwandlung und Verfassungsänderung auch ausdrücklich nebeneinander anspricht, so ist die Folgerung, die Zweckumwandlung sei daher keine Verfassungsänderung, keineswegs zwingend. Anders wäre es nur, wenn die Befugnisse zur Zweckumwandlung und zur Verfassungsänderung unter denselben Voraussetzungen – also alternativ – nebeneinander stünden, die zuständige Behörde mithin im Sinne eines Auswahlermessens zwischen beiden wählen könnte. Das ist jedoch nicht der Fall. § 87 Abs. 2 S. 2 BGB räumt der zuständigen Behörde nach verbreiteter und richtiger Lesart vielmehr *in Ergänzung* der Zweckumwandlungsbefugnis nach Abs. 1 die *zusätzliche* Befugnis ein, allfällige, erst durch die Änderung des Zwecks möglicherweise erforderlich gewordene Verfassungsänderungen vorzunehmen („... soweit die Umwandlung des Zweckes es erfordert").[163] Dass die Zweckänderung keine Verfassungsänderung sei, lässt sich folglich auch mit der Systematik des § 87 BGB nicht begründen.

(c) Die „Verfassung" des Vereins

Ob der vereinsrechtliche Verfassungsbegriff für das Stiftungsrecht tatsächlich präjudiziell ist, hängt davon ab, ob die jeweiligen Verfassungsbegriffe, was *Muscheler* unterstellt, in ihrem wesentlichen Bedeutungsgehalt übereinstimmen. Das wird zu Recht bejaht,[164] hieß es doch schon in den Motiven zum Bürgerlichen Gesetzbuch, dass der heutige § 85 BGB den § 25 BGB „in entsprechender Weise" wiedergebe.[165] Damit steht der Rechtsanwender indes in beiden Fällen vor dem Problem, dass der historische Gesetzgeber selbst ein „konkretes Verfas-

---

161 *Steffen,* in: Reichsgerichtsrätekommentar zum BGB, § 87 Rn. 2.
162 *Happ,* Stifterwille und Zweckänderung, S. 89.
163 In diesem Sinne schon *Thiesing,* DJZ 1913, 318, 319. Ebenso Staudinger/*Rawert,* BGB, § 87 Rn 12; *Happ,* Stifterwille und Zweckänderung, S. 90.
164 *Oertmann,* BGB, § 85 Anm. 1; Erman/*O. Werner,* BGB, § 85 Rn 1.
165 Mugdan I, S. 419.

sungsverständnis" gar nicht erkennen ließ,[166] also offen blieb, welcher der im *Gebhard*'schen Vorentwurf für einen Allgemeinen Teil des Bürgerlichen Gesetzbuchs vorgeschlagenen Verfassungsbegriffe eigentlich maßgeblich sein sollte.[167]

Auch ungeachtet dessen vermag der Hinweis auf die Rechtslage im Vereinsrecht indes ein enges Begriffsverständnis nicht zu stützen. Nach vorherrschender Ansicht wird die Verfassung des Vereins vielmehr als Inbegriff aller wesentlichen, das Vereinsleben bestimmenden Grundentscheidungen definiert,[168] wozu auch die Regelungen über seine Auflösung (§§ 41 ff. BGB) gerechnet werden.[169] Die Vorschrift des § 40 BGB, die *Muscheler* als Schlussbestimmung der Regelungen über die Verfassung ansieht, steht dem nicht entgegen. Denn ihre systematische Stellung vor § 41 BGB erklärt sich zwanglos daraus, dass die Auflösung des Vereins durch seine Mitglieder – als Teil der verfassungsrechtlich garantierten Vereinigungsfreiheit – ohnehin satzungsfest ist,[170] es der Regelung des § 40 BGB insoweit also schlicht nicht bedarf.

(d) Die Bedeutung des § 88 BGB

Damit ist der Blick letztlich wieder auf das Stiftungsrecht zu richten. Dessen § 88 S. 1 BGB verweist hinsichtlich der vermögensmäßigen Folgen des Stiftungserlöschens auf den Inhalt der „Verfassung". Mit einem engen Verfassungsbegriff wäre das nur vereinbar, wenn man den Verweis mit *Muscheler* als redaktionelles Versehen abtun könnte.

---

166 *Reemann,* Die Verfassung des Vereins, S. 9 f.

167 Vgl. *Gebhard,* Zweiter Abschnitt, Erster Titel, Die juristische Person, S. 85: „In der engeren Bedeutung des Wortes ist die Verfassung einer Körperschaft der Inbegriff der Normen, welche Zweck und Grundlage des Vereins, die Mitgliedschaft sowie die Bestellung, den Wirkungskreis und die sonstigen Verhältnisse der Organe bestimmen; in einer weiteren Bedeutung versteht man darunter den Inbegriff der Normen, welche die Verhältnisse der Korporation und ihrer Mitglieder nach innen und außen betreffen", abgedruckt bei *Schubert* (Hrsg.), Die Vorlagen der Redaktoren, S. 599.

168 BGHZ 47, 172, 177; 105, 306, 313; BGH WM 1984, 552, 553; Soergel/*Hadding*, BGB, § 25 Rn. 1; *Reuter,* in: Münchener Kommentar zum BGB, § 25 Rn. 1; *Sauter/Schweyer/Waldner,* Der eingetragene Verein, Rn. 32. Eine Mindermeinung versteht den Begriff dagegen (noch) weiter und fasst darunter alle Regeln, welche die Identität und die Organisation des Vereins festlegen; so etwa *Reichert,* Handbuch Vereins- und Verbandsrecht, Rn. 353; Staudinger/*Weick*, BGB, § 25 Rn. 3.

169 Vgl. Soergel/*Hadding*, BGB, § 25 Rn. 1; *Sauter/Schweyer/Waldner,* Der eingetragene Verein, Rn 32; *Reichert,* Handbuch Vereins- und Verbandsrecht, Rn. 423 f.

170 Vgl. im Einzelnen Soergel/*Hadding*, BGB, § 41 Rn. 3; *Reichert,* Handbuch Vereins- und Verbandrecht, Rn. 3988; *Stöber,* Handbuch zum Vereinsrecht, Rn. 824.

Sowohl die Gesetzeshistorie als auch der gesetzgeberische Wille sprechen aber dagegen. Denn in § 88 S. 1 BGB war von „Verfassung" schon die Rede, bevor die Norm im Zuge der Stiftungsrechtsreform um ihren heutigen Satz 2 ergänzt wurde. Die Einfügung des § 88 S. 2 BGB bezweckte ausweislich der Regierungsbegründung keine materiell-rechtliche Änderung. Vielmehr sei § 45 Abs. 3 BGB, an den § 88 S. 2 BGB anknüpft, *als Verfassungsfrage* schon vor der Reform nach § 85 BGB auf die Liquidation der Stiftung anwendbar gewesen.[171] Daran wird freilich deutlich, dass auch der Modernisierungsgesetzgeber das weite Begriffsverständnis favorisierte und dem überarbeiteten Stiftungsprivatrecht zugrunde legte.

Damit sind nicht nur alle Argumente, die für einen engen Verfassungsbegriff vorgetragen werden, widerlegt. Auch konnte nachgewiesen werden, dass angesichts des insoweit klar formulierten Willens des Gesetzgebers dem weiten Begriffsverständnis der Vorzug gebührt. Neben Regelungen über die Auflösung und die Zweckänderung gehören mithin auch Vorschriften über die Zusammenlegung zur „Verfassung" im Sinne des § 85 BGB.

bb) Abschließende bundesgesetzliche Regelung der Zusammenlegung durch Organbeschluss?

Die Ermächtigung der Länder, die Stiftungsverfassung zu regeln, schließt indes bundesgesetzliche Regelungen nicht aus. Auch soweit sich eine Regelungskompetenz der Länder daher dem Grunde nach aus der Ermächtigung des § 85 BGB herleiten lässt, bleibt es bei der grundgesetzlich vorgezeichneten konkurrierenden Gesetzgebungskompetenz und mithin der Regelung des Art. 72 Abs. 1 GG,[172] die eine landesgesetzliche Regelung nur zulässt, solange und soweit der Bund von seiner Gesetzgebungszuständigkeit nicht durch Gesetz Gebrauch gemacht hat. Das führt zu der Frage, ob der Bund eine auf § 85 BGB gestützte landesgesetzliche Regelung der Zusammenlegung durch Organbeschluss wenn schon nicht ausdrücklich, so doch möglicherweise implizit durch eine eigene, abschließende gesetzliche Regelung ausgeschlossen hat.

(1) §§ 2 ff. UmwG

Kommt das Umwandlungsgesetz als Rechtsgrundlage der Zusammenlegung auch nicht in Betracht, so fragt sich, ob es dennoch eine – mittelbare – Wirkung dadurch entfaltet, dass es der Zusammenlegung, die der Verschmelzung durch

---

171 Vgl. BT-Drs. 14/8765, S. 12.
172 Die Vorschrift ist lex specialis gegenüber Art. 31 GG, vgl. Jarass/*Pieroth*, GG, Art. 72 Rn. 11.

Neugründung in ihren Rechtswirkungen zweifellos ähnlich ist, entgegensteht. Eine solche Sperrwirkung könnte sich aus dem in § 1 Abs. 2 UmwG verankerten numerus clausus ergeben. Nach ihrem Wortlaut begrenzt die Vorschrift indes lediglich den Anwendungsbereich der Umwandlungsfälle des § 1 Abs. 1 UmwG, schließt andere Umstrukturierungen also nicht aus.[173] Diese Offenheit gegenüber sonstigen, im wirtschaftlichen Ergebnis den Möglichkeiten des Umwandlungsgesetzes gleichkommenden Umstrukturierungen hob auch der Gesetzgeber hervor.[174] Nach seiner Vorstellung sollten die vom Umwandlungsgesetz vorgesehenen Gestaltungen „neben die nach allgemeinem Zivil- und Handelsrecht schon jetzt möglichen Methoden [treten], die Vereinigung, Realteilung und Umgründung von Rechtsträgern durchzuführen". Die Vorschriften des Umwandlungsgesetzes müssten „nur dann beachtet werden, wenn sich die beteiligten Rechtsträger der Vorteile bedienen wollen, die das Gesetz und die mit ihm verbundenen steuerrechtlichen Regelungen mit sich bringen".[175] Damit ist die von *Peters/Herms* vertretene Auffassung, dass § 1 Abs. 2 UmwG andere, im Umwandlungsgesetz nicht geregelte „Arten der Zusammenführung" per se ausschließe, wenn eine bundes- oder landesgesetzliche Grundlage fehle,[176] sowohl mit dem Gesetzeswortlaut als auch mit dem Willen des Gesetzgebers unvereinbar.

Jedoch könnte für die Zusammenlegung deshalb anderes gelten, weil der Gesetzgeber die Stiftung, wie bereits erwähnt, bewusst aus dem Kreis der verschmelzungsfähigen Rechtsträger ausschloss. Dieser gesetzgeberische Wille könnte konterkariert werden, wenn das wirtschaftliche Ergebnis der Verschmelzung stattdessen durch die Zusammenlegung herbeigeführt werden könnte. Dagegen spricht aber, dass die Entscheidung des Gesetzgebers, der Stiftung die Möglichkeit der Verschmelzung nicht zu eröffnen, von spezifisch umwandlungsrechtlichen Erwägungen getragen war: Vor allem gebe es, erwog der Gesetzgeber, bei der Stiftung keine Anteilsinhaber, denen die Anteile am übernehmenden Rechtsträger zugewiesen werden könnten.[177] Dieser Verweis auf die Inkompatibilität der Stiftungsstruktur mit der Rechtstechnik des Umwandlungsgesetzes macht die Ausgrenzung der Stiftung aus dem Kreis der verschmelzungsfähigen Rechtsträger plausibel, lässt jedoch nicht den Schluss zu, der Umwandlungsgesetzgeber habe die Fusion von Stiftungen auch auf anderem Wege und damit schlechthin ausschließen wollen. Vielmehr zählte die Zusammenle-

---

173 *Lutter/Drygala*, UmwG, § 1 Rn. 27; *Semler*/Stengel, UmwG, § 1 Rn. 59.
174 BT-Drs. 12/6699, S. 80.
175 BT-Drs. 12/6699, S. 80.
176 *Peters/Herms*, ZSt 2004, 323, 324.
177 BT-Drs. 12/6699, S. 130.

gung bereits bei der Neuordnung des Umwandlungsrechts im Jahre 1994 zum überkommenen Bestand der Landesstiftungsgesetze. Eine Absicht des Reformgesetzgebers, diese Vorschriften durch die §§ 2 ff. UmwG als vorrangige und abschließende Regelung außer Kraft zu setzen, hätte daher jedenfalls deutlich artikuliert werden müssen, was nicht geschehen ist. Das Umwandlungsgesetz stellt gegenüber der Zusammenlegung von Stiftungen daher im Ergebnis keine abschließende Regelung dar.

(2) § 87 BGB

(a) Meinungsstand

In der Literatur wird jedoch die Auffassung vertreten, dass § 87 BGB „zumindest" für die Fälle der Zweckänderung und Auflösung eine abschließende Regelung enthalte, und dies nicht nur für hoheitliche Maßnahmen, sondern auch für solche, die durch Organbeschluss erfolgen sollen.[178] Zur Begründung führt *Happ* aus, dass die Vorschrift des § 87 BGB das „Produkt" eines gesetzgeberischen Abwägungsvorgangs des Allgemeininteresses mit dem Stifterwillen darstelle. Eine Aufhebung oder Zweckänderung komme deshalb ausschließlich unter den engen Voraussetzungen des § 87 BGB in Betracht.[179] Das gelte, weil sie sich in ihrer Eingriffsintensität nicht unterschieden, für hoheitliche Maßnahmen wie für solche aufgrund Organbeschlusses gleichermaßen.[180] Dieses Ergebnis entspreche, so *Rawert*, nicht nur seit jeher dem Willen des Gesetzgebers, sondern treffe seit der Modernisierung des Stiftungsrechts sogar erst recht zu, sei es doch ein „zentrales Anliegen der Reformdebatte" gewesen, das Landesrecht auf ein reines Aufsichtsrecht zu reduzieren.[181]

(b) Wille des Gesetzgebers

Daran trifft zu, dass der historische Gesetzgeber im ausgehenden 19. Jahrhundert aus Sorge vor einer „Herrschaft der toten Hand" das Stiftungs-

---

178 Vgl. *Rawert*, FS Priester, S. 647, 656 f.; ebenso *Jakob*, Schutz der Stiftung, S. 33; Bamberger/Roth/*Schwarz/Backert*, BGB, § 87 Rn. 4; im Ergebnis *Muscheler*, Stiftungsrecht, S. 278, und *Beckmann*, Änderung der Stiftungssatzung, S. 117 f. (§ 87 Abs. 1 BGB sei „lex specialis"); wohl auch Palandt/*Ellenberger*, BGB, § 87 Rn. 3; wie *Rawert* bereits *Kohler*, Lehrbuch des Bürgerlichen Rechts, Erster Halbband, Berlin 1904, S. 426; a. A. jedoch *Kronke*, Stiftungstypus und Unternehmensträgerstiftung, S. 76, der § 87 BGB nur im Hinblick auf hoheitliche Maßnahmen für abschließend hält.

179 *Happ*, Stifterwille und Zweckänderung, S. 143 f.

180 Vgl. hierzu auch *Reuter*, in: Münchener Kommentar zum BGB, § 87 Rn. 4.

181 *Rawert*, FS Priester, S. 647, 657.

wesen einer umfassenden, am Interesse der Allgemeinheit ausgerichteten staatlichen Kontrolle unterwarf. So war es nur folgerichtig, dass der Gesetzgeber auch davon absah, den Organen der Stiftung die Befugnis zur Zweckänderung oder zur Auflösung zu geben, sondern diese Maßnahmen durch abschließende Regelung im heutigen § 87 BGB allein in die Hände des Staates legte. Dementsprechend wurde ein zuvor erwogener Vorbehalt zugunsten der Länder gestrichen und der Komplex als „reichsgesetzlich" – und damit wohl zugleich abschließend – geregelt bezeichnet.[182]

Ob die Sichtweise des historischen Gesetzgebers für die heutige Rechtsanwendung noch bestimmend sein kann, erscheint allerdings bereits angesichts des durch die Grundrechtsträgerschaft der Stiftung gewandelten Verständnisses von Funktion und Legitimation der Stiftungsaufsicht zweifelhaft. Im Zuge der Modernisierung des Stiftungsrechts bot sich dem Gesetzgeber die Gelegenheit, zum Verhältnis des § 87 BGB zum Landesrecht Stellung zu nehmen. Ausweislich der Materialien ist das zwar nicht ausdrücklich geschehen. Jedoch stellte die *Bund-Länder-Arbeitsgruppe,* deren Bericht wesentliche Grundlage des späteren Gesetzes wurde, fest, dass mit den in einer Reihe von Landesstiftungsgesetzen enthaltenen Vorschriften, die die Organe unter anderem zu Zweckänderungen ermächtigen,[183] einerseits und der Befugnis der Stiftungsaufsicht nach § 87 Abs. 1 BGB andererseits bereits „ausreichende Vorkehrungen" für allfällige Satzungsänderungen bestünden.[184] Die *Arbeitsgruppe* ließ an der Wirksamkeit der landesgesetzlichen Regelungen also keinen Zweifel aufkommen. Von einem abschließenden, die Vorschriften der Landesstiftungsgesetze derogierenden Charakter des § 87 BGB ist in den Materialien zum Modernisierungsgesetz auch sonst an keiner Stelle die Rede, obgleich der von der Fraktion *Bündnis 90/Die Grünen* eingebrachte Gesetzentwurf, der ein bundesrechtlich abschließendes Instrumentarium von Satzungs- und Grundlagenänderungen vorschlug,[185] hierzu durchaus Anlass gegeben hätte. Daraus kann nur der Schluss gezogen werden, dass die erklärte Absicht des Gesetzgebers, an dem „grundsätzlich" bewährten Nebeneinander von Bundes- und Landesrecht für die „nähere Ausgestaltung und Arbeitsweise" von Stiftungen festzuhalten,[186] sich auch auf das Nebeneinander

---

182 Mugdan I, S. 963.

183 Die Landesstiftungsgesetze sind mit dem Rechtsstand des Jahres 1999 abgedruckt bei Seifart/v. Campenhausen, Handbuch des Stiftungsrechts, 2. Aufl., S. 819 ff.

184 Bund-Länder-Arbeitsgruppe Stiftungsrecht, S. 41.

185 Vgl. BT-Drs. 13/9320, S. 12 (zu § 86 des Entwurfs).

186 BT-Drs. 14/8765, S. 7.

von bundes- und landesgesetzlichen Satzungs- und Grundlagenänderungstatbeständen beziehen sollte.[187]

(c) Wertungsmäßige Vergleichbarkeit: Beeinträchtigung der Vermögen-Zweck-Beziehung als Maßstab

Selbst ungeachtet dessen – wenn man § 87 Abs. 1 BGB also gleichwohl auch im Hinblick auf organseitig initiierte Maßnahmen als „Produkt" einer abschließenden gesetzgeberische Wertung ansehen wollte – scheint es fraglich, ob zwischen Zweckänderung und Aufhebung einerseits und Zusammenlegung andererseits die erforderliche wertungsmäßige Vergleichbarkeit besteht, die eine solche Folgerung auch im Hinblick auf die Zusammenlegung rechtfertigt.

Unter dem Primat des Stifterwillens kommt bei der Beurteilung der Tragweite einer Maßnahme – jedenfalls wenn sie auf dem Beschluss eines Stiftungsorgans beruht[188] – ihren Auswirkungen auf den Stifterwillen besondere Bedeutung zu. Wenn es nämlich der Stifterwille ist, der die Kompetenzen der Stiftungsorgane begründet und begrenzt, so ist auch hinsichtlich der Auswirkungen ihrer Maßnahmen zumindest in erster Linie auf den Stifterwillen abzustellen:

Zweifellos findet der Stifterwille in der Zwecksetzung seinen prägnantesten Ausdruck,[189] mit dem der Stifter der Stiftung eine eigene Individualität und Identität verleiht. Der Zweck, den der Stifter „seiner" Stiftung im Stiftungsgeschäft gegeben hat, verleiht ihr Richtung, Dauer und Stabilität.[190] In Ermangelung eines personalen Substrats benötigt die Stiftung zur Verfolgung dieses ihr gesetzten Zwecks allerdings in jedem Falle ein (sog. Grundstock-) Vermögen,[191] weshalb schon das Stiftungsgeschäft eine entsprechende Vermögenszusage enthalten muss (§ 81 Abs. 1 S. 2 und 3 Nr. 4 BGB). Das Gesetz schreibt kein Mindestkapital vor, sondern verknüpft auch die Höhe des Vermögens mit dem Stiftungszweck. Anerkennungsfähig ist die Stiftung daher nur, wenn das gewidmete Vermögen ausreicht, damit die „dauernde und nachhaltige Erfüllung des Stiftungszwecks gesichert erscheint" (§ 80 Abs. 2 BGB). Das unterstreicht die enge

---

187 Im Ergebnis ebenso *Mecking,* StiftG RhPf, § 8 Anm. 2 a. E.: keine „umfassende und lückenlose" bundesrechtliche Regelung hinsichtlich einer späteren Änderung der Stiftungssatzung.

188 Ob für das hoheitliche Handeln der Aufsichtsbehörde gegenüber der Stiftung etwas anderes gilt, kann an dieser Stelle dahinstehen; vgl. dazu § 5 B III 2 b bb (2) (b).

189 Statt aller *Beuthien,* in: Münchener Handbuch des Gesellschaftsrechts, § 77 Rn. 17 m. w. N.

190 *Mecking,* in: Münchener Handbuch des Gesellschaftsrechts, § 87 Rn. 1.

191 Bamberger/Roth/*Schwarz/Backert,* BGB, § 80 Rn. 7; *Rawert,* in: Hopt/Reuter, Stiftungsrecht in Europa, S. 109, 125.

58

Wechselwirkung, die zwischen Stiftungszweck und Stiftungsvermögen besteht:[192] Einerseits hat das an den Stiftungszweck gebundene Vermögen ihm gegenüber dienende Funktion, andererseits erlangt es selbst eine wesentliche Bedeutung, indem es eine beständige Zweckerfüllung erst ermöglicht.[193] Diese geradezu symbiotische Beziehung zwischen Zweck und Vermögen[194] liegt in der Anstaltsstiftung besonders deutlich zutage. Sie setzt ihr Vermögen, zum Beispiel ein Pflegeheim, unmittelbar zur Zweckverwirklichung ein, die andernfalls nicht möglich wäre.[195]

Seine die Stiftung prägende Kraft gewinnt der Zweck folglich erst und nur im Verbund mit dem der Stiftung gewidmeten Vermögen. Diese Vermögen-Zweck-Beziehung ist folglich sowohl für das Wesen der Stiftung als auch für den Stifterwillen von zentraler Bedeutung.[196] Es ist dann nur folgerichtig, an Eingriffe, die diese Konnexität von Vermögen und Zweck beeinträchtigen oder gar aufheben, besonders strenge Maßstäbe zu legen.[197] Die gesetzlichen Regelungen spiegeln diese Wertung wider, indem die Landesstiftungsgesetze zum einen das (Grundstock-) Vermögen der Stiftung einem Gebot der Bestandserhaltung unterwerfen[198] – es darf grundsätzlich weder verschenkt noch verbraucht, beträchtlich unter Wert veräußert oder in anderer Weise geschmälert werden[199]

---

192 Vgl. zudem BT-Drs. 14/8765, S. 8: „Die dauerhafte Widmung eines Vermögens als prägnantes Kennzeichen einer Stiftung ist mit dem vom Stifter vorgegebenen Zweck der Stiftung unmittelbar verknüpft."

193 *Jakob,* Schutz der Stiftung, S. 61; Seifart/v. Campenhausen/*Hof,* Stiftungsrechts-Handbuch, § 7 Rn. 26; vgl. auch *Wagner/Walz,* Zweckerfüllung gemeinnütziger Stiftungen, S. 67.

194 So treffend *Jakob,* Schutz der Stiftung, S. 61 f.

195 Vgl. *Fritz,* Stifterwille und Stiftungsvermögen, S. 4.

196 Ebenso *Happ,* Stifterwille und Zweckänderung, S. 21, 24, 104 f.; *Rawert,* in: Beck'sches Formularbuch, Form. I. 27 Anm. 24. Dies verkennt *S. Hahn,* Organschaftliche Änderung der Stiftungssatzung, S. 105.

197 So *Rawert,* in: Beck'sches Formularbuch, Form. I. 27 Anm. 24, der die Beeinträchtigung der Vermögen-Zweck-Beziehung als Unterscheidungskriterium zwischen einfachen und qualifizierten Satzungsänderungen heranzieht.

198 § 7 Abs. 2 StiftG BW, Art. 6 StiftG Bay, § 3 StiftG Bln, § 7 Abs. 1 StiftG Bre, § 4 Abs. 2 StiftG Hbg, § 6 Abs. 1 StiftG He, § 6 Abs. 1 StiftG Nds, § 4 Abs. 2 StiftG NRW, § 7 Abs. 2 StiftG RhPf, § 6 Abs. 1 StiftG Saar, § 4 Abs. 3 StiftG Sa, § 14 Abs. 2 StiftG SA, § 4 Abs. 2 StiftG SH, § 8 Abs. 2 StiftG Th. Einzig der brandenburgische Gesetzgeber verzichtete auf eine entsprechende Regelung; es sei Sache des Stifters, sich für ein Vermögenserhaltungskonzept zu entscheiden (LT-Drs. 3/7024, S. 11). Aus dem mutmaßlichen Stifterwillen rechtfertigt sich im Zweifel auch hier ein Gebot der Bestanderhaltung (vgl. *Fritsche*/U. Kilian, StiftG Bbg, § 1 Anm. 2.5.4.).

199 Seifart/v. Campenhausen/*Hof,* Stiftungsrechts-Handbuch, § 9 Rn. 60.

–, zum anderen Maßnahmen, die wie Zweckänderung und Auflösung in die Vermögen-Zweck-Beziehung eingreifen, im Gegensatz zu sonstigen Satzungsänderungen nur unter besonders engen Voraussetzungen zulassen. Dass die Zweckänderung unmittelbar in die besonders schützenswerte Vermögen-Zweck-Beziehung eingreift, bedarf keiner weiteren Erklärung. Dasselbe gilt im Ergebnis – obgleich die Vermögen-Zweck-Beziehung hier gewisse Fortwirkungen zeitigt – für alle Fälle der Auflösung bzw. Aufhebung: Fällt das Vermögen der Stiftung nach ihrer Auflösung an den Fiskus, so ist dieser zwar zur zweckentsprechenden Verwendung verpflichtet (§§ 88 S. 3, 46 S. 2 BGB). Er unterliegt jedoch keiner Erhaltungspflicht, darf (und wird in aller Regel) das Vermögen also verbrauchen. Fällt das Vermögen der aufgelösten Stiftung an private Anfallberechtigte, so bewirkt selbst die vielfach aus steuerrechtlichen Gründen fortbestehende Zweckbindung (§§ 55, 61 AO) kein Bestandserhaltungspflicht im stiftungsrechtlichen Sinne. Auch die Auflösung bzw. Aufhebung der Stiftung beeinträchtigt mithin die Vermögen-Zweck-Beziehung.

Vor diesem Hintergrund erscheint es wertungs- und folgerichtig, dass das Bundesrecht Zweckänderung und Aufhebung als – unter dem Blickwinkel des Stifterwillens – besonders gravierende Eingriffe lediglich dann zulässt, wenn die weitere Verfolgung des Stiftungszwecks unmöglich ist oder das Gemeinwohl gefährdet (§ 87 Abs. 1 BGB).

Ob der Vorschrift des § 87 Abs. 1 BGB auch im Hinblick auf die Zusammenlegung eine abschließende gesetzgeberische Wertung zugrunde liegt, bemisst sich folglich danach, ob die Zusammenlegung – ebenso wie Aufhebung und Zweckänderung – die Vermögen-Zweck-Beziehung beeinträchtigt und daher nicht anders behandelt, insbesondere nicht unter geringeren Voraussetzungen zugelassen werden kann. Auf den ersten Blick scheint es, als könnte die Zusammenlegung nicht anders beurteilt werden als die Aufhebung, da im einen wie im anderen Falle die Maßnahme zum Erlöschen der beteiligten Stiftungen führt. Doch bietet die Zusammenlegung, indem sie das „soziale Fortwirken" der zusammengelegten Stiftungen anstrebt, nicht nur die Möglichkeit, die den beteiligten Stiftungen zugrunde liegenden Vermögen-Zweck-Beziehungen zu konservieren. Unter dem Primat des Stifterwillens sind die Stiftungsorgane vielmehr – worauf noch ausführlich einzugehen sein wird – auch verpflichtet, auf eine Gestalt der neuen Stiftung hinzuwirken, die die Vermögen-Zweck-Beziehung erhält.

Das ist gemeint, wenn im Schrifttum die Rede davon ist, die durch Zusammenlegung als Rechtspersönlichkeiten untergegangenen Stiftungen lebten in der neuen Stiftung weiter.[200] Damit entfaltet die Zusammenlegung eine gegenüber Zweckänderung und Aufhebung eigenartige Eingriffsqualität, die *Fritsche*[201] treffend damit umschreibt, dass der Stifter seinen „Stiftungsgedanken" fortan teilen müsse. Ob die Zusammenlegung letztlich ein gegenüber Zweckänderung und Aufhebung milderes Mittel darstellt,[202] mag hier noch dahinstehen. Es genügt die Feststellung, dass es an einer wertungsmäßigen Vergleichbarkeit zwischen Zweckänderung und Aufhebung auf der einen und Zusammenlegung auf der anderen Seite fehlt,[203] die die Annahme rechtfertigen könnte, dass § 87 BGB auch für letztere eine abschließende Regelung darstellt.

Selbst wenn man § 87 BGB als erschöpfende Bestimmung für Zweckänderung und Auflösung nicht nur durch Hoheitsakt, sondern auch durch Organbeschluss auffassen wollte, so bliebe den Ländern damit doch nach alledem zumindest die Befugnis zur Regelung von Zusammenlegung (und Zulegung) unbenommen.[204]

c) Ergebnis

Damit bestehen gegen die formelle Verfassungsmäßigkeit der Rechtsgrundlagen im Landesrecht, insbesondere unter dem Gesichtspunkt der Gesetzgebungskompetenz der Länder, im Ergebnis keine Bedenken.

2. Materielle Verfassungsmäßigkeit

a) Bedenken im Schrifttum

Die Verfassungsmäßigkeit der landesgesetzlichen Regelungen wird von Teilen der Literatur allerdings darüber hinaus unter materiellen Gesichtspunkten in Zweifel gezogen. *Reuter* und *Karper* halten sie für verfassungswidrig und daher unwirksam, sofern sie die Stiftungsorgane unter geringeren Voraussetzungen als der rechtlichen oder tatsächlichen Unmöglichkeit weiterer Zweckverfolgung zur

---

200 Vgl. Soergel/*Neuhoff*, BGB, § 87 Rn. 5; *S. Hahn*, Organschaftliche Änderung der Stiftungssatzung, S. 92.

201 *Fritsche*, in: O. Werner/Saenger, Die Stiftung, Rn. 734.

202 So zum Beispiel *Andrick/Suerbaum*, Stiftung und Aufsicht, § 7 Rn. 93.

203 A. A. ohne nähere Begründung *Bruns*, StiftG BW, § 14 Anm. 1.1., im hiesigen Sinne aber Anm. 1.2., wonach sich die Zusammenlegung von Zweckänderung und Aufhebung gerade darin unterscheide, dass „Stiftungszweck und Stiftungsverfassung […] materiell fortwirken".

204 Im Ergebnis auch *Backert*, in: O. Werner/Saenger, Die Stiftung, Rn. 685; *Burgard*, Gestaltungsfreiheit im Stiftungsrecht, S. 181 Fn. 1; *S. Hahn*, Organschaftliche Änderung der Stiftungssatzung, S. 49.

Auflösung, Zweckänderung oder Zusammenlegung ermächtigen.[205] Denn „qualitativ" mache es, so *Reuter,* keinen Unterschied, ob die Maßnahme insgesamt hoheitlich oder aufgrund Organbeschlusses erfolge. Den Stiftungsorganen seien „durch das Grundrecht (auf und) der Stiftung" die gleichen verfassungsrechtlichen Grenzen gesetzt wie der Stiftungsaufsicht. Im einen wie im anderen Fall seien Aufhebung, Zweckänderung und Zusammenlegung nur dann verhältnismäßige Eingriffe in die Stiftungsgrundrechte, wenn die weitere Zweckverfolgung im Sinne von § 87 BGB rechtlich oder tatsächlich unmöglich sei.[206] Mit der an *Breuer*[207] anknüpfenden Erwägung, dass im Zusammenlegungsverfahren die Aufhebung der beteiligten Stiftungen „enthalten" sei, gelangt auch *Karper* zu dem Schluss, die Zusammenlegung sei mit den Stiftungsgrundrechten unvereinbar, solange der Stiftungszweck weiter verfolgt werden könne.[208]

Die überwiegende Literaturauffassung folgt dem indes nicht, sondern äußert gegenüber der materiellen Verfassungsmäßigkeit der Vorschriften keine Bedenken.[209]

b) Stellungnahme

aa) Grundrechte als Prüfungsmaßstab

Klärungsbedürftig erscheint zunächst, inwieweit die Grundrechte überhaupt als Prüfungsmaßstab in Betracht kommen, geht es doch um Regelungen, die nicht den Staat, sondern, jedenfalls in erster Linie, Stiftungsorgane zu bestimmten Maßnahmen im Innenverhältnis zur Stiftung ermächtigen. Dagegen wendet *Hof* ein, dass Stiftungsorgane, sofern es sich nicht ausnahmsweise um eine Behörde handele, an den verfassungsrechtlichen Verhältnismäßigkeitsgrundsatz nicht gebunden seien.[210] In der Tat ist das Verhältnis der Organe zur Stiftung ein privatrechtliches, so dass die Organe nicht selbst Adressaten der Stiftungsgrundrechte sind, ihr Handeln gegenüber der Stiftung folglich nicht unmittelbar an den Grundrechten der Stiftung zu messen sein kann. Auch dass die Zusammenlegung nach Landesrecht behördlicher Genehmigung bedarf, kann nicht als Ein-

---

205 *Reuter,* in: Münchener Kommentar zum BGB, § 87 Rn. 4, 15; *Karper,* Zusammenlegung von privatrechtlichen Stiftungen, S. 84 ff. (letztere im Anschluss an *Breuer,* Zweckumwandlung und Aufhebung, S. 47 ff.).

206 *Reuter,* in: Münchener Kommentar zum BGB, § 87 Rn. 4.

207 *Breuer,* Zweckumwandlung und Aufhebung, S. 47 ff.

208 *Karper,* Zusammenlegung von privatrechtlichen Stiftungen, S. 84 ff.

209 Vgl. nur Seifart/v. Campenhausen/*Hof,* Stiftungsrechts-Handbuch, § 10 Rn. 337; *Meyn/ Gottschald,* in: Münchener Handbuch des Gesellschaftsrechts, § 107 Rn. 4, § 108 Rn. 3.

210 Seifart/v. Campenhausen/*Hof,* Stiftungsrechts-Handbuch, § 10 Rn. 339 mit Fn. 624.

fallstor einer grundrechtlichen Prüfung dienen. Die Erteilung der Genehmigung liegt nämlich nicht im Ermessen der Stiftungsaufsicht,[211] sondern sie muss erteilt werden, wenn der zugrunde liegende Organbeschluss formell und materiell rechtmäßig gefasst ist.[212] Als Gegenstand grundrechtlicher Prüfung kommt deshalb nicht das einzelne Organhandeln, aber seine landesgesetzliche Rechtsgrundlage – hier der Zusammenlegung – in Betracht. Wenngleich sie das (privatrechtliche) Verhältnis der Organe zur Stiftung betrifft, entfalten die Grundrechte hier eine mittelbare Wirkung, indem sie eine objektive Werteordnung statuieren, die Schutzpflichten zugunsten der Grundrechtsträger – hier der Stiftung – begründet und Bundes- wie Landesgesetzgeber verpflichtet (vgl. Art. 1 Abs. 3 GG), die Privatrechtsordnung so auszugestalten, wie es diesen grundrechtlichen Wertvorgaben entspricht.[213] Auf dieser dogmatischen Grundlage stellt sich die Frage, ob diejenigen Landesstiftungsgesetze, die eine Zusammenlegung bereits unterhalb der Schwelle der Unmöglichkeit bzw. Gemeinwohlgefährdung zulassen, mit den Grundrechten der beteiligten Stiftungen vereinbar sind.

bb) Betroffene Stiftungsgrundrechte

Fest steht, dass rechtsfähige Stiftungen des bürgerlichen Rechts in ihrer Eigenschaft als juristische Personen des Privatrechts Träger von Grundrechten sind, soweit diese ihrem Wesen nach auf sie anwendbar sind (Art. 19 Abs. 3 GG). Keineswegs abschließend geklärt ist allerdings, welchen Schutz die Grundrechte der Stiftung im Einzelnen vermitteln. Im Hinblick auf die Zusammenlegung sind Eingriffe in Stiftungsgrundrechte unter zwei Gesichtspunkten denkbar: zum einen hinsichtlich des Erlöschens der zusammengelegten Stiftungen, zum anderen hinsichtlich des Übergangs ihrer Vermögen auf die neue Stiftung.

Unter dem Gesichtspunkt des Erlöschens der beteiligten Stiftungen sieht *Karper* in der Zusammenlegung einen Eingriff in den Bestand der Stiftung, der unter dem Schutz der – je nach Stiftungszweck einschlägigen – speziellen Freiheitsrechte (Art. 4, 5, 7 Abs. 4, 8, 12 GG), hilfsweise der allgemeinen Handlungsfreiheit des Art. 2 Abs. 1 GG stehe.[214] Die Ableitung eines Bestandsrechts

---

211 A. A. Seifart/v. Campenhausen/*Hof*, Stiftungsrechts-Handbuch, § 10 Rn. 297; gegen ihn *Suerbaum*, ZSt 2004, 34, 35 Fn. 20; ausführlich noch unten § 3 C II 2 a dd.

212 Vgl. *Andrick/Suerbaum*, Stiftung und Aufsicht, § 4 Rn. 16; Lutter/*Rawert/Hüttemann*, UmwG, § 164 Rn. 15 mit Fn. 1.

213 Vgl. nur *v. Kielmannsegg*, JuS 2009, 216, 220 f.; zur unmittelbaren Bindung des Privatrechtsgesetzgebers an die Grundrechte *Canaris*, Grundrechte und Privatrecht, S. 16 ff.; *Jarass*/Pieroth, GG, Art. 1 Rn. 52 f.

214 Vgl. *Karper*, Zusammenlegung von privatrechtlichen Stiftungen, S. 85 f., unter Berufung auf *Breuer*, Zweckumwandlung und Aufhebung, S. 55 ff., die den genannten spe-

der Stiftung aus den speziellen Grundrechtsgewährleistungen ist jedoch, wie in der Diskussion um die Existenz eines Grundrechts auf Stiftung,[215] abzulehnen, solange der Nachweis nicht erbracht ist, dass die rechtsfähige Stiftung bürgerlichen Rechts notwendige Bedingung zur Verwirklichung der entsprechenden grundrechtlich geschützten Freiheiten ist. Vom Schutz der Art. 4, 5, 7 Abs. 4, 8 und 12 GG umfasst ist deshalb nur die Stiftungstätigkeit, nicht aber der Bestand der Stiftung.[216] Die Stiftungstätigkeit wird durch die Zusammenlegung aber nicht unterbunden. Die Zusammenlegung ermöglicht im Unterschied zur Auflösung gerade den Fortbestand der Stiftung. Mithin scheidet ein verfassungsrechtlich relevanter Eingriff in die genannten speziellen Grundrechte aus.

Problematisch ist auch die These, der Bestand der Stiftung als grundrechtsfähige Vermögensansammlung sei vom Schutzbereich der Eigentumsgarantie erfasst.[217] Durch Art. 14 Abs. 1 GG geschützt ist die Innehabung, Nutzung und Veräußerung konkreter vermögenswerter Rechtspositionen,[218] auf die Stiftung gewendet also der vermögenswerten Rechtspositionen, die Teil des Stiftungsvermögens sind.[219] Außerhalb des Schutzbereichs der Eigentumsgarantie liegt damit jedoch der Fortbestand des Eigentümers, hier also der Stiftung selbst.[220] Folglich scheiden im Hinblick auf das durch die Zusammenlegung bewirkte Erlöschen der Stiftungen spezielle Grundrechte aus, so dass insoweit im Ergebnis allein in die allgemeine Handlungsfreiheit nach Art. 2 Abs. 1 i. V. mit Art. 19 Abs. 3 GG eingegriffen wird.[221]

Der Schutzbereich der Eigentumsgarantie könnte aber abseits des grundrechtlichen Schutzes des Stiftungsbestands dadurch berührt sein, dass die Vermögen der beteiligten Stiftungen, wie die Landesstiftungsgesetze es vielfach ausdrücklich anordnen, aufgrund der Zusammenlegung auf die neu errichtete

---

ziellen Freiheitsrechten aber nur die Garantie entnimmt, dass „Stiftungen nicht *wegen der von ihnen verfolgten Ziele oder der von ihnen angestrebten ideellen Zwecke* einer willkürlichen Aufhebung oder Zweckumwandlung durch staatliche Aufsichtsmaßnahmen anheimfallen" (Hervorhebung nur hier).

215 Vgl. Staudinger/*Rawert*, BGB, Vorbem. zu §§ 80 ff. Rn. 42; *Schmidt-Jortzig*, in: Strachwitz/Mercker, Stiftungen in Theorie, Recht und Praxis, S. 55, 59.

216 *Isensee*, in: Isensee/Kirchhof, Handbuch des Staatsrechts, § 118 Rn. 57; implizit auch *Breuer*, Zweckumwandlung und Aufhebung, S. 55 f.

217 In dieser Richtung *Isensee*, in: Isensee/Kirchhof, Handbuch des Staatsrechts, § 118 Rn. 57.

218 Statt aller *Jarass*/Pieroth, GG, Art. 14 Rn. 6 f., 18.

219 Seifart/v. Campenhausen/*Hof*, Stiftungsrechts-Handbuch, § 4 Rn. 197.

220 Im Ergebnis auch *Breuer*, Zweckumwandlung und Aufhebung, S. 48 f.

221 Insoweit auch *Breuer*, Zweckumwandlung und Aufhebung, S. 57 ff. (betreffend Zweckänderung und Auflösung).

Stiftung übergehen. Den zusammenzulegenden Stiftungen werden auf diese Weise vermögenswerte Rechte entzogen, deren Innehabung vom sachlichen Schutzbereich des Art. 14 Abs. 1 GG erfasst ist. Jedoch kann es sich, da die Zusammenlegung nicht behördlich, sondern organseitig initiiert ist, nicht um eine den engen Grenzen des Art. 14 Abs. 3 GG unterliegende (Administrativ-) Enteignung handeln. Die Regelungen, die einen Vermögensübergang anordnen, sind folglich als Inhalts- und Schrankenbestimmungen gemäß Art. 14 Abs. 1 S. 2 GG zu qualifizieren.

cc) Stifterwille als Schranke des Grundrechtsschutzes?

Ob die Zusammenlegung die Grundrechte der Stiftung aus Art. 2 Abs. 1 und Art. 14 Abs. 1 S. 2 GG auch verletzt, bleibt zweifelhaft. Denn die Organe der Stiftung dürfen eine Zusammenlegung, wie einige Stiftungsgesetze ausdrücklich klarstellen[222] und an späterer Stelle ausführlich darzulegen ist, nur beschließen, wenn die Maßnahme mit dem Stifterwillen im Einklang steht. Fraglich ist, ob in diesen Fällen die Zusammenlegung überhaupt in Grundrechte der Stiftung eingreifen kann oder der Stifterwille nicht vielmehr den Grundrechten der Stiftung Grenzen setzt.

Tatsächlich herrscht in der Literatur die Ansicht vor, dass es ein Bestandsrecht der (von einem Privatrechtssubjekt errichteten) Stiftung nur nach Maßgabe des im Stiftungsgeschäft objektivierten Stifterwillens geben könne,[223] wogegen vor allem *Hof* die Ansicht vertritt, dass der Stiftungsbestand grundrechtlichen Schutz prinzipiell unabhängig vom Stifterwillen genieße. Es sei lediglich „im

---

222 Vgl. § 7 Abs. 1 S. 1 Nr. 3 StiftG Hbg, § 9 Abs. 2 S. 1 StiftG He, § 7 Abs. 2 S. 1 StiftG Nds (dazu *Siegmund-Schultze*, StiftG Nds, § 7 Anm. 3.1.), § 8 Abs. 2 StiftG RhPf (dazu *Mecking*, StiftG RhPf, § 8 Anm. 4), § 7 Abs. 2 S. 1 StiftG Saar sowie § 5 Abs. 1 StiftG Bln („soll").

223 *Reuter*, NZG 2004, 939, 942 f.; *ders.*, in: Münchener Kommentar zum BGB, § 87 Rn. 2; Staudinger/*Rawert*, BGB, § 87 Rn. 13; Bamberger/Roth/*Schwarz*/*Backert*, BGB, § 87 Rn. 3; zustimmend *Jakob*, Schutz der Stiftung, S. 111 Fn. 42. *Reuter* und *Rawert* verweisen entgegen *Hof* (in: Seifart/v. Campenhausen, Stiftungsrechts-Handbuch, § 11 Rn. 373 Fn. 672) durchaus zu Recht auf die Entscheidung des BVerwG (StiftRspr. IV, 151 ff. = NJW 1991, 713), in der das Gericht einen Anspruch der Stiftung aus eigenem Recht auf Genehmigung einer Satzungsänderung an der Unvereinbarkeit mit dem Stifterwillen scheitern ließ und damit den inneren Zusammenhang der Rechtsposition der Stiftung mit dem Stifterwillen hervorhob. – Völlig ungeklärt ist hingegen, was gelten soll, wenn der Stifter eine juristische Person des öffentlichen Rechts ist. Nach *Hof*, a. a. O., § 4 Rn. 147, sollen die Grundrechte der Stiftung dann dem Willen des Stifters Grenzen ziehen.

Einzelfall abzuwägen" zwischen dem Stifterwillen und dem grundrechtlich geschützten Existenzrecht der Stiftung.[224]

Damit ist die grundsätzliche Problematik angesprochen, ob die Grundrechte der Stiftung nach Maßgabe des Stifterwillens beschränkt sind.[225] Dafür lässt sich vor allem darauf abstellen, dass der Stifter nach wohl allgemeiner Ansicht in der Lage ist, im Stiftungsgeschäft oder in der Satzung die Voraussetzungen für das Erlöschen der Stiftung anzugeben, die auch für die aufsichtführende Behörde bindend sind,[226] also gerade nicht unter dem Vorbehalt einer Abwägung mit den Grundrechten der Stiftung stehen. Diese Sichtweise klingt auch in dem Urteil des *Bundesverwaltungsgerichts* aus dem Jahre 1972 an, in dem es der Stiftung Grundrechtsschutz zuerkannte, diesen allerdings nur insoweit, als er „für die Betätigung im Rahmen [der] ihr vom Stifter gesetzten Aufgabe" erforderlich sei.[227]

Klärungsbedürftig jedoch ist, ob und wie diese Beschränkung der Stiftungsgrundrechte durch den Stifterwillen grundrechtsdogmatisch begründet werden kann. Da Besonderheiten der Stiftung als juristischer Person in Rede stehen, scheint ein Rückgriff auf Art. 19 Abs. 3 GG nahezuliegen, wonach die Grundrechte für juristische Personen nur gelten, soweit sie ihrem Wesen nach auf sie anwendbar sind. Allerdings knüpft die Vorschrift ausweislich ihres Wortlauts an die Eigenart der jeweiligen Grundrechte[228] und nicht – wie es hier der Fall sein müsste – an die individuellen Verhältnisse in der als Grundrechtsträger in Betracht kommenden juristischen Person an. Hinzu kommt, dass Art. 19 Abs. 3 GG lediglich die Anwendbarkeit eines Grundrechts auf eine juristische Person betrifft, nicht jedoch Auskunft über die hier in Frage stehende Reichweite des Grundrechtsschutzes gibt.

Lässt sich eine Einschränkung der Stiftungsgrundrechte mithin nicht auf Art. 19 Abs. 3 GG stützen, so kommt als dogmatische Begründung für eine Einschränkung des Grundrechtsschutzes weiterhin die Rechtsfigur des Grundrechtsverzichts in Betracht. Denn als Ausfluss seines Selbstbestimmungsrechts ist ein Grundrechtsträger grundsätzlich befugt, auf den ihm durch die Grund-

---

224 Seifart/v. Campenhausen/*Hof,* Stiftungsrechts-Handbuch, § 10 Rn 373 mit Fn. 672, § 7 Rn. 138.

225 Dafür ohne nähere Begründung *Schröder,* DVBl. 2007, 207, 210.

226 Vgl. Seifart/v. Campenhausen/*Hof,* Stiftungsrechts-Handbuch, § 11 Rn. 3, 32, 34; Staudinger/*Rawert,* BGB, § 88 Rn. 3; Palandt/*Ellenberger,* BGB, § 87 Rn. 3; *Richter,* in: Münchener Handbuch des Gesellschaftsrechts, § 117 Rn. 14 f.; *Steffen,* in: Reichsgerichtsrätekommentar zum BGB, § 88 Rn. 1; Erman/*O. Werner,* BGB, § 88 Rn. 1.

227 BVerwG StiftRspr. II, 89, 90 (= BVerwGE 40, 347).

228 *Sachs,* GG, Art. 19 Rn. 67.

rechte zuteil werdenden Schutz zu verzichten.[229] Soweit ein wirksamer Verzicht vorliegt, stellt staatliches Handeln keinen rechtfertigungsbedürftigen Eingriff mehr dar. Verzichtsberechtigt ist allerdings nur der Grundrechtsträger selbst.[230] Ein Grundrechtsverzicht zu Lasten Dritter – wie namentlich des Stifters zu Lasten der Stiftung – ist mit der Dogmatik des Grundrechtsverzichts nicht zu vereinbaren.

Die Annahme eines Grundrechtsverzichts ist selbst ungeachtet dessen vor dem Hintergrund zweifelhaft, dass der Verzicht, um einer Aushöhlung des Grundrechtsschutzes insgesamt vorzubeugen, immer nur im Hinblick auf einzelne, durch das Grundrecht geschützte Handlungsweisen in Betracht kommt.[231] Die Beschränkung des Grundrechtsschutzes der Stiftung durch den oftmals auslegungsbedürftigen Stifterwillen wird diesen Bestimmtheitsanforderungen nicht gerecht.

Trägt mithin auch die Rechtsfigur des Grundrechtsverzichts die Beschränkung der Stiftungsgrundrechte letztlich nicht, so bleibt zu prüfen, ob der Stifterwille selbst den Stiftungsgrundrechten Schranken setzt. Grundrechtsdogmatisch müsste der Stifterwille dafür als sog. verfassungsimmanente Schranke selbst Verfassungsrang haben. Hierfür ist auf das von der überwiegenden Literatur und mittlerweile auch vom Gesetzgeber anerkannte Grundrecht auf Stiftung zu verweisen. An diesem grundrechtlichen Schutz der Stiftungserrichtung[232] hat auch der durch sie realisierte Stifterwille teil, dem dadurch in der Tat Verfassungsrang zuwächst. Gleichwohl vermag der solchermaßen grundrechtlich fundierte Stifterwille die Grundrechte der Stiftung nicht einfach zurückzudrängen. Vielmehr ist es Sache des Gesetzgebers, die kollidierenden Verfassungsgüter nach Möglichkeit zu einem Ausgleich zu bringen und so eine praktische Konkordanz herzustellen, die beide Verfassungswerte bestmöglich zur Geltung bringt.[233]

dd) Gesetzliche Regelungen als gerechter Ausgleich zwischen Stiftungsgrundrechten und Stifterwillen

Entscheidend für die Beurteilung der materiellen Verfassungsmäßigkeit ist damit, ob die landesgesetzlichen Regelungen über die Zusammenlegung die betroffenen Stiftungsgrundrechte einerseits und den grundrechtlich geschützten Stifterwillen andererseits in einen angemessenen und damit gerechten Ausgleich

---

229 *Sachs,* GG, Vor Art. 1 Rn. 57; *Seifert,* Jura 2007, 99, 102.

230 *Seifert,* Jura 2007, 99, 103.

231 *Jarass*/Pieroth, GG, Vorb. vor Art. 1 Rn. 36.

232 Vgl. BT-Drs. 14/8765, S. 8; ausführlich zur dogmatischen Herleitung *Reuter,* in: Münchener Kommentar zum BGB, Vor § 80 Rn. 26 ff., und *Rawert,* FS Reuter, S. 1323 ff.

233 Vgl. aus der Rechtsprechung etwa BVerfGE 83, 130, 143; 93, 1, 21 ff.

bringen. Hierbei ist auf die Einschätzungsprärogative des Gesetzgebers Rücksicht zu nehmen. Seine im Bereich des Stiftungsrechts getroffenen Wertentscheidungen haben daher besonderes Gewicht.[234] Eine solche gesetzgeberische Wertung findet sich in dem in vielen Landesstiftungsgesetzen ausdrücklich normierten (vgl. Art. 2 Abs. 1 StiftG Bay) und darüber hinaus auch vom Bundesgesetzgeber zugrunde gelegten[235] Primat des Stifterwillens.

Der mit der Zusammenlegung verbundene Eingriff in den Bestand der Stiftung kann daher zur Wahrung des Stifterwillens gerechtfertigt sein. Angesichts der Intensität des Eingriffs – die Stiftung als Rechtsperson erlischt – müssen die im Stifterwillen liegenden rechtfertigenden Gründe dafür ebenfalls von einigem Gewicht sein. Das ist dann der Fall, wenn die Zusammenlegung zur Verwirklichung des Stifterwillens erforderlich ist. Außerdem darf ein zur Realisierung des Stifterwillens ebenso wirksames, die Grundrechte der Stiftung gegenüber der Zusammenlegung aber weniger beeinträchtigendes Mittel nicht zur Verfügung stehen. Davon ist in den Landesstiftungsgesetzen, die eine wesentliche Veränderung der Verhältnisse voraussetzen, zwar nicht expressis verbis die Rede. Doch lässt der unbestimmte Rechtsbegriff einer „wesentlichen Veränderung der Verhältnisse" eine solche verfassungskonforme Anwendung ohne weiteres zu.[236]

c) Ergebnis

Die landesgesetzlichen Regelungen über die Zusammenlegung durch Organbeschluss sind damit im Ergebnis auch materiell verfassungsgemäß.

3. Anwendbares Recht bei bundesländerübergreifenden Zusammenlegungen

Sind die zusammenzulegenden Stiftungen in unterschiedlichen Bundesländern ansässig, so stellt sich die Frage nach dem anwendbaren Landesrecht. Der Geltungsbereich eines Landesstiftungsgesetzes ist auf Stiftungen beschränkt, die ihren Rechtssitz im betreffenden Bundesland haben. In sämtlichen Gesetzen ist dies klargestellt (vgl. etwa § 1 StiftG SH). *Peters/Herms* wollen bei länderübergreifenden Sachverhalten aber allein das Recht desjenigen Bundeslandes zur Anwendung bringen, in dem die neue Stiftung ihren Sitz haben soll.[237] Ein tragfähiger Begründungsansatz hierfür ist jedoch nicht erkennbar. Wie sonst ist das einschlägige Landesrecht nach den Rechtssitzen der an der Zusammenlegung

---

234 Dazu allgemein *Sachs,* GG, Art. 20 Rn. 155; *Jarass*/Pieroth, GG, Art. 20 Rn. 87.
235 BT-Drs. 14/8765, S. 7.
236 Vgl. auch Seifart/v. Campenhausen/*Hof,* Stiftungsrechts-Handbuch, § 10 Rn. 339: „Abweichungen in alle denkbaren Richtungen".
237 *Peters/Herms,* ZSt 2004, 323, 329.

68

beteiligten Stiftungen zu beurteilen. Voraussetzungen und Rechtsfolgen der Zusammenlegung richten sich daher für jede beteiligte Stiftung nach dem am Ort ihres Rechtssitzes geltenden Landesrecht. Problematisch erscheint vor dem Hintergrund dieses Sitzprinzips für den Fall, dass die neue Stiftung ihren Sitz in einem anderen Bundesland haben soll, die in einigen Landesstiftungsgesetzen enthaltene Regelung, dass die neue Stiftung mit der behördlichen Genehmigung der Zusammenlegung anerkannt sei. Nach hier vertretener, an späterer Stelle näher zu erläuternder Ansicht bleibt diese Rechtsfolgenregelung aber ohnehin rechtlich wirkungslos.[238]

Einem einheitlichen Landesrecht unterlägen länderübergreifende Sachverhalte nur, wenn die Landesstiftungsgesetze für diesen Fall Kollisionsnormen vorsähen und so einen einheitlichen Rechtsrahmen schüfen. Eine solche Rücknahme des landesrechtlichen Geltungsanspruchs kann indes nur der an sich zuständige Gesetzgeber anordnen, was bislang nicht geschehen ist. Weder der Stifter noch die Stiftungsorgane können eine abweichende Rechtswahl treffen. Sofern die Voraussetzungen für eine Sitzverlegung erfüllt sind, steht es den zuständigen Stiftungsorganen jedoch frei, einen einheitlichen rechtlichen Rahmen für die Zusammenlegung zu schaffen, indem sie den Rechtssitz der Stiftung an einen anderen Ort verlegen.[239]

IV. Rechtsgrundlagen in der Satzung

Soweit sie nicht auf Bundes- oder Landesgesetz beruht, wird die Stiftungsverfassung durch das Stiftungsgeschäft bestimmt (§ 85 BGB). Zur Verfassung in diesem Sinne zählen, wie bereits dargelegt,[240] auch die Vorschriften über die Zusammenlegung. Nach § 85 BGB ist der Stifter also befugt, in der Satzung Bestimmungen über die Zusammenlegung durch Organbeschluss zu treffen, soweit zwingendes Bundes- oder Landesrecht nicht entgegensteht.[241] Eine ausdrückliche landesgesetzliche Ermächtigung ist demnach entbehrlich[242] und hat lediglich deklaratorische Bedeutung.

---

238 Dazu § 3 C II 2 b aa.
239 Darauf weisen *Meyn/Gottschald,* in: Münchener Handbuch des Gesellschaftsrechts, § 108 Rn. 4 a. E., hin.
240 Siehe § 3 B III 1 b aa (3).
241 Vgl. *Breuer,* Zweckumwandlung und Aufhebung, S. 62; *Happ,* Stifterwille und Zweckänderung, S. 89; *S. Hahn,* Organschaftliche Änderung der Stiftungssatzung, S. 120.
242 So auch *S. Hahn,* Organschaftliche Änderung der Stiftungssatzung, S. 119 f.

1. Verhältnis von Satzung und Gesetz

Damit stellt sich, wenn die Zusammenlegung sowohl im einschlägigen Landes-stiftungsgesetz als auch in der Satzung, allerdings mit divergierenden Inhalten zugelassen und geregelt ist, die Frage nach dem Verhältnis von Satzung und Ge-setz. Auszugehen ist von dem Grundsatz der Privatautonomie, der es dem Stifter erlaubt, die Stiftung, insbesondere hinsichtlich der Befugnisse der Organe, so auszugestalten, wie es seinen Vorstellungen und Interessen entspricht.[243] Gren-zen sind dieser Gestaltungsfreiheit nur dort gezogen, wo aus Gründen des öf-fentlichen Interesses Mindestanforderungen an das Stiftungsgeschäft zu stellen sind oder die Privatrechtsordnung einem Stiftungsgeschäft die Anerkennung versagen muss, etwa weil es gegen ein gesetzliches Verbot oder die guten Sitten verstößt.[244] Auf solche Grenzen der Gestaltungsfreiheit wird unter dem Ge-sichtspunkt autonomer Organbeschlüsse zurückzukommen sein. Als Grundsatz ist allerdings festzuhalten, dass den Anordnungen des Stifters in der Satzung der Vorrang gegenüber dem (dispositiven) Gesetzesrecht gebührt.[245] Soweit die Stif-tungsgesetze wie § 14 Abs. 2 StiftG BW und § 7 Abs. 1 StiftG Nds auf die Stif-tungssatzung verweisen, haben sie mithin nur deklaratorische Bedeutung.[246]

Sieht schon das Stiftungsgesetz die Möglichkeit der Zusammenlegung vor, so ist andererseits nicht erforderlich, dass zusätzlich die Satzung einen dahinge-henden ausdrücklichen Vorbehalt enthält.[247] Denn die Geltung abstrakt-generellen Landesrechts steht nicht unter dem Anwendbarkeitsvorbehalt, dass der Stifter es explizit in seinen Willen aufnimmt.

2. Satzungsregelungen

a) Grundlagen und Formulierungsbeispiele

Satzungsbestimmungen, die die Zusammenlegung durch Organbeschluss zum Gegenstand haben, sind mit ganz unterschiedlichen Inhalten denkbar. Die rechtsgestaltende Praxis steht dabei vor der Aufgabe, der Stiftung die für ihr im Allgemeinen auf Dauer angelegtes Bestehen erforderliche Flexibilität zu verlei-hen und zugleich dem Wunsch des Stifters nach Beständigkeit seines in der Stif-

---

243 BGH StiftRspr. IV, 58, 62 (= BGHZ 99, 344); Seifart/v. Campenhausen/*Hof,* Stiftungs-rechts-Handbuch, § 4 Rn. 36; siehe auch *O. Werner,* in: Hager, Entwicklungstendenzen im Stiftungsrecht, S. 49, 55 f.

244 BGH StiftRspr. IV, 58, 62 (= BGHZ 99, 344).

245 Ebenso *S. Hahn,* Organschaftliche Änderung der Stitungssatzung, S. 67.

246 Zutreffend *Happ,* Stifterwille und Zweckänderung, S. 91.

247 A. A. *Fritsche,* in: O. Werner/Saenger, Die Stiftung, Rn. 734; wie hier *Meyn/Gott-schald,* in: Münchener Handbuch des Gesellschaftsrechts, § 108 Rn. 3.

tung objektivierten Willens Rechnung zu tragen. Dabei ist die Flexibilität der Stiftung, auf veränderte Umstände möglicherweise durch Zusammenlegung zu reagieren, naturgemäß umso geringer, je detaillierter der Stifter die Voraussetzungen der Zusammenlegung angegeben hat. In der Praxis sind daher Bestimmungen durchaus verbreitet, in denen der Stifter sich darauf beschränkt, den Stiftungsvorstand (oder ein anderes Organ) zur Zusammenlegung zu ermächtigen, ohne bestimmte Voraussetzungen hierfür anzugeben.

Beispiel:

„Der Stiftungsvorstand (oder: die Stiftung) darf die Zusammenlegung der Stiftung mit einer anderen zu einer neuen Stiftung beschließen."

Demgegenüber mag der Stifter etwa in formeller Hinsicht bestimmt haben, welches Stiftungsorgan (Vorstand, Kuratorium und/oder Beirat) mit welchem Mehrheitsquorum (einfache oder qualifizierte Mehrheit) den Zusammenlegungsbeschluss treffen darf, und diesen außerdem von seiner oder der Zustimmung seiner Erben abhängig gemacht oder zumindest ein entsprechendes Anhörungsrecht vorgesehen haben. Häufig wird der Stifter die Entscheidung über die Zusammenlegung auch an materielle Voraussetzungen – wie die Unmöglichkeit der weiteren Zweckverfolgung, eine wesentliche Veränderung der Verhältnisse oder eine im Wege der Zusammenlegung erzielbare Optimierung der Zweckverfolgung – geknüpft haben. Er kann Vorgaben treffen, mit welchen – konkret benannten oder abstrakt umschriebenen – Stiftungen eine Zusammenlegung in Betracht kommt, und mag die Zusammenlegung mit der Maßgabe verbunden haben, dass auch die neue Stiftung steuerbegünstigt ist.

Beispiel:

„Die durch die Zusammenlegung entstehende neue Stiftung muss ebenfalls steuerbegünstigt sein."

Denkbar ist ferner, dass die Satzung Bestimmungen über den Ablauf und die Rechtsfolgen der Zusammenlegung enthält, etwa Leitlinien für Zweck oder Namen der neuen Stiftung, deren Organisationsstruktur oder Vermögensausstattung. Eine solche Satzungsregelung mag etwa lauten:

„Die Zusammenlegung mit einer anderen Stiftung ist nur zulässig, wenn die Erfüllung des Stiftungszwecks unmöglich geworden ist. Die Stiftung kann nur mit einer Stiftung zusammengelegt werden, die vergleichbare Zwecke verfolgt. Die Zusammenlegung bedarf neben Zustimmung von 2/3 der Mitglieder des Vorstands und 6/7 der Mitglieder des Stiftungsrates zu Lebzeiten der Zustimmung des Stifters. Der Name des Stifters muss im Namen der neuen Stiftung wiederkehren."

Andere Satzungsbestimmungen zeichnen sich durch eine eher geringe Regelungsdichte aus. Der Stifter kann sich etwa darauf beschränken, die materiellen Voraussetzungen für die Zusammenlegung anzugeben. Mitunter kommen in der Praxis Bestimmungen vor, in denen der Stifter das Beschlussorgan explizit von jeglichen materiellen Voraussetzungen freistellt. Indem der Stifter die Entscheidung über die Zusammenlegung völlig in die Hände der Stiftungsorgane zu legen beabsichtigt, mag er eine größtmögliche Anpassungsfähigkeit an veränderte Rahmenbedingungen anstreben. Allein die Zulässigkeit solcher Satzungsgestaltungen ist überaus zweifelhaft (dazu nachfolgend b).

Beispiel:

„Änderungen des Zwecks, die Auflösung der Stiftung oder die Zusammenlegung der Stiftung mit einer anderen Stiftung sind jederzeit, insbesondere ohne eine wesentliche Veränderung der Verhältnisse zulässig."

Der Stifter mag andere Grundlagenänderungen, wie zum Beispiel die Zweckänderung, der Zusammenlegung vorziehen oder die Zusammenlegung gänzlich ausschließen.

Beispiel:

„Die Zweckänderung oder Zusammenlegung mit einer anderen Stiftung sind nur zulässig, wenn die Erfüllung des Stiftungszwecks unmöglich geworden ist. Die Zusammenlegung darf nur erfolgen, wenn die Zweckänderung keine dauerhafte Abhilfe schafft."

Fraglich ist schließlich, ob als Grundlage der Zusammenlegung solche Bestimmungen anzusehen sind, die ihrem Wortlaut nach allein zur Satzungsänderung, Zweckänderung oder Auflösung berechtigen:

Beispiel 1:[248]

„Die Stiftungssatzung ist zu ändern, wenn dies nach Auffassung des Vorstands wegen einer wesentlichen Veränderung gegenüber den im Zeitpunkt der Entstehung der Stiftung bestehenden Verhältnissen geboten ist; sie kann geändert werden, wenn dies im Interesse der Leistungs- und Funktionsfähigkeit der Stiftung zweckmäßig ist."

Beispiel 2:[249]

„Der Stiftungszweck ist an die veränderten Verhältnisse anzupassen, wenn die Aufgaben der Stiftung wegfallen oder deren Erfüllung nicht mehr sinnvoll ist. Der ge-

---

248 In Anlehnung an *v. Holt/Koch,* Stiftungssatzung, S. 149 f. (dort § 13 Nr. 1).
249 In Anlehnung an *v. Holt/Koch,* Stiftungssatzung, S. 152 (dort § 14 Nr. 1 und 3).

änderte Zweck soll dem ursprünglichen Stiftungszweck möglichst nahe kommen. Die Stiftung kann aufgelöst werden, wenn der Stiftungszweck auf absehbare Zeit nicht erfüllt werden kann und dies auch durch eine Anpassung des Stiftungszwecks nicht möglich ist."

Insoweit ist zu differenzieren: Indem die Zusammenlegung unter anderem zur Auflösung der beteiligten Stiftungen und zur Errichtung einer neuen Stiftung führt, erschöpft sie sich nicht in der bloßen Änderung der vorhandenen Satzung, sondern geht darüber hinaus. Es entspricht auch dem allgemeinen Sprachgebrauch, unter einer „Satzungsänderung" eher deren Anpassung als – wie im Falle der Zusammenlegung – eine vollständige Neufassung zu verstehen. Dementsprechend taugt eine Bestimmung, die lediglich zu Satzungsänderungen ermächtigt, gemeinhin nicht als Grundlage der Zusammenlegung.

Dagegen stellt sich die Zusammenlegung bei abstrakter, vom individuellen Stifterwillen losgelöster Betrachtung als „Minus" zur Zweckänderung und Auflösung dar, indem sie die im Mittelpunkt der Stiftung stehende Vermögen-Zweck-Beziehung aufrechtzuerhalten vermag.[250] Deshalb kommen entsprechende Satzungsvorschriften grundsätzlich als Rechtsgrundlagen der Zusammenlegung in Betracht.[251] Der Stifterwille kann jedoch im Einzelfall Gegenteiliges ergeben.

b) Problem autonomer Grundlagenänderungsbefugnisse

aa) Einführung und Meinungsstand

Zwar besteht Einvernehmen, dass der Stifter die Organe der Stiftung, sich selbst oder auch Dritten prinzipiell die Befugnis einräumen darf, über die Vornahme von Grundlagenänderungen wie der Zusammenlegung zu entscheiden. Ob der Stifter solche Befugnisse in das freie, von seinem Willen unabhängige Ermessen des oder der Berechtigten stellen darf, wird jedoch überaus kontrovers diskutiert. Die Fragestellung kann gerade – aber keineswegs nur – für Bürgerstiftungen virulent werden, die häufig von dem Bemühen um eine korporationsähnliche Ausgestaltung geprägt sind.[252]

---

250 Vgl. bereits § 3 B III 1 b bb (2) (c).

251 Für Auflösungsregelungen ebenso *Fritsche,* in: O. Werner/Saenger, Die Stiftung, Rn. 734.

252 Vgl. *Rawert,* in: Bertelsmann Stiftung, Handbuch Bürgerstiftung, S. 151, 173; *Weitemeyer,* GS Eckert, S. 967, 968.

Nach herkömmlicher und herrschender Meinung soll die Einräumung solcher autonomen[253] Grundlagenänderungsbefugnisse unzulässig sein.[254] Durch sie würden korporative Elemente im Sinne einer Mitgliederherrschaft in die Stiftung hineingetragen, die mit dem Wesen der Stiftung unvereinbar seien, und sie stünden im Widerspruch zu dem Primat des Stifterwillens, wonach nicht der wandelbare Wille der Stiftungsorgane, sondern der historische Wille des Stifters für die Stiftung dauerhaft verbindlich sei.[255] Die Zulassung autonomer Grundlagenänderungen führe daher zu einer Mischform aus Stiftung und Körperschaft, die mit dem numerus clausus der Privatrechtsformen kollidiere.[256] Auch das „Prinzip der Stiftungsautonomie" lasse es nicht zu, dass die Stiftung in Abhängigkeit von Drittinteressen gerate.[257] Außerdem werde die Stiftungsaufsicht mit der Billigung autonomer Grundlagenänderungen partiell gegenstandslos, wenn und weil dem materiellen Maßstab der Lebensfähigkeitsprognose des § 80 Abs. 2 BGB nur das Stiftungsgeschäft unterliege, während spätere Grundlagenänderungen nur noch in formeller Hinsicht geprüft würden.[258] Schließlich wird auf den in § 85 BGB zum Ausdruck kommenden „Vorbehalt des Stiftungsgeschäfts" verwiesen, wonach die Stiftungsverfassung „durch das Stiftungsge-

---

253 Zum Begriff statt vieler *Burgard,* Gestaltungsfreiheit im Stiftungsrecht, S. 349 f.; *Röthel,* GS Walz, S. 617, 626; missverständlich *Kronke,* Stiftungstypus und Unternehmensträgerstiftung, S. 77: „Möglichkeit einer autonomen, d. h. durch die Satzung dazu ermächtigte private Beteiligte [...] durchgeführten Änderung" (dazu kritisch *Reuter,* AcP 2007, 1, 15 f.), und BayVGH StiftRspr. II, 2, 14 (= BayVGHE 24, 10), wo von „autonomer" Beschlussfassung auch für den Fall die Rede ist, dass den Organen für ihre Entscheidung „ein Rahmen vorgegeben ist".

254 Speziell für die Zusammenlegung *Fritsche,* in: O. Werner/Saenger, Die Stiftung, Rn. 734; *Saenger,* ZSt 2007, 81, 86 f.; vgl. im Übrigen die folgenden Nachweise. Demgegenüber deutet *Ph. Hahn* (Die Stiftungssatzung, S. 417) die Problematik als rechtspolitisch, weshalb eine „abschließende und verbindliche Entscheidung kaum möglich" sei.

255 *Reuter,* DWiR 1991, 192, 197; Staudinger/*Rawert,* BGB, § 87 Rn. 21; *Happ,* Stifterwille und Zweckänderung, S. 104 f.; *Weitemeyer,* GS Eckert, S. 967, 982.

256 Staudinger/*Rawert,* BGB, § 85 Rn. 8; *ders.,* in: Hopt/Reuter, Stiftungen in Europa, S. 109, 129; *ders.,* in: Bertelsmann Stiftung, Handbuch Bürgerstiftungen, S. 151, 173; *Jeß,* Verhältnis des lebendes Stifters zur Stiftung, S. 101; tendenziell auch *Jakob,* Schutz der Stiftung, S. 104 ff.

257 Staudinger/*Rawert,* BGB, § 85 Rn. 8; *Jeß,* Verhältnis des lebenden Stifters zur Stiftung, S. 101; *Aigner,* Schutz der Stiftung vor Einflußnahme Dritter, S. 39.

258 *Rawert,* FS Priester, S. 647, 654; *Reuter,* Die Stiftung 4 (2010), 49, 52 f.; *S. Hahn,* Organschaftliche Änderung der Stiftungssatzung, S. 134 ff.; ähnlich *Fritsche,* ZSt 2009, 21, 25 f.

schäft", mithin durch den Stifter bestimmt werde.[259] Zulässig seien Grundlagenänderungen demnach nur, wenn der Stifter sie im Stiftungsgeschäft oder in der
Satzung selbst angeordnet oder zumindest die Voraussetzungen dafür angegeben
habe.[260]
Dieser Auffassung folgt *Muscheler* zwar im Ergebnis, jedoch nicht in der
Begründung.[261] Da die Stiftungserrichtung als „kleiner Erbfall" anzusehen sei,
seien Grundlagenänderungen mit der Situation vergleichbar, dass „der ,Erblas-
ser' (Stifter) einem Dritten die Bestimmung bzw. Neubestimmung des Zuwen-
dungsempfängers" überlasse. Satzungsmäßige Grundlagenänderungsbefugnisse
müssten sich deshalb an den Voraussetzungen messen lassen, die die Rechtsprechung zu § 2065 Abs. 2 Var. 1 BGB entwickelt hat. Dementsprechend müsse
der Stifter selbst das änderungsbefugte Organ benennen, die inhaltliche Tendenz
der möglichen Änderung vorgeben und die sachlichen Voraussetzungen der Änderungsbefugnis zumindest so genau bestimmen, dass Willkür des änderungsbe-
fugten Organs ausgeschlossen sei.[262]
Andere Literaturstimmen halten autonome Grundlagenänderungen dagegen
jedenfalls prinzipiell für zulässig,[263] wobei die Begründungen für dieses Ergebnis variieren. So leitet *Olaf Werner* eine „volle", durch die Organe wahrzuneh-
mende „Änderungsautonomie" der Stiftung aus ihrer Privatautonomie ab, was er
jedoch durch den Hinweis erheblich einschränkt, dass dies nur gelte, soweit der
Stifterwille so weitreichenden Organbefugnissen nicht – wie es für den Regelfall
zu vermuten sei – entgegenstehe.[264] Überwiegend wird die Zulässigkeit autono-

259 *Reuter*, in: Münchener Kommentar zum BGB, § 85 Rn. 1 ff., § 87 Rn. 3; *ders.*, NZG
2004, 939 ff.; *ders.*, AcP 207 (2007), 1, 12 f.; *ders.*, Die Stiftung 4 (2010), 49, 51 f.; mit
Verweis auf § 85 BGB bereits *ders.*, DWiR 1991, 192, 197; *Rawert*, ZHR 171 (2007),
105, 106 f.; *ders.*, FS Priester, S. 647, 653, 655 f.; *Happ*, Stifterwille und Zweckänderung, S. 105 f.; *S. Hahn*, Organschaftliche Änderung der Stiftungssatzung, S. 132 ff.;
auf dieser Linie letztlich auch *Beuthien*, in: Münchener Handbuch des Gesellschaftsrechts, § 77 Rn. 23, demzufolge die in der Satzung vorgesehene Änderungsbefugnisse allerdings Teil des Stiftungsgeschäfts seien und deshalb nur ihre hinreichende inhaltliche
Bestimmtheit in Frage stehe.
260 *Reuter*, in: Münchener Kommentar zum BGB, § 87 Rn. 15.
261 Zum Folgenden *Muscheler*, Stiftungsrecht, S. 286.
262 Im Wesentlichen zustimmend *Beckmann*, Änderung der Stiftungssatzung, S. 151 ff.;
Happ, Stifterwille und Zweckänderung, S. 106 f.
263 Wohl auch Seifart/v. Campenhausen/*Hof*, Stiftungsrechts-Handbuch, § 6 Rn. 200, was
sich in das von ihm andernorts gezeichnete Bild von der „Unverfügbarkeit" der Stiftung
allerdings, wie *Hof* selbst einräumt, nicht ohne weiteres einfügt (GS Walz, S. 233, 236
Fn. 20).
264 *O. Werner*, in: Hager, Entwicklungstendenzen im Stiftungsrecht, S. 49, 56 f., 59 ff.

mer Grundlagenänderungen allerdings im Gegensatz zu *Werner* nicht gleichsam als Naturzustand der Stiftungsverfassung deklariert, sondern mit der grundrechtlich geschützten Privatautonomie des Stifters („Stifterautonomie") begründet, die es ihm erlaube, eine quasikörperschaftliche Willensbildung in der Satzung zu verankern.[265] Entgegen der herrschenden Meinung sei ein der Einführung körperschaftlicher Elemente entgegenstehender numerus clausus nicht nachweisbar.[266] Außerdem bleibe unklar, weshalb autonome Änderungen einfacher Satzungsbestandteile gleichwohl zulässig sein sollten und wo die Grenze zwischen zulässigen (einfachen) und unzulässigen (wesentlichen oder qualifizierten) Satzungsänderungen verlaufe.[267] Die Stiftungsaufsicht werde durch autonome Grundlagenänderungen nicht funktionslos, weil ihr Maßstab die Stiftungsverfassung in ihrer jeweils geltenden Fassung sei.[268] Ebenso wenig überzeuge der Hinweis auf ein entgegenstehendes „Prinzip der Stiftungsautonomie", das es in dieser Form nicht gebe[269] oder für das zumindest nicht dargelegt sei, worauf es beruhen und welchen Inhalt es haben solle.[270] Die Vorschrift des § 85 BGB stehe nicht entgegen, wenn und weil die Ermächtigung durch den Stifter ihre Grundlage, wie von der Norm verlangt, im Stiftungsgeschäft finde.[271] Und der Rechtsgedanke des § 2065 BGB könne schließlich mangels Vergleichbarkeit der Interessenlagen keine Anwendung finden.[272]

Burgard und *v. Hippel* relativieren ihr Postulat der Zulässigkeit autonomer Satzungsänderungen allerdings in unterschiedlichem Umfang. Ersterer hielte es nämlich für „befremdlich", wenn der Stifter beliebige Dritte zu autonomen Grundlagenänderungen ermächtigen könnte, weshalb diese Befugnis nur dem Stifter selbst und Destinatären eingeräumt werden könne, deren persönliche In-

---

265 *Burgard,* Non Profit Law Yearbook 2005, S. 95, 108 ff.; *ders.,* Gestaltungsfreiheit im Stiftungsrecht, S. 367 ff.; *Schlüter,* Stiftungsrecht zwischen Privatautonomie und Gemeinwohlbindung, S. 337 f.

266 *Hof,* in: Hopt/Reuter, Stiftungsrecht in Europa, S. 301, 337 Fn. 150; *v. Hippel,* Grundprobleme von Nonprofit-Organisationen, S. 424 ff.; *Burgard,* Gestaltungsfreiheit im Stiftungsrecht, S. 357.

267 *v. Hippel,* Grundprobleme von Nonprofit-Organisationen S. 427 f.

268 *Burgard,* Non Profit Law Yearbook 2005, S. 95, 104 f.; *ders.,* Gestaltungsfreiheit im Stiftungsrecht, S. 359 f.

269 *Burgard,* Non Profit Law Yearbook 2005, S. 95, 106 ff.

270 *v. Hippel,* Grundprobleme von Nonprofit-Organisationen, S. 428 ff.

271 *Burgard,* Gestaltungsfreiheit im Stiftungsrecht, S. 357 f.; *v. Hippel,* Grundprobleme von Nonprofit-Organisationen, S. 452 („Überinterpretation"); ablehnend insoweit auch *Muscheler,* Stiftungsrecht, S. 284.

272 *Burgard,* Gestaltungsfreiheit im Stiftungsrecht, S. 352 Fn. 80; *v. Hippel,* Grundprobleme von Nonprofit-Organisationen, S. 454 f.

teressen an der Stiftung die notwendige Richtigkeitsgewähr für autonome Entscheidungen böten.[273] Nach Auffassung *v. Hippels* sei zum Schutz des Rechtsverkehrs und des Stifterwillens eine Einschränkung dahingehend vorzunehmen, dass der Stifter das Beschlussorgan zumindest auf einen privat- oder gemeinnützigen Zweck festlegen müsse. Außerdem müssten die Treuepflichten der Organmitglieder die Wahrung des Stifterwillens umfassen.[274]

bb) Stellungnahme

(1) Numerus clausus und Typenzwang

Der gegen die Zulässigkeit autonomer Grundlagenänderungen erhobene Einwand, sie seien mit dem numerus clausus der Rechtsformen unvereinbar, kann nicht schon deshalb zurückgewiesen werden, weil es einen numerus clausus, wie *Hof* meint, „in dieser Allgemeinheit" nicht gäbe.[275] Im Gesellschaftsrecht ist anerkannt, dass Rechtsanwender sich nur der vom Gesetzgeber zur Verfügung gestellten Rechtsformen bedienen und dem Rechtsverkehr keine Phantasiegebilde als Rechtssubjekte vorsetzen dürfen.[276] Die Übertragung des numerus clausus auf das Stiftungsrecht begegnet keinen Bedenken, weil hier wie im Gesellschaftsrecht ein generelles Bedürfnis besteht, den Rechtsverkehr in seinem Vertrauen auf die wesentlichen Strukturmerkmale der rechtsfähigen Stiftung zu schützen.[277] Allerdings steht dieser numerus clausus atypischen Gestaltungsformen nicht per se entgegen, sondern zieht der Gestaltungsfreiheit nur insoweit Grenzen, als die vom Gesetz an die Wahl einer bestimmten Rechtsform gestellten Mindestvoraussetzungen eingehalten werden müssen. Inwieweit hierzu für die Wahl der Rechtsform Stiftung das Fehlen körperschaftlicher Strukturelemente zu zählen ist, ist gerade fraglich. Dass die Mindestvoraussetzungen, die das Gesetz an die Entstehung einer Stiftung stellt, verfehlt würden, wenn sich die Initiatoren eines als Stiftung gedachten Rechtsgebildes selbst als „Mitglieder der Stiftung" bezeichnen, sich mitgliedergleiche Rechte einräumen und in der Satzung die §§ 32 bis 39, 41 BGB für anwendbar erklären,[278] überzeugt. Die so entstandene „Stiftung" ist in Wirklichkeit nämlich ein (mangels Genehmigung)

273 *Burgard,* Gestaltungsfreiheit im Stiftungsrecht, S. 370 f., 382 f. Anklänge eines auf der Ebene der Stiftungsbeteiligten stattfindenden Interessenausgleichs auch bei *Richter/Sturm,* NZG 2005, 655, 659.
274 *v. Hippel,* Grundprobleme von Nonprofit-Organisationen, S. 451 ff.
275 So *Hof,* in: Hopt/Reuter, Stiftungen in Europa, S. 337 Fn. 150.
276 *K. Schmidt,* Gesellschaftsrecht, § 5 II 1 a.
277 Ebenso *Jeß,* Verhältnis des lebenden Stifters zur Stiftung, S. 40 f.
278 *Burgard,* Non Profit Law Yearbook 2005, S. 95, 103.

nichtrechtsfähiger Verein[279] und eine bereits erteilte Anerkennung der Stiftung als rechtsfähig unter den Voraussetzungen des § 48 VwVfG[280] zurückzunehmen.[281] Ab welchem Punkt eine vermeintliche Stiftung durch die ihr verliehene körperschaftsähnliche Struktur den Gestaltungsrahmen überschreitet, den der Gesetzgeber ihr gegeben hat, lässt sich an diesem Extrembeispiel indes nicht ablesen. Solange der Nachweis nicht erbracht ist, dass das Fehlen autonomer Grundlagenänderungsbefugnisse gesetzliche Mindestvoraussetzung für die Entstehung einer Stiftung im Sinne der §§ 80 ff. BGB ist, bleibt der Hinweis auf den numerus clausus der Rechtsformen eine petitio principii.

Ein darüber hinausgehender Typenzwang, der Gestaltungen wie die Etablierung autonomer Grundlagenänderungsbefugnisse ausschließt, weil sie vom gesetzlichen Leitbild der Stiftung abweichen, ist nicht anzuerkennen. Ihm fehlt nicht nur die aus Gründen der Rechtssicherheit erforderliche Abgrenzungsschärfe zwischen noch zulässigen typischen und bereits unzulässigen atypischen Gestaltungen.[282] Der Typenzwang sieht sich darüber hinaus zu Recht dem dogmatischen Einwand ausgesetzt, dass er die Unterscheidung zwischen zwingendem und dispositivem Recht nivelliert.[283]

(2) „Prinzip der Stiftungsautonomie"

Die verbreitete Wendung, die Einräumung autonomer Grundlagenänderungsbefugnisse sei unvereinbar mit dem „Prinzip der Stiftungsautonomie", das die Abhängigkeit der Stiftung von Drittinteressen ausschließe, lehnt sich ersichtlich an das Prinzip der Verbandssouveränität an.[284] Dieses postuliert die Freiheit des Verbandes von Außeneinflüssen[285] und wird im Anschluss an *Wiedemann* vor allem mit dem Selbstschutz der Gesellschafter begründet: Es müsse verhindert werden, dass sich die Gesellschafter durch Delegation von Entscheidungsbefugnissen an außenstehende Dritte ihres notwendigen Interessenschutzes begäben.[286] Zudem beruhe die Ordnung des Gesellschaftslebens auf einer grundsätzlichen Interessenparallelität der Gesellschafter, mit der die Abhängigkeit von

279 *Burgard,* Non Profit Law Yearbook 2005, S. 95, 103.
280 Hier und im Folgenden wird aus Vereinfachungsgründen anstelle der (im Wesentlichen deckungsgleichen) Verwaltungsverfahrensgesetze der Länder das Verwaltungsverfahrensgesetz des Bundes zitiert.
281 In diesem Punkt a. A. *Fritsche,* in: O. Werner/Saenger, Die Stiftung, Rn. 734.
282 *Happ,* Stifterwille und Zweckänderung, S. 33.
283 *Burgard,* Non Profit Law Yearbook 2005, S. 95, 100 f.
284 Ausdrücklich *Happ,* Stifterwille und Zweckänderung, S. 43.
285 *K. Schmidt,* Gesellschaftsrecht, § 5 I 3 b.
286 *Wiedemann,* FS Schilling, S. 105, 114.

Drittinteressen nicht zu vereinbaren sei.[287] Ein hiernach im Wesentlichen mit Erwägungen zum Mitgliederschutz begründetes Prinzip der Verbandssouveränität lässt sich auf die mitgliederlose Stiftung allerdings nicht übertragen. Stattdessen gilt es, für die Stiftung eigenständig anzusetzen und nachzuweisen, inwieweit der Schutz des Stifterwillens womöglich eine Freiheit von Drittinteressen selbst für den Fall verlangt, dass der Stifter Gegenteiliges ausdrücklich angeordnet hat.

(3) Primat des Stifterwillens

Aus dem Primat des Stifterwillens lässt sich das jedoch nicht herleiten. Nach herkömmlichem Verständnis folgt aus diesem Grundsatz lediglich, dass der erklärte Stifterwille sowohl für die Stiftungsorgane als auch für die Aufsichtsbehörde vorrangig zu beachten ist, er besagt aber nichts über die Unzulässigkeit oder Zulässigkeit autonomer Grundlagenänderungsbefugnisse.

Dass die Berufung auf das Primat des Stifterwillens letztlich nicht weiterführt, zeigt sich ferner daran, dass andere in ihm als Ausdruck der Privatautonomie des Stifters geradewegs die grundrechtlich fundierte Begründung dafür sehen, dass der Stifter die Stiftungsorgane in der Satzung auch zu Grundlagenänderungen ermächtigen dürfte. Hiergegen ist indes einzuwenden, dass die aus der allgemeinen Handlungsfreiheit des Art. 2 Abs. 1 GG hergeleitete Stifterautonomie wie die Privatautonomie nur das Recht umfassen kann, von den durch die Privatrechtsordnung zur Verfügung gestellten Möglichkeiten Gebrauch zu machen.[288] Der Grundrechtsschutz verschafft dem Stifter daher grundsätzlich keine über den durch das zwingende Gesetzesrecht gesetzten Rahmen hinausgehende Gestaltungsfreiheit.[289] Unmittelbar auf seine Grundrechte ließe sich die Befugnis des Stifters, die Organe zur autonomen Beschlussfassung zu ermächtigen, daher allenfalls dann stützen, wenn der vom Gesetzgeber zur individuellen Entfaltung zur Verfügung gestellte Rahmen gerade in diesem Punkt völlig unzureichend wäre. Davon kann allerdings schon deshalb nicht die Rede sein, weil

---

287 *Wiedemann,* Gesellschaftsrecht I, § 7 II 1 b. Zu den genannten und weiteren Begründungsansätzen ausführlich *Schubel,* Verbandssouveränität und Binnenorganisation, S. 1-8.

288 Vgl. im Zusammenhang mit der verwandten Fragestellung, ob sich aus den Grundrechten des Stifters eine Einrichtungsgarantie für rechtsfähige Stiftungen ableiten lässt, *Manssen,* Privatrechtsgestaltung durch Hoheitsakt, S. 220; *Sachs,* FS Leisner, S. 955, 962; *Volkholz,* Geltung und Reichweite der Privatautonomie, S. 181 f.

289 *Happ,* Stifterwille und Zweckänderung, S. 45 f.; *S. Hahn,* Organschaftliche Änderung der Stiftungssatzung, S. 71 f., 74 f.

mit Vereinen und Gesellschaften Rechtsformen existieren, in denen autonome Grundlagenänderungsbefugnisse ihren festen Platz haben.

Ähnliche Einwände bestehen gegen den von *Olaf Werner* verfochtenen Ansatz, die Befugnis zu autonomen Grundlagenänderungen aus der Privatautonomie der Stiftung herzuleiten. Auch ihr zieht – neben dem Stifterwillen – das zwingende Gesetzesrecht Grenzen.

(4) Zwingende Vorgaben des einfachen Gesetzesrechts

Entscheidend ist somit, welche zwingenden Vorgaben das Gesetzesrecht im Hinblick auf autonome Grundlagenänderungen trifft. Entgegen zum Teil vertretener Ansicht lässt sich ihre Unzulässigkeit nicht daraus herleiten, dass § 80 Abs. 2 BGB Voraussetzungen für die Anerkennung einer Stiftung als rechtsfähig aufstellt, die bei Zulassung autonomer Änderungsbefugnisse obsolet wären. Vielmehr lässt sich der Vorschrift lediglich die auch für Grundlagenänderungen beachtliche (und durch das Landesrecht vielfach mit Genehmigungsvorbehalten abgesicherte) Maßgabe entnehmen, dass Satzungs- und Grundlagenänderungen nur unter Beachtung derjenigen Voraussetzungen zulässig sind, die § 80 Abs. 2 BGB schon an die Erlangung der Rechtsfähigkeit knüpft.[290]

Die Zulässigkeit autonomer Grundlagenänderungen kollidiert allerdings mit dem in § 85 BGB verankerten „Vorbehalt des Stiftungsgeschäfts". Nach dieser Vorschrift wird die Verfassung einer Stiftung, soweit sie nicht auf Bundes- oder Landesgesetz beruht, „durch das Stiftungsgeschäft bestimmt". Stiftungsgeschäft ist gemäß § 81 Abs. 1 BGB die auf die Errichtung der Stiftung zielende Willensbetätigung des Stifters. Um „durch" das Stiftungsgeschäft (und nicht nur „aufgrund" des Stiftungsgeschäfts) bestimmt zu sein, muss sich die Verfassung der Stiftung inhaltlich auf den Willen des Stifters zurückführen lassen. Für diese Auffassung spricht vor allem der Vergleich mit der Parallelnorm des § 25 BGB, wurde auf den dort verwandten Begriff der „Satzung" in § 85 BGB doch bewusst verzichtet, um die Anbindung der Stiftungsverfassung an den Stifterwillen zu betonen.[291]

Nach *Reuter* umfasst dieser Vorbehalt des Stiftungsgeschäfts alle „identitätsbestimmenden organisatorischen und materiellen Grundentscheidungen, die die Erfüllung des Stiftungszwecks bestimmen".[292] Für eine nähere Präzisierung

---

290 Vgl. auch *Schlüter*, Stiftungsrecht zwischen Privatautonomie und Gemeinwohlbindung, S. 337 f.

291 Vgl. *Pennitz*, in: Historisch-kritischer Kommentar zum BGB, §§ 80-89 Rn. 28 Fn. 147; *Happ*, Stifterwille und Zweckänderung, S. 106.

292 *Reuter*, in: Münchener Kommentar zum BGB, § 85 Rn. 3; ebenso Seifart/*v. Campenhausen*, Stiftungsrechts-Handbuch, § 1 Rn. 7 a. E.

der abstrakt umschriebenen Verfassungsgegenstände bieten die §§ 80 ff. BGB indes keine verlässlichen Anhaltspunkte. Insbesondere die vom Gesetz vorgegebene Differenzierung zwischen zwingend vom Stifter anzugebenden (§ 81 Abs. 1 S. 2 BGB) und obligatorischen, aber vor Anerkennung durch die Aufsichtsbehörde ergänzungsfähigen Satzungsinhalten (§ 81 Abs. 1 S. 4 i. V. mit § 83 S. 2 bis 4 BGB) hilft nicht weiter. Denn in Wahrnehmung ihrer Ergänzungsbefugnis ist auch die Aufsichtsbehörde stets an den Stifterwillen gebunden (vgl. § 83 S. 2 letzter Satzteil BGB).[293]

Demzufolge ist eine autonome Änderung der Stiftungsverfassung durch die Organe der Stiftung nicht schlechthin ausgeschlossen. Soweit sie die identitätsbestimmenden organisatorischen und materiellen Grundentscheidungen betrifft, die Art und Weise der Zweckerfüllung prägen, muss sich die Änderung aber gemäß § 85 BGB auf das Stiftungsgeschäft und damit auf den Willen des Stifters zurückführen lassen. Entgegen *Reuter* muss der Stifter jedoch nicht die Änderung im Stiftungsgeschäft oder in der Satzung selbst angeordnet oder doch zumindest ihre Voraussetzungen und ihre inhaltliche Tendenz angegeben haben.[294] Das verlangte dem Stifter gleichsam hellseherische Fähigkeiten ab. Erforderlich, aber auch ausreichend ist es, wenn der Stifter die Voraussetzungen einer Änderung tatbestandlich konkretisiert hat.[295] Dafür reicht angesichts der Ungewissheit künftiger Entwicklungen die Voraussetzung einer „wesentlichen Veränderung der Verhältnisse" aus.[296] Da sich dies schon aus § 85 BGB ergibt, ist eine Anlehnung an die erbrechtliche (und damit hier allenfalls analog anwendbare) Vorschrift des § 2065 Abs. 2 Var. 1 BGB entbehrlich.[297]

(5) Folgerungen für die Zusammenlegung durch Organbeschluss

Zwar ist die Zusammenlegung in der Lage, die im Mittelpunkt der Stiftung stehende Vermögen-Zweck-Beziehung aufrechtzuerhalten, dies jedoch nur um den Preis der Auflösung der zusammengelegten Stiftungen und insbesondere um den Preis, dass die Stiftungstätigkeit fortan auch dem Willen eines anderen Stifters unterliegt. Der Stifter muss sich also, wie *Fritsche*[298] es treffend formuliert, damit abfinden, seinen Stiftungsgedanken nunmehr zu teilen. Dass die organisatorischen und materiellen Grundentscheidungen des Stifters dadurch betroffen

---

293 Seifart/v. Campenhausen/*Hof*, Stiftungsrechts-Handbuch, § 6 Rn. 300; *Ph. Hahn,* Die Stiftungssatzung, S. 411.

294 *Reuter,* in: Münchener Kommentar zum BGB, § 87 Rn. 15.

295 *Rawert,* in: Beck'sches Formularbuch, Form. I. 27 Anm. 24.

296 *Rawert,* in: Beck'sches Formularbuch, Form. I. 27 Anm. 24.

297 Im Ergebnis auch *Reuter,* in: Münchener Kommentar zum BGB, § 85 Rn. 3.

298 *Fritsche,* in: O. Werner/Saenger, Die Stiftung, Rn. 734.

sind, liegt auf der Hand. Damit dürfen die Stiftungsorgane eine Zusammenlegung auf einer satzungsmäßigen Rechtsgrundlage nur beschließen, wenn der Stifter die tatbestandlichen Voraussetzungen dafür benannt, zumindest eine „wesentliche Veränderung der Verhältnisse" verlangt hat. Autonome Zusammenlegungsbeschlüsse sind demgegenüber unzulässig. Widersprechende Satzungsbestimmungen sind wegen Verstoßes gegen zwingendes Bundesrecht nichtig.[299] Die erteilte Anerkennung der Stiftung vermag den Mangel wie auch sonst[300] nicht zu heilen.[301] Jedoch wird eine Satzungsregelung, die eine „wesentliche Veränderung der Verhältnisse" nicht explizit voraussetzt, die Organe aber auch nicht ausdrücklich davon freistellt, regelmäßig nach § 140 BGB in der Weise umgedeutet werden können, dass eine wesentliche Veränderung der Verhältnisse erforderlich ist.

c) Keine Einräumung autonomer Beschlussbefugnisse durch Landesrecht

An den in § 85 BGB normierten Vorbehalt des Stiftungsgeschäfts sind wegen des Vorrangs des Bundesrechts gegenüber dem Landesrecht (Art. 31 GG) auch die Länder gebunden. Auch de lege ferenda dürfen die Landesstiftungsgesetze daher weder die Befugnis der Stiftungsorgane zu autonomen Grundlagenänderungen vorsehen noch den Stifter wirksam ermächtigen, seinerseits eine entsprechende Rechtsgrundlage in die Satzung aufzunehmen.[302] Der Verweis des § 85 BGB auf das Landesrecht ermächtigt die Länder zur Regelung der Stiftungsverfassung, stellt den Vorbehalt des Stiftungsgeschäfts aber nicht in Frage.[303]

d) Schaffung einer Rechtsgrundlage durch Satzungsänderung?

In der Literatur wird für den Fall, dass die Satzung eine Regelung über die Zusammenlegung nicht enthält, vorgeschlagen, dass eine solche im Wege der Satzungsänderung zunächst eingefügt und auf dieser neu geschaffenen Grundlage die Zusammenlegung sodann beschlossen werden könne.[304]

---

299 So zu Recht *Reuter*, in: Münchener Kommentar zum BGB, §§ 80, 81 Rn. 21.

300 VGH Mannheim NJW 1985, 1573, 1574; *Burgard*, Gestaltungsfreiheit im Stiftungsrecht, S. 464; Seifart/v. Campenhausen/*Hof*, Stiftungsrechts-Handbuch, § 6 Rn. 218; *Mankowski*, FamRZ 1995, 851; *Suerbaum*, ZSt 2004, 34, 38.

301 A. A. *Fritsche*, in: O. Werner/Saenger, Die Stiftung, Rn. 734.

302 *Reuter*, in: Münchener Kommentar zum BGB, § 85 Rn. 3.

303 *Reuter*, in: Münchener Kommentar zum BGB, § 85 Rn. 3; a. A. *Werner*, Die Zustiftung, S. 84; *Ebersbach*, Handbuch des deutschen Stiftungsrechts, S. 79.

304 *Heuer/Ringe*, Rote Seiten zu Stiftung & Sponsoring 3/2005, S. 3; *Peters/Herms*, ZSt 2004, 323, 327.

Doch bleibt es dabei, dass der Stifter die Voraussetzungen der Zusammenlegung nicht angegeben hat. Mit dem Vorbehalt des Stiftungsgeschäfts wäre es unvereinbar, könnten die Stiftungsorgane nach ihrem Ermessen eine Rechtsgrundlage für die Zusammenlegung schaffen und das Verbot autonomer Grundlagenänderungen auf diese Weise umgehen. Durch Satzungsänderung können die Stiftungsorgane eine Zusammenlegung mithin nur unter den Voraussetzungen zulassen, die auch sonst für den Fall gelten, dass weder Gesetz noch Satzung eine (wirksame) Rechtsgrundlage der Zusammenlegung enthalten (dazu nachfolgend V.). Sie hat damit nur deklaratorische Bedeutung. Eine darüber hinausgehende Satzungsbestimmung ist nicht genehmigungsfähig.

V. Zusammenlegung ohne ausdrückliche Rechtsgrundlage

Schließlich stellt sich die Frage, ob und unter welchen Voraussetzungen eine Zusammenlegung durch Organbeschluss möglich ist, wenn weder das einschlägige Stiftungsgesetz noch die jeweilige Satzung eine Rechtsgrundlage vorsehen. Dies hat praktische Relevanz in Bayern, Mecklenburg-Vorpommern und Thüringen, deren Stiftungsgesetze die organseitig initiierte Zusammenlegung nicht kennen.

1. Meinungsstand

In der Rechtsprechung wird betont, dass die auf Dauer angelegte Stiftung in besonderem Maße dem Wandel der Verhältnisse ausgesetzt und in ihrem Fortbestand auf die Möglichkeit von Änderungen ihrer Verfassung angewiesen sei. Deshalb schließe die prinzipielle Maßgeblichkeit des Stifterwillens Verfassungsänderungen nicht von vornherein aus. Sie müssten allerdings mit dem erklärten oder mutmaßlichen Stifterwillen im Einklang stehen und seien nach einem „allgemeinen Grundsatz des Stiftungsrechts" nur zulässig, wenn hierfür ein rechtfertigender Grund bestehe, vor allem wenn sie wegen wesentlicher Veränderungen der Verhältnisse angezeigt seien.[305] Ob bei Vorliegen dieser Voraussetzungen eine Grundlagenänderung auch ohne satzungs- oder landesrechtliche Ermächtigungsgrundlage zulässig ist, brauchte der *Bundesgerichtshof* hingegen bislang nicht zu entscheiden.

Im Schrifttum besteht im Wesentlichen Einvernehmen, dass die Stiftungsorgane in Ausübung des ihnen durch das Stiftungsgeschäft erteilten Auftrags zu (einfachen) *Satzungsänderungen* berechtigt (und verpflichtet) sind, wenn dies

---

305 BGH StiftRspr. IV, 58, 60 (= BGHZ 99, 344).

zur dauernden und nachhaltigen Erfüllung des Stiftungszwecks geboten ist.[306] Neuerdings wird zur Begründung bisweilen auf § 86 S. 1 i. V. mit §§ 27 Abs. 3, 665 BGB zurückgegriffen.[307] Ob und – vor allem – unter welchen Voraussetzungen den Stiftungsorganen ein ungeschriebenes Recht zu weitergehenden Eingriffen in die Stiftungsverfassung, also zu *Grundlagenänderungen* wie der Zusammenlegung zusteht, ist demgegenüber weitgehend ungeklärt. Namentlich *Reuter* vertritt die Ansicht, dass die Ausführung des durch das Stiftungsgeschäft erteilten Auftrags zur dauernden und nachhaltigen Erfüllung des Stiftungszwecks nicht nur das Recht, sondern auch die Pflicht einschließe, die Stiftungsverfassung zu ändern, wenn dies zur Erfüllung des Stiftungszwecks geboten sei. Verwehrt seien dem Stiftungsvorstand jedoch die Änderung des Stiftungszwecks selbst sowie die Änderung der Verfassung unter geringeren Voraussetzungen, als sie sich aus dem Gebot der dauernden und nachhaltigen Erfüllung des Stiftungszwecks zwingend ergäben.[308]

Eine weitergehende Änderungsbefugnis leiten *Scholz/Langer*[309] und *Jakob*[310] aus dem Wesen der Stiftung ab. Deren Identität stehe nämlich nicht ein für allemal fest, sondern bestimme sich aus einer „Stiftungs*realisation,* welche sich durch eine *flexible Relation* der begriffsbestimmenden Merkmale Zweck, Vermögen und Organisation konkretisieren und stets aufs Neue entwickeln muss, um dem Willen des Stifters Genüge zu tun".[311] Nach Auffassung *Jakobs* soll es daher „regelmäßig innerhalb des Stifterwillens" liegen, dass die Stiftungsorgane nicht „krampfhaft" an den Einzelheiten des Stifterwillens festhalten, sondern den Stifterwillen nach ihrem besten Wissen und Gewissen vollziehen, daher auch angepasst an sich ändernde Verhältnisse.[312] Eine den Stifterwillen formal konterkarierende Befugnis zur Anpassung der Stiftungsverfassung sei

---

306 Staudinger/*Rawert,* BGB, § 87 Rn. 19; *Reuter,* in: Münchener Kommentar zum BGB, § 85 Rn. 2, 9; Bamberger/Roth/*Schwarz/Backert,* BGB, § 85 Rn. 4; Erman/*O. Werner,* BGB, § 85 Rn. 10; unklar *S. Hahn,* Organschaftliche Änderung der Stiftungssatzung, S. 62.

307 Kritisch vor allem *Reuter,* AcP 207 (2007), 1, 13.

308 *Reuter,* in: Münchener Kommentar zum BGB, § 85 Rn. 1; vgl. nunmehr auch *dens.,* Die Stiftung 4 (2010), 49, 65, der einen Konflikt zwischen der Alleinzuständigkeit des Stifters für die Regelung der Stiftungsverfassung und dem Recht und der Pflicht der Stiftungsorgane zur dauernden und nachhaltigen Erfüllung des Stiftungszwecks konstatiert, den er unter Rekurs auf die Regeln des Wegfalls der Geschäftsgrundlage auflösen will.

309 *Scholz/Langer,* Stiftung und Verfassung, S. 25 ff.

310 *Jakob,* Schutz der Stiftung, S. 60; *ders.,* FS O. Werner, S. 101, 102.

311 *Jakob,* Schutz der Stiftung, S. 204 f. (Hervorhebungen im Original).

312 Ausführlich *Jakob,* Schutz der Stiftung, S. 204 f.; ihm zustimmend *S. Hahn,* Organschaftliche Änderung der Stiftungssatzung, S. 82.

deshalb anzuerkennen, wenn sie nötig sei, um „die Stiftung am Leben zu erhalten und damit die eigentliche Stiftungsidee zu bewahren". Ausnahmsweise könnten die Stiftungsorgane gar zu „strukturellen Änderungen der Grundparameter der Stiftung" wie des Stiftungszwecks berechtigt und verpflichtet sein.[313] *Happ* sieht die Stiftungsorgane demgegenüber analog § 313 BGB zu Zweckänderungen berechtigt, wenn sich ein dahingehendes Bedürfnis aus einem „kurzfristigen, unvorhersehbaren Wandel der Verhältnisse" ergebe.[314]

2. Stellungnahme

Zuzustimmen ist der sowohl bei *Reuter* als auch bei *Jakob* zum Tragen kommenden Erkenntnis, dass nicht alle Vorgaben des Stifterwillens dasselbe Gewicht haben können. Das Primat des Stifterwillens wird damit aber nicht in Frage gestellt, sondern es wird die Notwendigkeit erkannt, dass die einzelnen Vorgaben des Stifters durch Veränderungen der tatsächlichen oder rechtlichen Verhältnisse miteinander in Konflikt geraten können. Das Erfordernis, solche Konfliktlagen aufzulösen, bedingt die Einsicht, dass zur Erhaltung der Stiftung als solcher – mit den Worten *Jakobs* der „Stiftungsidee" – nicht nur Änderungen der Satzung, sondern auch Eingriffe in die Grundlagen der Stiftung zulässig und geboten sein können.

Das Kernproblem liegt folglich darin, wie die Aussagen des Stifters über die Grundlagen der Stiftung zueinander ins Verhältnis zu setzen und zu gewichten sind. Der von *Jakob* verwandte Ausdruck der „Stiftungsidee", der die sonstigen Grundlagen der Stiftung unterzuordnen seien, weist in die richtige Richtung, ist aber letztlich zu unbestimmt. Im Einklang mit der in § 87 Abs. 1 und in den landesstiftungsrechtlichen Vermögenserhaltungsgeboten verankerten gesetzgeberischen Wertung ist das Hauptanliegen des Stifters – bei der gebotenen typisierenden Betrachtung und unter dem Vorbehalt eines im Einzelfall abweichenden Stifterwillens – in der durch die Stiftung verkörperten Vermögen-Zweck-Beziehung zu erblicken.[315] Um ihrer Erhaltung willen können daher selbst Grundlagenänderungen gerechtfertigt sein. Damit lässt sich zwar nicht eine ungeschriebene Befugnis zur Zweckänderung, wohl aber zur Zusammenlegung legitimieren, wenn und weil sie geeignet ist, die Vermögen-Zweck-Beziehung zu wahren.

---

313 *Jakob,* Schutz der Stiftung, S. 206.
314 *Happ,* Stifterwille und Zweckänderung, S. 147 ff.; dazu kritisch *Kohnke,* Pflichten des Stiftungsvorstands, S. 148.
315 Vgl. bereits § 3 B III 1 b bb (2) (c).

Doch reicht es insoweit nicht aus, dass sich, wie die Landesstiftungsgesetze es überwiegend zur ausdrücklichen Voraussetzung der Zusammenlegung gemacht haben, die Verhältnisse wesentlich verändert haben. Denn damit würden die Entscheidungen sowohl des Gesetzgebers als auch des Stifters konterkariert, eine (ausdrückliche) Rechtsgrundlage für die Zusammenlegung durch Organbeschluss gerade nicht zu schaffen. Eine ungeschriebene Befugnis zur Grundlagenänderung ist daher an die weitergehende Voraussetzung zu knüpfen, dass die stifterischen Vorgaben so sehr miteinander in Konflikt stehen, dass eine weitere Verfolgung des Stiftungszwecks unter diesen Umständen unmöglich ist. Das deckt sich im Ergebnis mit der Voraussetzung, die § 87 Abs. 1 BGB an das Eingreifen der Aufsichtsbehörde stellt.

C. Voraussetzungen

Die einschlägigen landesgesetzlichen Vorschriften setzen neben einem Zusammenlegungsbeschluss (dazu I.) eine behördliche Mitwirkung voraus (II. 2.). Als weitere Voraussetzung werden im Gesetz oder in der Satzung teilweise Zustimmungsvorbehalte zugunsten des Stifters oder eines Dritten eingeräumt (II. 1.).

I. Gleichgerichtete Organbeschlüsse

1. Rechtliche Qualifikation

Im Gegensatz zu stiftungsinternen Grundlagenänderungen wie der Zweckänderung geht die Zusammenlegung über die Sphäre der einzelnen Stiftung hinaus und setzt damit voraus, dass alle beteiligten Stiftungen gleichgerichtete, also inhaltlich übereinstimmende Entscheidungen treffen.[316] Die erforderliche Willensbildung innerhalb der Stiftungen erfolgt durch Beschluss des zuständigen Stiftungsorgans.[317] Der Beschluss ist ein Rechtsgeschäft sui generis, das die individuellen Willensäußerungen der Organmitglieder koordiniert und zu einem kollektiven Organwillen zusammenfasst.[318] Rechtswirkungen entfaltet der Beschluss als interner Organisationsakt zunächst lediglich im Innenverhältnis der

---

316 Vgl. auch *Schwake*, Kapital und Zweckerfüllung, S. 569.
317 Dabei wird unterstellt, dass das Organ – wie zumeist der Fall – aus mehreren Personen besteht (vgl. für den Stiftungsvorstand § 86 S. 1 i. V. mit 28 Abs. 1, 32, 34 BGB). Sonst tritt an die Stelle des Beschlusses der nach außen artikulierte Entschluss des alleinigen Organmitglieds.
318 *Kraft/Kreutz*, Gesellschaftsrecht, B II 2 b; *K. Schmidt*, Gesellschaftsrecht, § 15 I 1 a.

Stiftung,[319] wo er eine bindende Entscheidung trifft,[320] also weder gegenüber einer anderen, an der Zusammenlegung beteiligten Stiftung noch gegenüber der Aufsichtsbehörde. Von einer Vergleichbarkeit der Zusammenlegung mit einem Vertragsabschluss zu sprechen,[321] erscheint daher zumindest missverständlich. Die Beschlüsse spielen eine zentrale Rolle, indem sie als den einzelnen Stiftungen zuzurechnende Willensäußerungen das Verfahren initiieren, die angestrebte Zusammenlegung inhaltlich konkretisieren und schließlich die Bezugspunkte der behördlichen Mitwirkung bilden.

2. Erfordernis eines „Zusammenlegungsvertrages"?

Um die inhaltliche Kongruenz der Beschlüsse sicherzustellen, müssen die Stiftungen sich zuvor über deren Inhalt abstimmen. Wie diese inhaltliche Abstimmung zu erfolgen hat, regeln die Landesstiftungsgesetze nicht. Denkbar ist, dass die Stiftungen, die eine Zusammenlegung ins Auge fassen, hierzu einen regelrechten „Zusammenlegungsvertrag" abschließen, in dem sie sich über den Inhalt der Zusammenlegung einigen. In diesem Sinne verlangt das Umwandlungsgesetz, dass die an den Verschmelzung beteiligten Rechtsträger einen Verschmelzungsvertrag schließen bzw. entwerfen, in dem die wesentlichen Details der Verschmelzung geregelt sind (§§ 4, 5 UmwG). Jedoch beruht die Notwendigkeit eines Verschmelzungsvertrages insbesondere auf der organisationsrechtlichen Trennung zwischen Geschäftsführungs- und Willensbildungsorgan und verfolgt – wie der Verschmelzungsbericht nach § 8 UmwG – damit den Zweck, den Anteilsinhabern bzw. Mitgliedern eine Grundlage für ihre Entscheidung zu geben (vgl. § 13 Abs. 1 UmwG). Dessen bedarf es in der mitgliederlosen Stiftung nicht, deren Vorstand nach der gesetzlichen Regelverfassung Geschäftsführungs- und, soweit zulässig, Willensbildungsorgan zugleich ist. Daher fehlt die teleologische Grundlage, um den Zusammenlegungsvertrag in Anlehnung an den Verschmelzungsvertrag zur zwingenden Voraussetzung der Zusammenlegung zu machen.

Im Einzelfall kann sich der Abschluss eines Zusammenlegungsvertrages in der Praxis gleichwohl als sinnvoll erweisen, um frühzeitig eine verbindliche Grundlage der Zusammenlegung zu vereinbaren und zu verhindern, dass sich eine Stiftung noch vor der Beschlussfassung einseitig von der ins Auge gefassten Zusammenlegung lossagt.

---

319 Dazu, dass Beschlüsse grundsätzlich keine Außenwirkung entfalten, *K. Schmidt*, Gesellschaftsrecht, § 15 I 4.
320 Vgl. Baumbach/Hueck/*Zöllner*, GmbHG, § 47 Rn. 4.
321 So *Schwake*, Kapital und Zweckerfüllung, S. 569.

3. Formelle Beschlussvoraussetzungen

Der Zusammenlegungsbeschluss darf nur unter Beachtung der dafür in der Satzung und, sofern vorhanden, Geschäftsordnung getroffenen formellen Voraussetzungen ergehen.

a) Zuständigkeit

Ist der Vorstand das einzige Organ der Stiftung, kann im Hinblick auf die Organzuständigkeit kein Zweifel aufkommen: Denn der Vorstand ist in diesem Falle allzuständig.[322] Verfügt die Stiftung hingegen über mehrere Organe, bedarf es einer Abgrenzung ihrer jeweiligen Zuständigkeiten.

Abzustellen ist dann in erster Linie auf die Satzung, die ein einzelnes Stiftungsorgan oder mehrere Organe nebeneinander für zuständig erklären kann. Keine Schwierigkeiten machen naturgemäß jene Satzungsregelungen, die die Zuständigkeitsfrage eindeutig beantworten. Bei dem berufenen Organ muss es sich nicht unbedingt um ein bereits bestehendes handeln; grundsätzlich kann die Satzung auch Stiftungsexterne – etwa den Stifter selbst bzw. seine Nachkommen – (sogar ausschließlich[323]) zur Entscheidung ermächtigen. Eine unzulässige Fremdbestimmung der Stiftung liegt darin nicht:[324] Zum einen wird der Dritte – nach zutreffender Ansicht – in Ausübung seiner Entscheidungskompetenz zum Organ der Stiftung[325] und in dieser Eigenschaft an den Stifterwillen gebunden.[326] Zum zweiten dürfen – selbst ungeachtet dessen – autonome Grundlagenänderungsbefugnisse, die Stiftungsorganen versagt sind, Dritten genauso wenig eingeräumt werden. Auch die Grundlagenänderung durch Dritte muss sich damit, um zulässig zu sein, als Ausführung des Stifterwillens darstellen.

Fehlt eine ausdrückliche Satzungsbestimmung, ist die Organzuständigkeit möglichst durch Auslegung der Satzung zu ermitteln. Dabei gelten für Fälle von

---

322 *Rawert*, in: Hoffmann-Becking/Rawert, Beck'sches Formularbuch, I. 27 Anm. 3.

323 A. A. *O. Werner*, in: O. Werner/Saenger, Die Stiftung, Rn. 387: nur neben den regulären Stiftungsorganen.

324 Ebenso *Siegmund-Schultze*, StiftG Nds, § 7 Anm. 4, und *Richter*, in: Münchener Handbuch des Gesellschaftsrechts, § 117 Rn. 28, die dies unter anderem mit dem Genehmigungserfordernis begründen.

325 Überzeugend *Burgard*, Gestaltungsfreiheit im Stiftungsrecht, S. 219 ff., 275, 347; ferner *Lunk/Rawert*, Non Profit Law Yearbook 2001, S. 91, 96; dies übersieht *Beckmann*, Änderung der Stiftungssatzung, S. 126; a. A. *Reuter*, in: Münchener Kommentar zum BGB, §§ 80, 81 Rn. 32.

326 *Burgard*, Gestaltungsfreiheit im Stiftungsrecht, S. 275; im Ergebnis auch Seifart/v. Campenhausen/*Hof*, Stiftungsrechts-Handbuch, § 12 Rn. 44, ohne den Dritten jedoch ausdrücklich als Organ zu qualifizieren.

Satzungs- oder sonstigen Grundlagenänderungen getroffene Zuständigkeitsregeln im Zweifel auch für die Zusammenlegung.[327] Auch wenn der Stifter die Organzuständigkeit nur für bestimmte Grundlagenänderungen ausdrücklich geregelt hat, so ist doch anzunehmen, dass der Stifter die Zusammenlegung schon deshalb keiner anderen Organzuständigkeit hätte unterwerfen wollen, weil verschiedene Grundlagenänderungen wie Zweckänderung, Auflösung und Zusammenlegung nicht selten nebeneinander in Betracht kommen und eine gespaltene Organzuständigkeit insoweit nicht sachgerecht wäre.

Lassen sich der Satzung dagegen keinerlei Hinweise auf die Zuständigkeit eines bestimmten Organs entnehmen, richtet sie sich in zweiter Linie nach den Regelungen des Bundes- bzw. Landesrechts. Doch kann, da die Zusammenlegung als Grundlagenänderung keine Maßnahme der Geschäftsführung ist, eine Zuständigkeit des Vorstands für die Beschlussfassung nicht aus §§ 86 S. 1, 27 Abs. 3 BGB hergeleitet werden.[328] Die Landesstiftungsgesetze treffen überwiegend keine Regelung in der Sache, sondern verweisen lediglich auf die Satzung. Nur die Stiftungsgesetze von Rheinland-Pfalz, Niedersachsen und Sachsen-Anhalt treffen eigene Regelungen, indem sie die Beschlussfassung in die Hände der „zur Verwaltung der Stiftung berufenen Organe" (§§ 7 Abs. 3 S. 1 StiftG Nds, 21 Abs. 3 S. 1 StiftG Sa) legen, in der Regel also des Vorstands (so ausdrücklich § 8 Abs. 2 StiftG RhPf). Neben ihm bestehende Aufsichts- oder Beratungsgremien „verwalten" die Stiftung nicht.[329]

Ist die Zuständigkeitsfrage schließlich weder im Landesrecht noch in der Satzung beantwortet, besteht eine Regelungslücke. Dann Beschlüsse sämtlicher Stiftungsorgane zu fordern,[330] würde bloße Beratungs- und Kontrollgremien zu Entscheidungsorganen aufwerten, was mit dem Stifterwillen kaum vereinbar

---

327 *Peters/Herms*, ZSt 2004, 323, 327.

328 Ebenso *Peters/Herms*, ZSt 2004, 323, 327 Fn. 37; a. A. *Schwintek*, Vorstandskontrolle, S. 143; *ders.*, in: O. Werner/Saenger, Die Stiftung, Rn. 696; für den Fall der Ausgliederung Lutter/*Rawert/Hüttemann*, UmwG, § 163 Rn. 4.

329 *Siegmund-Schultze*, StiftG Nds, § 7 Anm. 4.

330 So § 86 Abs. 5 S. 3 des Gesetzentwurfs der Fraktion *Bündnis 90/Die Grünen*, BT-Drs. 13/9320, S. 4; dagegen mit Recht Seifart/v. Campenhausen/*Hof*, Handbuch des Stiftungsrechts, 2. Aufl., § 7 Rn. 176 Fn. 271; *Beckmann*, Änderung der Stiftungssatzung, S. 123.

wäre.[331] In diesem Falle wird die Beschlussfassung deshalb im Ergebnis zu Recht in der Zuständigkeit des Vorstands gesehen.[332]

b) Beschlussquorum

Ebenfalls in erster Linie nach der Satzung bestimmt sich, mit welchem Quorum der Beschluss zu fassen ist.[333] Regelmäßig wird hierfür eine qualifizierte Mehrheit vorgesehen sein. Auch Einstimmigkeitserfordernisse sind möglich, bergen aber das Risiko, dass Beschlüsse aus sachfremden Erwägungen durch Einzelne blockiert werden.[334] Auszugehen ist wiederum (vgl. soeben a) davon, dass für Satzungs- oder sonstige Grundlagenänderungen aufgestellte Mehrheitserfordernisse im Zweifel auch für die Zusammenlegung gelten.

Da die Landesstiftungsgesetze keine einschlägigen Vorschriften enthalten, ist die Rechtslage dagegen unklar, sofern auch die Satzung kein bestimmtes Quorum vorsieht. Nach §§ 86 S. 1, 28 Abs. 1, 32 Abs. 1 S. 3 BGB trifft der Vorstand seine Beschlüsse im Allgemeinen mit der einfachen Mehrheit aller abgegebenen Stimmen.[335] Ein besonderes Quorum für satzungs- oder grundlagenändernde Beschlüsse sieht das Gesetz für den Stiftungsvorstand – die §§ 33 Abs. 1, 41 S. 2 BGB finden jedenfalls unmittelbar keine Anwendung – dagegen nicht vor. Angesichts der Tragweite der Zusammenlegung erscheint bei diesem Befund fraglich, ob die einfache Mehrheit für Satzungs- und Grundlagenänderungen tatsächlich ausreicht[336] oder der Beschluss nicht vielmehr – wie es der Kautelarpraxis empfohlen wird[337] – mit qualifizierter Mehrheit oder einstimmig zu fassen ist.

---

331 Bedenken auch bei Seifart/v. Campenhausen/*Hof*, Stiftungsrechts-Handbuch, § 8 Rn. 82.

332 *Ebersbach*, Handbuch des deutschen Stiftungsrechts, S. 92; Seifart/v. Campenhausen/*Hof*, Stiftungsrechts-Handbuch, § 11 Rn. 304; *Schwintek*, Vorstandskontrolle, S. 138, 143; *Beckmann*, Änderung der Stiftungssatzung, S. 122 f.; kritisch *Peters/Herms*, ZSt 2004, 323, 327.

333 An dieser Stelle ist außerdem auf die Möglichkeit einer vom Grundsatz der §§ 86 S. 1, 28 Abs. 1, 32 Abs. 1 S. 3 BGB – „pro Kopf eine Stimme" – abweichenden Stimmgewichtung hinzuweisen, vgl. *Sieger/Bank*, NZG 2010, 641, 642 f.

334 Vgl. auch *Hof*, in: Münchener Vertragshandbuch, Form. VIII 1 Anm. 41; *Happ*, Stifterwille und Zweckänderung, S. 117; eindringlich *v. Holt/Koch*, Stiftungssatzung, S. 154.

335 Statt vieler *Burgard*, Gestaltungsfreiheit im Stiftungsrecht, S. 307 f.; a. A. *Jauernig*, BGB, § 32 Rn. 5: Anwesenheitsmehrheit.

336 Dafür *Schwintek*, in: O. Werner/Saenger, Die Stiftung, Rn. 696 a. E.

337 *O. Werner*, in: O. Werner/Saenger, Die Stiftung, Rn. 433.

Gesichtspunkte des Verbandsrechts, das für satzungs- und grundlagenändernde Beschlüsse qualifizierte Mehrheiten verlangt, lassen sich nur bedingt auf das Stiftungsrecht übertragen. Im Gegensatz zur Rechtslage in Verein und Gesellschaft spricht in der mitgliederlosen Stiftung nämlich weder der Minderheitenschutz für bestimmte Mehrheitserfordernisse, noch dass diametrale Einzelinteressen durch den Zwang zur qualifizierten Mehrheit oder Einstimmigkeit miteinander in Einklang gebracht werden müssten: Denn fassen die Stiftungsorgane Beschlüsse über Grundlagenänderungen, so vollziehen sie zulässigerweise immer nur den Stifterwillen; die Verfolgung außerhalb des Stifterwillens liegender Eigeninteressen ist ihnen untersagt. Bestimmte Beschlussquoren schützen im Stiftungsrecht also nicht individuelle Mitspracherechte der Beschlussfassenden, sondern müssen (und dürfen) ausschließlich Gewähr dafür leisten, dass der Stifterwille recht- und zweckmäßig umgesetzt wird. Schon das spricht gegen eine analoge Anwendung der §§ 33 Abs. 1, 41 S. 2 BGB, die für Grundlagenänderungen im Verein eine Dreiviertelmehrheit (Satzungsänderung, Auflösung) bzw. Einstimmigkeit (Zweckänderung) voraussetzen. In der Stiftung wäre diese Differenzierung überdies unstimmig, weil Auflösung und Zweckänderung den Stifterwillen, in dessen Mittelpunkt der Erhalt der Vermögen-Zweck-Beziehung steht, nicht in so unterschiedlicher Weise berühren, dass dies divergierende Beschlussquoren rechtfertige.[338]

Leitlinien für ein Beschlussquorum sind deshalb im Stiftungsrecht selbst zu suchen, und sie finden sich wiederum im Stifterwillen, der typischerweise auf Dauerhaftigkeit und Unabänderlichkeit der ins Leben gesetzten Stiftung gerichtet ist. Gegenüber qualifizierten Mehrheitserfordernissen ist deshalb im Zweifel dem Einstimmigkeitsprinzip der Vorrang zu geben. Begrenzte „Wendigkeit und Fortschrittlichkeit" sind anders als im Verbandsrecht[339] hier kein Nachteil, sondern entsprechen geradewegs dem stiftungsrechtlichen Grundsatz, Befugnisse zu Grundlagenänderungen restriktiv zu handhaben,[340] im Zweifel also am Status quo festzuhalten.[341] Dass dadurch Blockademöglichkeiten für opponierende Organmitglieder geschaffen werden, ist de lege lata hinzunehmen. Der Blick ins Umwandlungsgesetz, wo der Gesetzgeber für die Ausgliederung aus dem Stiftungsvermögen einen im Zweifel einstimmig zu fassenden Beschluss verlangt (§ 163 Abs. 2 UmwG), bestätigt die Richtigkeit dieser Wertung und stützt das Ergebnis.

---

338 *Burgard,* Gestaltungsfreiheit im Stiftungsrecht, S. 309 f.
339 Dazu *Zöllner,* Schranken mitgliedschaftlicher Stimmrechtsmacht, S. 94.
340 Statt vieler Seifart/v. Campenhausen/*Hof,* Stiftungsrechts-Handbuch, § 10 Rn. 338.
341 Zu dieser Beibehaltung des Status quo durch das Einstimmigkeitsprinzip *Zöllner,* Schranken mitgliedschaftlicher Stimmrechtsmacht, S. 94.

c) Anhörung des Stifters

Nach § 5 Abs. 2 S. 2 StiftG NRW und § 8 Abs. 2 StiftG RhPf muss der Stifter nach Möglichkeit – vorausgesetzt also, dass er noch lebt und mit zumutbarem Aufwand erreichbar ist – vor der Beschlussfassung über die Zusammenlegung angehört werden. Nach Wortlaut und Systematik von § 5 Abs. 2 S. 2 StiftG NRW und § 8 Abs. 2 StiftG RhPf ist die Anhörung jeweils formelle Beschlussvoraussetzung. Folglich muss der Stiftungsvorstand noch vor Beschlussfassung über die Zusammenlegung dem Stifter Gelegenheit geben, sich dazu zu äußern. Der Stifter wird so gleichsam zum Sachverständigen über seinen historischen Willen gemacht,[342] um eine möglichst authentische Auslegung, unter Umständen zudem anlassgemäße Präzisierung des Stifterwillens zu ermöglichen. In anderen Bundesländern kann sich ein entsprechendes Anhörungsrecht aus der Satzung ergeben. Bedarf der Beschluss ohnehin der Zustimmung des Stifters, ist eine gesonderte Anhörung entbehrlich.

Für das Beschlussorgan ist die Äußerung des angehörten Stifters nicht verbindlich,[343] sondern das Maß aller Dinge bleibt der historische Stifterwille. Wird ein Beschluss aber gefasst, ohne dass – trotz Möglichkeit und Zumutbarkeit – dem Stifter zuvor Gelegenheit zur Äußerung gegeben worden ist, so ist dieser fehlerhaft. Einen allgemeinen Grundsatz, den Stifter vor der Beschlussfassung über eine Grundlagenänderung anzuhören, gibt es jedoch nicht. Eine Anhörung des Stifters durch das beschlussfassende Organ ist deshalb entbehrlich, wenn sie weder gesetzlich noch satzungsrechtlich vorgeschrieben ist, ebenso wenn der Stifter auf die (gesetzlich vorgesehene) Anhörung allgemein (etwa in der Satzung) oder im Einzelfall verzichtet hat.

Von alledem unberührt bleibt eine mögliche öffentlich-rechtliche Pflicht der Stiftungsaufsicht, den Stifter vor der hoheitlichen Genehmigung eines Grundlagenänderungsbeschlusses anzuhören.[344]

d) Formbedürftigkeit nach § 311b Abs. 3 BGB

Die Landesstiftungsgesetze verlangen für den Zusammenlegungsbeschluss keine besondere Form. In der Literatur wird vereinzelt auf eine mögliche Formbedürftigkeit des Zusammenlegungsbeschlusses nach § 311b Abs. 1 BGB hingewiesen.[345] Unabhängig davon, ob zu dem Vermögen der zusammenzulegenden Stiftung Eigentum an Grundstücken zählt, könnte der Beschluss jedoch vor allem

---

342 Treffend *Beckmann,* Änderung der Stiftungssatzung, S. 127.
343 *Fritsche/*U. Kilian, StiftG Bbg, § 10 Anm. 6; *Mecking,* StiftG RhPf, § 8 Anm. 4.
344 Dazu noch § 3 C II 2 a cc (1) (e).
345 Vgl. *Oetker,* FS O. Werner, S. 207, 209.

nach § 311b Abs. 3 BGB formbedürftig sein. Notarieller Beurkundung bedarf danach ein Vertrag, durch den sich eine Partei zur Übertragung ihres gegenwärtigen Vermögens verpflichtet (§§ 311b Abs. 3, 128 BGB). Ob die Vorschrift auf den Zusammenlegungsbeschluss Anwendung findet, ist jedoch aus mehreren Gründen zweifelhaft.

aa) Zusammenlegungsbeschluss als Verpflichtung zur Übertragung des gegenwärtigen Vermögens

Der naheliegende Einwand, dass der Zusammenlegungsbeschluss als einseitiges Rechtsgeschäft dem seinem Wortlaut nach auf Verträge zugeschnittenen Formerfordernis des § 311b Abs. 3 BGB nicht unterfalle, überzeugt allerdings nicht. Im Rahmen des § 311b Abs. 1 BGB, der Verträge über Grundstücke dem Beurkundungszwang unterwirft, ist die Anwendung der Vorschrift auf einseitige Rechtsgeschäfte angesichts der übereinstimmenden Interessenlage weithin anerkannt.[346] Hinsichtlich des Formerfordernisses nach § 311b Abs. 3 BGB kann nichts anderes gelten.[347] Ob die Verpflichtung zur Vermögensübertragung auf einem Vertrag oder auf einem einseitigen Rechtsgeschäft beruht, macht mit Blick auf die Schutzbedürftigkeit desjenigen, der sich zur Übertragung seines Vermögens verpflichtet, keinen Unterschied.

Fraglich bleibt aber, ob sich die Stiftung durch den Zusammenlegungsbeschluss, wie § 311b Abs. 3 BGB voraussetzt, auch zur Übertragung ihres gegenwärtigen Vermögens verpflichtet. Zweifel daran, dass (schon) der Beschluss eine solche Verpflichtung begründet, wecken vor allem die Regelungen der Landesstiftungsgesetze, die die Zusammenlegung außerdem von der aufsichtsbehördlichen Genehmigung abhängig machen. Allerdings ist die Stiftungsaufsicht – heute unstreitig – Rechtsaufsicht. Eigene Zweckmäßigkeitserwägungen sind ihr also untersagt. Die Entscheidung zur Zusammenlegung trifft daher – materiell – das Beschlussorgan allein. Liegen die rechtlichen Voraussetzungen der Zusammenlegung vor, muss die Stiftungsaufsicht die Genehmigung erteilen.[348] Damit wird die Verpflichtung zur Vermögensübertragung bereits mit dem Organbeschluss in für die Stiftung bindender Weise eingegangen. Dass diese Verpflichtung erst mit Erteilung der Genehmigung Wirksamkeit nach außen entfaltet, spielt insoweit keine Rolle.

---

346 Jauernig/*Stadler*, BGB, § 311b Rn. 7; Palandt/*Grüneberg*, BGB, § 311b Rn. 16; a. A. Erman/*O. Werner*, BGB, § 81 Rn. 4.
347 Bamberger/Roth/*Gehrlein*, BGB, § 311b Rn. 44.
348 Vgl. noch § 3 C II 2 a dd.

Ebenso wenig lässt sich gegen die Anwendbarkeit des § 311b Abs. 3 BGB einwenden, dass die eingegangene Verpflichtung nicht auf das gegenwärtige Vermögen, sondern das bei Eintritt der Rechtsfolgen der Zusammenlegung vorhandene, also künftige Vermögen gerichtet sei. Letztere Konstellation wird wegen der Regelung des Absatzes 2 – die hier indes, wie noch zu zeigen ist, nicht anwendbar ist – bei § 311b Abs. 3 BGB nur regelmäßig nicht relevant. Im einen wie im anderen Fall ist die Verpflichtung, was nach dem Schutzzweck des § 311b Abs. 3 BGB entscheidend ist,[349] auf die Übertragung des Vermögens in „Bausch und Bogen" gerichtet. Dabei kann es hingegen auf das Erfüllungsgeschäft, also darauf, wie das Vermögen auf die neue Stiftung übergeht – durch Einzelrechtsübertragung oder durch Gesamtrechtsnachfolge – nach dem Wortlaut des § 311b Abs. 3 BGB nicht ankommen.[350]

bb) Entbehrlichkeit einer notariellen Beurkundung wegen behördlicher Mitwirkung?

Allerdings wird für das Stiftungsgeschäft, für das § 81 Abs. 1 S. 1 BGB die Schriftform (§ 126 BGB) ausreichen lässt, ein auf § 311b Abs. 1 BGB gestützter Beurkundungszwang mit der überzeugenden Begründung abgelehnt, dass der ausweislich der Heilungsmöglichkeit im Vordergrund stehende Übereilungsschutz auch durch das behördliche Anerkennungsverfahren gewährleistet sei.[351] Jedoch lässt sich die vorstehende Argumentation auf die hiesige Problematik nicht übertragen. Anders als bei § 311b Abs. 1 S. 2 BGB wird der auf einem Verstoß gegen § 311b Abs. 3 BGB beruhende Formmangel durch Erfüllung nämlich nicht geheilt.[352] Damit fehlt insoweit der argumentative Ansatz für eine Fokussierung der Beurkundungszwecke auf den Schutz vor Übereilung, so dass der Sinn der notariellen Beurkundung bei § 311b Abs. 3 BGB zugleich in der Sicherstellung fachlicher Beratung zu erblicken ist.

Der hierzu vertretenen Auffassung, die Einschaltung der Stiftungsaufsicht werde diesem Zweck ob ihrer Beratungspflichten ausreichend gerecht,[353] kann dabei nicht gefolgt werden. Denn bis auf Bayern sehen die Landesstiftungsgesetze eine stiftungsaufsichtliche Beratungspflicht gar nicht vor.[354] Aus in der

---

349 Vgl. Palandt/*Grüneberg,* BGB, § 311b Rn. 66.

350 A. A. *Oetker,* FS O. Werner, S. 207, 209 (zu § 311b Abs. 1 BGB).

351 *Reuter,* in: Münchener Kommentar zum BGB, §§ 80, 81 Rn. 6; im Ergebnis auch Seifart/v. Campenhausen/*Hof,* Stiftungsrechts-Handbuch, § 6 Rn. 17; a. A. *Schwarz,* DStR 2002, 1718, 1721; Palandt/*Ellenberger,* BGB, § 81 Rn. 3.

352 BGH DNotZ 1971, 38; Palandt/*Grüneberg,* BGB, § 311b Rn. 68.

353 So Seifart/v. Campenhausen/*Hof,* Stiftungsrechts-Handbuch, § 6 Rn. 17.

354 *Backert,* in: O. Werner/Saenger, Die Stiftung, Rn. 1271.

Praxis zwar regelmäßig, aber freiwillig erbrachten und daher von den Stiftungen nicht immer auch beanspruchten Beratungsleistungen durch die Aufsichtsbehörden darf aber nicht auf die Entbehrlichkeit einer gesetzlich angeordneten Fachberatung geschlossen werden. Zu Recht sieht *Reuter* darüber hinaus ein Spannungsverhältnis zwischen beratender und kontrollierender Aufsichtstätigkeit.[355] Nach alledem lässt sich die notarielle Beurkundung des Zusammenlegungsbeschlusses nicht unter Hinweis auf die erforderliche Mitwirkung der Stiftungsaufsichtsbehörden ablehnen.

Doch wird schließlich die Anwendbarkeit des § 311b Abs. 3 BGB auf juristische Personen überhaupt – zumeist im Hinblick auf Unternehmenskaufverträge in Form von „asset deals" – in Zweifel gezogen.[356] Der Kritik ist zuzugeben, dass § 311b Abs. 3 BGB, soweit die Vorschrift die Umgehungen der für Verfügungen von Todes wegen geltenden Formvorschriften[357] vermeiden soll, auf juristische Personen in der Tat nicht passt.[358] Doch erschöpft sich der Normzweck darin nicht. Die mit der notariellen Beurkundung verbundenen weiteren Zwecke – namentlich Übereilungsschutz und Sicherstellung fachlicher Beratung[359] – ergeben auch bei wesentlichen Vermögensgeschäften juristischer Personen Sinn.[360] Das entspricht nicht zuletzt dem Willen des Gesetzgebers, der mit § 6 UmwG den „Grundsatz des § 311 BGB", also die Regelung des heutigen § 311b Abs. 3 BGB auf Verschmelzungsverträge zwischen juristischen Personen erstreckte.[361]

Stellt man dieses Ergebnis auf den Prüfstand gesetzgeberischer Wertungen, so ergibt sich, dass ein Wertungswiderspruch zu anderen Grundlagenänderungen, die – wie Zweckänderung und Auflösung – keiner besonderen Form bedürfen, durch die Anwendung des § 311b Abs. 3 BGB auf die Zusammenlegung nicht entsteht. Im Gegenteil zeigt § 163 Abs. 3 UmwG, der die notarielle Beurkundung (über § 311b Abs. 3 BGB hinaus) für die Ausgliederung aus dem Stiftungsvermögen vorschreibt, dass Gründe der Rechtssicherheit und der Richtig-

---

355 *Reuter,* in: Münchener Kommentar zum BGB, Vor § 80 Rn. 71.
356 Ablehnend *Kiem,* NJW 2006, 2363 ff.; kritisch *Böttcher/Grewe,* NZG 2005, 950 ff.
357 Zu diesem Normzweck *Kanzleiter,* in: Münchener Kommentar zum BGB, § 311b Rn. 99; Staudinger/*Wufka,* BGB, § 311b Abs. 3 Rn. 1.
358 *Kiem,* NJW 2006, 2363, 2366.
359 Staudinger/*Wufka,* BGB, § 311b Abs. 3 Rn. 1; Erman/*Grziwotz,* BGB, § 311b Rn. 88; Jauernig/*Stadler,* BGB, § 311b Rn. 53.
360 RGZ 76, 1, 3; 137, 324, 348; Prütting/Wegen/Weinreich/*Medicus,* BGB, § 311b Rn. 23; Staudinger/*Wufka,* BGB, § 311b Abs. 3 Rn. 7; Jauernig/*Stadler,* BGB, § 311b Rn. 55; Palandt/*Grüneberg,* BGB, § 311b Rn. 65; a. A. *Kiem,* NJW 2006, 2363, 2366 f.
361 BT-Drs. 12/6699, S. 83.

keitsgewähr eine Anwendung der Vorschrift auch bei wesentlichen Vermögens-geschäften von Stiftungen geboten erscheinen lassen.[362]

cc) Ergebnis

Der Zusammenlegungsbeschluss bedarf mithin gemäß § 311b Abs. 3 BGB der notariellen Beurkundung (§ 128 BGB). Ein ohne Beachtung dieser Form gefass-ter Beschluss ist gemäß § 125 S. 1 BGB nichtig. Auf die Frage einer Formbe-dürftigkeit nach § 311b Abs. 1 BGB, wenn und weil zu dem zu übertragenden Vermögen das Eigentum an einem Grundstück gehört, kommt es folglich nicht an.

e) Sonderproblem: § 311b Abs. 2 BGB

Ein Organbeschluss, der die ungeschmälerte und vollständige Einbringung der Stiftungsvermögen in die neue Stiftung vorsieht, erscheint indes im Lichte des § 311b Abs. 2 BGB problematisch. Danach ist nämlich ein Vertrag nichtig, durch den sich der eine Teil zur Übertragung seines künftigen Vermögens ver-pflichtet. Diese Rechtsfolge erscheint für den Fall einer Fusion freilich wenig sachgerecht. Im Rahmen der umwandlungsrechtlichen Verschmelzung findet die Vorschrift des § 311b Abs. 2 BGB daher aufgrund der speziellen Regelung des § 4 Abs. 1 S. 2 UmwG keine Anwendung. Dies wird in der Literatur damit be-gründet, dass der Zweck des § 311b Abs. 2 BGB, den Einzelnen vor einer über-mäßigen Beschränkung seiner wirtschaftlichen Betätigungsfreiheit zu schützen und zu verhindern, dass er seine Vermögensfähigkeit und damit jeden Antrieb für einen Erwerbstätigkeit verliert,[363] bei der Verschmelzung nicht passe.[364] Darüber hinaus sei gerade bei einem im Geschäftsverkehr stehenden Unterneh-men im Zeitpunkt des Abschlusses eines Verschmelzungsvertrags zwangsläufig noch unsicher, welche Vermögensgegenstände im späteren Zeitpunkt des Wirk-samwerdens der Verschmelzung vorhanden sein werden.[365]

Ungeachtet der – wohl zu bejahenden – Frage, ob § 311b Abs. 2 BGB auf den Zusammenlegungsbeschluss als einseitiges Rechtsgeschäft überhaupt An-wendung findet, haben die referierten Gesichtspunkte auch für die Zusammenle-gung von Stiftungen Gewicht, zumal die vollständige Vermögensübertragung hier nicht bloß den Interessen der beteiligten Stiftungen entspricht, sondern vom Stifterwillen gefordert ist. Der Aspekt, dass der Vermögensbestand im Zeitpunkt

---

362 Vgl. Lutter/*Rawert/Hüttemann*, UmwG, § 163 Rn. 9.
363 Palandt/*Grüneberg*, BGB, § 311b Rn. 57.
364 Semler/Stengel/*Schröer*, UmwG, § 4 Rn. 7.
365 *Lutter/Drygala*, UmwG, § 4 Rn. 18.

des Wirksamwerdens zuvor meist noch unklar ist, wird dadurch verstärkt, dass die Stiftungsorgane eingedenk der notwendigen behördlichen Genehmigung auf diesen Zeitpunkt ohnehin nur begrenzten Einfluss haben. Aus alledem ist der Schluss zu ziehen, dass § 311b Abs. 2 BGB – trotz Fehlens einer § 4 Abs. 1 S. 2 UmwG entsprechenden Regelung – auf die Zusammenlegung keine Anwendung finden kann; sie ist insoweit teleologisch zu reduzieren.[366]

f) Mitwirkung eines Kontrollorgans

Dem Stifter steht es frei, durch Satzungsregelung neben dem obligatorischen Vorstand weitere, fakultative Stiftungsorgane einzurichten. Mit der Einrichtung eines zweiten Stiftungsorgans (häufig Kuratorium, Verwaltungsrat oder Beirat genannt) soll in der Stiftung zumeist eine interne Kontrolle der Stiftungstätigkeit, vor allem auf ihre Vereinbarkeit mit dem Stifterwillen, erreicht werden.[367] Ihre Beratungsaufgaben nehmen sie typischerweise wahr, indem sie den Vorstand bestellen, abberufen und entlasten, die Stiftung gegenüber den Vorstandsmitgliedern vertreten und die Rechnungslegung prüfen; an den eigentlichen Entscheidungsgängen sind sie oftmals nicht beteiligt.[368] Jedoch ist es sinnvoll und in Satzungen nicht selten so geregelt, dass Kontrollorgane an besonders gewichtigen Entscheidungen, zu denen auch die Zusammenlegung zählt, zu beteiligen sind.[369] Sieht die Satzung eine solche Mitwirkung des Kontrollorgans allerdings nicht vor, bleibt es hingegen bei der Alleinzuständigkeit des Vorstands.

Je nach Satzungsregelung im Einzelfall kann die Beteiligung des Kontrollorgans bedeuten, dass die Vorstandsbeschlüsse zu ihrer Wirksamkeit der Zustimmung des Kontrollorgans bedürfen oder dass Vorstand und Kontrollorgan einen gemeinsamen Beschluss zu fassen haben.[370] Letzteres ermöglicht einen Informationsfluss und Gedankenaustausch zwischen den verschiedenen Organen und dürfte daher – zumal mit Blick auf das Gewicht der zu treffenden Entscheidung – bei der Abfassung der Satzung anzuraten sein.[371] Aus dem Kontrollzweck des Zweitorgans folgt, dass es in seiner Entscheidung, ob es die Zusam-

---

366 Vgl. auch *Lutter/Drygala*, UmwG, § 4 Rn. 18, die der Vorschrift des § 4 Abs. 1 S. 2 UmwG „vor allem klarstellende Bedeutung" beimessen.

367 *Rawert*, in: Hoffmann-Becking/Rawert, Beck'sches Formularbuch, I. 26 Anm. 21.

368 Seifart/v. Campenhausen/*Hof*, Stiftungsrechts-Handbuch, § 8 Rn. 78, 80.

369 *Schwintek*, Vorstandskontrolle, S. 350 ff.; *O. Werner*, in: O. Werner/Saenger, Die Stiftung, Rn. 429; Seifart/v. Campenhausen/*Hof*, Stiftungsrechts-Handbuch, § 8 Rn. 80; *Lüke*, in: Münchener Handbuch des Gesellschaftsrechts, § 91 Rn. 20.

370 *O. Werner*, in: O. Werner/Saenger, Die Stiftung, Rn. 428.

371 *O. Werner*, in: O. Werner/Saenger, Die Stiftung, Rn. 428, zu den Einzelheiten der gemeinsamen Beschlussfassung ebenda Rn. 430 ff.

menlegung billigt, denselben Voraussetzungen unterliegt wie der Stiftungsvorstand.

4. Materielle Beschlussvoraussetzungen

a) Vorrang der Satzung

Die materiellen Voraussetzungen des Zusammenlegungsbeschlusses ergeben sich in erster Linie aus der Stiftungssatzung.[372] In manchen Stiftungsgesetzen ist dieser Vorrang der Satzung ausdrücklich angesprochen (zum Beispiel § 8 Abs. 2 StiftG RhPf). Dabei ist es Auslegungsfrage, ob die in der Satzung angegebenen Voraussetzungen neben die gesetzlichen oder an ihre Stelle treten sollen.

b) Vereinbarkeit mit dem Stifterwillen

aa) „Primat des Stifterwillens"

Der Stifterwille bleibt in der Form, die er im Stiftungsgeschäft (§ 81 BGB) gefunden hat,[373] für die Stiftung fortwährend konstitutiv,[374] er bestimmt so für die Dauer der Stiftungsexistenz ihr Wesen und ihre Identität.[375] Die Achtung des Stifterwillens ist oberstes Prinzip des Stiftungsrechts;[376] der Stifterwille begründet und begrenzt die Befugnisse sowohl der Stiftungsorgane als auch der Stiftungsaufsicht.[377] Im Landesrecht wird der Stifterwille vielfach sogar explizit zur obersten Richtschnur der Auslegung und Anwendung des Stiftungsrechts erklärt (vgl. etwa Art. 2 Abs. 1 StiftG Bay).

Einige Stiftungsgesetze schreiben dementsprechend auch für den Fall der Zusammenlegung ausdrücklich vor, dass sie nur im Einklang mit dem Stifterwillen zulässig ist (zum Beispiel § 7 Abs. 2 S. 1 StiftG Nds). Als allgemeiner Grundsatz des Stiftungsrechts gilt das Primat des Stifterwillens jedoch unabhängig von seiner ausdrücklichen Positivierung. Voraussetzung des Zusammenlegungsbeschlusses ist damit in jedem Falle, dass er mit dem historischen Stifterwillen im Einklang steht.[378] Ist die Zusammenlegung mit dem Stifterwillen auch

---

372 Vgl. § 3 B IV 1.

373 Zur Maßgeblichkeit dieses Zeitpunkts *Jakob,* Schutz der Stiftung, S. 134 f.

374 BVerfGE 46, 73, 85.

375 BVerfGE 46, 73, 85; *Jakob,* Schutz der Stiftung, S. 59.

376 BGH StiftRspr. IV, 58, 60 (= BGHZ 99, 344); *Schwake,* in: Münchener Handbuch des Gesellschaftsrechts, § 79 Rn. 13.

377 Zu letzterem ausführlich § 5 C I 3 a.

378 Seifart/v. Campenhausen/*Hof,* Stiftungsrechts-Handbuch, § 10 Rn. 337; *Peters/Herms,* ZSt 2004, 323, 326; *Saenger,* ZSt 2007, 81, 85; *Meyn/Gottschald,* in: Münchener Handbuch des Gesellschaftsrechts, § 108 Rn. 3.

grundsätzlich vereinbar, so erschöpft sich seine Bedeutung darin nicht. Er ist darüber hinaus, wie noch näher darzulegen ist, bestimmend für die einzelnen Modalitäten der Zusammenlegung.

bb) Wirklicher und mutmaßlicher Wille

Ist der Wille des Stifters[379] aber nicht in einer über jeden Zweifel erhabenen Weise im Stiftungsgeschäft bzw. in der Satzung dokumentiert, so ist der (wirkliche) Wille des Stifters gegebenenfalls durch Auslegung seiner Erklärungen zu ermitteln, die Grundlage der Stiftungserrichtung geworden sind (vgl. § 133 BGB). Hinsichtlich der dabei anzuwendenden Auslegungsmaßstäbe ist nicht nur zwischen Stiftungsgeschäft und Satzung zu differenzieren. Darüber hinaus ist für die Auslegung des Stiftungsgeschäfts danach zu unterscheiden, ob es sich um eine nichtempfangsbedürftige oder um eine empfangsbedürftige Willenserklärung handelt.

Für die Auslegung des Stiftungsgeschäfts unter Lebenden als einseitige, nichtempfangsbedürftige Willenserklärung kommt es ausschließlich auf den Willen des Erklärenden, also auf den Stifterhorizont an.[380] Wegen des Schriftformerfordernisses müssen die relevanten Umstände und die Vorstellungen des Stifters aber, um berücksichtigt werden zu können, im Stiftungsgeschäft zumindest angedeutet sein (sog. Andeutungstheorie).[381] Dasselbe gilt für die Stiftungserrichtung von Todes wegen, wenn das Stiftungsgeschäft Gegenstand eines (einfachen) Testaments ist und damit wiederum eine einseitige, nichtempfangsbedürftige Willenserklärung darstellt.[382]

Ist das Stiftungsgeschäft hingegen Teil eines Erbvertrages oder eines gemeinschaftlichen Testaments, handelt es sich um eine empfangsbedürftige Willenserklärung, bei deren Auslegung auf den Empfängerhorizont abzustellen ist. Der Inhalt des Stiftungsgeschäfts bestimmt sich in diesem Falle danach, wie es

---

379 Dabei wird nicht verkannt, dass eine Stiftung auch durch mehrere Stifter errichtet werden kann, deren gemeinsamer Wille für sie maßgeblich ist. Aus Vereinfachungsgründen wird hier und im Übrigen gleichwohl allein der Singular verwandt.

380 *O. Werner,* in: v. Campenhausen u. a., Stiftungen in Deutschland und Europa, S. 243, 248; *Jakob,* Schutz der Stiftung, S. 138.

381 *Mecking,* in: Münchener Handbuch des Gesellschaftsrechts, § 85 Rn. 51.

382 *O. Werner,* in: v. Campenhausen u. a., Stiftungen in Deutschland und Europa, S. 243, 248; *Jakob,* Schutz der Stiftung, S. 138.

nach Treu und Glauben und der Verkehrssitte vom Erklärungsempfänger zu verstehen war.[383]
Die Besonderheit der Satzung liegt demgegenüber darin, dass sie nicht an einen bestimmten Erklärungsempfänger, sondern an die Stiftungsöffentlichkeit, also an alle gerichtet ist, die mit der Stiftung in Kontakt treten.[384] Deshalb hat die Stiftungssatzung wie die Statuten sonstiger juristischer Personen den Charakter einer Rechtsnorm.[385] Ihre – revisible – Auslegung richtet sich nach objektiven, allgemein erkennbaren Gesichtspunkten, vor allem also ihrem Wortlaut und ihrem typischen Sinn.[386] Dem im Stiftungsgeschäft zum Ausdruck gebrachten Stifterwillen kommt für die Auslegung der Satzung zwar maßgebende Bedeutung zu,[387] dies aber nur, soweit er einem durchschnittlichen objektiven Betrachter verständlich ist.[388] Tritt dabei ein inhaltlicher Widerspruch zwischen Stiftungsgeschäft und Satzung zutage, so wird man mit *Hof* im Zweifel der Satzungsregelung den Vorrang einräumen müssen.[389]

Ist der (wirkliche) Stifterwille weder im Stiftungsgeschäft noch in der Satzung niedergelegt und auch durch deren Auslegung nicht zu eruieren, so entspricht es dem Primat des Stifterwillens, anstelle des (nicht festzustellenden) wirklichen Stifterwillens den mutmaßlichen Stifterwillen zugrunde zu legen (vgl. auch § 2 StiftG BW).[390] Dafür ist zu fragen, welche Regelung der Stifter getroffen hätte, wenn ihm die Unvollständigkeit seiner Erklärungen bekannt ge-

---

383 *O. Werner*, in: v. Campenhausen u. a., Stiftungen in Deutschland und Europa, S. 243, 248 f.; *Jakob*, Schutz der Stiftung, S. 138; allgemein *Jauernig*, BGB, § 133 Rn. 10 m. w. N.

384 *O. Werner*, in: v. Campenhausen u. a., Stiftungen in Deutschland und Europa, S. 243, 249.

385 Seifart/v. Campenhausen/*Hof*, Stiftungsrechts-Handbuch, § 6 Rn. 123; Staudinger/*Rawert*, BGB, § 85 Rn. 3; zur Rechtslage im Gesellschaftsrecht zusammenfassend *Kraft/Kreutz*, Gesellschaftsrecht, B I 1 e.

386 Seifart/v. Campenhausen/*Hof*, Stiftungsrechts-Handbuch, § 6 Rn. 123; *Jakob*, Schutz der Stiftung, S. 138; Staudinger/*Rawert*, BGB, § 85 Rn. 3; *O. Werner*, in: v. Campenhausen u. a., Stiftungen in Deutschland und Europa, S. 243, 249 f. (anders jetzt aber *ders.*, in: O. Werner/Saenger, Die Stiftung, Rn. 369).

387 BGH NJW 1994, 184, 185; Bamberger/Roth/*Schwarz/Backert*, BGB, § 85 Rn. 2.

388 *O. Werner*, in: v. Campenhausen u. a., Stiftungen in Deutschland und Europa, S. 243, 249 f.; *Jakob*, Schutz der Stiftung, S. 138 f.

389 Seifart/v. Campenhausen/*Hof*, Stiftungsrechts-Handbuch, § 6 Rn. 119, 127 mit Fn. 224; a. A. *Burgard*, Gestaltungsfreiheit im Stiftungsrecht, S. 82.

390 Seifart/v. Campenhausen/*Hof*, Stiftungsrechts-Handbuch, § 6 Rn. 12; Soergel/*Neuhoff*, BGB, § 85 Rn. 6; *Schiffer*, in: Anwaltkommentar zum BGB, § 80 Rn. 30.

wesen wäre.[391] Im Zweifel ist daher zugrunde zu legen, was im Hinblick auf das nach dem Gesamtzusammenhang der Stiftungserrichtung vom Stifter verfolgte Anliegen vernünftig ist.[392] Als Indizien sind insoweit auch etwaige Äußerungen des Stifters zu berücksichtigen, die dieser erst nach dem Zeitpunkt der Stiftungserrichtung getätigt hat.[393] Zu den für die Ermittlung des mutmaßlichen Stifterwillens erheblichen Gesamtumständen der Stiftungserrichtung gehören – nicht zuletzt – die jeweils maßgeblichen gesetzlichen Vorgaben und Wertungen, jedenfalls sofern der Stifter ihnen nicht widersprochen hat.

cc) Folgerungen für die Zusammenlegung

(1) Grundsätze

Anhand der vorgenannten Auslegungsregeln ist mithin im Einzelfall zu untersuchen, ob und gegebenenfalls unter welchen Umständen und mit welchen Maßgaben die Zusammenlegung mit dem Stifterwillen im Einklang steht.

In der Praxis ist die Grenze zwischen wirklichem und mutmaßlichem Stifterwillen oft fließend. So kann selbst im Falle einer auf den ersten Blick klaren und eindeutigen Satzungsregelung zu erwägen sein, ob der darin zum Ausdruck kommende Stifterwille für die Stiftung (noch) verbindlich ist oder sich infolge zwischenzeitlich eingetretener Veränderungen in der Gesamtschau des vom Stifter artikulierten Willens als nicht mehr zeitgemäß erweist und daher auf Grundlage des mutmaßlichen Stifterwillens zu korrigieren ist.

(2) Ermittlung des mutmaßlichen Stifterwillens

Auf den mutmaßlichen Stifterwillen kommt es insbesondere dann an, wenn der wirkliche Wille des Stifters trotz umfassender Würdigung der hierfür zur Verfügung stehenden Quellen nicht zu ermitteln ist.

Für den Fall eines non liquet, wenn also auch nach eingehender Prüfung zweifelhaft bleibt, ob die Zusammenlegung mit dem mutmaßlichen Stifterwillen vereinbar ist oder nicht, ist die Frage zu beantworten, wie *im Zweifel* zu entscheiden ist: für oder gegen die Zusammenlegung. Im Rahmen dieser zwangsläufig typisierenden Betrachtungsweise haben die allgemeinen Wertungen des

---

391 O. *Werner,* in: v. Campenhausen u. a., Stiftungen in Deutschland und Europa, S. 243, 252 f.; *Mecking,* in: Münchener Handbuch des Gesellschaftsrechts, § 85 Rn. 51; *Bruns,* StiftG BW, § 2 Anm. 6.

392 O. *Werner,* in: v. Campenhausen u. a., Stiftungen in Deutschland und Europa, S. 243, 252 f.; *Mecking,* in: Münchener Handbuch des Gesellschaftsrechts, § 85 Rn. 51.

393 *Burgard,* Gestaltungsfreiheit im Stiftungsrecht, S. 200; Erman/O. *Werner,* BGB, § 81 Rn. 22.

Stiftungsrechts besondere Bedeutung, wobei der dem Wesen der Stiftung immanenten und durch die Gesetzgeber zum Beispiel in § 87 Abs. 1 BGB und § 4 Abs. 2 StiftG SH verankerten Vermögen-Zweck-Beziehung[394] eine zentrale Rolle zukommt.

Hat der Stifter nichts Gegenteiliges erklärt, so gelten diese gesetzgeberischen Wertungen – wie das positive Recht – in abstrakt-genereller Weise auch für „seine" Stiftung, ohne dass es insoweit einer Rückführung auf seinen Willen bedürfte. Auf der Grundlage dieser typisierenden Betrachtung ist dem mutmaßlichen Stifterwillen mithin die mit der Stiftungserrichtung verbundene Absicht zu entnehmen, die für die Stiftung prägende Vermögen-Zweck-Beziehung möglichst dauerhaft zu erhalten. Unter diesem Blickwinkel erscheint die Zusammenlegung, die darauf angelegt ist, die Konnexität von Vermögen und Zweck zu wahren, durchaus mit dem mutmaßlichen Stifterwillen vereinbar zu sein.

Andererseits darf jedoch nicht übersehen werden, dass die Zusammenlegung zum Erlöschen der Stiftung als Rechtsperson und auch dazu führt, dass der Stifter seinen „Stiftungsgedanken" fortan teilen muss[395]. Die rechtliche Verselbständigung unterscheidet die rechtsfähige Stiftung von der unselbständigen Stiftung als einem bloßen Schuldrechts- oder Treuhandverhältnis zwischen dem Stifter und dem Träger des zugewendeten Vermögens.[396] Die unselbständige Stiftung bleibt in der Hand des Stifters und ihres Trägers, die sie jedenfalls einvernehmlich, unter Umständen auch einseitig auflösen können.[397] Die rechtliche Verselbständigung macht die Stiftung im Sinne der §§ 80 ff. BGB demgegenüber für Stifter und Organe grundsätzlich unverfügbar[398] und löst sie so von dem Meinungswandel und von der Vergänglichkeit natürlicher oder juristischer Trägerpersonen.[399] Anders als es zunächst den Anschein haben mag, läuft die Zusammenlegung dieser Intention des Stifters indes nicht entgegen, sondern trägt ihr – ganz im Gegenteil – letztlich Rechnung, indem die rechtliche Verselbständigung der Stiftung, wenn auch in neuem Gewande, fortbesteht. Auch dieser Gesichtspunkt spricht also eher für als gegen eine Vereinbarkeit der Zusammenlegung mit dem mutmaßlichen Stifterwillen.

---

394 Dazu schon § 3 B III 1 b bb (2) (c).
395 So treffend *Fritsche,* in: O. Werner/Saenger, Die Stiftung, Rn. 738.
396 RGZ 105, 305, 306; *Herzog,* Die unselbständige Stiftung des bürgerlichen Rechts, S. 18.
397 Seifart/v. Campenhausen/*Hof,* Stiftungsrechts-Handbuch, § 36 Rn. 171 ff.; *ders., GS Walz,* S. 233, 248.
398 *Hof,* GS Walz, S. 233, 248.
399 Vgl. *Reuter,* AcP 207 (2007), 1, 9.

Damit kommt es schließlich darauf an, ob es mit dem mutmaßlichen Willen des Stifters vereinbar ist, seinen „Stiftungsgedanken" fortan zu teilen. Der denkbare Einwand, dass der Stifter die Stiftung doch ursprünglich gerade allein errichtet und der Möglichkeit, sein Vorhaben mit anderen Stiftern zu teilen, somit eine Absage gegeben habe, greift nicht durch. Denn anders als bei der originären Errichtung einer Stiftung durch mehrere Stifter, deren gemeinsamer, also übereinstimmender Wille maßgeblich ist, stellt die Zusammenlegung an sich die einzelnen Stifterwillen nicht in Frage. Denn mit dem Primat des Stifterwillens wäre es sicherlich unvereinbar, die Willen der Stifter in der neuen Stiftung nur soweit fortgelten zu lassen, wie sie sich decken. Vielmehr müssen die einzelnen Stifterwillen, worauf noch im Einzelnen einzugehen sein wird, auch bei der konkreten Durchführung der Zusammenlegung in ihren Einzelheiten Berücksichtigung finden. Unter dieser Prämisse ist die Zusammenlegung auch unter dem Gesichtspunkt, den „Stiftungsgedanken" teilen zu müssen, – im Zweifel – mit dem mutmaßlichen Willen des Stifters vereinbar, wenn und weil sein stifterisches Anliegen (nur) auf diese Weise zur fortdauernden Geltung gebracht werden kann.

dd) Keine Unbeachtlichkeit des Stifterwillens wegen überwiegender öffentlicher Interessen

In der Literatur wird erwogen, dass der Stifterwille im Einzelfall aufgrund überwiegender sozialer oder sonstiger öffentlicher Belange hintangestellt werden könnte.[400] Diesem Ansatz, der auf eine Abwägung des Stifterwillens mit dem öffentlichen Interesse hinausliefe, ist aber entschieden entgegenzutreten. Er steht nicht nur im Widerspruch zum Konzept der gemeinwohlkonformen Allzweckstiftung.[401] Auch aus der Grundrechtsträgerschaft der Stiftung (Art. 19 Abs. 3 GG) folgt, dass die Stiftung für öffentliche Aufgaben nicht stärker in Anspruch genommen werden kann als andere juristische Personen.

c) Vorliegen eines rechtfertigenden Grundes

aa) Allgemeiner Grundsatz des Stiftungsrechts

Auch wenn die Zusammenlegung mit dem Stifterwillen vereinbar ist, bleibt die Ausgestaltung der Stiftung doch an sich Sache des Stifters. Änderungen ihrer Grundlagen bedürfen daher nach allgemeiner Ansicht einer besonderen materiel-

---

400 *Neuhoff*, ZSt 2003, 56, 59 f.
401 Ebenso *Happ*, Stifterwille und Zweckänderung, S. 97 f.

len Rechtfertigung, die sich vor allem aus einer wesentlichen Veränderung der Verhältnisse ergeben kann.[402]

Jedoch setzt die Zusammenlegung weder stets noch auch nur „in der Regel" eine wesentliche Veränderung der Verhältnisse voraus.[403] Denn zu Eingriffen in Satzung und Struktur der Stiftung sind ihre Organe insbesondere dann berechtigt, wenn sie sich hierzu auf eine ordnungsgemäße Rechtsgrundlage in der Satzung stützen können. Einer wesentlichen Veränderung der Verhältnisse bedarf es unter diesen Umständen nicht,[404] vielmehr findet die Zusammenlegung ihre sachliche Rechtfertigung in der Regelung der Satzung. Folgerichtig setzen die Landesstiftungsgesetze eine wesentliche Veränderung der Verhältnisse nicht kumulativ, sondern – wenn überhaupt – nur alternativ zu einer Satzungsermächtigung voraus (vgl. zum Beispiel § 5 Abs. 2 StiftG Bln, § 8 Abs. 1 S. 1 StiftG Bre). Als „allgemeinen Grundsatz des Stiftungsrechts" bedarf es einer wesentlichen Veränderung der Verhältnisse folglich nur, wenn eine statutarische Rechtsgrundlage, die die Zusammenlegung an besondere materielle Voraussetzungen knüpft, nicht vorhanden ist.

Weitergehende Anforderungen an das Vorliegen eines rechtfertigenden Grundes bestehen umgekehrt dann, wenn die Zusammenlegung durch Organbeschluss ohne jegliche geschriebene – also weder statutarische noch gesetzliche – Rechtsgrundlage vorgenommen werden soll. Sie ist, wie schon an früherer Stelle erörtert wurde,[405] nur zulässig, wenn die weitere Zweckverfolgung unmöglich ist. Insoweit ist auf die entsprechenden Ausführungen zur hoheitlichen Zusammenlegung zu verweisen.[406]

bb) Wesentliche Veränderung der Verhältnisse

(1) Vorbemerkung

Soweit die Landesstiftungsgesetze eine wesentliche Veränderung der Verhältnisse zur Voraussetzung der Zusammenlegung machen, folgen sie der bereits

---

402 BGH StiftRspr. III, 1 (= MDR 1976, 1001); StiftRspr. IV, 58, 60 (= BGHZ 99, 344), beide unter Bezugnahme auf *Ebersbach,* Handbuch des deutschen Stiftungsrechts, S. 91, und *Steffen,* in: Reichsgerichtsrätekommentar zum BGB, § 86 Rn. 6; OLG Stuttgart OLGR 2000, 177, 179.

403 A. A. *Neuhoff,* FS O. Werner, S. 146, 154 Fn. 15; missverständlich insoweit Seifart/v. Campenhausen/*Hof,* Stiftungsrechts-Handbuch, § 6 Rn. 197: „In der Regel setzt das eine wesentliche Veränderung der Verhältnisse voraus"; wie hier aber *ders.,* GS Walz, S. 233, 239.

404 Vgl. *Mecking,* in: Münchener Handbuch des Gesellschaftsrechts, § 89 Rn. 14.

405 Vgl. § 3 B V.

406 Vgl. § 5 C I 3 b.

näher begründeten Einsicht, dass bei einer auf Dauer angelegten Einrichtung wie der Stiftung im Laufe der Zeit oft unvorhersehbare Veränderungen in den Existenzbedingungen eintreten, die es als notwendig erscheinen lassen können, die Stiftungsverfassung den veränderten Verhältnissen anzupassen.[407] Unter der Voraussetzung einer wesentlichen Veränderung der Verhältnisse und unter dem Vorbehalt, dass die Maßnahme mit dem Stifterwillen vereinbar ist, wird der in der Stiftungserrichtung manifestierte Wille nicht konterkariert, sondern vollzogen. Dabei ist in einem ersten Schritt zu ermitteln, ob eine „Veränderung der Verhältnisse" eingetreten ist, um in einem zweiten Schritt zu prüfen, ob diese auch „wesentlich" ist.

(2) „Veränderung der Verhältnisse"

Um festzustellen, ob eine die Änderung der Stiftungsverfassung legitimierende Veränderung der Verhältnisse eingetreten ist, sind einander gegenüberzustellen die gegenwärtigen Verhältnisse und die Verhältnisse im Zeitpunkt der Stiftungserrichtung, auf denen also der im Stiftungsgeschäft und damit in der Stiftungsverfassung manifestierte Stifterwille beruht. § 5 Abs. 1 S. 1 Nr. 2 StiftG SH macht dies deutlich, indem die Vorschrift auf eine Veränderung „gegenüber den im Zeitpunkt der Entstehung der Stiftung bestehenden Verhältnissen" abstellt.

Fraglich aber ist, wie der Begriff „Verhältnisse" zu verstehen ist. Nach dem allgemeinen Sprachgebrauch lassen sich darunter alle tatsächlichen und rechtlichen Umstände zum Zeitpunkt der Stiftungserrichtung fassen, gleichgültig, ob es sich dabei um Umstände handelt, die außerhalb (Beispiel: Ausrottung einer nach dem Stiftungszweck zu bekämpfenden Krankheit) oder innerhalb der Stiftung (Beispiel: Verfall des Stiftungsvermögens) liegen.[408]

Nach dem herkömmlichen Sprachgebrauch nicht vom Begriff „Verhältnisse" umfasst sind dagegen die subjektiven Vorstellungen des Stifters (Beispiel: irrtümliche Annahme des Stifters, dass es im Errichtungszeitpunkt keine Stiftung mit der von ihm verfolgten Zwecksetzung gegeben habe, der er sein Vermögen hätte spenden oder zustiften können). Damit blieben Konstellationen, in denen die Stiftung durch irrtümliche Annahmen des Stifters unbemerkt schon von Anfang an nicht den Umständen der Realität entspricht, außen vor – und das, obwohl die Diskrepanz zwischen dem erklärten und in der Stiftung manifestierten auf der einen und dem wirklichen Stifterwillen auf der anderen Seite offensichtlich ist und nach einer Möglichkeit verlangt, den Irrtum des Stifters zu

---

407 BGH StiftRspr. IV, 58, 60 (= BGHZ 99, 344); dazu bereits § 3 B V 2.
408 Ebenso S. *Hahn,* Organschaftliche Änderung der Stiftungssatzung, S. 99; *Schwintek,* Vorstandskontrolle, S. 137.

korrigieren. Die Anfechtung des Stiftungsgeschäfts gemäß §§ 119 ff. BGB ist zumeist keine sachgerechte Option, weil sie zum einen wegen des organisationsrechtlichen Charakters des Stiftungsgeschäfts Restriktionen unterliegt[409] und weil sie zum anderen dem prinzipiellen Bestandsinteresse des Stifters zuwiderliefe. Es ist deshalb geboten, von der „Veränderung der Verhältnisse" im Wege teleologisch-extensiver Auslegung auch den Fall umfasst zu sehen, in dem sich Vorstellungen des Stifters, die Grundlage des Stiftungsgeschäfts geworden sind, im Nachhinein als unrichtig erweisen.

(3) „Wesentlichkeit"

Für die Auslegung des unbestimmten Rechtsbegriffs der „Wesentlichkeit" ist zunächst festzuhalten, dass die Zweckverfolgung dafür, wie schon aus dem von § 87 Abs. 1 BGB abweichenden Wortlaut folgt, nicht „unmöglich" zu sein braucht.[410] Andererseits kann eine Veränderung nicht schon dann als „wesentlich" angesehen werden, wenn sie nur dazu führt, dass die Erfüllung des Stiftungszwecks nicht mehr „optimal und effektiv" möglich ist.[411] Dies wäre nicht nur mit der Bedeutung des Wortes „wesentlich" schwer vereinbar. Die Annahme, der Stifter habe immer die „optimale Lösung" gewollt, ist überdies eine Fiktion, die in unzulässiger Weise den Stifterwillen dem Stiftungszweck unterordnet und die außerdem die Stiftung einer fortlaufenden Änderung ihrer Verfassung öffnet, die im Hinblick auf die vom Stifter im Zweifel intendierte Dauerhaftigkeit seiner Festsetzungen nicht hinnehmbar ist.

Nach *Burgard* soll es hingegen darauf ankommen, ob der Stifter, hätte er die Veränderung der Verhältnisse vorhergesehen, die Stiftung entweder gar nicht erst errichtet, ihr eine andere Zweckbestimmung oder zumindest eine andere Verfassung gegeben hätte.[412] Dem ist jedoch entgegenzuhalten, dass das Merkmal der Wesentlichkeit damit auf die – stiftungsrechtlich ohnehin beachtliche – Vereinbarkeit der ins Auge gefassten Grundlagenänderung mit dem (mutmaßlichen) Stifterwillen reduziert würde.

Das Tatbestandsmerkmal kann deshalb nur als objektive Erheblichkeitsschwelle dafür angesehen werden, dass überhaupt von dem in der Satzung manifestierten Stifterwillen abgerückt werden darf. Zu Recht werden daran – was

---

409   Allgemein dazu *Reuter,* in: Münchener Kommentar zum BGB, §§ 80, 81 Rn. 7 i. V. mit Rn 1 f.

410   Tendenziell a. A. *Schwintek,* Vorstandskontrolle, S. 141.

411   A. A. *U. Kilian,* ZSt 2005, 171, 172; ihr folgend *Mecking,* in: Münchener Handbuch des Gesellschaftsrechts, § 89 Rn. 14.

412   So *Burgard,* Gestaltungsfreiheit im Stiftungsrecht, S. 346 f.

auch verfassungsrechtlich geboten ist[413] – hohe Anforderungen gestellt[414] und eine Veränderung erst dann als „wesentlich" eingestuft, wenn sie die weitere zweckgerichtete Stiftungstätigkeit schon erheblich beeinträchtigt oder sich eine solche Entwicklung konkret abzeichnet.[415] Andererseits brauchen die Stiftungsorgane dafür nicht abzuwarten, dass Veränderungen die vom Stifter gesetzten Vorgaben bereits undurchführbar – also „unmöglich" – oder sinnlos gemacht haben;[416] erforderlich und ausreichend muss sein, dass sich eine solche Entwicklung konkret abzeichnet. Die damit verbundene Wertungsoffenheit räumt den zur Beschlussfassung berufenen Stiftungsorganen einen gewissen Beurteilungsspielraum ein, den sie durch eigene Zweckmäßigkeitserwägungen ausfüllen können und der sich damit einer Überprüfung durch die auf eine Rechtsaufsicht beschränkten Aufsichtsbehörden entzieht, gegebenenfalls aber voller gerichtlicher Prüfung unterliegt.[417]

Ob eine wesentliche Veränderung der Verhältnisse eingetreten ist, kann demnach nur von Fall zu Fall[418] und in Ansehung der konkret in Aussicht genommenen Maßnahme der Stiftungsorgane beurteilt werden. Im Hinblick auf die Zusammenlegung wird man von einer wesentlichen Veränderung der Verhältnisse danach vor allem dann sprechen können, wenn das Vermögen einer Stiftung derart zusammengeschrumpft ist, dass bereits abzusehen ist, dass das Vermögen zur Fortführung der zweckentsprechenden Stiftungstätigkeit alsbald nicht mehr ausreichen wird.[419] Entscheidend ist dabei, ob aus dem Grundstockvermögen, das als solches nicht verbraucht werden darf, noch Erträge zu erzielen sind, die eine fortdauernde Zweckverfolgung erlauben. Bei der insoweit anzustellenden Prüfung ist zu berücksichtigen, ob in absehbarer Zeit mit nennenswerten Mittelzuführungen, vor allem Zustiftungen, zu rechnen ist. Ebenso ist zu prüfen, ob die Vermögenssituation durch eine vorübergehende Ansammlung von Erträgen nachhaltig verbessert werden kann.[420] Ist das der Fall, kann von

---

413 Vgl. § 3 B III 2 b dd.
414 Ebenso Seifart/v. Campenhausen/*Hof*, Stiftungsrechts-Handbuch, § 10 Rn. 338, der das aber auch mit dem Gewicht der Entscheidung für den Bestand der Stiftung begründet.
415 So auch Seifart/v. Campenhausen/*Hof*, Stiftungsrechts-Handbuch, § 6 Rn. 197 Fn. 350; *Schwake*, Kapital und Zweckerfüllung, S. 569.
416 In dieser Richtung aber *Schwintek*, Vorstandskontrolle, S. 141.
417 Seifart/v. Campenhausen/*Hof*, Stiftungsrechts-Handbuch, § 10 Rn. 340.
418 Zutreffend *Siegmund-Schultze*, StiftG Nds, § 7 Anm. 2.1.
419 Seifart/v. Campenhausen/*Hof*, Stiftungsrechts-Handbuch, § 10 Rn. 338; *Peiker*, StiftG He, § 9 Anm. 2; *Siegmund-Schultze*, StiftG Nds, § 7 Anm. 2.1.
420 *Baus*, npoR 2010, 5, 8.

einer „wesentlichen" Veränderung der Verhältnisse (noch) nicht ausgegangen werden.

Ebenso wenig kann von einer „wesentlichen" Veränderung die Rede sein, wenn die Zusammenlegung lediglich als geeignet angesehen wird, die Stiftungsarbeit zu optimieren etwa durch eine Reduzierung des organisatorischen Aufwands und Effizienzsteigerungen bzw. durch die Möglichkeit, größere Summen an den Kapitalmärkten zu attraktiveren Konditionen anlegen zu können.

d) Vergleichbarkeit der Stiftungszwecke

Unzweifelhaft ist, dass wegen ihrer unterschiedlichen normativen Grundlagen bürgerlich-rechtliche Stiftungen nicht mit öffentlich-rechtlichen Stiftungen zusammengelegt werden können, sondern nur Stiftungen gleicher Art die Zusammenlegung offensteht.[421]

Fraglich ist dagegen, inwieweit die jeweils verfolgten Stiftungszwecke der Zusammenlegung Grenzen ziehen. Nach einer im Schrifttum vertretenen Ansicht sollen nur Stiftungen zusammengelegt werden können, deren Zwecke identisch oder zumindest „ähnlich", also „vergleichbar" seien.[422] Ob die Zusammenlegung allgemein, also auch abseits einer gesetzlichen (wie in § 7 Abs. 1 S. 2 StiftG Hbg) oder statutarischen Regelung eine solche Vergleichbarkeit der Stiftungszwecke tatsächlich voraussetzt, ist daher klärungsbedürftig.

aa) Gefahr einer Verwässerung der Stiftungszwecke

Der Sache nach würde die Zusammenlegung von Stiftungen, deren Zwecke sich allenfalls teilweise decken, für jede von ihnen eine Ergänzung ihrer Zwecksetzung bedeuten: Neben den bislang verfolgten Zweck treten in der neu errichteten Stiftung die Zwecksetzungen der jeweils anderen Stiftung. Die nach dem Stifterwillen besonders bedeutsame Verknüpfung von Zweck und Vermögen lässt sich in der neuen Stiftung zwar durch eine buchhalterische Trennung der jeweils unterschiedlichen Zwecken gewidmeten Vermögen und eine separate, aus den jeweiligen Erträgen finanzierte Stiftungstätigkeit erreichen. Jedoch ist selbst dann die der Zweckergänzung allgemein entgegengehaltene Besorgnis, sie

---

421 *Peters/Herms,* ZSt 2004, 323, 326; *Schwake,* Kapital und Zweckerfüllung, S. 570.

422 Semler/*Stengel,* UmwG, § 161 Rn. 43; Staudinger/*Rawert,* BGB, § 87 Rn. 10; Bamberger/Roth/*Schwarz/Backert,* BGB, § 87 Rn. 3; *Meyn/Gottschald,* in: Münchener Handbuch des Gesellschaftsrechts, § 106 Rn. 15; Seifart/v. Campenhausen/*Hof,* Stiftungsrechts-Handbuch, § 7 Rn. 141 („grundsätzlich"); *O. Schmidt,* in: Heidelberger Kommentar zum Umwandlungsgesetz, § 161 Rn. 10; *Baus,* npoR 2010, 5, 9; a. A. *Fritsche,* in: O. Werner/Saenger, Die Stiftung, Rn. 734; *Pohley/Backert,* StiftG Bay, Art. 16 Anm. 1 („nicht unbedingt verlangt ist gleicher Zweck").

könnte zu einer Verwässerung des ursprünglichen Stifterwillens führen,[423] nicht von der Hand zu weisen, sondern gerade angesichts der mit der Zusammenlegung angestrebten organisatorischen und personellen Einsparungen ein durchaus realistisches Szenario. Um eine solche Verwässerung der jeweiligen Zwecksetzungen auszuschließen, scheint grundsätzlich zumindest eine (gewisse) Vergleichbarkeit der Stiftungszwecke erforderlich, aber – bei Getrennthaltung der jeweiligen Vermögen – auch ausreichend.

bb) Erhaltung einer steuerlichen Begünstigung

Einen Sonderfall stellt die Zusammenlegung einer privatnützigen mit einer gemeinnützigen und deshalb nach §§ 51 ff. AO steuerbegünstigten Stiftung dar. Sie unterliegt nicht nur im Hinblick auf die zu befürchtende Verwässerung der Stiftungszwecke Bedenken. Hinzu kommt der Umstand, dass in Gestalt der neuen Stiftung lediglich ein Steuersubjekt fortbestünde, das fortan nicht „ausschließlich" (§ 51 AO) gemeinnützige, mildtätige oder kirchliche Zwecke verfolgte und dem eine steuerliche Privilegierung daher versagt bliebe.[424] Dieser Wegfall der steuerlichen Begünstigung würde als Verstoß gegen den steuerrechtlichen Grundsatz der Vermögensbindung (§§ 55 Abs. 1 Nr. 4, 61 Abs. 1 AO) hinsichtlich der bislang privilegierten Stiftung eine Nachversteuerung für den Zeitraum der vergangenen zehn Jahre auslösen (§§ 63 Abs. 2, 61 Abs. 3 S. 1, 175 Abs. 1 S. 1 Nr. 2 AO), deren wirtschaftlichen Auswirkungen[425] eine Zusammenlegung nicht nur de facto unmöglich machen können. Wenn der Stifter die Steuerbegünstigung in der Satzung ausdrücklich vorgesehen hat, kommt eine Zusammenlegung dann zur Wahrung seines Willens auch stiftungsrechtlich nicht in Betracht.

cc) Stiftungsrechtsdogmatische Einwände?

Fraglich ist, ob stiftungsrechtsdogmatische Gründe darüber hinausgehend eine Identität der Stiftungszwecke verlangen. Dies könnte sich aus der zum Problem der Zustiftung zu satzungsfremden Zwecken jüngst entfachten Kontroverse ergeben. Diesbezüglich wird diskutiert, ob zwischen der Stiftung als Trägerorga-

---

423 *Happ*, Stifterwille und Zweckänderung, S. 114; *S. Hahn*, Organschaftliche Änderung der Stiftungssatzung, S. 146 f.

424 Vgl. auch *Wigand*/Haase-Theobald/Heuel/Stolte, Stiftungen in der Praxis, § 3 Rn. 43, mit dem Hinweis auf die Schwierigkeiten, die entstünden, wenn Stiftungen fusionierten, von denen die eine steuerbegünstigte Zwecke des einfachen Spendenabzugs, die andere steuerbegünstigte Zwecke des erweiterten Spendenabzugs verfolge.

425 Vgl. *Hüttemann*, Gemeinnützigkeits- und Spendenrecht, § 4 Rn. 148; *Happ*, Stifterwille und Zweckänderung, S. 129 ff.

nisation (Stiftung im Rechtssinne) und dem von ihr verwalteten Zweckvermögen (Stiftung im funktionalen Sinne) zu unterscheiden ist, so dass eine Stiftung
im Rechtssinne mehrere Zweckvermögen innehaben kann.[426] Die Frage stellt
sich in ähnlicher Weise bei der Zusammenlegung, sofern sie zur Errichtung einer Stiftung führt, deren Vermögensteile unterschiedlichen Zwecksetzungen unterliegen (zuvor aa). Im Mittelpunkt der von *Reuter* dagegen gerichteten Kritik
steht die Annahme, dass zwischen Stiftungszweck und Vermögenszweck nicht
unterschieden werden könne, das stiftungszweckgebundene Vermögen also un-
teilbar sei. Denn wie der Verein rechtlich verselbständigter Zweckverband sei,
so sei die Stiftung rechtlich verselbständigtes Zweckvermögen.[427]

Auch ohne von dem überkommenen Verständnis von der Stiftung als rechtlich verselbständigtem Zweckvermögen abzuweichen, erscheint die Ansicht
Reuters jedoch nicht zwingend. Wenn anerkannt ist, dass die Stiftung mehreren,
sogar ganz verschiedenen Zwecken dienen kann,[428] so muss es dem Stifter auch
freistehen, die zur jeweiligen Zweckverfolgung aufzuwendenden Erträge antei-
lig zu bestimmen oder der Stiftung eben von vornherein zur Verfolgung dieser
Zwecke getrennte Vermögen zu widmen. Dies entspricht überdies der schon an
früherer Stelle hervorgehobenen und für die Stiftung konstitutiven Beziehung
von Zweck und Vermögen.

dd) Ergebnis

Somit ist festzuhalten, dass eine Vergleichbarkeit der Zwecke der zusammenzulegenden Stiftungen erforderlich, aber auch ausreichend ist. Der Maßstab für die
„Vergleichbarkeit" der Stiftungszwecke hat sich an der Überlegung zu orientieren, dass eine Verwässerung des jeweils anderen Zwecks ausgeschlossen ist,
andererseits die Anforderungen aber nicht überspannt und eine Zusammenlegung damit in der Praxis illusorisch wird. Daher wird man es als ausreichend
ansehen können, wenn die durch die Stiftungszwecke umrissenen Betätigungsfelder der Stiftungen eine sektorale Übereinstimmung aufweisen.

Das ist beispielsweise der Fall, wenn zwei Stiftungen die Krebsforschung
fördern, auch wenn es sich dabei um unterschiedliche Formen von Krebserkran-
kungen handeln mag. Abzulehnen wäre eine Vergleichbarkeit hingegen, wenn
eine Stiftung der Erforschung von Herz-Kreislauf-Erkrankungen dient, während

---

426 Dafür *Schlüter*, Stiftungsrecht zwischen Privatautonomie und Gemeinwohlbindung,
S. 210 ff., und *Rawert*, DNotZ 2008, 5, 9 f.; dagegen *Reuter*, npoR 2009, 55, 57 f.
427 *Reuter*, npoR 2009, 55, 58.
428 *Mecking*, in: Münchener Handbuch des Gesellschaftsrechts, § 87 Rn. 23; ferner Seif-
art/v. Campenhausen/*Hof*, Stiftungsrechts-Handbuch, § 7 Rn. 8.

die andere Stiftung sich auf dem Gebiet der Multiple-Sklerose-Forschung engagiert. An einer hinreichenden Konvergenz der Betätigungsfelder wird es insbesondere dann mangeln, wenn eine Stiftung privatnützigen, die andere öffentlichen Zwecken dient.[429] Hier kann überdies die Gefährdung der steuerlichen Privilegierung die Zusammenlegung unzulässig machen.

Die Zusammenlegung von Stiftungen, deren Zwecke nach den vorgenannten Kriterien nicht „vergleichbar" sind, ist damit zwar nicht von vornherein ausgeschlossen. Die mit ihr verbundene Zweckergänzung ist als Unterfall der Zweckänderung[430] aber nur unter den für sie bestehenden, engen Voraussetzungen zulässig. In einem solchen Fall wären Zusammenlegung und Zweckänderung parallel zu betreiben.

e) Sonderproblem: Unzulässigkeit einer „Zusammenlegung zu Sanierungszwecken"

Eine Zusammenlegung kann auch dann erwogen werden, wenn die Eröffnung eines Insolvenzverfahrens über die zahlungsunfähige oder überschuldete Stiftung (vgl. §§ 17 ff. InsO) zuvor mangels Masse abgelehnt worden ist. Da die §§ 86 S. 1, 42 Abs. 1 BGB die obligatorische Auflösung der Stiftung nämlich auf den Fall der Verfahrenseröffnung beschränken, besteht die betroffene Stiftung nach Insolvenzrecht zunächst fort.[431]

Die Idee, eine trotz Überschuldung (§ 19 InsO) fortbestehende Stiftung durch ihre Zusammenführung mit einer solventen Stiftung zu sanieren, muss allerdings vonseiten des Stiftungsrechts auf Vorbehalte stoßen. Das Vermögen der solventen Stiftung würde in diesem Falle nämlich zunächst dazu dienen, die Verbindlichkeiten der überschuldeten Stiftung zu tilgen. Ein solcher Vermögenseinsatz wird jedoch in aller Regel weder vom Stiftungszweck gedeckt noch sonst mit dem Stifterwillen vereinbar sein. Für die Hingabe ihres Vermögens zu Sanierungszwecken empfinge die solvente Stiftung keine ihr Vermögen erhaltende Gegenleistung. Mit der Zweckgebundenheit des Stiftungsvermögens und dem daraus folgenden Gebot der Vermögenserhaltung wäre das nicht zu vereinbaren. Konsequenterweise schreibt beispielsweise Art. 8 Abs. 4 S. 2 StiftG Bay – wenn auch für die Zulegung durch Hoheitsakt, so doch der Sache nach vergleichbar – vor, dass die Zulegung nur zulässig ist, wenn die Erfüllung des Stif-

---

429 Seifart/v. Campenhausen/*Hof*, Stiftungsrechts-Handbuch, § 10 Rn. 358.

430 Vgl. *Happ*, Stifterwille und Zweckänderung, S. 114 f.; *Rawert*, DNotZ 2008, 5, 11; deutlich weniger restriktiv *A. Werner*, Die Zustiftung, S. 83 f., die eine Zweckerweiterung für „noch unbedenklicher" hält als eine (normale) Zweckänderung.

431 Allgemeine Meinung, vgl. *Fritsche*, in: O. Werner/Saenger, Die Stiftung, Rn. 828; *Reuter*, in: Münchener Kommentar zum BGB, § 86 Rn. 26.

tungszwecks dadurch nicht beeinträchtigt wird. Daraus folgt ein Verbot der Zulegung zu Sanierungszwecken.[432]

Die Zusammenlegung ist mithin im Allgemeinen nur zulässig, wenn keine der zusammenzulegenden Stiftungen überschuldet ist. Eine Ausnahme könnte allenfalls dann gelten, wenn eine Stiftung gerade mit der Zwecksetzung errichtet wurde, einer anderen Stiftung finanziell aufzuhelfen. Da eine solche „Errichtung zur Zusammenführung" gegenüber der Zustiftung indes keine besonderen steuerlichen Anreize mehr bietet,[433] auf der anderen Seite aber einen wesentlich höheren organisatorischen Aufwand bedeutet, dürfte diese theoretische Möglichkeit ohne praktische Relevanz sein.

5. Einschub: Ermessensentscheidung des Beschlussorgans

Wenn die Voraussetzungen der Zusammenlegung vorliegen, so ist das zuständige Organ – entweder nach ausdrücklicher Maßgabe der Satzung oder um zum Schutze des Stifterwillens auf die eingetretene wesentliche Veränderung der Verhältnisse zu reagieren – zwar regelmäßig verpflichtet, Maßnahmen zu ergreifen. Wenn die Stiftungssatzung bzw. der Stifterwille insoweit keine Vorgaben enthalten, so wird sich aber regelmäßig die Frage nach dem richtigen Mittel, also nach dem Wie des Tätigwerdens stellen. Den insoweit bestehenden Ermessensspielraum hat das zuständige Organ unter Zweckmäßigkeitsgesichtspunkten auszufüllen, wobei – wie stets – oberster Maßstab der Stifterwille ist.

Nicht selten wird darüber zu befinden sein, ob anstelle einer Zusammenlegung eine die rechtliche Eigenständigkeit der Stiftung wahrende Kooperation oder gemeinsame Verwaltung bereits ausreicht,[434] vor allem aber, ob statt einer Zusammenlegung der Zulegung der Vorrang gebührt. Dabei ist im Rahmen der anzustellenden Zweckmäßigkeitserwägungen[435] vor allem zu berücksichtigen, dass es bei der Zulegung, anders als bei der Zusammenlegung, nur eines einseitigen Vermögensübergangs bedarf. Die Zulegung kann damit im Hinblick auf die entstehenden Transaktionskosten vorteilhaft sein. Auch kann das unter Um-

---

432   Der Sache nach ebenso *Voll/Störle*, StiftG Bay, Art. 8 Rn. 4.

433   Zur früheren Rechtslage *Hüttemann*, DB 2000, 1584, 1589 f.; *Crezelius/Rawert*, ZEV 2000, 421, 426; Seifart/v. Campenhausen/*Pöllath/Richter*, Stiftungsrechts-Handbuch, § 40 Rn. 74 mit Fn. 404; zur Rechtslage seit dem 1. 1. 2007 *Hüttemann*, DB 2007, 2053 ff., und *Rawert*, DNotZ 2008, 5 f.

434   Dazu § 2 E I und II.

435   Dass die Zulegung rechtlich überhaupt zulässig sein muss (dazu § 4), versteht sich von selbst.

ständen[436] nach §§ 88 S. 3, 51 BGB einzuhaltende Sperrjahr eher für eine Zulegung sprechen. Andererseits beugt die Zusammenlegung dem Gefühl vor, dass sich eine Stiftung der anderen unterordne.[437] Dies dürfte in der Praxis nicht selten ein wesentlicher Grund dafür sein, die Zusammenlegung trotz finanzieller Mehrbelastungen der Zulegung vorzuziehen.

6. Beschlussinhalt

Sind die (formellen und materiellen) Voraussetzungen der Zusammenlegung erfüllt, dürfen die zuständigen Organe sie also beschließen, obliegt es ihnen zugleich, die Grundlagen für die Entstehung der neuen Stiftung zu schaffen. Hierbei haben sie den Willen der Stifter auch hinsichtlich der Modalitäten der Zusammenlegung weitestgehend Rechnung zu tragen. Dem kann ein Beschluss „Zusammenlegung der Stiftung X mit der Stiftung Y" naturgemäß nicht genügen. Vielmehr wirft gerade der Inhalt der Beschlüsse eine Reihe rechtsdogmatischer und rechtsgestalterischer Fragen auf, die im Folgenden zu behandeln sind.

a) Erfordernis eines Stiftungsgeschäfts im Sinne des § 81 BGB?

Zum Teil wird die Auffassung vertreten, die Zusammenlegung setze voraus und verlange ein Stiftungsgeschäft im Sinne des § 81 BGB, das zweckmäßigerweise mit dem Beschluss über die Zusammenlegung zu verbinden sei.[438] *Fritsche* begründet das mit dem Umstand, dass es sich bei der Zusammenlegung um einen „klassischen Entstehungsvorgang" handle, auf den die §§ 80, 81 BGB anzuwenden seien und der deshalb nach § 80 Abs. 2 BGB unter anderem ein Stiftungsgeschäft erfordere.[439]

Richtig ist, dass die Zusammenlegung die Errichtung einer neuen Stiftung umfasst. Inwieweit die Vorschriften der §§ 80, 81 BGB, die die Errichtungsvoraussetzungen nunmehr abschließend regeln,[440] darauf anwendbar sind, ist allerdings fraglich. Denn zugeschnitten sind die §§ 80, 81 BGB ersichtlich auf den – entgegen *Fritsche* auch empirisch allein als „klassisch" zu bezeichnenden – Vorgang, bei dem eine Stiftung durch die erstmalige Vermögenswidmung ihres Stifters originär entsteht. Im Mittelpunkt steht hier die Stiftungserrichtung

---

436 Siehe § 3 D IV 4 a.
437 Vgl. aber § 4 B I 2.
438 So *Fritsche*, in: O. Werner/Saenger, Die Stiftung, Rn. 736, 739 f., und im Anschluss an ihn *Meyn/Gottschald*, in: Münchener Handbuch des Gesellschaftsrechts, § 108 Rn. 2.
439 *Fritsche*, in: O. Werner/Saenger, Die Stiftung, Rn. 736.
440 BT-Drs. 14/8765, S. 7.

selbst. Demgegenüber ist der Errichtungsvorgang im Rahmen der Zusammenlegung nur das Mittel zum Zweck, bereits bestehende Stiftungen in einer neuen Stiftung zusammenzufassen. Die neue Stiftung entsteht also nicht originär, sondern derivativ als Rechtsnachfolgerin der zusammengelegten Stiftungen.[441] Die von der Zusammenlegung umfasste Stiftungserrichtung ist damit nicht Ausübung eines jetzt auch einfachrechtlich verbürgten Rechts auf Stiftung (vgl. § 80 Abs. 2 BGB), sondern sie ist Teil eines von den Stiftungsorganen initiierten Grundlagenänderung. Von einem „klassischen Entstehungsvorgang", auf den die §§ 80, 81 BGB ohne weiteres anzuwenden wären, kann also nicht die Rede sein.

Da die Landesstiftungsgesetze die Zusammenlegung aber nur rudimentär regeln, ist gleichwohl zu untersuchen, inwieweit die Zusammenlegung trotz der aufgezeigten Unterschiede dem Regime der §§ 80, 81 BGB unterliegt. Das setzt voraus, dass die Vorschriften ihrem Regelungegehalt nach auf die Zusammenlegung passen (und außerdem keine speziellen und damit vorrangigen landesgesetzlichen Regelungen bestehen).[442]

Das ist allerdings schon deshalb zweifelhaft, weil sich die Stiftereigenschaft nicht danach richtet, wer im Stiftungsgeschäft als Stifter bezeichnet wird („formaler Stifter"), sondern wer darin erklärt, ein Vermögen zur Erfüllung des Stiftungszwecks zu widmen (§ 81 Abs. 1 S. 2 BGB) und der Stiftung eine Satzung gibt (§ 81 Abs. 1 S. 3 BGB).[443] An die Person des Stifters knüpft das Stiftungsrecht eine Reihe besonderer Rechte, insbesondere herrscht das Primat seines Willens, wie er im Stiftungsgeschäft und in der Satzung „objektiviert" ist. Müssten die Organe der zusammenzulegenden Stiftungen tatsächlich ein Stiftungsgeschäft im Sinne von § 81 BGB vornehmen, so würden mithin die ursprünglichen Stifter aus ihrer Stifterrolle verdrängt und wäre die fortwährende Maßgeblichkeit ihrer Willen, wie sie in den ursprünglichen Stiftungsgeschäften zum Ausdruck gekommen sind, nicht gewährleistet. Die Vereinbarkeit der Zusammenlegung mit dem Willen der Stifter stünde damit in Frage. Diese Problematik erkennt auch *Fritsche,* der sie dadurch lösen will, dass die ursprünglichen Stifter auch bezüglich der neuen Stiftung als Stifter anzusehen sein sollen.[444] Mit dem Gesetzeswortlaut, der eine formale Stifterrolle nicht anerkennt, ist das indes kaum vereinbar. Konsequent und vorzugswürdig ist es daher, im Rahmen der

---

441 Diesen Gesichtspunkt hebt auch *Siegmund-Schultze,* StiftG Nds, § 7 Anm. 6, hervor.

442 Vgl. zur entsprechenden Rechtslage bei der Verschmelzung durch Neugründung § 36 Abs. 2 S. 1 UmwG, wonach das Gründungsrecht des neuen Rechtsträgers Anwendung findet, soweit sich aus den §§ 2 ff. UmwG nichts anderes ergibt.

443 *O. Werner,* in: O. Werner/Saenger, Die Stiftung, Rn. 267 f.

444 *Fritsche,* in: O. Werner/Saenger, Die Stiftung, Rn. 729 Fn. 42.

Zusammenlegung auf ein Stiftungsgeschäft zu verzichten.[445] Das ist auch aus dogmatischer Sicht überzeugend. Denn als Grundlagenänderung bedarf die Zusammenlegung eines Organbeschlusses, der als Form der kollektiven Willensäußerung an die Stelle des Stiftungsgeschäfts tritt.

Eine andere Sichtweise ist aber bezüglich der nach § 81 Abs. 1 S. 3 BGB als Teil des Stiftungsgeschäfts angesehenen Stiftungssatzung einzunehmen. Als Kernstück der Stiftungsverfassung[446] und organisationsrechtliche Grundlage ihrer rechtlichen Verselbständigung ist die Satzung auch für die durch Zusammenlegung entstandene Stiftung unentbehrlich. Sie ist dementsprechend mit dem in § 81 Abs. 1 S. 3 BGB bestimmten Inhalt zwingender Bestandteil des funktional an die Stelle des Stiftungsgeschäfts tretenden Organbeschlusses.

b) Stiftungssatzung

aa) Prinzipien der Satzungsgestaltung

Der Mindestinhalt der Satzung bestimmt sich nach § 81 Abs. 1 S. 3 BGB. Der Zusammenlegungsbeschluss, der die Grundlage für die Entstehung der neuen Stiftung schafft, muss diese Satzung bereits enthalten. Angesichts des mit der Zusammenlegung verfolgten Ziels, die Stiftungen nicht bloß rechtlich, sondern ebenso hinsichtlich ihrer Vermögen und ihrer Organisation zu vereinigen, und zur Vermeidung inhaltlicher Widersprüche ist es ausgeschlossen, die bisherigen Satzungen lediglich kumulativ in einem Schriftstück oder durch wechselseitige Bezugnahmen zusammenzufassen.

Die Gestaltung der Satzung wird dadurch erschwert, dass sie – anders als bei der umwandlungsrechtlichen Verschmelzung – zwischen den beteiligten Rechtsträgern nicht frei ausgehandelt werden kann. Vielmehr sind die Stiftungsorgane verpflichtet, dem für sie maßgeblichen Stifterwillen auch hierbei weitestgehend gerecht zu werden. Damit stehen die Stiftungsorgane vor der schwierigen Aufgabe, verschiedene Satzungen und Stifterwillen miteinander in Einklang zu bringen. Schematische Lösungen wie die im Rahmen der Zustiftung vorgeschlagene Orientierung an dem jeweils eingebrachten Vermögen[447] werden dem Primat des Stifterwillens nicht gerecht und kommen daher allenfalls als zusätzliches Argument für eine bestimmte Satzungsgestaltung in Betracht. Welche Bestimmungen der bisherigen Satzungen in das neue Statut zu übernehmen oder aber erlässlich bzw. veränderbar sind, bemisst sich daher in erster Linie und ent-

---

445 Ebenso wohl Seifart/v. Campenhausen/*Pöllath/Richter,* Stiftungsrechts-Handbuch, § 42 Rn. 34.

446 Palandt/*Ellenberger,* BGB, § 81 Rn. 5.

447 *Rawert,* DNotZ 2008, 5, 13; *Reuter,* npoR 2009, 55, 61.

scheidend danach, inwieweit sie Ausdruck des jeweils maßgeblichen und vorrangig zu beachtenden Stifterwillens sind. Letztlich sind die Regelungen der Stiftungssatzungen mithin nach ihrem jeweiligen Bezug zum Stifterwillen zu gewichten.

Neben alledem ist zu berücksichtigen, dass die Stifterwillen nicht nur in den Ausprägungen, die sie in den Satzungen gefunden haben und soweit sie in die neue Satzung übernommen werden, sondern auch darüber hinaus – Stichwort: mutmaßlicher Stifterwille – für die neu geschaffene Stiftung verbindlich bleiben müssen. Dogmatisch folgt das zwar schon daraus, dass ihre Stiftereigenschaft durch die Zusammenlegung unberührt bleibt.[448] Im Interesse der Rechtssicherheit und Rechtsklarheit ist es aber empfehlenswert, dies in der Satzung der neu errichteten Stiftung etwa wie folgt klarzustellen:

> „Für die Anwendung der Bestimmungen dieser Satzung und für ihre Auslegung sind die Willen der Stifter der zusammengelegten Stiftungen maßgeblich."

Zudem empfiehlt es sich allemal, die Gründungsdokumente der zusammengelegten Stiftungen als Anhang in die Satzung der neu errichteten Stiftung aufzunehmen.

bb) Zweck, § 81 Abs. 1 S. 2, S. 3 Nr. 3 BGB

(1) Bezug zum Stifterwillen

Es ist schon darauf hingewiesen worden, dass der Stiftungszweck der prägnanteste Ausdruck des Stifterwillens ist.[449] Er definiert nach innen das Tätigkeitsfeld der Stiftung, bindet die Organe, nach außen zieht er der staatlichen Aufsicht Grenzen.[450] Wegen dieser zentralen Bedeutung wird er in der Literatur als „Seele"[451] und als „Herzstück"[452] der Stiftung bezeichnet. Dieser enge Bezug des Stiftungszwecks zum Stifterwillen und seine eminente Bedeutung für den Bestand und die Tätigkeit der Stiftung haben den Gesetzgeber veranlasst, Zweckänderungen nur unter engen Voraussetzungen zuzulassen (vgl. § 87 Abs. 1 BGB: Unmöglichkeit der Stiftungszweckverfolgung oder Gemeinwohlgefähr-

---

448 Vgl. soeben § 3 C I 6 a.

449 Statt aller *Beuthien,* in: Münchener Handbuch des Gesellschaftsrechts, § 77 Rn. 17.

450 Seifart/v. Campenhausen/*Hof,* Stiftungsrechts-Handbuch, § 7 Rn. 1.

451 *Liermann,* Deutsches Stiftungswesen 1948-1966, S. 153, 154.

452 Seifart/v. Campenhausen/*Hof,* Stiftungsrechts-Handbuch, § 7 Rn. 1.

dung). Deshalb darf die Zusammenlegung weder zu einer Aufgabe noch zu einer Veränderung oder Verwässerung des Stiftungszwecks führen.[453]

(2) Konsequenzen für die Satzungsgestaltung

Dementsprechend müssen die Zwecke der zusammenzulegenden Stiftungen vollständig und grundsätzlich gleichrangig in die Zwecksetzung der aufnehmenden Stiftung übernommen werden.[454] Sie können in einem Stiftungszweck zusammengefasst werden, wenn sie in ihrer Bedeutung (nicht notwendigerweise auch in ihrer Formulierung) übereinstimmen. Wenn sich die Stiftungszwecke in ihrer Bedeutung nicht decken, so sind sie kumulativ in die Zwecksetzung der neuen Stiftung zu übernehmen. Das ist allerdings problematisch, wenn die gleichzeitige Verfolgung mehrerer Zwecke aus praktischen Gründen (etwa weil die Stiftungserträge dafür nicht ausreichen) unmöglich ist. Eine in solchen Fällen denkbare „abgestufte Zwecksetzung" und erst recht die Aufgabe einzelner, isolierbarer Zwecke[455] ist im Allgemeinen unzulässig. Beides kommt nur unter den engen Voraussetzungen einer Zweckänderung oder Zweckersetzung[456] in Betracht. Auch wenn es dem Stifter freisteht, mehrere Stiftungszwecke in der Satzung in eine Rangreihenfolge oder in eine zeitliche Reihenfolge (sog. Sukzessivstiftung) zu stellen,[457] so bedeutet eine nachträgliche Abstufung aber eine Beeinträchtigung der hierdurch zurückgestellten Zwecke, die mit dem dahinter stehenden Stifterwillen im Grundsatz unvereinbar ist.

Etwas anderes gilt nur, wenn das Vermögen der betreffenden Stiftung für eine weitere Verfolgung des zurückgestellten Zwecks ohnehin nicht mehr ausgereicht hätte. Ein vorübergehendes Ruhen der Zweckverfolgung ist dann ebenso zulässig wie zur Wiederauffüllung des Stiftungsvermögens[458]. Jedoch muss die Wiederaufnahme der zurückgestellten Zweckverfolgung aufgrund der endgültigen Erreichung des vorrangig verfolgten Zwecks oder durch eine zu erwartende Aufstockung des Stiftungsvermögens absehbar sein. Sonst kommt die Unterbrechung der Zweckverfolgung ihrer – prinzipiell unzulässigen – Aufgabe gleich.

---

453 Vgl. bereits oben § 3 C I 4 d sowie BVerwG StiftRspr. IV, 151, 153 (= NJW 1991, 713), wonach die Stiftungsaufsicht eine Satzungsänderung nicht genehmigen dürfe, „die auf die Neugründung einer Stiftung mit anderem Stiftungszweck hinausläuft".

454 *Fritsche,* in: O. Werner/Saenger, Die Stiftung, Rn. 736. Allgemein zur Zulässigkeit mehrerer Stiftungszwecke *Mecking,* in: Münchener Handbuch des Gesellschaftsrechts, § 87 Rn. 23; *Reuter,* in: Münchener Kommentar zum BGB, §§ 80, 81 Rn. 29.

455 Dafür im Grundsatz *Fritsche,* in: O. Werner/Saenger, Die Stiftung, Rn. 736.

456 Zu dieser Unterscheidung *Happ,* Stifterwille und Zweckänderung, S. 86 f., 122 ff.

457 *Reuter,* in: Münchener Kommentar zum BGB, §§ 80, 81 Rn. 29.

458 Dazu Seifart/v. Campenhausen/*Hof,* Stiftungsrechts-Handbuch, § 11 Rn. 36.

Als mit dem Stifterwillen vereinbar und deshalb zulässig anzusehen ist eine Abstufung der Stiftungszwecke grundsätzlich auch, wenn die Zwecke in einem logischen Rangverhältnis zueinander stehen. So kann die Betreibung von Grundlagenforschung gegenüber der Verfolgung eines daran anknüpfenden Stiftungszwecks für konkrete Forschungsvorhaben vorrangig und daher die Rangbestimmung statthaft sein.

cc) Stiftungsvermögen, § 81 Abs. 1 S. 3 Nr. 4 BGB

(1) Bezug zum Stifterwillen

Wie bereits ausgeführt wurde, stehen Stiftungsvermögen und Stiftungszweck miteinander in einer geradezu symbiotischen Beziehung:[459] Mangels personalen Substrats, das die Zweckerfüllung durch eigenen Arbeitseinsatz sicherstellen könnte, braucht die Stiftung ein ausreichendes Vermögen, um ihren Zweck zu erfüllen.[460] Andererseits erhält das Vermögen erst durch die Verbindung mit dem Stiftungszweck den ihm vom Stifter zugedachten Sinn. Demzufolge stehen auch die Vorgaben der Stifter hinsichtlich Umfang, Erhaltung und Verwaltung der jeweiligen Stiftungsvermögen im Rahmen der Zusammenlegung nicht zur Disposition der Stiftungsorgane.

(2) Konsequenzen für die Satzungsgestaltung

(a) Erhaltung und Verwaltung der Stiftungsvermögen

Im Einzelnen folgt daraus, dass die Vermögensausstattung der neuen Stiftung aus den ungeschmälerten Vermögen (Grundstock- und Verwaltungsvermögen) der zusammenzulegenden Stiftungen zu bilden ist,[461] um die stiftungsspezifische Verbindung von Zweck und Vermögen aufrechtzuerhalten.

Nach *Fritsche* sollen Bestandteile des Stiftungsvermögens gleichwohl ausgesondert werden können, wenn sie für die neue Stiftung „nutzlos oder gar belastend" wären.[462] Mit dem in allen Landesstiftungsgesetzen enthaltenen Gebot, das Stiftungsvermögen „in seinem Bestand ungeschmälert zu erhalten" (so zum Beispiel § 4 Abs. 2 S. 1 StiftG SH), wäre eine kompensationslose Aufgabe von Vermögensgegenständen indes unvereinbar. Ernsthaft fraglich kann deshalb nur

---

459 Treffend *Jakob,* Schutz der Stiftung, S. 61 f.
460 Seifart/*v. Campenhausen,* Stiftungsrechts-Handbuch, § 1 Rn. 12; *Rawert,* in: Hopt/Reuter, Stiftungsrecht in Europa, S. 109, 125; Staudinger/*Rawert,* BGB, Vorbem. zu §§ 80 ff. Rn. 15 m. w. N.
461 *Fritsche,* in: O. Werner/Saenger, Die Stiftung, Rn. 736, spricht vom „Primat der Vollständigkeit".
462 *Fritsche,* in: O. Werner/Saenger, Die Stiftung, Rn. 736.

noch sein, ob anlässlich der Zusammenlegung Sachvermögen substituiert, das Vermögen also (werterhaltend) umgeschichtet werden darf. Versteht man das Gebot der Vermögenserhaltung nicht im Sinne von Substanz-, sondern von Werterhaltung,[463] so bestehen hiergegen keine Bedenken. Es ist nichts dagegen einzuwenden, wenn wegen der Aufgabe eines Verwaltungssitzes nicht mehr benötigtes Grundstückseigentum zu seinem Verkehrswert veräußert wird. Solche zusammenlegungsbedingten Vermögensumschichtungen bedürfen keiner besonderen Rechtsgrundlage,[464] sondern sind von der Befugnis zur Zusammenlegung mit umfasst.

Mit dem Stifterwillen unvereinbar und deshalb unzulässig ist dagegen die Veräußerung von Vermögensgegenständen, deren Innehabung zur Verwirklichung des Stiftungszwecks unerlässlich ist (z. B. Eigentum oder Besitz an den in einer stiftungseigenen Kunsthalle ausgestellten Kunstwerken; Eigentum an dem von einer Anstaltsstiftung betriebenen Krankenhaus).[465]

Hinsichtlich der Verwaltung des Stiftungsvermögens ist zu differenzieren. Die Vermögen der zusammenzulegenden Stiftungen können zusammengefasst werden, wenn die Zwecke übereinstimmen und besondere Anordnungen über die Verwaltung, Verwendung oder den Anfall des Vermögens nicht getroffen sind. Verfolgt die neue Stiftung dagegen infolge der Zusammenlegung mehrere – „vergleichbare"[466] – Zwecke, sind die auf die Stiftung zu übertragenden Vermögen getrennt zu verwalten, damit die Zweckbindungen der jeweiligen Vermögensteile erhalten bleiben und die erwirtschafteten Erträge den jeweiligen Zwecken weiterhin zugute kommen können.[467] Eine getrennte Verwaltung des Vermögens ist gleichfalls angezeigt, wenn ein Stifter nähere Vorgaben für die Verwaltung (Anlage) oder die Verwendung des Vermögens (Zuwendungen an einen bestimmten Personenkreis oder Vermögensanfall bei Stiftungsauflösung) getroffen hat. Erweist sich danach eine Getrennthaltung der Stiftungsvermögen

---

463 Für die allgemeine Meinung *Reuter,* NZG 2005, 649, 650; *Helios/Friedrich,* in: Münchener Handbuch des Gesellschaftsrechts, § 96 Rn. 14; Seifart/v. Campenhausen/*Hof,* Stiftungsrechts-Handbuch, § 9 Rn. 61.

464 Nach *Burgard,* Gestaltungsfreiheit im Stiftungsrecht, S. 537, sollen Vermögensumschichtungen einer besonderen Rechtsgrundlage ohnehin nicht bedürfen, sondern zulässig sein, soweit der Stifterwille nur nicht entgegenstehe.

465 Seifart/v. Campenhausen/*Hof,* Stiftungsrechts-Handbuch, § 9 Rn. 113.

466 Zu Einzelheiten § 3 C I 4 d dd.

467 Ebenso *Fritsche,* in: O. Werner/Saenger, Die Stiftung, Rn. 737; vgl. aber auch *Peiker,* StiftG He, § 9 Anm. 7 a. E., der stattdessen vorschlägt, „die Gewichtung der Zweckerfüllung entsprechend der bestehenden Stiftungsvermögen respektive der entsprechend anfallenden beziehungsweise im langfristigen Durchschnitt angefallenen Erträge satzungsmäßig" festzuhalten.

als erforderlich, so sollte dies wegen des damit verbundenen organisatorischen Aufwands zum Anlass genommen werden, die Sinnhaftigkeit der Zusammenlegung insgesamt kritisch zu überprüfen.

Hat der Stifter in der Satzung bestimmten Destinatären entsprechend § 328 BGB einklagbare Ansprüche auf Stiftungsleistungen gewährt,[468] so dürfen auch diese durch die Zusammenlegung nicht vereitelt werden, sondern müssen, wie einige Stiftungsgesetze es ausdrücklich vorsehen,[469] in die neue Satzung übernommen werden.[470] Entsprechendes gilt, wenn der Stifter den Destinatärkreis durch Vorgaben zu deren Auswahl eingeengt hat.[471] Die daher möglicherweise erforderliche Vermögenstrennung wird nicht dadurch aufgeweicht, dass sie in Bezug auf gegen die Stiftung gerichtete Leistungsansprüche keine Wirkung zeitige.[472] Denn Destinatärsansprüche sind schon durch ihren Rechtsgrund auf die Höhe der zur Verfolgung des jeweiligen Zwecks zur Verfügung stehenden Mittel beschränkt. Damit müssen sich die Destinatäre auch die infolge der Zusammenlegung vorgenommene Trennung des Vermögens entgegenhalten lassen. Gegenüber sonstigen Vertragspartnern und Gläubigern der Stiftung entfaltet die Getrennthaltung des Vermögens immerhin noch mittelbare Wirkung, indem die Forderungen auf dem jeweiligen „Vermögenskonto" passiviert werden.

(b) Vermögensanfall

Häufig wird der Stifter in der Satzung Regelungen über die im Falle der Stiftungsauflösung anfallberechtigten Personen (vgl. § 88 S. 1 BGB) oder zumindest hinsichtlich ihrer Auswahl durch die Stiftungsorgane getroffen haben. Weitergehend kann der Stifter Vorkehrungen dafür treffen, dass das ausgekehrte Vermögen in bestimmter, stiftungszweckentsprechender oder jedenfalls gemeinnütziger Weise (vgl. zu den Vorgaben des Steuerrechts insoweit §§ 55 Abs. 1 Nr. 4, 61 Abs. 1 AO) zu verwenden ist.[473] Der in diesen Festsetzungen zum Ausdruck kommende und auf die Überdauerung der Stiftungsexistenz ab-

---

468 Vgl. jüngst BGH NJW 2010, 234; *Petersen,* Jura 2007, 277, 278; *Ott,* in: Alternativkommentar zum BGB, Vor § 80 Rn. 6; sehr kritisch indes *Reuter,* in: Münchener Kommentar zum BGB, § 85 Rn. 26 f.

469 Siehe § 7 Abs. 2 S. 3 StiftG Nds, § 7 Abs. 2 S. 3 StiftG Saar, §§ 10 Abs. 2, 9 Abs. 3 StiftG Sa, § 21 Abs. 2 S. 2 SA; vgl. für die hoheitliche Zweckänderung auch § 87 Abs. 2 S. 1 BGB.

470 Für die Zweckänderung sieht § 87 Abs. 2 S. 1 BGB dies ausdrücklich vor, vgl. auch *Schwake,* Kapital und Zweckerfüllung, S. 570.

471 Vgl. wiederum Seifart/v. Campenhausen/*Hof,* Stiftungsrechts-Handbuch, § 6 Rn. 158.

472 So aber *Fritsche,* in: O. Werner/Saenger, Die Stiftung, Rn. 737.

473 *O. Werner,* in: O. Werner/Saenger, Die Stiftung, Rn. 362.

zielende Stifterwille darf durch die Zusammenlegung nicht hinfällig werden. Satzungsbestimmungen über den Vermögensanfall und eine etwaige Zweckbindung des anfallenden Vermögens müssen demzufolge in die Satzung der neuen Stiftung übernommen werden.[474] Haben die Stifter hierzu unterschiedliche Regelungen getroffen, ergibt sich hieraus die Notwendigkeit einer getrennten Verwaltung der Stiftungsvermögen. Die Satzung muss dann ausdrücklich regeln, welche Vermögensteile (bzw. deren Surrogate) welcher Anfallregelung unterliegen.

dd) Stiftungsname, § 81 Abs. 1 S. 3 Nr. 1 BGB

Der Name einer Stiftung ist Identitätsmerkmal der Stiftung als juristische Person und dient damit der Sicherheit des Rechtsverkehrs.[475] In der Namensgebung ist der Stifter grundsätzlich frei.[476] Häufig setzt der Stifter sich oder einer anderen Person ein Denkmal, indem er die Stiftung mit einem Personalnamen versieht (Beispiel: Gerd-Müller-Stiftung).[477] Unverkennbar spricht daraus die Absicht, dass die Stiftungstätigkeit auf Dauer in einer kleineren oder größeren Öffentlichkeit mit dieser Person assoziiert werde.

Da eine Stiftung nicht mehrere Namen gebrauchen darf, kann diesem Stifterwillen nur dadurch Rechnung getragen werden, dass die Personalnamen der zusammenzulegenden Stiftungen in den Namen der neu zu errichtenden Stiftung übernommen werden, die dann beispielsweise „Gerd-Müller- und Hans-Schmidt-Stiftung" heißen müsste.[478] Die Absicht des Stifters, sich oder anderen mit der Stiftung ein Denkmal zu setzen, würde auch dann vereitelt, wenn man den Namensverlust zu mildern versuchte, indem in die Satzung der neuen Stiftung einen Passus darüber aufnähme, welche alten Stiftungen in der neuen ver-

---

474 So im Ergebnis auch *Fritsche,* in: O. Werner/Saenger, Die Stiftung, Rn. 737, der dies allerdings mit dem Schutz der ursprünglichen Anfallberechtigten begründet.

475 Seifart/v. Campenhausen/*Hof,* Stiftungsrechts-Handbuch, § 6 Rn. 137; *O. Werner,* in: O. Werner/Saenger, Die Stiftung, Rn. 344.

476 *Reuter,* in: Münchener Kommentar zum BGB, §§ 80, 81 Rn. 22; *O. Werner,* in: O. Werner/Saenger, Die Stiftung, Rn. 344.

477 Seifart/v. Campenhausen/*Hof,* Stiftungsrechts-Handbuch, § 6 Rn. 137; siehe auch *Liermann,* Deutsches Stiftungswesen 1948-1966, S. 153, 162.

478 Ebenso *Liermann,* Deutsches Stiftungswesen 1948-1966, S. 153, 162, mit der (stiftungspolitischen) Überlegung, es müsse „im Interesse der Stiftungsfreudigkeit vermieden werden, daß Stiftungsnamen bei der Fusion mit anderen Stiftungen untergehen".

eint sind.[479] Die schon erwähnte Assoziation von Stifter und Stiftungstätigkeit in der Öffentlichkeit, die dem Stifter wichtig ist, ginge dennoch verloren.

Der Wille des Stifters, an dem von ihm bestimmten Stiftungsnamen festzuhalten, wiegt weniger schwer, wenn ein Personenbezug fehlt, die Stiftung also einen an den Zweck anknüpfenden Sach- oder einen Phantasienamen trägt. Mit dem Willen des Stifters vertrüge es sich auch dann schlecht, wenn das Stiftungsvorhaben infolge der Zusammenlegung ausschließlich unter einem fremden Personalnamen fortgeführt würde, mit dem die Stiftungstätigkeit fortan in Verbindung gebracht würde.[480] Im Übrigen bestehen gegen die Auswechslung eines Sach- oder Phantasienamens aber keine stiftungsrechtlichen Bedenken. Mit Blick auf den Wiedererkennungswert und den mit dem Stiftungsnamen verknüpften „good will" dürfte es sich aber auch dann empfehlen, die bisherigen Namen in den neuen Stiftungsnamen aufzunehmen.[481] Das gilt insbesondere, wenn an der Zusammenlegung unternehmensverbundene Stiftungen beteiligt sind, für deren Namen bzw. Firmen.[482]

ee) Stiftungssitz, § 81 Abs. 1 S. 3 Nr. 2 BGB

Mit dem Sitz der Stiftung meint das Gesetz ihren Rechtssitz, der maßgeblich ist für den Gerichtsstand, die Behördenzuständigkeit und das auf die Stiftung anzuwendende Recht.[483] Er kann sich von dem Verwaltungssitz unterscheiden,[484] muss aber einen tatsächlichen Bezug zur Stiftungstätigkeit aufweisen.[485] Da die neu zu errichtende Stiftung die Tätigkeiten der zusammenzulegenden Stiftungen fortführt, kann es nahe liegen oder, sofern eine Sitzverlegung nach dem ausdrücklichen oder durch Auslegung ermittelten Stifterwillen (Beispiel: Geburtsort

---

479 So indes der Befund aus der Praxis bei *Härtl,* Ist das Stiftungsrecht reformbedürftig?, S. 149.

480 Ein anschauliches Beispiel aus der Praxis bildet insoweit die aus der Fusion der Stiftung Naturschutz Hamburg und der von *Loki Schmidt* ins Leben gerufenen Stiftung zum Schutze gefährdeter Pflanzen hervorgegangene „Stiftung Naturschutz Hamburg und Stiftung Loki Schmidt".

481 *Fritsche,* in: O. Werner/Saenger, Die Stiftung, Rn. 737.

482 Zu firmenrechtlichen Fragestellungen im Stiftungsrecht *Burgard,* FS O. Werner, S. 190 ff.

483 Palandt/*Ellenberger,* BGB, § 81 Rn. 6; Erman/*O. Werner,* BGB, § 81 Rn. 10.

484 Soergel/*Neuhoff,* BGB, § 80 Rn. 6; Seifart/v. Campenhausen/*Hof,* Stiftungsrechts-Handbuch, § 6 Rn. 147.

485 *Mecking,* ZSt 2004, 199, 201 f.; *Reuter,* in: Münchener Kommentar zum BGB, §§ 80, 81 Rn. 24; *Schlüter/Stolte,* Stiftungsrecht, Kap. 2 Rn. 35 (unklar aber Rn. 24); ebenso BT-Drs. 14/8765, S. 10; a. A. Erman/*O. Werner,* BGB, § 81 Rn. 11: „freie Sitzwahl ohne sachlichen Bezug".

des Stifters als Stiftungssitz) unzulässig ist, sogar geboten sein, die bisherigen Sitze beizubehalten. Ausgeschlossen jedoch ist, dass die Stiftung durch mehrere Rechtssitze verschiedenen Landesrechten und Behördenzuständigkeiten unterliegt.[486] Deshalb kann die Satzung zwar mehrere Rechtssitze ausweisen, muss dann aber zugleich angeben, welcher Sitz für das anwendbare Landesrecht und die behördliche Zuständigkeit ausschlaggebend sein soll.[487] Die Wahl dieses effektiven Rechtssitzes haben die Stiftungsorgane vor allem daran zu orientieren, welcher Sitz in sachlicher und rechtlicher Hinsicht das günstigste Umfeld für die Stiftungstätigkeit bietet. Insofern steht ihnen ein Ermessensspielraum zu, den sie im Interesse der Stiftung auszufüllen haben.

ff) Organisationsverfassung, vgl. § 81 Abs. 1 S. 3 Nr. 5 BGB

Neben den Mindestangaben zur Bildung eines Vorstands (§ 81 Abs. 1 S. 3 Nr. 5 BGB) kann die Satzung weitere Bestimmungen über die Organisation der Stiftung enthalten, zum Beispiel zusätzliche Organe vorsehen, Kompetenzen zuweisen und Beschlussverfahren regeln. So sehr Stiftungen sich in ihrem Zweck, ihrer Tätigkeit und ihrer Vermögensausstattung unterscheiden, so mannigfaltig sind auch die Möglichkeiten ihrer organisatorischen Ausgestaltung. Grundsätzlich ist die Organisationsstruktur vor allem an der Größe der Stiftung, also ihrem Vermögen und dem Umfang ihrer Tätigkeit auszurichten. So werden die Kompetenzen in einer großen Stiftung mit weitem Wirkungskreis in aller Regel auf verschiedene Organe verteilt werden müssen, während kleine Stiftungen mit dem Vorstand als einzigem Organ durchaus auskommen können.[488] Diese allgemeinen Überlegungen verdienen auch im Rahmen der Zusammenlegung Beachtung und haben zur Konsequenz, dass die Organisationsverfassungen mehrerer kleiner Stiftung, die zusammengelegt werden, zumeist nicht auf die neue Stiftung übertragbar sind. Die Organisationsstruktur hat vielmehr den veränderten Rahmenbedingungen Rechnung zu tragen, wobei die Willen der Stifter auch insoweit bis in die Detailregelungen hinein gebührende Berücksichtigung verlangen. Deshalb wäre es mit dem Stifterwillen beispielsweise unvereinbar, Mitwirkungsrechte, die ein Stifter sich oder Dritten vorbehalten hat, mit der Zu-

---

486   *Reuter*, in: Münchener Kommentar zum BGB, §§ 80, 81 Rn. 24; *Mecking*, ZSt 2004, 199, 202; *Schwake*, in: Münchener Handbuch des Gesellschaftsrechts, § 79 Rn. 135; Bamberger/Roth/*Schwarz/Backert*, BGB, § 81 Rn. 7: kaum auflösbare Rechtskollisionen; a. A. wohl Staudinger/*Rawert*, BGB, § 80 Rn. 22; Palandt/*Ellenberger*, BGB, § 81 Rn. 6.

487   Vgl. *Fritsche*, in: O. Werner/Saenger, Die Stiftung, Rn. 737; *Schlüter/Stolte*, Stiftungsrecht, Kap. 2 Rn. 35; Erman/*O. Werner*, BGB, § 81 Rn. 10.

488   Seifart/v. Campenhausen/*Hof*, Stiftungsrechts-Handbuch, § 8 Rn. 6.

sammenlegung ersatzlos fortfallen zu lassen oder auf Kontrollorgane zu verzichten, die der Stifter zum Schutz seines Willens eingesetzt hat. Zu berücksichtigen ist auch, welche Vorgaben die früheren Stifter für die Besetzung der Stiftungsorgane gemacht haben und wie die Stimmen der Organmitglieder zu gewichten sind. Unter Umständen muss dafür ein Kompromiss gefunden werden, der die Anliegen aller Stifter in gleicher Weise zur Geltung bringt.

Als problematisch kann es sich darstellen, die den Organen bisher eingeräumten Kompetenzen miteinander in Einklang zu bringen. Das gilt hinsichtlich ihres Umfangs und ihrer Voraussetzungen gleichermaßen. So kann die Praxis vor der Aufgabe stehen, die Satzungsvorgaben eines Stifters, der Zweckänderungen kategorisch ausgeschlossen hat, mit denen eines anderen Stifters zu versöhnen, der Grundlagenänderungen aufgeschlossener gegenüberstand.

II. Weitere Voraussetzungen

1. Zustimmung des Stifters oder eines Dritten

a) Durch Landesgesetz

Soweit einige Landesstiftungsgesetze für Grundlagenänderungen durch Organbeschluss die Zustimmung, also die Einwilligung oder Genehmigung (§§ 183, 184 BGB), des lebenden Stifters voraussetzen, stellen sie die Änderung damit jedoch nicht in sein Belieben, sondern machen ihn gleichsam zum Sachverständigen über seinen eigenen historischen Willen.[489] Denn zur authentischen Interpretation seines früheren Willens wird in erster Linie der Stifter selbst in der Lage sein. Ob dieser Normzweck erreichbar ist, wenn der Stifter keine natürliche, sondern eine juristische Person ist, darf bezweifelt werden. Deshalb ist es nicht zu beanstanden, dass einige Landesstiftungsgesetze das Zustimmungserfordernis auf Stiftungen mit natürlichen Stifterpersonen beschränken.[490]

Nicht nur unter dogmatischen Gesichtspunkten ist von Interesse, ob die landesgesetzlich statuierten Zustimmungserfordernisse privatrechtlich als zusätzliche Wirksamkeitsvoraussetzung des Beschlusses oder öffentlich-rechtlich als Voraussetzung für die Erteilung der behördlichen Genehmigung zu qualifizieren sind. Insbesondere richtet sich danach, welcher Rechtsweg eröffnet ist, wenn der Stifter seine Zustimmung entgegen dem Ansinnen der Stiftung und nach Auffas-

---

489 *Beckmann,* Änderung der Stiftungssatzung, S. 127.
490 Nach *Lehmann,* StiftG SH, § 5 Anm. 3.4, soll eine Beschränkung auf natürliche Personen schon daraus folgen, dass das Gesetz das Zustimmungserfordernis dem Stifter nur zu dessen „Lebzeiten" einräumt.

sung des Stiftungsorgans grundlos verweigern sollte.[491] Der Gesetzeswortlaut hilft bei der rechtlichen Einordnung des Zustimmungserfordernisses nicht weiter. Angesichts des regelungssystematischen Zusammenhangs von Beschluss- und Zustimmungserfordernis gebührt jedoch der privatrechtlichen Lesart der Vorzug. Anders wäre auch eine landesgesetzliche Regelung wie § 7 Abs. 2 StiftG Saar nicht zu rechtfertigen, wonach der Stifter sich oder Dritten einen Zustimmungsvorbehalt einräumen kann. Schließlich kann dem Stifter nicht die Gestaltung des Verwaltungsverfahrens anheim gegeben werden.

Wie eingangs erwähnt, kann der Stifter seine Zustimmung zur Grundlagenänderung prinzipiell nicht nach seinem im Zeitpunkt der Anhörung gebildeten Gutdünken erteilen oder verweigern. Denn bereits zuvor, nämlich mit der Anerkennung der Stiftung, hat der Stifter seinen prägenden Einfluss auf die Stiftung verloren und steht ihr seitdem „wie ein Dritter" gegenüber. Damit kann der aktuelle subjektive Wille des Stifters allenfalls „neben den in der Satzung ausgedrückten objektivierten Stifterwillen, nicht an seine Stelle" treten.[492] Macht das Zustimmungserfordernis die Grundlagenänderung damit nicht abhängig vom aktuellen Stifterwillen, sondern beteiligt es den Stifter vielmehr an der Auslegung und Überwachung seines historischen Willens,[493] so erhält der Stifter durchaus Gelegenheit, seinen historischen Willen anlassgemäß zu präzisieren.[494] Der Stifter, der seine Mitwirkungsbefugnisse wahrnimmt, darf einer Grundlagenänderung seine Zustimmung aber nicht verweigern, wenn sie seinem historischen Willen entspricht.[495]

Daraus darf indessen nicht gefolgert werden, dass der Stifter in diesem Falle verpflichtet sei, seine Zustimmung zu erteilen. Denn das Zustimmungserfordernis soll den Stifter begünstigen, nicht belasten.[496] Es muss ihm daher freistehen, ob er von der eröffneten Mitwirkungsbefugnis Gebrauch macht oder nicht. Der Stifter kann auf seine Mitwirkung ausdrücklich oder konkludent verzichten, wovon auszugehen ist, wenn er sich innerhalb einer ihm zur Stellungnahme gesetzten angemessenen Frist[497] nicht erklärt; seine Zustimmung ist dann entbehrlich. Das Zustimmungserfordernis hat damit letztlich den negatorischen Charakter eines justiziablen Verweigerungs- oder Vetorechts.

---

491 *Burgard,* Gestaltungsfreiheit im Stiftungsrecht, S. 452 f.
492 OVG Bremen StiftRspr. IV, 127, 130; zustimmend *Happ,* Stifterwille und Zweckänderung, S. 120; im Ergebnis auch *Burgard,* Gestaltungsfreiheit im Stiftungsrecht, S. 454.
493 *Beckmann,* Änderung der Stiftungssatzung, S. 127; *Happ,* Stifterwille, S. 120.
494 *Burgard,* Gestaltungsfreiheit im Stiftungsrecht, S. 454.
495 Vgl. *Schwintek,* in: O. Werner/Saenger, Die Stiftung, Rn. 696.
496 Insoweit auch *Burgard,* Gestaltungsfreiheit im Stiftungsrecht, S. 454.
497 Vgl. *Voll/Störle,* StiftG Bay, Art. 8 Rn. 6.

b) Durch Satzungsrecht

Über die Vorschriften der Landesstiftungsgesetze hinaus kann der Stifter sich oder Dritten in der Satzung entsprechende Zustimmungsvorbehalte einräumen (vgl. klarstellend § 7 Abs. 2 S. 2 StiftG Saar). Da der Stifter nicht in der Lage ist, Regeln für das Verwaltungsverfahren aufzustellen, ist das in der Satzung vorgesehene Zustimmungserfordernis stets als privatrechtlich im Sinne einer Voraussetzung für die Wirksamkeit des Organbeschlusses anzusehen.

Dabei stellt sich die Frage, ob der Stifter die Erteilung der Zustimmung auf diese Weise in das freie, von seinem früheren Willen unabhängige Ermessen des Berechtigten stellen darf. Das Verbot autonomer, dem Stiftungsgeschäft nachfolgender Willensbildung, das auf den ersten Blick entgegenzustehen scheint, lässt sich bei näherem Hinsehen nicht ins Feld führen. Denn die gegen eine spätere autonome Willensbildung des Stifters erhobenen Bedenken nehmen Anstoß an einer seinem aktuellen Willen preisgegebenen Veränderlichkeit der Stiftung. Gegenüber dem in Rede stehenden Zustimmungserfordernis besteht dieser Einwand nicht, denn der Zustimmungsvorbehalt schafft keine Grundlage für die Veränderlichkeit der Stiftung, sondern dient – im Gegenteil – als Verweigerungsrecht der Beibehaltung des Status quo: Durch das Veto des Stifters bzw. Dritten wird die einem Organ eingeräumte Befugnis zu Grundlagenänderung zugunsten einer Unabänderlichkeit der Stiftung und einem Festhalten am historischen Stifterwillen zurückgeschnitten, wie der Stifter es auch von Anfang an in der Satzung hätte festschreiben können. Gegen die Zulässigkeit von Zustimmungserfordernissen, die in das freie Ermessen des Stifters[498] bzw. eines Dritten gestellt sind, bestehen somit keine durchgreifenden Bedenken.[499]

c) Zustimmung des lebenden Stifters als allgemeiner Grundsatz?

Schreiben weder Gesetz noch Satzung die Zustimmung des Stifters vor, so soll sich ein dahingehendes Erfordernis nach Ansicht *Muschelers* aus einem angeblichen Grundsatz des Stiftungsrechts herleiten lassen, wonach jede Satzungsänderung durch die Stiftungsorgane von der Zustimmung des lebenden Stifters abhänge.[500] Dagegen ist wiederum einzuwenden, dass der Stifter seiner Stiftung nach deren Anerkennung „wie ein Dritter" gegenübersteht, sofern er sich beson-

---

498 Im Ergebnis auch *Beckmann*, Änderung der Stiftungssatzung, S. 127 f.
499 Vgl. auch *Sieger/Bank*, NZG 2010, 641, 643; kritisch bezüglich der Kompetenzzuweisung an einen Dritten Seifart/v. Campenhausen/*Hof*, Stiftungsrechts-Handbuch, § 8 Rn. 94.
500 So ohne Begründung *Muscheler*, GS Walz, S. 451, 462.

dere Mitwirkungsbefugnisse nicht ausdrücklich vorbehalten hat.[501] Hat er dies unterlassen, so hat er die zur Wahrung seines historischen Willens erforderlichen Maßnahmen – wie mangels gegenteiliger Anhaltspunkte zu unterstellen ist – bewusst in die Hände der Stiftungsorgane und der Stiftungsaufsicht gelegt. Ein allgemeines Zustimmungserfordernis ist daher abzulehnen.

2. Behördliche Mitwirkung

Die Mitwirkung der Stiftungsaufsichtsbehörden[502] ist erstens im Hinblick auf eine Genehmigungsbedürftigkeit der Zusammenlegung (dazu nachfolgend a), zweitens im Hinblick auf eine Anerkennungsbedürftigkeit der aus ihr hervorgehenden neuen Stiftung zu thematisieren (b).[503] Überdies stellt sich die Frage nach einer Beteiligung der Finanzbehörden (c). Bei der Zusammenlegung von Unternehmensstiftungen ist ferner an die kartellrechtliche Fusionskontrolle (§§ 35 ff. GWB) zu denken.[504]

a) Genehmigungserfordernis nach Landesrecht

aa) Überblick und Rechtsnatur

Alle Landesstiftungsgesetze, die die Zusammenlegung durch Organbeschluss vorsehen, setzen zu deren Wirksamkeit eine behördliche Genehmigung voraus (zum Beispiel § 5 Abs. 2 S. 1 StiftG SH). Dass es dieser Genehmigung auch bedarf, wenn die Zusammenlegung aufgrund Satzungsregelung oder ohne ausdrückliche Rechtsgrundlage beschlossen wurde, das Landesrecht die Zusammenlegung also nicht ausdrücklich einer Genehmigungspflicht unterwirft, folgt aus einem Erst-recht-Schluss in Form des argumentum a minore ad maius zu den in allen Landesstiftungsgesetzen enthaltenen Regelungen, die schon (einfache) Satzungsänderungen einer Genehmigungspflicht unterwerfen. Für die Zusammenlegung muss dies erst recht gelten.

---

501 Zu diesen Reservatrechten Seifart/v. Campenhausen/*Hof,* Stiftungsrechts-Handbuch, § 6 Rn. 190.

502 Mit Seifart/v. Campenhausen/*Hof,* Stiftungsrechts-Handbuch, § 10 Rn. 2, umfasst der Begriff der Stiftungsaufsicht, wie er hier benutzt wird, die Mitwirkung des Staates bei Anerkennung und Aufhebung der Stiftung ebenso wie die Überwachung ihrer laufenden Geschäftstätigkeit.

503 Zu berücksichtigen ist allerdings die in einigen Stiftungsgesetzen (zum Beispiel § 10 Abs. 3 S. 1 StiftG Saar) vorgesehene Lockerung der Aufsicht über privatnützige Stiftungen. Dazu mit Recht kritisch Seifart/v. Campenhausen/*Hof,* Stiftungsrechts-Handbuch, § 10 Rn. 16.

504 Allgemein dazu *Engelsing,* Non Profit Law Yearbook 2002, S. 105, 130 ff.

Das Genehmigungserfordernis trägt zum einen dem Umstand Rechnung, dass der Staat mit der Anerkennung der Stiftung die Verantwortung dafür übernimmt, dass der Stifterwille als oberster Maßstab für den Bestand und die Tätigkeit der Stiftung auf Dauer gewahrt bleibt (Garantiefunktion der Stiftungsaufsicht).[505] Da vor allem Grundlagenänderungen wie die Zusammenlegung die Gefahr bergen, dass der Stifterwille dabei missachtet wird, ist eine behördliche Genehmigung unverzichtbar. Zum anderen wird die Pflicht zur behördlichen Genehmigung von Satzungs- und Grundlagenänderungen als Korrelat des in § 80 Abs. 1 BGB geregelten Anerkennungserfordernisses angesehen. Vor diesem Hintergrund dient die Genehmigungsverfahren dazu, zu verhindern, dass unter Umgehung des ursprünglichen Errichtungsvorgangs an sich nicht anerkennungsfähige Satzungsinhalte nachträglich, gleichsam „durch die Hintertür" in die Stiftungssatzung aufgenommen werden.[506] Das Genehmigungserfordernis steht daher nicht zur Disposition des Stifters.[507]

Entschließt sich die Behörde am Ende des Genehmigungsverfahrens, die Genehmigung zu erteilen, so geschieht dies durch einen – privatrechtsgestaltenden[508] – Verwaltungsakt im Sinne des § 35 S. 1 VwVfG. Aufgrund dieser Rechtsnatur der Genehmigung als privatrechtsgestaltendem Verwaltungsakt und um der Rechtssicherheit und Rechtsklarheit willen treten die Rechtsfolgen der Zusammenlegung selbst dann ein, wenn der zugrunde liegende Beschluss nicht wirksam gefasst wurde.[509] Jedenfalls für solche Grundlagenänderungen, die in den Bestand der Stiftung eingreifen, kann insoweit nichts anderes gelten als für die Anerkennung im Sinne von § 80 Abs. 1 BGB, die die Stiftung unabhängig von der Wirksamkeit des zugrunde liegenden Stiftungsgeschäfts zur Entstehung bringt.[510] Allerdings werden inhaltliche Mängel des Beschlusses durch die Ge-

---

505 BGH StiftRspr. IV, 58, 60 (= BGHZ 99, 344); *Karper*, Zusammenlegung von privatrechtlichen Stiftungen, S. 82; Seifart/v. Campenhausen/*Hof*, Stiftungsrechts-Handbuch, § 10 Rn. 281; Bamberger/Roth/*Schwarz/Backert*, BGB, § 85 Rn. 4; *Happ*, Stifterwille und Zweckänderung, S. 132 f.; allgemein *Andrick/Suerbaum*, Stiftung und Aufsicht, § 4 Rn. 18 ff.

506 Erman/*O. Werner*, BGB, § 85 Rn. 5.

507 *Ebersbach*, Handbuch des deutschen Stiftungsrechts, S. 95; *S. Hahn*, Organschaftliche Änderung der Stiftungssatzung, S. 118.

508 Allgemein *Manssen*, Privatrechtsgestaltung durch Hoheitsakt, S. 20 ff. und passim.

509 *Reuter*, in: Münchener Kommentar zum BGB, § 85 Rn. 30.

510 Hierzu BVerwGE 29, 314, 316 f.; Staudinger/*Rawert*, BGB, § 80 Rn. 30; *K. Schmidt*, Stiftungswesen, S. 14 ff.; Seifart/v. Campenhausen/*Hof*, Stiftungsrechts-Handbuch, § 6 Rn. 246.

nehmigung nicht geheilt, was unter Umständen eine Doppelgleisigkeit des Rechtsschutzes gegen fehlerhafte Grundlagenänderungen zur Folge hat.[511]

bb) Bezugspunkt der Genehmigung

Die rechtstechnische Frage, worauf sich die Genehmigung bezieht – auf den Beschluss oder auf die Zusammenlegung als solche –, wird in den Landesstiftungsgesetzen unterschiedlich beantwortet. Einige Stiftungsgesetze sehen die Genehmigung ausweislich ihres Wortlauts als Wirksamkeitserfordernis des Beschlusses an (zum Beispiel § 5 Abs. 1 S. 3 StiftG Bln: „Der Beschluss bedarf der Genehmigung der Aufsichtsbehörde."). In diesem Falle ist der betreffende Organbeschluss bis zur Erteilung der Genehmigung schwebend unwirksam.[512]

Nach den übrigen Landesstiftungsgesetzen, die die Genehmigung nicht als Wirksamkeitsvoraussetzung für den Beschluss ansehen, lässt sich die Genehmigung hingegen nur als selbständige, von der Wirksamkeit des Beschlusses unabhängige, weitere Voraussetzung der Zusammenlegung einordnen. Dabei ist allerdings fraglich, ob diese Vorschriften in dem Sinne zu verstehen sind, dass die Zusammenlegung insgesamt, also stiftungsübergreifend nur einer einzigen Genehmigung bedürfen soll, oder ob die Zusammenlegung als mehrseitige Grundlagenänderung vielmehr aufseiten jeder beteiligten Stiftung einer gesonderten Genehmigung bedürfen soll. Für letztere Sichtweise spricht der Wortlaut der einschlägigen Landesstiftungsgesetze. Diese regeln die Zusammenlegung nämlich gerade nicht stiftungsübergreifend, sondern aus der Perspektive der einzelnen Stiftung. Das zeigt etwa die Vorschrift des § 14 Abs. 2 S. 1 StiftG BW, in der es heißt: „Die Stiftungsorgane können [...] die Stiftung mit einer anderen zusammenlegen [...], soweit dies in der Satzung vorgesehen ist." Zudem und vor allem steht im Mittelpunkt der Stiftungsaufsicht stets die Wahrung des Stifterwillens. Das macht eine Fokussierung der Aufsichtstätigkeit und damit des Genehmigungsverfahrens auf die einzelnen Stiftungen praktisch unerlässlich, zumal die Genehmigungsfähigkeit der Zusammenlegung für eine Stiftung durchaus anders zu beurteilen sein mag als für die andere. Dem werden nur mehrere, formal getrennte Verwaltungsverfahren gerecht.

Mithin ist die Zusammenlegung materiellrechtlich aufseiten jeder beteiligten Stiftung genehmigungsbedürftig, und zwar unabhängig davon, ob das einschlägige Landesstiftungsgesetz das Genehmigungserfordernis auf den Beschluss oder als ein von ihm getrenntes Erfordernis auf die Zusammenlegung bezieht.

---

511 Zum Rechtsschutz gegen fehlerhafte Beschlüsse vgl. *J. Hoffmann,* FG Kreutz, S. 29 ff.
512 *Fritsche*/U. Kilian, StiftG Bbg, § 10 Anm. 2.

cc) Voraussetzungen der Genehmigungserteilung

(1) Formelle Voraussetzungen

(a) Zuständigkeit

Die behördliche Zuständigkeit für die Erteilung der Genehmigung richtet sich als Teil der laufenden Stiftungsaufsicht nach dem Rechtssitz der Stiftung.[513] Wenn die zusammenzulegenden Stiftungen ihre Sitze im Zuständigkeitsbereich ein und derselben Aufsichtsbehörde haben, muss diese zwar formal mehrere Genehmigungen erteilen (vgl. soeben bb), kann die Verfahren aber in der Sache, was auch sinnvoll ist, gemeinsam führen.

Haben die Stiftungen ihre Rechtssitze hingegen in den Zuständigkeitsbereichen unterschiedlicher Behörden, so fragt sich, ob die Genehmigungszuständigkeit bei einer dieser Behörden konzentriert werden kann. Die von *Hof*[514] mit dieser Intention herangezogene Vorschrift des § 3 Abs. 2 VwVfG regelt diesen Fall indes nicht, sondern löst ausweislich ihres Wortlauts lediglich den Kompetenzkonflikt, der entsteht, wenn für die örtliche Zuständigkeit in (materiell-rechtlich) *einer* Angelegenheit *mehrere* Anknüpfungspunkte bestehen. Beruht die Zuständigkeit mehrerer Behörden dagegen wie hier darauf, dass nach materiellem Recht mehrere Genehmigungen erteilt werden müssen, so handelt es sich nicht um einen Fall der in § 3 Abs. 2 VwVfG angesprochenen Mehrfachzuständigkeit. Im Falle der bundesländerübergreifenden Zusammenlegung steht dem Versuch einer Zuständigkeitskonzentration bei einer Behörde überdies die unter dem Gesichtspunkt der Verbandskompetenz fehlende Befugnis einer Aufsichtsbehörde entgegen, verbindliche Rechtsfolgen für eine Stiftung zu setzen, die in einem anderen Bundesland belegen ist.[515] Das ist schließlich ebenso gegen den Vorschlag von *Meyn/Gottschald*[516] einzuwenden, wonach bei der länderübergreifenden Zusammenführung im Zweifel die Sitzbehörde der aufnehmenden, im Falle der Zusammenlegung also der neu errichteten Stiftung zuständig sein soll.

Eine Konzentration des Genehmigungsverfahrens bei einer Aufsichtsbehörde lässt sich daher allein dadurch erreichen, dass die Stiftungssitze unter den dafür geltenden Voraussetzungen noch vor Einleitung des Genehmigungsverfahrens in den Zuständigkeitsbereich einer bestimmten Aufsichtsbehörde verlegt

---

513 Vgl. Seifart/v. Campenhausen/*Hof,* Stiftungsrechts-Handbuch, § 10 Rn. 101.

514 Seifart/v. Campenhausen/*Hof,* Stiftungsrechts-Handbuch, § 10 Rn. 302; ebenso *Meyn/ Gottschald,* in: Münchener Handbuch des Gesellschaftsrechts, § 109 Rn. 4.

515 Vgl. zu diesem Aspekt allgemein *Oldiges,* DÖV 1989, 873, 878: Landesrechtliche Amtsgewalt einer Landesbehörde ende an der Landesgrenze.

516 *Meyn/Gottschald,* in: Münchener Handbuch des Gesellschaftsrechts, § 109 Rn. 4.

werden.[517] Wenn dafür nicht ausnahmsweise besondere Gesichtspunkte sprechen, wird dieses Vorgehen indes meist mit zu hohem Formalaufwand verbunden und daher kaum sinnvoll sein.

Ohnehin verdienen die Versuche, das Genehmigungsverfahren bei einer Behörde zu konzentrieren, auch rechtspolitisch keinen Zuspruch. Es hat seinen guten Sinn, dass diejenige Aufsichtsbehörde für die Genehmigungserteilung zuständig ist, die mit den Eigenarten der jeweiligen Stiftung aufgrund eines zumeist langjährigen Aufsichtsverhältnisses am besten vertraut ist. Daran sollte sich auch de lege ferenda nichts ändern.

(b) Antrag

Als formelle Verfahrensvoraussetzung schreibt nur § 2 Abs. 1 AVStG Bay einen Antrag an die Aufsichtsbehörde ausdrücklich vor. Im Übrigen ist das Verfahren von Amts wegen einzuleiten, sobald die Aufsichtsbehörde Kenntnis von einem entsprechenden Organbeschluss erlangt.

(c) Vorlagepflichten

Vereinzelt wird die Auffassung vertreten, die eine Zusammenlegung betreibende Stiftung sei gegenüber der Aufsichtsbehörde zur Erstattung eines Schlussberichts verpflichtet.[518] Dem ist nicht zuzustimmen. Zum einen betreffen die dafür jeweils herangezogenen Vorschriften (§ 6 Abs. 2 StiftG Bbg, § 7 StiftG He) nur die periodische Rechnungslegung, die mit der Zusammenlegung zusammenfallen kann, aber nicht muss. Zum anderen ist eine Rechtsfortbildung in Anlehnung etwa an das Umwandlungsrecht, das entsprechende Vorlage- und Berichtspflichten gegenüber den Mitgliedern bzw. Anteilseignern vorsieht (vgl. § 8 UmwG), nicht veranlasst. Denn Mitglieder, denen eine vergleichbare Berichtspflicht zustatten kommen könnte, hat die Stiftung nicht. Und der Aufsichtsbehörde stehen auf Grundlage der Landesstiftungsgesetze ohnehin, um ihre Aufgaben sachgerecht wahrnehmen zu können, weitreichende Informationsansprüche gegenüber der Stiftung zu (vgl. zum Beispiel § 8 Abs. 2 StiftG SH), wodurch sie Zugriff auf diejenigen Informationen und Unterlagen nehmen kann, die sie zur Ent-

---

517 Hierzu *Meyn/Gottschald*, in: Münchener Handbuch des Gesellschaftsrechts, § 109 Rn. 4.

518 So *Peiker*, StiftG He, § 9 Anm. 7; *Fritsche*/U. Kilian, StiftG Bbg, § 10 Anm. 1.5.; a. A. jedoch *Fritsche*, in: O. Werner/Saenger, Die Stiftung, Rn. 740 Fn. 61.

scheidung über die Genehmigung benötigt.[519] Weitergehende Vorlagepflichten der Stiftung gegenüber der Behörde sind daher überflüssig.

(d) Anhörung der Stiftung

Fraglich ist, ob die zuständige Aufsichtsbehörde gemäß § 28 Abs. 1 VwVfG verpflichtet ist, die Stiftung vor ihrer Entscheidung anzuhören. Nach der Vorschrift ist demjenigen, in dessen Rechte durch einen Verwaltungsakt eingegriffen wird, vor dessen Erlass Gelegenheit zu geben, sich zu den für die Entscheidung erheblichen Tatsachen zu äußern. Es ist jedoch anerkannt, dass über den Wortlaut hinaus schon die Möglichkeit eines Eingriffs in eine geschützte Rechtsstellung ausreicht.[520] Gegebenenfalls als Antragstellerin, jedenfalls als Adressatin des genehmigenden Verwaltungsakts ist die Stiftung Verfahrensbeteiligte im Sinne von § 13 Abs. 1 Nr. 1 und 2 VwVfG.[521] Sie wäre deshalb anzuhören, wenn eine Verletzung ihrer subjektiven Rechte durch die Genehmigung möglich wäre. Hiergegen wendet *Burgard* ein, dass die Genehmigung einen fehlerhaften Organbeschluss nicht zu heilen vermöge und sie deshalb niemanden in seinen Rechten verletzen könne.[522] Dabei übersieht er jedoch, dass schon der auf der Genehmigung beruhende Vollzug eines fehlerhaften Organbeschlusses eine Rechtsverletzung bedeutet, unabhängig davon, dass er die Fehlerhaftigkeit des zugrunde liegenden Rechtsakts nicht zu heilen vermag.[523] So verletzt die Genehmigung der Zusammenlegung, die (faktisch) zur Auflösung der betreffenden Stiftungen führt, diese im Falle ihrer Rechtswidrigkeit – vor allem wenn und weil schon der zugrunde liegende Beschluss fehlerhaft ist – zumindest in ihrem grundrechtlich fundierten Bestandsrecht (Art. 2 Abs. 1, 19 Abs. 3 GG).

Dass die Genehmigungserteilung die Stiftung in eigenen Rechten verletzt, kann daher nicht von vornherein ausgeschlossen werden. Folglich ist die die Stiftung vor Erlass des genehmigenden Verwaltungsakts nach Maßgabe des § 28 Abs. 1 VwVfG anzuhören. Sie wird dabei durch ihren Vorstand vertreten (§§ 86 S. 1, 26 Abs. 2 BGB).

---

519 Vgl. Seifart/v. Campenhausen/*Hof*, Stiftungsrechts-Handbuch, § 10 Rn. 147; *Richter*, in: Münchener Handbuch des Gesellschaftsrechts, § 103 Rn. 71.

520 Vgl. *Kopp/Ramsauer*, VwVfG, § 28 Rn. 28; Stelkens/Bonk/Sachs/*Bonk/Kallerhoff*, VwVfG, § 28 Rn. 30.

521 So für die Satzungsänderung Seifart/v. Campenhausen/*Hof*, Stiftungsrechts-Handbuch, § 10 Rn. 303.

522 *Burgard*, Gestaltungsfreiheit im Stiftungsrecht, S. 464.

523 So mit Recht *Reuter*, in: Münchener Kommentar zum BGB, § 85 Rn. 30.

(e) Anhörung des Stifters

Des Weiteren ist fraglich, ob neben der Stiftung auch der Stifter vor der behördlichen Entscheidung selbst dann – gegebenenfalls erneut[524] – anzuhören ist, wenn das einschlägige Landesrecht dies (anders als § 10 Abs. 2 StiftG Brb, § 7 Abs. 2 S. 3 StiftG Hbg) nicht ausdrücklich vorsieht.

Gewichtige Stimmen im Schrifttum bejahen eine solche Anhörungspflicht mit der Begründung, dass grundlagenändernde Eingriffe nicht nur Rechte der Stiftung, sondern auch eigene Rechte des Stifters berührten.[525] Die Gegenansicht, die eine Anhörungspflicht ablehnt, hebt hervor, dass der Stifter der Stiftung nach deren Anerkennung gleich einem Dritten gegenüberstehe. Da seine Grundrechte in die rechtlich unabhängige Stiftung nicht „hineinragten",[526] werde er durch Eingriffe in die Stiftungsexistenz nicht in eigenen Rechten berührt.[527]

Eine Pflicht der Behörde, den Stifter anzuhören, könnte sich – wenn sie nicht besonders angeordnet ist – wiederum aus § 28 Abs. 1 VwVfG ergeben, was voraussetzt, dass der Stifter am Verfahren beteiligt ist und der Eingriff in eine geschützte Rechtsposition möglich scheint.[528] Am Verfahren Beteiligter ist, wen der Ausgang des Verfahrens in rechtlich geschützten Interessen berührt (§ 13 Abs. 1 Nr. 4, Abs. 2 S. 1 VwVfG: einfache Hinzuziehung) oder auf wessen subjektive Rechte er gestaltend einwirkt (§ 13 Abs. 1 Nr. 4, Abs. 2 S. 2 VwVfG: notwendige Hinzuziehung). Das Bestehen einer Anhörungspflicht hängt mithin davon ab, ob es rechtlich geschützte Interessen oder Rechte des Stifters gibt, in die die behördliche Entscheidung eingreifen kann. Selbst jene Literaturstimmen, die eine Betroffenheit des Stifters in eigenen Rechten beja-

---

524 Vgl. § 3 C I 3 c.

525 Mit Unterschieden Seifart/v. Campenhausen/*Hof,* Stiftungsrechts-Handbuch, § 10 Rn. 119, 300, § 4 Rn. 72; *Jakob,* Schutz der Stiftung , S. 110 ff., 117; Staudinger/*Rawert,* BGB, § 87 Rn. 16; *Schlüter/Stolte,* Stiftungsrecht, Kap. 3 Rn. 42; *Beckmann,* Änderung der Stiftungssatzung, S. 140; für Zweckänderung und Aufhebung auch *Reuter,* in: Münchener Kommentar zum BGB, § 85 Rn. 22, mit der Begründung, dass diese wie eine Rücknahme der den Stifter begünstigenden Stiftungsanerkennung wirkten; zustimmend *Schwarz van Berk,* in: Münchener Handbuch des Gesellschaftsrechts, § 101 Rn. 34 f.

526 *Andrick,* in: v. Campenhausen u. a., Stiftungen in Deutschland und Europa, S. 281, 294; *Andrick/Suerbaum,* Stiftung und Aufsicht, § 9 Rn. 48.

527 *Backert,* in: O. Werner/Saenger, Die Stiftung, Rn. 693; *Burgard,* Gestaltungsfreiheit im Stiftungsrecht, S. 450 f.; *Hüttemann/Rawert,* ZIP 2002, 2019, 2027 (zu § 7 Abs. 3 ME); siehe ferner Begr. zu § 10 Abs. 2 StiftG Bbg, LT-Drs. 3/7024, S. 16.

528 Vgl. *Kopp/Ramsauer,* VwVfG, § 28 Rn. 28; Stelkens/Bonk/Sachs/*Bonk/Kallerhoff,* VwVfG, § 28 Rn. 30.

hen, haben allerdings bislang nicht dargetan, um welche geschützte Rechtsposition des Stifters es sich dabei handeln könnte.[529]

Ansätze einer dies thematisierenden Argumentation finden sich in der neueren Literatur. *Jakob* hat anknüpfend an das Grundrecht auf Stiftung ein Grundrecht auf Stiftungsbestand entwickelt.[530] Wegen der prinzipiellen Trennung von Stiftung und Stifter sei diesem eine „Mitbestimmung im täglichen Stiftungsleben" zwar im Grundsatz versagt. Das Grundrecht auf Stiftung würde aber im Zeitpunkt der Stiftungsentstehung „praktisch wertlos", wenn der Stifter nicht die Möglichkeit hätte, „in *Notfällen*", in denen Stiftungsorgane und -aufsicht versagten und eine rechts- oder stifterwillenswidrige Vernichtung oder Bestandsveränderung drohe, für den Bestand der Stiftung einzutreten.[531] In die Rechte des Stifters würde danach „jedenfalls" eingegriffen bei rechtswidriger Auflösung, Zweckänderung, wesentlicher Satzungsänderung und Zusammenlegung durch die Behörde.[532]

Kersting hat den Vorschlag unterbreitet, Kontrollrechte des Stifters (und der Destinatäre) aus § 525 BGB herzuleiten. Die Vorgehensweise bei der Errichtung einer Stiftung sei einer Schenkung unter Auflage nämlich „frappierend" ähnlich. Wie der Schenker Anspruch auf Vollziehung der Auflage habe, müsse der Stifter analog § 525 Abs. 1 BGB die Erfüllung des Stiftungszwecks verlangen und sich auch allgemein gegen gesetz- oder satzungswidriges Verhalten der Stiftungsorgane zur Wehr setzen können.[533]

Wie *Jakob* geht damit im Kern auch *Kersting* von einem die Stiftungsanerkennung überdauernden Recht des Stifters auf Fortbestand der Stiftung aus. Seiner Begründung ist jedoch nicht zuzustimmen. Zwar ist eine gewisse Ähnlichkeit der Schenkung unter Auflage und der Stiftung als jeweils freiwilligem, unentgeltlichem und zweckgebundenem Vermögensopfer nicht zu leugnen. Doch bestehen gegen die Annahme einer vergleichbaren Interessenlage als Vorausset-

---

529 Berechtigt insoweit die Kritik von *Andrick,* in: v. Campenhausen u. a., Stiftungen in Deutschland und Europa, S. 281, 294. Eine Rechtsposition benennt auch *Beckmann,* Änderung der Stiftungssatzung, S. 163, nicht, die lediglich von einem „besonderen Näheverhältnis" des Stifters zur Stiftung ausgeht.

530 *Jakob,* Schutz der Stiftung, S. 110 ff.; *ders.,* in Münchener Handbuch des Gesellschaftsrechts, § 119 Rn. 86; im Ansatz *Schlüter,* Stiftungsrecht zwischen Privatautonomie und Gemeinwohlbindung, S. 338: Das „Recht auf Stiftung" ende nicht mit dem Vorgang der Stiftungserrichtung; ferner *Schwintek,* in: O. Werner/Saenger, Die Stiftung, Rn. 704: Stiftung sei trotz ihrer vollständigen Verselbständigung Medium der Grundrechtsausübung des Stifters.

531 *Jakob,* Schutz der Stiftung, S. 112 f. (Hervorhebung im Original).

532 *Jakob,* Schutz der Stiftung, S. 113.

533 *Kersting,* Non Profit Law Yearbook 2006, S. 57, 65 f., 67 f.

zung für eine analoge Anwendung des § 525 BGB auf das Verhältnis des Stifters zur Stiftung durchgreifende Bedenken: Ausweislich des § 525 Abs. 1 BGB ist es nämlich in allererster Linie die Angelegenheit des Schenkers, die Vollziehung der Schenkungsauflage durchzusetzen; der Staat „kann" die Durchsetzung der Auflage erst nach dem Tod des Schenkers betreiben, wenn und weil ein öffentliches Interesse daran besteht (§ 525 Abs. 2 BGB). Demgegenüber ist es im Stiftungsrecht völlig unstreitig, dass es zum Ausgleich des rechtsformspezifischen Schutzdefizits der Stiftung zuvörderst die Aufgabe des Staates ist, den Stifterwillen zu wahren und durchzusetzen.[534] Deshalb kann von den Rechten des Auflagenschenkers, dem keine vergleichbare staatliche Kontrolle zur Seite steht, nicht auf vergleichbare Rechte des Stifters geschlossen werden. Eine analoge Anwendung des § 525 BGB scheidet deshalb aus.[535]

Zuzustimmen ist dagegen *Jakob,* wobei die von ihm bemühte Herleitung aus dem Grundrecht auf Stiftung, das nach wie vor nicht ganz unumstritten ist, nicht einmal erforderlich ist.[536] Auszugehen ist stattdessen von der Vorschrift des § 80 Abs. 2 BGB, die dem Stifter ein subjektiv-öffentliches Recht auf Anerkennung der Stiftung einräumt.[537] Dieser Anspruch liefe leer, wenn der Stifter einer – womöglich schon kurz nach Errichtung verfügten – Aufhebung der Stiftung nichts entgegenzusetzen vermochte. Deshalb setzt der Anspruch auf Anerkennung nach § 80 Abs. 2 BGB ein über die Anerkennung hinausgehendes, nachwirkendes Recht auf Stiftungsbestand geradewegs voraus.[538] Da ein Fortbestand der Stiftung die Beibehaltung ihrer identitätsprägenden Merkmale voraussetzt, sind auch sie vom Recht auf Stiftungsbestand umfasst.[539]

---

534 Vgl. etwa Seifart/v. Campenhausen/*Hof,* Stiftungsrechts-Handbuch, § 10 Rn. 5. Diese herkömmliche Sichtweise hat ungeachtet der durch das Landesrecht vereinzelt vorgesehenen Abschaffung der Aufsicht über privatnützige Stiftungen nach wie vor Berechtigung.

535 Kritisch auch Seifart/v. Campenhausen/*Hof,* Stiftungsrechts-Handbuch, § 8 Rn. 85, mit dem Hinweis, dass die Interessen des Stifters und der Destinatäre beträchtlich von denen der Stiftung divergierten.

536 Gegen ein „Grundrecht des Stifters auf Fortbestand seiner Stiftung" auch Seifart/v. Campenhausen/*Hof,* Stiftungsrechts-Handbuch, § 4 Rn. 78 Fn. 122 (siehe aber auch § 4 Rn. 72). Zum Grundrecht auf Stiftung ausführlich und mit Nachweisen *Reuter,* in: Münchener Kommentar zum BGB, Vor § 80 Rn. 26 ff., und *Rawert,* FS Reuter, S. 1323 ff.

537 *Suerbaum,* Die Stiftung 2 (2008), 89, 92.

538 Vgl. *Schlüter,* Stiftungsrecht zwischen Privatautonomie und Gemeinwohlbindung, S. 338.

539 *Jakob,* Schutz der Stiftung, S. 113.

Dieser Auffassung kann nicht der verbreitete Einwand entgegengehalten werden, gegen die Stiftung gerichtete Maßnahmen könnten den Stifter nicht in eigenen Rechten betreffen, weil er ihr nach deren Anerkennung wie ein Dritter gegenüberstehe. Denn zum einen geht auch die Mehrzahl der Landesstiftungsgesetze davon aus, dass der Stifter „seiner" Stiftung nicht nur ideell, sondern auch rechtlich – sei es durch Anhörungs-, sei es durch Zustimmungserfordernisse – verbunden bleibt. Und zum zweiten steht es dem Stifter frei, sich gewisse Mitwirkungsrechte in der Satzung vorzubehalten,[540] so dass auch ein (subjektives) Recht auf Fortbestand der Stiftung zumindest denkbar ist. Die Anerkennung durchtrennt mithin keineswegs jedes rechtliche Band zwischen dem Stifter und der Stiftung. Das ist schließlich auch interessengerecht. Da der Stifter mit der Stiftungserrichtung in aller Regel das Ziel verbindet, Dauerhaftes zu schaffen, entspricht es regelmäßig seinem Willen, die Stiftung nach ihrer Anerkennung zu seinen Lebzeiten nicht völlig aus den Händen zu geben.[541]

Damit ist festzuhalten, dass der Stifter ein Recht auf Fortbestand der Stiftung hat, das sich auf die identitätsbildenden Merkmale der Stiftung erstreckt. Dieses subjektive Recht des Stifters wird durch die Erteilung der hoheitlichen Genehmigung berührt, im Falle ihrer Rechtswidrigkeit verletzt. Aus dieser Möglichkeit einer Verletzung folgt, dass der Stifter vor der behördlichen Entscheidung gemäß § 28 Abs. 1 VwVfG anzuhören ist. § 87 Abs. 3 BGB steht nicht entgegen, weil die Norm jedenfalls insoweit keine abschließende Regelung darstellt.[542] Mithin ist vor der Entscheidung über die Genehmigung der Zusammenlegung der Stifter zu seinen Lebzeiten unabhängig davon anzuhören, ob das Landesrecht eine entsprechende Pflicht statuiert.[543]

(f) Anhörung der Stiftererben?

Ein Übergang des Rechts auf Stiftungsbestand und mit ihm des Anhörungsrechts aus § 28 Abs. 1 VwVfG mit dem Tod des Stifters auf seine Erben (§ 1922 Abs. 1 BGB) könnte zur Wahrung des Stifterwillens wünschenswert sein. Gewichtigere Gründe sprechen jedoch dagegen. Nicht nur ist zweifelhaft, wie mit dem Anhörungsrecht von Erbengemeinschaften zu verfahren wäre.[544] Entscheidend ist, dass das Recht auf Stiftungsbestand ein höchstpersönliches und damit

---

540   Vgl. Seifart/v. Campenhausen/*Hof,* Stiftungsrechts-Handbuch, § 6 Rn. 190.
541   Das konzediert auch *Burgard,* Gestaltungsfreiheit, S. 449.
542   *Backert,* in: O. Werner/Saenger, Die Stiftung, Rn. 693.
543   Im Ergebnis ist das h. M., vgl. nur Seifart/v. Campenhausen/*Hof,* Stiftungsrechts-Handbuch, § 10 Rn. 119, 300, § 4 Rn. 72.
544   *Kersting,* Non Profit Law Yearbook 2006, S. 57, 68.

unvererbliches Recht darstellt.[545] Denn das Recht auf Stiftungsbestand erwächst aus der Wahrnehmung seines Anspruchs auf Stiftungsanerkennung in der Person des Stifters und ist somit an ihn gebunden. Hinzu kommt, dass das Recht auf Stiftungsbestand auf die Wahrung des in der Stiftung verkörperten Stifterwillens zielt, zu dessen authentischer Interpretation nur der Stifter selbst, nicht aber die Stiftererben in der Lage sind, deren Willen (und Interessen) vom ursprünglichen Stifterwillen erheblich abweichen können.[546] Eine Pflicht zur Anhörung der Stiftererben besteht demzufolge nicht.[547]

(2) Materielle Voraussetzungen

Die Landesstiftungsgesetze schweigen zu den materiellen Voraussetzungen der Genehmigung. In der Literatur wird die Ansicht vertreten, die Aufsichtsbehörde dürfe Satzungs- und Grundlagenänderungen nur genehmigen, wenn sie mit dem Gesetz und der Satzung im Einklang stünden,[548] der Genehmigung gehe also eine umfassende Rechtmäßigkeitsprüfung voraus.[549] Andererseits finden sich in Rechtsprechung und Literatur Formulierungen, die die Vereinbarkeit der intendierten Maßnahme mit dem Stifterwillen zumindest deutlich in den Vordergrund der Prüfung rücken.[550] Der wesentliche praktische Unterschied der genannten Auffassungen liegt darin, dass nur im Rahmen einer umfassenden Rechtmäßigkeitsprüfung auch sämtliche formellen Beschlussvoraussetzungen Prüfungsgegenstand wären.[551]

---

545   Zur Unvererblichkeit höchstpersönlicher Rechte statt aller Jauernig/*Stürner*, BGB, § 1922 Rn. 13.

546   Vgl. auch *Kersting*, Non Profit Law Yearbook 2006, S. 57, 68.

547   Gegen Vererblichkeit auch *Beckmann*, Änderung der Stiftungssatzung, S. 163; *Jakob*, Schutz der Stiftung, S. 436; dafür wohl Seifart/v. Campenhausen/*Hof*, Stiftungsrechts-Handbuch, § 10 Rn. 119, unter Hinweis auf KG StiftRspr. III, 85 ff.

548   Zum Beispiel *Ebersbach*, Handbuch des deutschen Stiftungsrechts, S. 95; *Happ*, Stifterwille und Zweckänderung, S. 133; Seifart/v. Campenhausen/*Hof*, Stiftungsrechts-Handbuch, § 10 Rn. 332; *Siegmund-Schultze*, StiftG Nds, § 7 Anm. 5. *Burgard*, Gestaltungsfreiheit im Stiftungsrecht, S. 384, listet dazu die Prüfungspunkte ihrer Reihenfolge nach auf.

549   So zumindest im Ansatz VGH Baden-Württemberg ZSt 2007, 88, 90.

550   BGH StiftRspr. IV, 58, 60 (= BGHZ 99, 344); OVG Bremen StiftRspr. IV, 127, 129 („Verletzung oder Gefährdung des Stiftungszwecks"); *Mecking*, in: Münchener Handbuch des Gesellschaftsrechts, § 89 Rn. 22; *Schwintek*, in: O. Werner/Saenger, Die Stiftung, Rn. 704.

551   Vgl. Seifart/v. Campenhausen/*Hof*, Stiftungsrechts-Handbuch, § 10 Rn. 333 f.

Welcher Auffassung zu folgen ist, könnte sich aus dem vom Gesetzgeber mit dem Genehmigungserfordernis verfolgten Zwecke ergeben.[552] Als dessen zentrale teleologische Grundlage wurde bereits die Verantwortung des Staates für die Wahrung des Stifterwillens benannt. Das spricht dafür, die im Genehmigungsverfahren vorzunehmende Prüfung auf diejenigen Voraussetzungen der Zusammenlegung zu beschränken, die der Wahrung des Stifterwillens dienen. Neben dem Postulat, dass der Stifterwille der Maßnahme nicht entgegenstehen darf, zählen hierzu also diejenigen materiellen Voraussetzungen, die – da auf der Satzung beruhend – selbst Gegenstand des Stifterwillens sind oder – obwohl auf dem Gesetz beruhend – die Umstände betreffen, unter denen solche, den Stifterwillen ja formal konterkarierende Beschlüsse überhaupt zulässig sein sollen. Dazu gehören alle materiellen Voraussetzungen des Zusammenlegungsbeschlusses. Besondere Aufmerksamkeit hat die Aufsichtsbehörde insoweit darauf zu verwenden, ob der Stifterwille in der Satzung der neuen Stiftung genügend zur Geltung kommt, die an früherer Stelle detailliert behandelten Anforderungen an die Satzungsgestaltung also erfüllt sind.

Dies hätte allerdings zur Folge, dass der genehmigende Verwaltungsakt, obgleich der zugrundeliegende Organbeschluss rechtswidrig ist, seinerseits rechtmäßig sein und damit unanfechtbar werden könnte. Kraft seiner privatrechtsgestaltenden Wirkung machte er dann auch den mangelhaften Beschluss unangreifbar. Folglich verkürzte das Genehmigungserfordernis den privatrechtlichen Schutz gegenüber fehlerhaften Organbeschlüssen[553], was den Sinn der Stiftungsaufsicht als solcher in ihr Gegenteil verkehren würde. Als Ausweg aus diesem Dilemma gebührt daher im Ergebnis der Ansicht der Vorzug, die die Genehmigungserteilung an eine umfassende Rechtmäßigkeitsprüfung knüpft.

dd) Gebundene Entscheidung

Die Stiftungsaufsicht ist Rechtsaufsicht.[554] Damit ist es ihr jedenfalls untersagt, sich bei der Erteilung der Genehmigung von eigenen Zweckmäßigkeitsüberlegungen leiten zu lassen.[555] Auch besteht insofern kein Ermessen der Aufsichts-

---

552 Vgl. auch BayVGH StiftRspr. II, 18, 25 ff. (= BayVGHE 23, 47) betreffend eine genehmigungsbedürftige Personalmaßnahme.

553 Dazu *J. Hoffmann*, FG Kreutz, S. 29 ff.

554 Statt aller *Burgard*, Gestaltungsfreiheit im Stiftungsrecht, S. 383; *Mecking*, in: Münchener Handbuch des Gesellschaftsrechts, § 89 Rn. 22.

555 Grundlegend BVerwG StiftRspr. II, 89, 93 (= BVerwGE 40, 347); Seifart/v. Campenhausen/*Hof*, Stiftungsrechts-Handbuch, § 10 Rn. 340; *Reuter*, in: Münchener Kommentar zum BGB, Vor § 80 Rn. 68; *Backert*, in: O. Werner/Saenger, Die Stiftung, Rn. 1323.

behörde.[556] Zwar sind Ermessensentscheidungen mit dem Maßstab der Rechtsaufsicht durchaus vereinbar, jedoch sind etwaige Ermessensspielräume bereits durch die zur Beschlussfassung über die Zusammenlegung berufenen Stiftungsorgane ausgefüllt. Daher stehen nur mögliche Ermessensfehler zur Überprüfung der Stiftungsaufsicht.[557]

Ebenso unterliegt die durch die Stiftungsorgane vorgenommene Auslegung und Anwendung unbestimmter Rechtsbegriffe wie „wesentliche Veränderung der Verhältnisse" sowohl behördlicher als auch gerichtlicher Prüfung. Allerdings steht den Stiftungsorganen ein nur beschränkt justiziabler Beurteilungsspielraum zu, soweit ihre Entscheidung von prognostischen und wertenden Elementen geprägt ist. Die behördliche bzw. gerichtliche Prüfung beschränkt sich insoweit darauf, ob ein richtiger Sachverhalt zugrunde gelegt, allgemeingültige Wertmaßstäbe beachtet und keine sachfremden Erwägungen angestellt wurden.[558]

b) Anerkennungserfordernis nach § 80 Abs. 1 BGB

aa) Analoge Anwendung

Ob es im Hinblick auf die durch die Zusammenlegung entstehende neue Stiftung einer behördlichen Anerkennung im Sinne von § 80 Abs. 1 und 2 BGB bedarf, wird unterschiedlich beurteilt. Sowohl *Heuer/Ringe* als auch *Fritsche* bejahen ein Anerkennungserfordernis.[559] Während erstere allerdings das nach Landesrecht zum Teil vorgeschriebene Genehmigungserfordernis durch das bundesrechtliche und damit höherrangige Anerkennungserfordernis verdrängt sehen,[560] hält *Fritsche* Genehmigungs- und Anerkennungserfordernis grundsätzlich für nebeneinander anwendbar. Den Ländern stehe es aber frei, Genehmigung und Anerkennung verfahrensmäßig zu verbinden, wie einige Stiftungsgesetze es

---

556 Ebenso *Andrick/Suerbaum*, Stiftung und Aufsicht, § 4 Rn. 16; Lutter/*Rawert/Hüttemann*, UmwG, § 164 Rn. 15 mit Fn. 1; *Mecking*, in: Münchener Handbuch des Gesellschaftsrechts, § 89 Rn. 23; *Siegmund-Schultze*, StiftG Nds, § 7 Anm. 5. A. A. Seifart/v. Campenhausen/*Hof*, Stiftungsrechts-Handbuch, § 10 Rn. 297 (diese Aussage relativierend aber Rn. 286: Aufsichtsbehörde treffe eine eigene Entscheidung, „wobei Stifterwille, Satzung und Gesetz die maßgeblichen Kriterien liefern"); dagegen *Suerbaum*, ZSt 2004, 34, 35 Fn. 20.

557 In diesem Punkte übereinstimmend Seifart/v. Campenhausen/*Hof*, Stiftungsrechts-Handbuch, § 10 Rn. 297.

558 Vgl. *Andrick/Suerbaum*, Stiftung und Aufsicht, § 9 Rn. 84.

559 *Fritsche*, in: O. Werner/Saenger, Die Stiftung, Rn. 736, 740; *Heuer/Ringe*, Rote Seiten zu Stiftung & Sponsoring 3/2005, S. 3.

560 *Heuer/Ringe*, Rote Seiten zu Stiftung & Sponsoring 3/2005, S. 3.

auch ausdrücklich vorsähen.[561] Nach der von *Siegmund-Schultze* formulierten Gegenauffassung soll die Genehmigung der Anerkennung im Sinne des § 80 Abs. 1 BGB entsprechen. Eine besondere Anerkennung sei nicht notwendig, weil § 80 Abs. 1 BGB die Zusammenlegung als derivativen Gründungsvorgang nicht erfasse.[562]

Daran ist richtig, dass das Anerkennungserfordernis ausweislich der in § 80 Abs. 1 i. V. mit § 81 Abs. 1 BGB genannten Voraussetzungen nicht auf den Fall der Zusammenlegung zugeschnitten ist, die an besondere formelle und materielle Anforderungen geknüpft ist. Daher gilt das bundesrechtliche Anerkennungserfordernis hier jedenfalls nicht unmittelbar, sondern allenfalls lückenfüllend im Wege der Analogie. Schon deshalb kann es dem landesgesetzlich vorgeschriebenen Genehmigungserfordernis entgegen *Heuer/Ringe* nicht vorgehen. Fraglich ist allein, ob es neben der Genehmigung der Zusammenlegung *zusätzlich* einer Anerkennung der neuen Stiftung bedarf. Neben dem Bestehen einer Regelungslücke setzt dies voraus, dass die Interessenlage im Falle der Zusammenlegung mit derjenigen bei originärer Stiftungserrichtung übereinstimmt.

Wie jede juristische Person bedarf auch die Stiftung zur Erlangung ihrer Rechtsfähigkeit eines staatlichen Konstitutivakts.[563] Die Stiftungsentstehung durch Zusammenlegung kommt daher genauso wenig ohne staatliche Mitwirkung aus wie ihre originäre Gründung. Der Überlegung, diesen staatlichen Konstitutivakt schon in der behördlichen Genehmigung zu erblicken (vgl. in diesem Sinne zum Beispiel § 5 Abs. 2 S. 2 StiftG SH), steht entgegen, dass die staatliche Mitwirkung an der Entstehung juristischer Personen gerade aus Publizitätsgründen erforderlich ist: Ihre Existenz darf im Interesse des Rechtsverkehrs nicht ungewiss, sondern muss zweifelsfrei verlautbart sein. Zweifel an der Existenz der neuen Stiftung wären aber keineswegs ausgeschlossen, wenn man – wie etliche Landesstiftungsgesetze es tun – als staatlichen Konstitutivakt die behördliche Genehmigung der Zusammenlegung ausreichen ließe. Denn obgleich die Voraussetzungen der Zusammenlegung erst erfüllt sind, wenn die letzte der erforderlichen Genehmigungen erteilt (und wirksam) ist, entstünde die neue Stiftung, nähme man die gesetzlichen Regelungen beim Wort, schon mit Erteilung der ersten Genehmigung. Das jedoch widerspräche nicht nur dem Charakter der Zusammenlegung als mehrseitiger Grundlagenänderung, sondern hätte auch zur

561 *Fritsche,* in: O. Werner/Saenger, Die Stiftung, Rn. 740 mit Fn. 62; vgl. auch *Heuel,* StiftG NRW, § 5 Anm. 4.

562 *Siegmund-Schultze,* StiftG Nds, § 7 Anm. 6.

563 *O. Werner,* in: O. Werner/Saenger, Die Stiftung, Rn. 371; vgl. auch *K. Schmidt,* in: v. Campenhausen u. a., Stiftungen in Deutschland und Europa, S. 231, 233; Soergel/*Hadding,* BGB, Vor § 21 Rn. 5.

Folge, dass die dauerhafte Existenz der neuen Stiftung bis zur Erteilung aller erforderlichen Genehmigungen in der Schwebe wäre – ein aus Gründen der Rechtssicherheit und Rechtsklarheit untragbares Ergebnis. Eine teleologische Reduktion etwa des § 5 Abs. 2 S. 2 StiftG SH dahingehend, dass die neue Stiftung erst mit Erteilung der letzterforderlichen Genehmigung entstünde, könnte diesem Bedenken nicht abhelfen. Denn welche Genehmigung die letzte ist, liegt aus Sicht des Rechtsverkehrs in aller Regel ebenso im Dunkeln wie die Wirksamkeit der zuvor erteilten Genehmigung(en).

Aus den der Rechtsordnung immanenten Prinzipien der Rechtssicherheit und Rechtsklarheit folgt daher, dass die staatliche Mitwirkung in Gestalt der Genehmigung der Zusammenlegung allein die Entstehung der neuen Stiftung noch nicht bewirken kann. Die anderslautenden landesgesetzlichen Regelungen können gemäß Art. 31 GG keine Wirksamkeit haben. Um Gewissheit über die Existenz der neuen Stiftung zu erlangen, bedarf es vielmehr wie im Falle der originären Gründung auch im Rahmen der Zusammenlegung einer Anerkennung im Sinne des § 80 Abs. 1 BGB. Die teilanaloge Anwendung der Vorschrift ist demnach zur Ausfüllung einer Regelungslücke erforderlich und von einer vergleichbaren Interessenlage getragen.

bb) Formelle Voraussetzungen

Zuständig für die Erteilung der Anerkennung ist die nach dem Recht des Landes zuständige Behörde, in dem die neue Stiftung ihren (Rechts-) Sitz haben soll (§ 80 Abs. 1 BGB).[564] Das Anerkennungsverfahren wird durch einen gemeinsamen Antrag der zusammenzulegenden Stiftungen, unter Umständen auch durch entsprechende Mitteilung der aufsichtsführenden und daher zuerst mit der Zusammenlegung befassten Behörden in Gang gesetzt.

cc) Materielle Voraussetzungen

Für den Normalfall der originären Stiftungserrichtung sind die materiellen Voraussetzungen in den §§ 80, 81 BGB nunmehr abschließend aufgeführt. Auf den Fall der Zusammenlegung passt die auf die originäre Stiftungserrichtung durch autonomen Willensakt zugeschnittene Vorschrift des § 80 Abs. 2 BGB indes nur mit gewissen Modifikationen.[565] Zu den Anerkennungsvoraussetzungen zählt nicht, was schon Gegenstand des Genehmigungsverfahrens war, nämlich zu prü-

---

564 Freilich können Genehmigungs- und Anerkennungsbehörde auch identisch sein. Das bestimmt sich nach dem jeweiligen Landesrecht, vgl. etwa Art. 8 Abs. 5 StiftG Bay und dazu *Voll/Störle*, StiftG Bay, Art. 8 Rn. 5.

565 Insofern ungenau *Schwake*, Kapital und Zweckerfüllung, S. 570.

fen, ob die formellen und materiellen Voraussetzungen der Zusammenlegung vorliegen. Die Anerkennungsbehörde prüft nur, ob die erforderlichen, konstitutiv wirkenden Genehmigungen der Zusammenlegung erteilt wurden und endgültig wirksam sind. Solange Unsicherheit über die Genehmigung der Zusammenlegung besteht, ist auch ihre Auflösung und der – für Anerkennungsfähigkeit der neuen Stiftung erforderliche – Vermögensübergang in der Schwebe. Die Anerkennungsbehörde darf mithin die Anerkennung erst erteilen, wenn die Genehmigungen bestandskräftig sind.[566]

An die Stelle des Stiftungsgeschäfts treten bei der Zusammenlegung die Organbeschlüsse. Der Verweis auf § 81 Abs. 1 BGB ist folglich auf die mit den Beschlüssen verbundene Satzung zu beziehen, die die gesetzlich vorgeschriebenen Mindestanforderungen erfüllen muss. Die Anerkennungsbehörde hat insoweit zu prüfen, ob die Satzung der neuen Stiftung für sich gesehen ordnungsgemäße Regelungen über Namen, Sitz, Zweck und Vermögen sowie über die Bildung des Vorstands der Stiftung enthält. Gemäß § 80 Abs. 2 letzter Satzteil BGB darf der Stiftungszweck das Gemeinwohl nicht gefährden. Darüber hinaus darf die aus der Zusammenlegung hervorgehende Stiftung ferner nur dann anerkannt werden, wenn „die dauernde und nachhaltige Erfüllung des Stiftungszwecks gesichert erscheint" (§ 80 Abs. 2 BGB). Gemeinhin wird daraus insbesondere das Erfordernis abgeleitet, die Stiftung mit einem zweckadäquaten Vermögen auszustatten.[567] Das gilt auch im Rahmen der Stiftungszusammenführung, weil sie nur Sinn ergibt, wenn aus ihr eine allein lebensfähige Stiftung hervorgeht.[568] Daraus folgt, dass die Zusammenführung von Stiftungen ohne oder mit nur sehr geringem Vermögen nur dann in Betracht kommt, wenn eine konkrete Aussicht auf eine baldige Zuwendung in den Vermögensstock der neuen Stiftung besteht.[569] Mit der Beschränkung der Stiftungsaufsicht auf eine reine Rechtsaufsicht vertrüge es sich allerdings nicht, der Anerkennungsbehörde bei der Prüfung der Vermögensausstattung einen eigenen Prognosespielraum zu eröffnen. Richtigerweise wird ihr daher bei der originären Errichtung nur eine gerichtlich voll überprüfbare Grenzkontrolle zugestanden.[570] Entsprechendes gilt im Rahmen der Zusammenlegung. Wegen einer zweckinadäquaten Vermögens-

---

566 Ebenso bezüglich der hoheitlichen Zusammenlegung Seifart/v. Campenhausen/*Hof*, Stiftungsrechts-Handbuch, § 10 Rn. 370, und *Lehmann*, StiftG SH, § 6 Anm. 5.

567 Vgl. nur *Hüttemann*, ZHR 167 (2003), 35, 54 ff.

568 *Voll/Störle*, StiftG Bay, Art. 8 Rn. 3; *Schwake*, Kapital und Zweckerfüllung, S. 570.

569 Das gilt, obgleich die Landesstiftungsgesetze ein Restvermögen der zusammenzulegenden Stiftungen nicht explizit voraussetzen, vgl. *Voll/Störle*, StiftG Bay, Art. 8 Rn. 3.

570 So *Reuter*, in: Münchener Kommentar zum BGB, §§ 80, 81 Rn. 50; weitergehend *Volkholz*, FG Kreutz, S. 119, 124 f.; a. A. Palandt/*Ellenberger*, BGB, § 80 Rn. 5.

ausstattung darf die zuständige Behörde die Anerkennung der neuen Stiftung daher nur ausnahmsweise dann verweigern, wenn das Vermögen mit Blick auf den zu verfolgenden Zweck offenkundig und nicht nur vorübergehend unzureichend ist. Die abstrakt-generelle Festlegung einer Mindestkapitalausstattung der neu zu errichtenden Stiftung lässt sich daher im Rahmen der Zusammenlegung ebenso wenig begründen wie sonst.[571]

c) Notwendigkeit und Möglichkeiten einer Beteiligung der Finanzbehörden

Wenn die Zulässigkeit der Zusammenlegung auch davon abhängt, dass die neu errichtete Stiftung dieselbe steuerliche Begünstigung genießt wie die zusammengelegten Stiftungen,[572] stellt sich die Frage nach der Beteiligung der Finanzbehörden an dem Verfahren der Zusammenlegung. Gemäß § 137 Abs. 1 AO sind steuerlich relevante Änderungen, zu denen bei gemeinnützigen Stiftungen auch die Zusammenlegung gehört, den Finanzbehörden anzuzeigen.[573] Eine darüber hinausgehende Beteiligung der Finanzbehörden, etwa in Gestalt einer finanzbehördlichen Genehmigung, ist gesetzlich für die Zusammenlegung ebenso wenig vorgeschrieben wie für die originäre Errichtung einer Stiftung[574]. Wohl kann der Stifter aber eine positive Stellungnahme[575] des Finanzamts hinsichtlich der Steuerbegünstigung der aufnehmenden Stiftung zum Wirksamkeitserfordernis der Zusammenlegung erheben. Ob das erforderliche Votum der Finanzbehörde vorliegt, hat dann die jeweilige Aufsichtsbehörde zu prüfen, bevor sie die Zusammenlegung genehmigt.

Gemeinhin ist eine solche Satzungsregelung allerdings entbehrlich. Denn die Aufsichtsbehörde prüft die Vereinbarkeit der Zusammenlegung mit dem Stifterwillen ohnehin umfassend, und damit auch, ob die neue Stiftung derselben Steuerbegünstigung unterliegen wird wie die bisherigen Stiftungen. Zumindest bei komplexeren Sachverhalten ist die Aufsichtsbehörde deshalb schon kraft Amtes verpflichtet, die Finanzbehörde zur Einschätzung der Rechtslage am Verfahren zu beteiligen.[576] § 9 Abs. 1 S. 3 StiftG Sa überträgt den damit verbunde-

---

571 A. A. Palandt/*Ellenberger*, BGB, § 80 Rn. 5, und *Schlüter/Stolte*, Stiftungsrecht, Kap. 2 Rn. 52 ff., die für den Regelfall der Stiftungsneugründung ein Grundstockvermögen von mindestens 50.000 Euro veranschlagen.

572 Vgl. § 3 C I 4 d bb.

573 *Hof*/Bianchini-Hartmann/Richter, Stiftungen, S. 58.

574 Zu letzterem *Meyn*/Richter/Koss, Die Stiftung, Rn. 486.

575 Ein Anspruch auf eine verbindliche Auskunft besteht dagegen (regelmäßig) nicht – § 89 Abs. 2 S. 1 AO stellt sie in das Ermessen der Finanzbehörde – und sollte deshalb auch nicht zur Voraussetzung der Zusammenlegung gemacht werden.

576 Vgl. auch *Siegmund-Schultze*, StiftG Nds, § 7 Anm. 5.

nen Aufwand auf die Organe steuerbegünstigter Stiftungen, die vor der Erteilung der Genehmigung auf Verlangen der Aufsichtsbehörde eine Bestätigung des Finanzamts vorzulegen haben, wonach die in Aussicht genommene Satzungsänderung die Steuerbegünstigung der Stiftung nicht beeinträchtigt.

Unabhängig von alledem wird es sich im Interesse einer Beschleunigung des Genehmigungsverfahrens durchaus empfehlen, dass die Stiftungsorgane ihrerseits die Finanzbehörden schon frühzeitig in das Vorhaben der Zusammenlegung einbinden.[577]

D. Rechtsfolgen

I. Überblick

Die Zusammenlegung setzt rechtstechnisch ein Dreifaches voraus: die Entstehung der neuen Stiftung, die Übertragung der Stiftungsvermögen und das Erlöschen der zusammengelegten Stiftungen. In der Mehrzahl der Stiftungsgesetze sind die Rechtsfolgen der Zusammenlegung allerdings nur rudimentär geregelt.

Der zeitliche Ablauf der Zusammenlegung ist durch die behördliche Mitwirkung vorgezeichnet: Die Anerkennung, durch die die neue Stiftung entsteht, darf erst erteilt werden, wenn die erforderlichen Genehmigungen wirksam und bestandskräftig sind. Damit werden die Rechtsfolgen der Zusammenlegung also im Übrigen bereits ausgelöst, noch bevor die neue Stiftung entsteht, sind aber einstweilen gehemmt. Denn erst wenn die neue Stiftung besteht, ist ein Vermögensübergang möglich, und auch erst dann können die zusammenzulegenden Stiftungen erlöschen. Daraus ergibt sich diese zeitliche Abfolge:

(1) Auflösung der zusammenzulegenden Stiftungen,

(2) Entstehung der neuen Stiftung,

(3) Übergang der Stiftungsvermögen,

(4) Erlöschen der zusammengelegten Stiftungen.

II. Auflösung der zusammenzulegenden Stiftungen

Wie jede juristische Person kann die Stiftung erst aufhören zu existieren, wenn ihre Rechte und Pflichten übertragen sind oder aus anderem Grunde nicht mehr

---

577 Hinweis darauf auch in der Regierungsbegründung zum Entwurf eines Gesetzes zur Neuregelung des Stiftungsrechts im Freistaat Sachsen, LT-Drs. 4/5508, zu § 9 Abs. 1.

bestehen.[578] Demgemäß ist zwischen der Auflösung und dem Erlöschen der Stiftung zu unterscheiden.

Mit dem Wirksamwerden der Genehmigung der Zusammenlegung sind die zusammenzulegenden Stiftungen mithin zunächst nur aufgelöst, aber noch nicht erloschen.[579] Der Auflösung schließt sich daher grundsätzlich die Liquidation der Stiftungen an (vgl. § 88 BGB). Bis zu deren Abschluss bleiben die Stiftungen als „Stiftung i. L." rechtsfähig, doch beschränkt sich der Stiftungszweck auf den Zweck der Liquidation.[580] Auf deren Einzelheiten wird alsbald zurückzukommen sein (unten IV.).

III. Entstehung der neuen Stiftung

Entgegen den Regelungen der Landesstiftungsgesetze[581] wird die neue Stiftung nicht schon mit der Genehmigung der Zusammenlegung, sondern erst mit Wirksamwerden der Anerkennung analog § 80 Abs. 2 BGB rechtsfähig.[582] Als Verwaltungsakt wird die Anerkennung wirksam und die neue Stiftung rechtsfähig, wenn sie den von ihr Betroffenen zugestellt ist (§ 43 Abs. 1 S. 1 VwVfG).[583] Betroffen in diesem Sinne ist jeder, dessen Rechtsstellung durch den Verwaltungsakt verändert wird. Im Falle der Zusammenlegung sind dies die Stiftungen, deren Vermögen auf die neue Stiftung übergehen sollen und die mit veränderter Zwecksetzung vorerst weiterhin rechtsfähig sind.

IV. Übergang der Stiftungsvermögen

Besondere Bedeutung hat die Frage, wie die Vermögen der aufgelösten Stiftungen auf die neue Stiftung übergehen. Denn gerade in der durch die Bündelung der Vermögen erzielbaren Effektuierung der Stiftungsarbeit liegt ein praktisch bedeutsames Motiv der Zusammenlegung. Darüber hinaus ist es aber auch zur

---

578 Vgl. *Kraft/Kreutz*, Gesellschaftsrecht, B IV; *Windbichler*, Gesellschaftsrecht, § 26 Rn. 32.

579 Etwas anderes kann nur gelten, wenn eine zusammenzulegende Stiftung (ausnahmsweise) bereits vermögenslos ist.

580 Seifart/v. Campenhausen/*Hof*, Stiftungsrechts-Handbuch, § 11 Rn. 13.

581 § 14 Abs. 2 S. 3 StiftG BW, § 5 Abs. 3 S. 1 Hs. 2 StiftG Bln, § 8 Abs. 3 StiftG Bre, § 7 Abs. 3 S. 3 StiftG Hbg, § 7 Abs. 3 S. 4 StiftG Nds, § 5 Abs. 2 S. 4 StiftG NRW, § 7 Abs. 4 S. 1 StiftG Saar, § 10 Abs. 3 StiftG Sa, § 21 Abs. 5 StiftG SA, § 5 Abs. 2 S. 2 Var. 2 StiftG SH, § 11 Abs. 4 StiftG Th.

582 Vgl. dazu § 3 C II 2 b.

583 *Reuter*, in: Münchener Kommentar zum BGB, §§ 80, 81 Rn. 60.

Wahrung des Stifterwillens und der durch die Stiftung verkörperten Vermögen-Zweck-Beziehung erforderlich, einen vollständigen und überdies mit möglichst geringem organisatorischem und finanziellem Aufwand verbundenen Übergang der Vermögensgegenstände sicherzustellen. Die Einzelheiten sind überaus streitig und im Folgenden daher ausführlich darzustellen.

1. Vermögensübergang nach § 88 BGB

a) Anwendbarkeit

In der Literatur wird die vermögensmäßige Abwicklung der Zusammenlegung überwiegend dem Regime des § 88 BGB zugeordnet,[584] der für den Fall des „Erlöschens" einer Stiftung den Anfall ihres Vermögens an die in der Satzung, hilfsweise nach Landesrecht bestimmten Personen (Anfallberechtigten) vorsieht. Dem hält *Oetker* entgegen, dass im Zentrum der Zusammenführung nicht die Auflösung einer Stiftung nebst der Verteilung ihres Vermögens stehe, sondern vielmehr die Übertragung einer Stiftung in ihrer Gesamtheit auf eine andere. Da somit das Erlöschen der Stiftung nicht der Zweck, sondern lediglich die notwendige Folge der Zusammenführung sei, müsse § 88 BGB insoweit aufgrund teleologischer Reduktion unangewendet bleiben.[585] Für diese Ansicht spricht auch die für sich genommen zutreffende Bemerkung *Stengels*, dass der einer Stiftungszusammenführung immanente „Erhaltungswille [...] mit den anderen Erlöschensgründen nicht vergleichbar" sei.[586]

Im Wortlaut des § 88 BGB findet die von *Oetker* vorgeschlagene Differenzierung zwischen einem „finalen" Erlöschen und einem Erlöschen als bloßer Nebenfolge, auf das die Vorschrift keine Anwendung finden soll, zwar keine Stütze. Der Gesetzeswortlaut knüpft vielmehr an das „Erlöschen der Stiftung" an, weshalb § 88 BGB nach bislang einhelliger Ansicht unterschiedslos auf sämtliche Fälle der Stiftungsauflösung angewandt wird.[587]

Zweifel daran, dass die Regelung des § 88 BGB ihrem Sinn und Zweck nach auf die Zusammenlegung passt, wecken aber die von § 88 S. 3 BGB in Bezug genommenen Vorschriften der §§ 47 bis 53 BGB, die das Liquidationsverfahren

---

584 Vgl. nur *Karper*, Zusammenlegung von privatrechtlichen Stiftungen, S. 59 ff.; *dies.*, BWVP 1994, 275, 277; *Otto*, Handbuch der Stiftungspraxis, S. 106; *Saenger*, ZSt 2007, 81, 83.

585 *Oetker*, FS O. Werner, S. 207, 215 f. Die Möglichkeit einer „Zusammenführung ohne Auflösung der Stiftung, so dass die Anfallberechtigung nicht greift", erwägt auch *O. Werner*, ZSt 2009, 3, 7.

586 Semler/*Stengel*, UmwG, § 161 Rn. 48.

587 Statt aller Palandt/*Ellenberger*, BGB, § 88 Rn. 1.

im Einzelnen regeln. § 49 Abs. 1 S. 1 BGB nennt als Aufgaben der Liquidatoren, die laufenden Geschäfte zu beenden, ausstehende Forderungen einzuziehen, das übrige Vermögen in Geld umzusetzen, die Gläubiger zu befriedigen und den danach verbleibenden Überschuss an die Anfallberechtigten auszukehren. Vor allem die vorgesehene Liquidisierung des Vermögens scheint das Ziel der Zusammenlegung zu vereiteln, die Stiftungen so, wie sie sind („im Ganzen"), auf die neue Stiftung zu übertragen. Der Fall der Anstaltsstiftung, bei der die Zweckverwirklichung unmittelbar durch die Bewirtschaftung eines Sachvermögens erfolgt, das im Rahmen der Liquidation zu veräußern wäre, macht das besonders deutlich. Allerdings sieht das Gesetz Ausnahmen von der Verflüssigung des Stiftungsvermögens vor: Gemäß § 49 Abs. 1 S. 3 BGB darf sie unterbleiben, soweit sie weder zur Gläubigerbefriedigung noch zur Verteilung des Überschusses unter die Anfallberechtigten erforderlich ist. Hinsichtlich des Übergangs des Vermögens auf die neue Stiftung als Anfallberechtigte könnte eine Liquidisierung des Stiftungsvermögens folglich unterbleiben. Die Durchführung eines Liquidationsverfahrens steht damit der Zusammenlegung letztlich nicht im Wege.[588]

Vielmehr fragt sich, ob entgegen *Oetker* möglicherweise sogar Veranlassung besteht, die Durchführung eines Liquidationsverfahrens im Rahmen der Zusammenlegung grundsätzlich als notwendig anzusehen. Der Zweck der Liquidation liegt darin, im Interesse der Stiftungsgläubiger und der Anfallberechtigten eine möglichst reichhaltige Vermögensmasse zu bilden.[589] Dieser Liquidationszweck verfängt bei der Zusammenlegung zwar nicht recht, steht bei ihr doch, wie gesagt, der Übergang des Stiftungsvermögens möglichst in natura im Vordergrund. Jedoch dient das Liquidationsverfahren, wie die §§ 50 bis 52 BGB zeigen, gerade auch dem Schutz und der Sicherung noch unbekannter sowie bekannter, aber unerreichbarer Stiftungsgläubiger.

Ausgehend vom zivilrechtlichen Normalfall, dass sich der Vermögensübergang im Rahmen der Zusammenlegung durch Einzelrechtsübertragung vollzieht, die neue Stiftung also nicht kraft Gesetzes in die Schuldnerstellung einrückt, wäre die Geltendmachung der solchen Gläubigern zustehenden Ansprüchen durch die Zusammenlegung gefährdet. Dass Stiftungen typischerweise keine

---

588 Vgl. *Richter*, in: Münchener Handbuch des Gesellschaftsrechts, § 118 Rn. 19: Verflüssigung des Stiftungsvermögens könne unter anderem dann unterbleiben, wenn „die Anfallberechtigten den Liquidationsüberschuss in Natur übernehmen wollen".

589 *Hüffer*, in: Münchener Kommentar zum AktG, § 268 Rn. 3 (zur Aktiengesellschaft); *Korte*, in: Münchener Handbuch des Gesellschaftsrechts, § 65 Rn. 66 (zum Verein).

wesentlichen Verbindlichkeiten haben,[590] überzeugt nicht vom Gegenteil. Denn der Gläubigerschutz der §§ 50 bis 52 BGB gilt umfassend, er kennt keine Erheblichkeitsschwelle. Demnach sind die §§ 47 bis 53 BGB für die Abwicklung der Stiftung, sofern diese nicht aus anderem Grunde – namentlich, wie §§ 46, 47 BGB zeigen, wegen des Eintritts einer Gesamtrechtsnachfolge – gegenstandslos ist, auch im Falle der Zusammenlegung zwingendes Recht.

Die freihändige Übertragung des Stiftungsvermögens auf die neue Stiftung, die *Fritsche* als Alternative zur Liquidation erwägt,[591] würde die Liquidationsregeln auf Kosten des Gläubigerschutzes[592] umgehen. Wie im Gesellschaftsrecht ist eine solche „kalte Liquidation" daher auch im Stiftungsrecht als unzulässig anzusehen.[593] Gegen eine freihändige Übertragung der Vermögensgegenstände ist überdies der formale Einwand zu erheben, dass sie naturgemäß ohne Gegenleistung, also unmittelbar vermögensmindernd erfolgen müsste. Mit dem stiftungsrechtlichen Vermögenserhaltungsgebot, das eine unentgeltliche Weggabe des Grundstockvermögens untersagt, wäre das unvereinbar.

Nach alledem ist eine teleologische Reduktion des § 88 BGB im Hinblick auf die Zusammenlegung nicht überzeugend zu begründen. Vielmehr ist festzuhalten, dass die Liquidation als ein geordnetes und die schutzwürdigen Belange von Gläubigern berücksichtigendes Verfahren nicht nur sinnvoll, sondern, wenn nicht Gesamtrechtsnachfolge stattfindet, auch notwendig ist. In Übereinstimmung mit der herrschenden Lehre ist § 88 BGB deshalb als Grundlage des Vermögensübergangs im Rahmen der Zusammenlegung anzusehen. Soweit die Landesstiftungsgesetze insoweit Regelungen enthalten, können sie wegen Art. 31 GG nur als Konkretisierungen des § 88 BGB Wirkung entfalten.

b) Anfallberechtigung der neuen Stiftung

In der Systematik des § 88 BGB bestimmen die Sätze 1 und 2, wem das Stiftungsvermögen zufällt, Satz 3 regelt, wie sich dieser Vermögensanfall rechtstechnisch vollzieht (zu letzterem nachfolgend 2.). Nach § 88 S. 1 BGB fällt das Vermögen der Stiftung mit ihrem Erlöschen an die in der Verfassung bestimmten Personen (Anfallberechtigte), hilfsweise an den Landesfiskus oder an einen nach Landesrecht bestimmten Anfallberechtigten (§ 88 S. 2 BGB). Überwiegend wird deshalb angenommen, dass die neue Stiftung Anfallberechtigte der zu-

---

590 Vgl. *Schindler,* DB 2003, 297, 300; Seifart/v. Campenhausen/*Orth,* Stiftungsrechts-Handbuch, § 37 Rn. 23.

591 *Fritsche,* in: O. Werner/Saenger, Die Stiftung, Rn. 729.

592 Dazu *Winter,* Mitgliedschaftliche Treubindungen im GmbH-Recht, S. 204 ff.

593 *Burgard,* Gestaltungsfreiheit im Stiftungsrecht, S. 644; *Muscheler,* FS O. Werner, S. 129, 143 f.

sammenzulegenden Stiftungen sein müsse (oder dass deren Anfallberechtigten zumindest zustimmen müssten), um deren Vermögen erwerben zu können.[594]

aa) Mindermeinung: Vermögenserwerb nach § 82 S. 1 BGB

Darauf soll es nach *Fritsche* und *Meyn/Gottschald* jedoch nicht ankommen, weil die neu errichtete Stiftung gemäß § 82 S. 1 BGB von den in Auflösung befindlichen Stiftungen die Übertragung ihrer Vermögen verlangen könne. Diese Ansprüche seien, wie andere gegen die Liquidationsstiftungen gerichtete Forderungen, zu erfüllen, noch bevor ein verbleibender Überschuss an Anfallberechtigte ausgekehrt werden dürfe.[595] Da sich die Vorschrift des § 82 S. 1 BGB ausweislich ihres Wortlauts auf das Stiftungsgeschäft bezieht, dessen es bei der Zusammenlegung nicht bedarf,[596] ist jedoch allenfalls eine analoge Anwendung denkbar. Auch gegen sie spricht allerdings, dass der mit der Zusammenlegung verbundene und bezweckte Vermögenserwerb der neuen Stiftung unmittelbar an das Erlöschen der zusammengelegten Stiftungen anknüpft und sich damit inhaltlich als Frage der Anfallberechtigung darstellt.

bb) Anfallberechtigung kraft Satzungsregelung

Damit das Vermögen der zusammenzulegenden Stiftung auf die neu errichtete Stiftung übergehen kann, müsste diese also nach richtiger Ansicht gemäß der Stiftungssatzung, hilfsweise nach Landesrecht anfallberechtigt sein. Eine entsprechende, ausdrückliche Regelung wird sich jedoch in kaum einer Satzung finden.[597] Im Gegenteil sehen Satzungen häufig eine anderweitige Anfallberechtigung explizit vor. Für diesen Fall wird in der Literatur die Ansicht vertreten, dass ein Vermögensübergang auf die neue Stiftung nur möglich sei, wenn die Anfallberechtigung zuvor entsprechend geändert werde oder die nach der Satzung Anfallberechtigten der Zusammenlegung zustimmten.[598] Sonst falle das Vermögen der zusammenzulegenden Stiftungen nicht an die neue Stiftung, sondern gemäß § 88 S. 1 BGB an die nach der Stiftungssatzung Anfallberechtigten, womit eine Zusammenlegung scheitere.

---

594 Statt vieler Staudinger/*Rawert*, BGB, § 87 Rn. 10.

595 *Fritsche,* in: O. Werner/Saenger, Die Stiftung, Rn. 730; *Meyn/Gottschald,* in: Münchener Handbuch des Gesellschaftsrechts, § 108 Rn. 5; unklar Seifart/v. Campenhausen/ *Hof,* Stiftungsrechts-Handbuch, § 11 Rn. 54.

596 Vgl. bereits § 3 C I 6 a.

597 Auch die Formularbücher geben, soweit ersichtlich, keine dahingehende Empfehlung.

598 So *Saenger,* ZSt 2007, 81, 83; Staudinger/*Rawert*, BGB, § 87 Rn. 10.

Die Konsequenz, dass die Durchführung der Zusammenlegung insoweit in die Hände der Anfallberechtigten gelegt würde, befremdet.[599] Dieser Eindruck wird dadurch bestätigt, dass der Stifter dem Anfallberechtigten in aller Regel lediglich eine vermögensmäßige Expektanz einräumen, ihn hingegen nicht in die Lage versetzen wollte, eine Grundlagenänderung durch die Verweigerung seiner Zustimmung unterbinden zu können. Das spricht dafür, eine in der Satzung getroffene (anderweitige) Anfallberechtigung im Rahmen der Zusammenlegung mittels teleologischer Reduktion unangewendet zu lassen.[600] Dass der Wille des Stifters, das Stiftungsvermögen nach dem endgültigen Erlöschen der Stiftung an den von ihm bestimmten Anfallberechtigten auszukehren, dadurch außer Betracht bliebe, ist nicht zu befürchten, da eine etwaige Anfallregelung in die Satzung der neuen Stiftung zu übernehmen ist.[601]

Enthält die Satzung keine Anfallregelung oder ist diese nach Vorstehendem nicht anwendbar, so fragt sich, ob und in welchen Fällen von einer satzungsmäßigen Anfallberechtigung der neu errichteten Stiftung ausgegangen werden kann. Eine ausdrückliche Bezeichnung des Anfallberechtigten ist im Rahmen des § 88 S. 1 BGB anerkanntermaßen nicht erforderlich, sondern es genügt, wenn der Stifter diesbezüglich hinreichend konkretisierungsfähige Vorgaben getroffen hat.[602] So wird beispielsweise angenommen, dass bei Fehlen einer ausdrücklichen Regelung die Auslegung ergeben könne, dass das Vermögen den Destinatären zufallen müsse, weil nur so dem Stifterwillen Genüge getan werden könne.[603] Vor diesem Hintergrund liegt eine Anfallberechtigung der neuen Stiftung kraft Satzungsregelung auch dann vor, wenn der Stifter die Zusammenlegung in der Satzung vorgesehen hat, setzt diese einen entsprechenden Vermögensanfall doch zwingend und damit stillschweigend voraus.

Diesen Schluss wird man hingegen nicht allein aus dem Umstand ziehen dürfen, dass die Zusammenlegung, ohne eine Rechtsgrundlage in der Satzung zu finden, allein mit dem (mutmaßlichen) Stifterwillen vereinbar ist. Denn nach der Systematik des § 88 BGB wird man für eine satzungsmäßige Bestimmung des Anfallberechtigten zumindest konkrete Anhaltspunkte verlangen müssen. Der Rückgriff auf einen in der Satzung nicht näher zum Ausdruck gekommenen Stif-

599 Vgl. auch *Hof*, GS Walz, S. 233, 244, demzufolge die Anfallberechtigten im Normalfall gerade keinerlei rechtliche Möglichkeit hätten, den Vermögensanfall herbeizuführen.

600 A. A., jedoch ohne Diskussion des Problems *Voll/Störle*, StiftG Bay, Art. 8 Rn. 4.

601 Vgl. § 3 C I 6 b cc.

602 *O. Werner*, in: O. Werner/Saenger, Die Stiftung, Rn. 361; Seifart/v. Campenhausen/ *Hof*, Stiftungsrechts-Handbuch, § 11 Rn. 21.

603 *Schlüter*, Stiftungsrecht zwischen Privatautonomie und Gemeinwohlbindung, S. 214; *Jakob*, Schutz der Stiftung, S. 325 Fn. 1403.

terwillen muss ausscheiden, weil § 88 S. 2 BGB, der subsidiär auf das Landesrecht verweist, sonst praktisch leerliefe.

cc) Anfallberechtigung kraft Landesrechts

Sofern sich die Anfallberechtigung der neuen Stiftung nicht aus der Stiftungssatzung herleiten lässt, greift § 88 S. 2 BGB ein, wonach das Vermögen an einen nach Landesrecht Anfallberechtigten oder in Ermangelung einer landesgesetzlichen Regelung an den Landesfiskus fällt. Eine entsprechende landesgesetzliche Grundlage für den Anfall des Vermögens könnte in denjenigen Bestimmungen der Landesstiftungsgesetze zu erblicken sein, die im Kontext der Zusammenlegung einen Vermögensübergang auf die neu errichtete Stiftung vorsehen (zum Beispiel § 5 Abs. 2 S. 3 StiftG SH). Das setzt allerdings voraus, dass auch § 88 S. 2 BGB (zu Satz 1 zuvor bb) nicht die konkrete Bezeichnung eines Anfallberechtigten voraussetzt, sondern dessen abstrakte Umschreibung genügen lässt.[604] Dafür spricht vor allem, dass der Gesetzgeber, als er den heutigen § 88 S. 2 BGB schuf, gerade solche Vorschriften des Landesrechts im Auge hatte, die den Anfallberechtigten eben nur abstrakt umschrieben.[605] Dies ist daher auch im Rahmen der Zusammenlegung als ausreichend anzusehen. Soweit die Landesstiftungsgesetze damit den Übergang der Stiftungsvermögen auf die neue Stiftung vorsehen, geht diese Bestimmung als lex specialis den an § 88 S. 2 BGB anknüpfenden allgemeinen landesrechtlichen Vorschriften über den Anfall des Fiskus (zum Beispiel § 7 StiftG SH) vor.

Genauso ist im Ergebnis zu entscheiden, soweit die Landesstiftungsgesetze zwar eine Befugnis zur Zusammenlegung durch Organbeschluss enthalten, zur Frage des Vermögensübergangs jedoch schweigen. Wie gesagt (soeben bb) ist der Übergang der Vermögen der zusammenzulegenden Stiftungen auf die neue Stiftung zwingende Voraussetzung für das Gelingen der Fusion. Daher ist mit der landesgesetzlichen Befugnis, die Zusammenlegung zu beschließen, implizit stets die Anordnung eines Vermögensübergangs, also einer Anfallregelung im Sinne von § 88 S. 2 BGB auf die neue Stiftung verbunden.

---

604 In diesem Sinne *Oetker*, FS O. Werner, S. 207, 215.
605 Vgl. BT-Drs. 14/8765, S. 12. So hieß es in § 25 Abs. 2 S. 1 StiftG RhPf a. F.: „Nach dem Ableben des Stifters fällt das Vermögen […] einer sonstigen Stiftung (1.) wenn ihr Wirkungsbereich örtlich begrenzt ist, an die Gebietskörperschaft des Wirkungsbereichs, (2.) in allen anderen Fällen an das Land. […]"

dd) Anfallberechtigung des Fiskus

Im Übrigen, wenn sich weder aus der Satzung noch aus dem einschlägigen Landesstiftungsgesetz eine Anfallregelung zugunsten der neuen Stiftung herleiten lässt – namentlich wenn die Zusammenlegung ausnahmsweise ohne ausdrückliche Rechtsgrundlage erfolgt –, greift § 88 S. 2 Var. 2 BGB ein, fällt das Vermögen also an den Landesfiskus. Damit ist ein für die Zusammenlegung erforderlicher Vermögensübergang auf die neue Stiftung indes keineswegs ausgeschlossen.[606] Denn gemäß §§ 88 S. 3, 46 S. 2 BGB ist der Fiskus gehalten, das ihm angefallene Vermögen in einer dem Stiftungszweck entsprechenden Weise zu verwenden. Zwar ist ihm hierbei ein gewisser Ermessensspielraum zuzugestehen.[607] Ist Auflösungsgrund jedoch die beabsichtigte Zusammenlegung, die eine fortdauernde Zweckverfolgung in einer Weise ermöglicht, die den Vorstellungen des Stifters ersichtlich am nächsten kommt, so bleibt für eine abweichende Ermessensausübung kein Raum (Ermessensreduktion „auf Null"). Der anfallberechtigte Fiskus ist damit verpflichtet, das erlangte Vermögen in die neu errichtete Stiftung einzubringen.

Da insoweit keine spezielle stiftungsrechtliche Rechtsgrundlage besteht, kann die Aufsichtsbehörde mit der Vermögensübertragung verbundene Aufwendungen unter dem Gesichtspunkt einer öffentlich-rechtlichen Geschäftsführung ohne Auftrag[608] von der aus der Zusammenlegung entstandenen Stiftung ersetzt verlangen. Denn insoweit wird die Aufsichtsbehörde zur Wahrung des Stifterwillens tätig, dessen Befolgung in erster Linie Sache der neuen Stiftung ist.

2. Modus des Vermögensübergangs

Wie sich der Vermögensübergang vollzieht, bestimmt § 88 S. 3 BGB unter Verweis auf die §§ 46 bis 53 BGB. Danach erwirbt lediglich der Fiskus das Stiftungsvermögen im Wege der Gesamtrechtsnachfolge (§§ 88 S. 3, 46 S. 1 i. V. mit §§ 1922, 1967 BGB), andernfalls findet gemäß §§ 88 S. 3, 47 BGB die Liquidation statt. Davon abweichend bestimmen jedoch einige Landesstiftungsgesetze, dass die Vermögen der zusammengelegten Stiftungen – zum Teil unter ausdrücklichem Einschluss ihrer Verbindlichkeiten – auf die neue Stiftung über-

---

606 *Karper,* BWVP 1994, 275, 278; *Saenger,* ZSt 2007, 81, 83.

607 Palandt/*Ellenberger,* BGB, § 46 Rn. 1.

608 Für die in ihren Einzelheiten umstrittene Anwendbarkeit der §§ 677 ff. BGB im öffentlichen Recht BGHZ 156, 394, 397; BVerwGE 80, 170, 172 ff.; Palandt/*Sprau,* BGB, Vor § 677 Rn. 13.

gehen[609] und ordnen damit auch insoweit Gesamtrechtsnachfolge an. Ob diese Regelungen wirksam sind und eine Gesamtrechtsnachfolge noch darüber hinaus in Betracht kommt, ist überaus umstritten.

a) Problem der Gesamtrechtsnachfolge

Nach einer verbreiteten Ansicht soll den Ländern die zur Anordnung der Gesamtrechtsnachfolge erforderliche Gesetzgebungskompetenz fehlen.[610] Das Normalsystem des Zivilrechts durch die Universalsukzession zu erweitern, sei an sich Sache des Bundesgesetzgebers. Die deshalb nötige Kompetenzeinräumung zugunsten der Länder lasse sich nicht in § 88 S. 2 BGB erblicken. Wenn der Bundesgesetzgeber den Ländern die Zuständigkeit für die Ausweitung der Gesamtrechtsnachfolge auf andere Rechtsträger als den Fiskus damit auch habe bestätigen wollen, so habe dieses Anliegen im Gesetzeswortlaut zumindest keine hinreichende Grundlage gefunden.[611] Diese Einschätzung werde durch das Analogieverbot des § 1 Abs. 2 UmwG gestützt, das die Gesamtrechtsnachfolge auf Umwandlungsvorgänge nach dem Umwandlungsgesetz beschränke.[612]

Zum Teil werden die landesgesetzlichen Regelungen dagegen mit der Begründung für kompetenzgemäß gehalten, dass die Zuständigkeit der Länder sich aus § 85 BGB[613] bzw. aus § 88 S. 2 BGB[614] ergebe. Weitergehend sogar ohne ausdrückliche landesgesetzliche Anordnung will *Reuter* den Eintritt der Gesamtrechtsnachfolge bereits „aus dem stiftungsrechtlichen Begriff der Zusammenlegung bzw. des Zusammenschlusses" ableiten,[615] schränkt diesen Ansatz aber neuerdings mit dem Hinweis auf die ungeklärte Gesetzgebungskompetenz der

---

609 § 14 Abs. 1 S. 4 StiftG BW, § 5 Abs. 3 S. 2 StiftG Bln, § 7 Abs. 4 S. 2 StiftG Saar, § 10 Abs. 4 StiftG Sa, § 5 Abs. 2 S. 3 StiftG SH.

610 *Fritsche*, in: O. Werner/Saenger, Die Stiftung, Rn. 725 f.; *Stengel*, StiftG He, § 9 Anm. 6.

611 *Muscheler*, Stiftungsrecht, S. 93; *Saenger*, ZSt 2007, 81, 85; *Fritsche*, in: O. Werner/Saenger, Die Stiftung, Rn. 725.

612 Semler/*Stengel*, UmwG, § 161 Rn. 46; *Saenger*, ZSt 2007, 81, 84. Dieses Bedenken äußert auch *Reuter*, in: Münchener Kommentar zum BGB, § 87 Rn. 16.

613 *Oetker*, FS O. Werner, S. 207, 220 f.; a. A. *Reuter*, in: Münchener Kommentar zum BGB, 4. Aufl., Erg.-Bd., § 87 Rn. 16.

614 *Burgard*, Gestaltungsfreiheit im Stiftungsrecht S. 630 Fn. 41.

615 *Reuter*, in: Münchener Kommentar zum BGB, § 87 Rn. 16; der Sache nach ebenso *Heuel*, StiftG NRW, § 5 Anm. 4; a. A. Staudinger/*Rawert*, BGB, § 87 Rn. 10 („Zusammenlegung als solche" löse keine Gesamtrechtsnachfolge aus); *Heuer/Ringe*, Rote Seiten zu Stiftung & Sponsoring 3/2005, S. 6; kritisch *Oetker*, FS O. Werner, S. 207, 217; *Peters/Herms*, ZSt 2004, 323, 325; *Fritsche*, in: O. Werner/Saenger, Die Stiftung, Rn. 726 Fn. 40.

Länder ein.[616] Auch *Denecke* tritt für eine generelle Gesamtrechtsnachfolge ein, weil nur so sichergestellt sei, dass das zur Zweckverfolgung notwendige Vermögen in vollem Umfange erhalten bleibe.[617] Eine differenzierende Auffassung vertritt *Neuhoff,* der den Eintritt einer Gesamtrechtsnachfolge davon abhängig macht, ob das Landesrecht die Zusammenlegungsbeschlüsse als Stiftungsgeschäft für die neue Stiftung ansieht.[618]

b) Stellungnahme

aa) Grundsatz der Einzelrechtsübertragung

In § 88 S. 3 i. V. mit §§ 46 bis 53 BGB findet sich das allgemein bestehende Regel-Ausnahme-Verhältnis wieder: Einzelrechtsübertragung ist die Regel, Gesamtrechtsnachfolge die Ausnahme. Nach dem sog. Spezialitätsgrundsatz, der keinen speziell sachenrechtlichen Grundsatz, sondern ein für alle Verfügungen geltendes Rechtsprinzip benennt,[619] müssen sich Verfügungen auf einen bestimmten Gegenstand beziehen und die für Verfügungen über diesen Gegenstand geltenden Erfordernisse erfüllen.[620] Anstelle dieser Einzelrechtsnachfolge (Singularsukzession) hat der Gesetzgeber nur für Einzelfälle Gesamtrechtsnachfolge (Universalsukzession) angeordnet, die unter Vernachlässigung des Spezialitätsgrundsatzes die Übertragung von Sach- und Rechtsgesamtheiten erlaubt, so dass sich die Vermögensübertragung uno actu vollzieht.[621] Paradigmatisch hierfür ist die Gesamtrechtsnachfolge des Erben nach § 1922 BGB. Auf dieselbe Weise vollzieht sich der Vermögensübergang bei der Verschmelzung (§ 20 Abs. 1 Nr. 1, ggf. i. V. mit § 36 Abs. 1 UmwG). Als Durchbrechung des Grundsatzes der Singularsukzession hat die Gesamtrechtsnachfolge indes Ausnahmecharakter.[622] Die Gesamtrechtsnachfolge kann daher nicht privatautonom ver-

---

616 Ohne diese Einschränkung noch *Reuter,* in: Münchener Kommentar zum BGB, 4. Aufl., § 87 Rn. 16.

617 *Denecke,* ZSt 2004, 278, 280.

618 Soergel/*Neuhoff,* BGB, § 87 Rn. 5, unter Berufung auf *v. Rotberg,* StiftG BW, § 15 Anm. 4a.

619 *K. Schmidt,* AcP 191 (1991), 495, 498 Fn. 20; *Wilhelm,* Sachenrecht, Rn. 20.

620 *Wilhelm,* Sachenrecht, Rn. 20; *Larenz/Wolf,* Allgemeiner Teil des bürgerlichen Rechts, § 14 Rn. 30.

621 *Larenz/Wolf,* Allgemeiner Teil des bürgerlichen Rechts, § 14 Rn. 32.

622 *K. Mertens,* Umwandlung und Universalsukzession, S. 9 f.

einbart werden;[623] die Rede ist von einem „zivilrechtlichen numerus clausus der Gesamtrechtsnachfolgen".[624]

bb) Gesamtrechtsnachfolge kraft landesgesetzlicher Anordnung

Die Stiftungsgesetze der Länder könnten nur dann die Gesamtrechtsnachfolge wirksam anordnen, wenn ihnen die erforderliche Gesetzgebungskompetenz zustünde und keine vorrangige bundesgesetzliche Regelung existierte. Der Bund hat von seiner Gesetzgebungskompetenz für das private Stiftungsrecht, zu dem auch die Frage des Vermögensübergangs gehört, in grundsätzlich abschließender Weise Gebrauch gemacht.[625] Die Regelungsbefugnis der Länder bedarf deshalb einer besonderen Grundlage und darf nicht durch eine bundesgesetzliche Regelung gesperrt sein.

(1) Gesetzgebungskompetenz nach § 88 S. 2 BGB

Für die Auffassung, dass eine solche Gesetzgebungskompetenz zur Anordnung der Gesamtrechtsnachfolge aus § 88 S. 2 BGB herzuleiten sei, spricht die Äußerung des Gesetzgebers, wonach diese Regelung die Grundlage für eine landesrechtliche Erweiterung der Gesamtrechtsnachfolge auf andere Rechtsträger als den Fiskus habe darstellen sollen.[626] Zu Recht wird dagegen eingewandt, dass dieser Wille im Gesetzestext aber keinen ausreichenden Niederschlag gefunden hat. Sowohl ihrem Wortlaut als auch ihrer Systematik nach regelt die Vorschrift des § 88 BGB in ihren ersten beiden Sätzen lediglich, an wen das Stiftungsvermögen auszukehren ist, wohingegen die Frage, *wie* dies geschieht, allein – ohne dass insoweit ein Vorbehalt zugunsten des Landesrechts bestünde – durch Satz 3 unter Verweis auf die §§ 46 bis 53 BGB beantwortet wird. Eine Gesamtrechtsnachfolge ist danach nur für den Anfall an den Fiskus vorgesehen (vgl. § 46 BGB).

(2) Gesetzgebungskompetenz nach § 85 BGB

Die landesgesetzlichen Anordnungen einer Gesamtrechtsnachfolge könnten, wie die Rechtsgrundlagen über die Zusammenlegung durch Organbeschluss im Üb-

---

623 *Enneccerus/Nipperdey*, Allgemeiner Teil des bürgerlichen Rechts, Zweiter Halbband, S. 879; *Larenz/Wolf*, Allgemeiner Teil des bürgerlichen Rechts, § 14 Rn. 30.
624 Vgl. *Reuter*, in: Münchener Kommentar zum BGB, § 87 Rn. 16; *Saenger*, ZSt 2007, 81, 84.
625 Vgl. § 3 A III 1 a bb.
626 BT-Drs. 14/8765, S. 12.

rigen,[627] ihre kompetenzielle Grundlage in § 85 BGB finden. Das setzt voraus, dass der Vermögensübergang von der den Ländern durch § 85 BGB eingeräumten Kompetenz zur Regelung der Stiftungs-„Verfassung" mit umfasst ist und insoweit keine vorrangige bundesgesetzliche Regelung besteht.

Da der Verfassungsbegriff nur die Binnenorganisation der Stiftung meint, erscheint allerdings zweifelhaft, ob davon auch die Anordnung der Gesamtrechtsnachfolge umfasst sein kann, die in beträchtlichem Maße die Rechtsstellung Dritter und damit die Außenbeziehungen der Stiftung berührt.[628] Nach den allgemeinen Regeln kann die den Ländern eingeräumte Gesetzgebungskompetenz über den ihnen durch einen Kompetenztitel an sich abgesteckten Rahmen jedoch insoweit hinausgehen, als dies zur verständigen Regelung der explizit zugewiesenen Materie (Kompetenz kraft Sachzusammenhangs) oder erforderlich ist, um notwendige ergänzende Vorschriften zu erlassen (Annexkompetenz).[629] Die landesgesetzlichen Anordnungen der Gesamtrechtsnachfolge könnten daher möglicherweise als Annex zur Regelung der Zusammenlegung aufgefasst und mit dieser Begründung als kompetenzgemäß angesehen werden.

Für diese Sichtweise spricht, dass die Zusammenlegung grundsätzlich nur dann mit dem Willen des Stifters vereinbar und zulässig ist, wenn die für die Stiftung konstitutive Verbindung von Zweck und Vermögen durch sie nicht beeinträchtigt wird.[630] Über den Weg der Einzelrechtsnachfolge ist der vollständige Erhalt des Stiftungsvermögens indes nicht gewährleistet. Nicht nur kann die Übertragung einzelner Vermögensgegenstände vergessen werden. Der Vermögensübergang bleibt auch dann unvollständig, wenn Gläubiger oder Vertragspartner ihre Zustimmung zur Schuld- bzw. Vertragsübernahme nicht erteilen. Als hinderlich erweist sich darüber hinaus die außer in den Fällen einer Gesamtrechtsnachfolge obligatorische Liquidation der Stiftung. Zwar ist es hierfür nicht (zwingend) erforderlich, laufende Geschäfte zu beenden, Forderungen einzuziehen und das übrige Vermögen in Geld umzusetzen (vgl. § 88 S. 3 i. V. mit § 49 Abs. 1 S. 3 BGB).[631] Doch kann es zur Befriedigung von Stiftungsgläubigern im Einzelfall doch nötig sein, Sachvermögen zu veräußern, wodurch die mit dem Stifterwillen verknüpfte Verbindung von Zweck und Vermögen möglicherweise angetastet wird. Schließlich kann die Zusammenlegung im Wege der Einzelrechtsnachfolge unter Umständen erhebliche Transaktionskosten verursachen, die ebenfalls aus dem im Falle der Zusammenlegung nicht selten ohnehin knap-

---

627 Vgl. § 3 B III 1 b.
628 Treffend *Oetker*, FS O. Werner, S. 207, 220; a. A. Staudinger/*Rawert*, BGB, § 88 Rn. 6.
629 Dazu etwa *Ipsen*, Staatsrecht I, Rn. 592 ff.
630 Vgl. bereits § 3 C I 6 b cc sowie *Denecke*, ZSt 2004, 278, 280.
631 Siehe § 3 D IV 1 a.

pen Stiftungsvermögen zu bestreiten sind, ohne dass dadurch der Grundstock angegriffen werden dürfte.

Die Gesamtrechtsnachfolge ist deshalb erforderlich, um die Realisierung der Zusammenlegung sicherzustellen. Wenngleich nicht unmittelbar vom Begriff der Stiftungsverfassung umfasst, stellt sich die landesgesetzliche Anordnung der Gesamtrechtsnachfolge damit als notwendiger Annex zu der kompetenzgemäß durch Landesrecht geregelten Zusammenlegung durch Organbeschluss dar. Auch die Anordnung der Gesamtrechtsnachfolge ist demzufolge von der konkurrierenden Kompetenz der Länder zur Regelung der Stiftungsverfassung umfasst.[632]

(3) Kein entgegenstehender Liquidationszwang

Die im Rahmen der konkurrierenden Gesetzgebung bestehende Länderkompetenz steht jedoch wie immer unter dem Vorbehalt vorrangigen Bundesrechts. Solches Bundesrecht erblickt *Karper* in einem bundesgesetzlich angeordneten Liquidationszwang, gegen den die landesgesetzliche Gesamtrechtsnachfolge verstoße, weil sie die Zwecke einer Liquidation „nicht annähernd" erfülle.[633] Dabei verkennt *Karper* jedoch, dass die Liquidation kein Selbstzweck ist. Geht das Vermögen der Stiftung bereits im Wege der Gesamtrechtsnachfolge über, so besteht für eine Liquidation schlichtweg kein Bedürfnis.[634] Ein Abwicklungsverfahren wäre gegenstandslos und entbehrlich.[635] Das zeigt die Regelung des § 88 S. 3 i. V. mit §§ 46, 47 BGB, wonach eine Liquidation nicht stattfindet, wenn der Fiskus Gesamtrechtsnachfolger ist. Von einem Zwang zur Liquidation, der eine Gesamtrechtsnachfolge ausschlösse, kann deshalb nicht die Rede sein.

(4) Kein Entgegenstehen von § 1 Abs. 2 UmwG

Der Anordnung der Gesamtrechtsnachfolge durch Landesgesetz könnte allerdings die Vorschrift des § 1 Abs. 2 UmwG entgegenstehen, die nach einer von *Reuter* und *Stengel* vertretenen Ansicht nicht nur die Rechtsfortbildung durch die Gerichte, sondern auch eine Regelung durch unterrangige Landesgesetzgeber verbiete.[636]

---

632 Ebenso *Oetker*, FS O. Werner, S. 207, 220 f.
633 *Karper*, Zusammenlegung von privatrechtlichen Stiftungen, S. 117.
634 *Burgard*, Gestaltungsfreiheit im Stiftungsrecht, S. 643; Seifart/v. Campenhausen/*Hof*, Stiftungsrechts-Handbuch, § 11 Rn. 14.
635 *K. Schmidt*, Gesellschaftsrecht, § 11 V 3 a.
636 *Reuter*, in: Münchener Kommentar zum BGB, § 87 Rn. 16; Semler/*Stengel*, UmwG, § 161 Rn. 46.

Oetker ist hingegen der Auffassung, dass § 1 Abs. 2 UmwG hinsichtlich der Stiftungszusammenführung schon deshalb nicht eingreife, weil die Vorschrift nur Umwandlungen im Sinne von § 1 Abs. 1 UmwG erfasse, Zusammenlegung und Zulegung aber nicht das für die umwandlungsrechtliche Verschmelzung konstitutive Element der Anteilskontinuität aufwiesen.[637] Obwohl es zutrifft, dass die Stiftung keine Mitglieder hat, denen Anteile am aufnehmenden Rechtsträger zugewiesen werden könnten, kann dieser Argumentation aus zwei Gründen nicht gefolgt werden. Zum einen untersagt das Analogieverbot im engeren Sinne – insoweit über den Wortlaut des § 1 Abs. 2 UmwG hinausgehend[638] – bereits die bloße Anreicherung wirtschaftlicher Umwandlungen um umwandlungsgesetzliche Regelungen, so dass es für die Frage nach einem Verstoß gegen das Analogieverbot nicht darauf ankommt, ob die Stiftungszusammenführung eine Umwandlung im Sinne von § 1 Abs. 1 UmwG ist. Zum anderen ist zweifelhaft, ob es das von *Oetker* zugrunde gelegte „Dogma der Anteilsgewährung" noch gibt. Abgesehen davon, dass in der Rechtsprechung und von Teilen der Literatur Durchbrechungen der Anteilsgewährungspflicht seit langem diskutiert bzw. zugelassen werden, hat der Gesetzgeber mit dem Zweiten Gesetz zur Änderung des Umwandlungsgesetzes vom 20. 4. 2007[639] in den §§ 54 Abs. 1 S. 3, 68 Abs. 1 S. 3 UmwG ausdrücklich die Möglichkeit eines Verzichts auf die Anteilsgewährung verankert. Als konstitutives Element der Verschmelzung kann die Anteilskontinuität zumindest seitdem nicht mehr angesehen werden.[640]

Dennoch ist zweifelhaft, ob das Analogieverbot im engeren Sinne der landesgesetzlichen Anordnung der Gesamtrechtsnachfolge tatsächlich entgegensteht, wird das Verbot doch herkömmlich nur an die rechtsgestaltende und rechtsprechende Praxis adressiert[641] und sieht es sich schon darin scharfer Kritik aus dem Schrifttum ausgesetzt. Denn indem es die Rechtsfortbildung durch die Gerichte unterbinde, statuiere es, so *Karsten Schmidt*, „ein die Lückenlosigkeit des gesetzten Rechts selbst produzierendes – oder simulierendes – Denkverbot", das sinnvoller Rechtsentwicklung im Wege stehe.[642] Diese berechtigte rechtspolitische Kritik allein sollte Anlass zu einem einen restriktiven Umgang mit dem

---

637 *Oetker*, FS O. Werner, S. 207, 213, 217.

638 *Dauner-Lieb*, in: Kölner Kommentar zum UmwG, § 1 Rn. 43.

639 BGBl. I S. 2007.

640 *Heckschen*, DB 2008, 1363 ff.; *Lutter/Drygala*, UmwG, § 2 Rn. 28; kritisch *Mayer/ Weiler*, DB 2007, 1235, 1238 ff.

641 Vgl. *K. Schmidt*, FS Kropff, S. 259, 261; *ders.*, Gesellschaftsrecht, § 13 I 3; *Raiser/Veil*, Recht der Kapitalgesellschaften, § 46 Rn. 30.

642 *K. Schmidt*, FS Kropff, S. 259, 263; sympathisierend *Priester*, DNotZ 1995, 427, 432.

Analogieverbot geben und spricht gegen eine Erweiterung zu einem Rechtssetzungsverbot gegenüber den Ländern.

Vor allem aber ist zu berücksichtigen, dass ein derart weitreichendes Analogieverbot zugleich die Wertung implizierte, der Umwandlungsgesetzgeber habe im Hinblick auf Umstrukturierungen, die mit der Erleichterung der Gesamtrechtsnachfolge verbunden sind, eine abschließende Regelung getroffen. Dies ist doch sehr zweifelhaft: Abgesehen von einer prinzipiellen Ablehnung der unternehmensverbundenen Stiftung beruhte der Ausschluss der Stiftung aus dem Kreis verschmelzungsfähiger Rechtsträger (und damit der Ausschluss von der Gesamtrechtsnachfolge) vornehmlich auf der Annahme ihrer mangelnden Kompatibilität mit den Techniken des Umwandlungsgesetzes.[643] Dass die Vereinigung von Stiftungen auch außerhalb des Umwandlungsgesetzes Einschränkungen unterliegen sollte, namentlich sich der Vorzüge einer Gesamtrechtsnachfolge nicht sollte bedienen dürfen, ist dem nicht zu entnehmen. Vielmehr gilt auch insoweit die grundsätzliche Offenheit des Umwandlungsgesetzgebers gegenüber „anderen Arten der Verschmelzung".[644] Mithin sind die Länder – entgegen *Reuter* und *Stengel* – nicht durch § 1 Abs. 2 UmwG daran gehindert, die Gesamtrechtsnachfolge für außerhalb des Umwandlungsgesetzes liegende Umstrukturierungsvorgänge anzuordnen.

cc) Gesamtrechtsnachfolge ohne ausdrückliche landesgesetzliche Anordnung

Ob sich eine Gesamtrechtsnachfolge auch ohne entsprechende, ausdrückliche landesgesetzliche Regelung begründen lässt, ist eine rechtsdogmatisch besonders heikle Frage.

Der Vorschlag *Reuters,* dass der Eintritt der Gesamtrechtsnachfolge, sofern sie nicht ohnehin ausdrücklich angeordnet ist, aus dem „stiftungsrechtlichen Begriff der Zusammenlegung bzw. des Zusammenschlusses" abzuleiten sei,[645] lässt sich jedenfalls nicht mit der Begründung zurückweisen, dass die Anordnung der Gesamtrechtsnachfolge wegen § 1 Abs. 2 UmwG allgemein eine ausdrückliche gesetzliche Grundlage erfordere. Ausdrücklichkeit setzt die Vorschrift nämlich, wie bereits erörtert, nur insoweit voraus, als das Landesrecht den Anwendungsbereich der im Umwandlungsgesetz geregelten Umwandlungs-

---

643 Vgl. BT-Drs. 12/6699, S. 130.

644 BT-Drs. 12/6699, S. 80.

645 *Reuter,* in: Münchener Kommentar zum BGB, § 87 Rn. 16; ablehnend Staudinger/*Rawert*, BGB, § 87 Rn. 10 („Zusammenlegung als solche löst keine Gesamtrechtsnachfolge aus"); *Peters/Herms*, ZSt 2004, 323, 325; *Saenger*, ZSt 2007, 81, 84; *Fritsche*, in: O. Werner/Saenger, Die Stiftung, Rn. 726 Fn. 40 (Begründung erscheine „sehr nebulös"); kritisch *Oetker*, FS O. Werner, S. 207, 216 f.

arten auf weitere Fallkonstellationen zu erstrecken sucht. Eine Antwort auf die Frage, ob vom Zusammenlegungsbegriff auf den Eintritt der Gesamtrechtsnachfolge geschlossen werden darf, gibt § 1 Abs. 2 UmwG nicht. Aus den Begriffen der „Zusammenlegung" bzw. des „Zusammenschlusses" lässt sich der Eintritt einer Gesamtrechtsnachfolge entgegen *Reuter* dennoch nicht herleiten. Wenn dem Zusammenlegungsbegriff auch zu entnehmen ist, dass die Stiftungsvermögen auf die neue Stiftung überzuleiten ist, so bleibt doch vor allem offen, wie dies rechtstechnisch ins Werk zu setzen ist. Dazu trifft der Begriff der Zusammenlegung bzw. des Zusammenschlusses keine Aussage.

Ebenso wenig verfängt die Überlegung, die Gesamtrechtsnachfolge im Rahmen der Zusammenlegung als Gewohnheitsrecht anzusehen. Neben einer lang andauernden tatsächlichen Übung wäre hierfür die Überzeugung der beteiligten Verkehrskreise erforderlich, durch die Einhaltung der Übung bestehendes Recht zu befolgen.[646] Dafür bestehen nicht nur keine Anhaltspunkte. Dass eine Gesamtrechtsnachfolge sogar bei ausdrücklicher gesetzlicher Regelung schon seit langem in Zweifel gezogen wird,[647] lässt im Gegenteil auf das Fehlen der erforderlichen Überzeugungsbildung schließen. Genauso wenig lässt sich eine Gesamtrechtsnachfolge aus dem Umstand herleiten, dass die neu errichtete Stiftung in funktioneller Hinsicht an die Stelle der zusammengelegten Stiftungen tritt. Denn die Funktionsnachfolge stellt keinen gesetzlich anerkannten Gesamtrechtsnachfolgetatbestand dar und kann auch im Wege der Analogie oder Rechtsfortbildung nicht als solcher anerkannt werden.[648]

Weitergehende Schlüsse auf den Modus des Vermögensübergangs lassen sich indes aus dem Zweck[649] der landesgesetzlichen Zusammenlegungsvorschriften ziehen, die eine Fusion der Stiftung ermöglichen sollen, wenn veränderte Umstände oder der Stifterwille es erfordern. Denn die Zielsetzung des Gesetzgebers wäre gefährdet, wenn die Realisierung der Zusammenlegung von der individuellen Mitwirkung einzelner Gläubiger und Vertragspartner abhinge. Solche Störfaktoren, die das Vorhaben der Zusammenlegung scheitern lassen können, sind (nur) vermeidbar, wenn die Vermögensüberleitung sich im Wege der Gesamtrechtsnachfolge vollzieht. Ähnliches gilt für die mit der Einzelübertragung der Vermögensgegenstände verbundenen Transaktionskosten. Gerade wenn die Zusammenlegung wegen des Verfalls der Stiftungsvermögen am dringendsten erscheint, können sich die Kosten der Zusammenlegung, die aus den laufenden Erträgen zu bestreiten sind, als unüberwindbares Hindernis darstellen

---

646   BVerfGE 28, 21, 28 f.; BGHZ 37, 219, 222.
647   Vgl. *v. Rotberg*, StiftG BW, § 15 Anm. 4a.
648   KG NJW 1969, 752 f.; Soergel/*Hadding*, BGB, 12. Aufl., Vor §§ 41-53 Rn. 7.
649   Zum Regelungszweck als Auslegungskriterium *Larenz*, Methodenlehre, S. 333 ff.

und die – sachlich gebotene und rechtlich zulässige – Zusammenlegung wirtschaftlich unmöglich machen. Die gesetzgeberische Entscheidung, die Zusammenlegung als Grundlagenänderung grundsätzlich zuzulassen, setzt folglich, um nicht faktisch leerzulaufen, die Gesamtrechtsnachfolge voraus.

Der dagegen vorgetragene Hinweis auf das Vereinsrecht, das, ehe der Verein als verschmelzungsfähig im Sinne des Umwandlungsgesetzes anerkannt wurde, eine Zusammenlegung mit Gesamtrechtsnachfolge nicht gekannt habe,[650] überzeugt nicht. Im Unterschied zum Stiftungsrecht fehlten im Vereinsrecht seit jeher gesetzliche Regelungen über die Fusion. Auch lässt sich nicht einwenden, dass die Gesamtrechtsnachfolge zwingend einer *ausdrücklichen* legislativen Grundlage bedürfe. Ein solches Erfordernis lässt sich, wie bereits dargelegt, nicht aus § 1 Abs. 2 UmwG ableiten. Dass es auch sonst nicht anzuerkennen ist, zeigt sich daran, dass der *Bundesgerichtshof* und Teile der Literatur die Gesamtrechtsnachfolge der späteren juristischen Person im Verhältnis zur Vorgesellschaft gerade aufgrund von Rechtsfortbildung anerkennen[651] und auch insoweit teleologische Überlegungen für ausschlaggebend gehalten werden.[652]

dd) Kein entgegenstehender Wille der Landesgesetzgeber

Klärungsbedürftig bleibt, ob die hier vorgeschlagene Ableitung einer Gesamtrechtsnachfolge aus dem Zweck der Zusammenlegung jedoch am entgegenstehenden Willen des Gesetzgebers scheitert, wo dieser, wie in Brandenburg, die frühere Anordnung einer Gesamtrechtsnachfolge in die Neufassung nicht übernommen hat.[653] Dagegen spricht aber, dass eine dahingehende Absicht der Landesgesetzgeber in den Materialien nicht den geringsten Ausdruck gefunden hat. Ihnen ist nicht einmal zu entnehmen, dass sich die Gesetzgeber auf Länderebene eingehender mit der Zusammenlegung, geschweige denn mit dem Sonderproblem der Vermögensüberleitung befasst hätten. Vielmehr waren die Reformen der Landesstiftungsrechte geprägt vor allem von dem Bemühen, Übergriffe in die in erster Linie dem Bund zustehende Regelungskompetenz für das Stiftungsprivatrecht zu vermeiden. Vor diesem Hintergrund liegt es nahe, dass die Länder auf Regelungen der Gesamtrechtsnachfolge gerade (und nur) deshalb ersatzlos verzichteten, weil sie – nach hier vertretener Auffassung: irrtümlich – meinten, an-

---

650 Vgl. *Heuer/Ringe*, Rote Seiten zu Stiftung & Sponsoring 3/2005, S. 6.

651 BGHZ 80, 129, 140; aus der Literatur Baumbach/*Hueck/Fastrich*, GmbHG, § 11 Rn. 56 f.; *Nörr*, in: Nörr u. a., Sukzessionen, S. 1; vom Boden der Kontinuitätstheorie konsequent a. A. *Ulmer*, in: Großkommentar zum GmbHG, § 11 Rn. 90.

652 Vgl. *Kübler/Assmann*, Gesellschaftsrecht, § 25 II 3 c.

653 So *Peters/Herms*, ZSt 2004, 323, 325, und ihnen zustimmend *Oetker*, FS O. Werner, S. 207, 217.

dernfalls die ihnen zustehende Gesetzgebungskompetenz zu überschreiten. Der bloße Verzicht auf die gesetzliche Regelung der Gesamtrechtsnachfolge kann deshalb nicht als deren Ablehnung aufgefasst werden. Vielmehr ist die Gesamtrechtsnachfolge auch unter Geltung der in Rede stehenden Stiftungsgesetze zwar nicht aus dem Begriff, doch aus dem Zweck der Zusammenlegung herzuleiten.

ee) Ergebnis

Die Kompetenz der Länder, die Gesamtrechtsnachfolge der neuen Stiftung zu regeln, folgt mithin aus § 85 BGB. Die Gesamtrechtsnachfolge braucht nicht ausdrücklich angeordnet zu sein; ist sie es nicht, ergibt sie sich aus dem Zweck der landesgesetzlichen Vorschriften über die Zusammenlegung.

c) Gesamtrechtsnachfolge ohne landesgesetzliche Rechtsgrundlage der Zusammenlegung durch Organbeschluss?

Die Ableitung der Gesamtrechtsnachfolge aus dem Zweck der gesetzlichen Regelung kommt natürlich nicht in Betracht, wo eine Rechtsgrundlage der Zusammenlegung durch Organbeschluss, wie in Bayern, Mecklenburg-Vorpommern und Thüringen, überhaupt fehlt. Ein – stets erforderlicher[654] – gesetzlicher Anknüpfungspunkt für die Universalsukzession ist in diesen Fällen nicht ersichtlich. Selbst eine ausdrückliche Satzungsregelung, die die Gesamtrechtsnachfolge vorsieht, muss daher ohne die gewünschte rechtliche Wirkung bleiben.[655] In Bayern, Mecklenburg-Vorpommern und Thüringen bleibt de lege lata der Weg einer Zusammenlegung durch Gesamtrechtsnachfolge also verschlossen.[656]

3. Einzelfragen des Vermögensübergangs durch Gesamtrechtsnachfolge

a) Übergang des Vermögens im Ganzen

Sobald die neue Stiftung errichtet ist, geht das Vermögen der zusammenzulegenden Stiftungen und in Auflösung befindlichen Stiftungen als Ganzes (vgl. paradigmatisch § 1922 Abs. 1 BGB) auf die neue Stiftung über. Das Vermögen

---

654 Statt vieler *Larenz/Wolf,* Allgemeiner Teil des bürgerlichen Rechts, § 14 Rn. 32; *K. Schmidt,* AcP 191 (1991), 495, 498.

655 Erst recht genügt es nicht, dass, wie *Növer* (Die Stiftung 4 [2010], 45, 47) nahelegt, der Liquidator eine Gesamtrechtsnachfolge „erklärt".

656 A. A. *Reuter,* in: Münchener Kommentar zum BGB, § 87 Rn. 16, der eine Gesamtrechtsnachfolge offenbar auch insoweit aus „dem Begriff der Zusammenlegung bzw. des Zusammenschlusses" herleiten will, sowie *Denecke,* ZSt 2004, 278 ff.

erfasst alle Rechte und alle Pflichten.[657] Der gesonderten Erwähnung des Übergangs auch der Verbindlichkeiten wie in § 6 Abs. 1 S. 5 StiftG SH bedarf es daher nicht (vgl. § 14 Abs. 2 S. 4 StiftG BW). Für die Zusammenlegung unternehmensverbundener Stiftungen ist von Bedeutung, dass eine etwaige Vinkulierung von Aktien- und GmbH-Anteilen die Gesamtrechtsnachfolge nicht hindert.[658] Ist eine der beteiligten Stiftungen Gesellschafterin einer BGB-Gesellschaft, einer offenen Handelsgesellschaft oder einer Kommanditgesellschaft, so finden mangels abweichender gesellschaftsvertraglicher Regelung die für den Tod eines Gesellschafters geltenden Vorschriften Anwendung.[659] Unter Umständen sind vor der Zusammenlegung die (gesellschaftsrechtlichen) Voraussetzungen dafür zu schaffen, dass die neue Stiftung in die Gesellschafterposition der zusammengelegten Stiftung einrücken kann.

b) Besonderheiten des Übergangs von Dauerschuldverhältnissen

Die neu errichtete Stiftung tritt als Gesamtrechtsnachfolgerin der zusammengelegten Stiftungen in bestehende Dauerschuldverhältnisse ein. Besonderheiten können sich jedoch ergeben, wenn die Konditionen solcher Vertragsverhältnisse, wie häufig bei Versicherungs-, Darlehens- und Bürgschaftsverträgen, auf einer individuellen Risikoabschätzung beruhen. Soweit die Zusammenlegung zu einer Veränderung der vertraglichen Risiken führt, die der anderen Vertragspartei unter Berücksichtigung aller Umstände und unter Abwägung der beiderseitigen Interessen nicht zugemutet werden kann, ist sie zur Kündigung aus wichtigem Grund berechtigt (§ 314 BGB).[660] Soweit möglich, kann er alternativ eine Vertragsanpassung gemäß § 313 BGB verlangen.[661] Auch etwaige Dienstverhältnisse, insbesondere mögliche Anstellungsverträge mit Organmitgliedern gehen auf die neue Stiftung über. Doch kann es angesichts der unter Umständen veränderten Organstruktur bisweilen erforderlich sein, über eine Auflösung bestehender Anstellungsverträge zu verhandeln. Geschäftsbesorgungs- und Auftragsverhältnisse sowie Dienstverhältnisse, die die Stiftung zu einer Dienstleistung verpflichten, erlöschen im Zweifel mit dem Tode des Beauftragten bzw. Dienstver-

---

657 Vgl. Jauernig/*Stürner*, BGB, § 1922 Rn. 3.
658 Lutter/*Grunewald*, UmwG, § 20 Rn. 17; Semler/Stengel/*Kübler*, UmwG, § 20 Rn. 22.
659 Zu den dadurch aufgeworfenen Fragen im Einzelnen Lutter/*Grunewald*, UmwG, § 20 Rn. 18 ff.
660 Vgl. auch Lutter/*Grunewald*, UmwG, § 20 Rn. 50 ff.
661 Dagegen stellen *Peters/Herms*, ZSt 2004, 323, 328, im Anschluss an *K. Mertens* (Umwandlung und Universalsukzession, S. 149 ff.) allein auf § 313 BGB ab. Allerdings ist die Vorschrift gegenüber § 314 BGB subsidiär; vgl. Jauernig/*Stadler*, BGB, § 314 Rn. 2.

pflichteten (§§ 673, 675 Abs. 1 BGB sowie § 613 BGB). Ein besonderes Vertrauensverhältnis, zwischen den Vertragsparteien, das diese Rechtsfolge rechtfertigt, besteht zu juristischen Personen zwar im Allgemeinen nicht.[662] Etwas anderes kann jedoch im Verhältnis zu Stiftungen gelten, die der Auftraggeber bzw. Dienstberechtigte gerade im gemeinnützigen Bereich bewusst ausgewählt haben mag. Allerdings wird die Zusammenlegung, die den bisherigen Stifterwillen als Richtschnur des Stiftungshandelns erhält, dieses Vertrauensverhältnis nur in Ausnahmefällen erschüttern und das entsprechende Rechtsverhältnis damit zum Erlöschen bringen.[663] Zumeist gehen also auch diese Dauerschuldverhältnisse durch Gesamtrechtsnachfolge auf die neue Stiftung über.

Schließlich gehen mit der Universalsukzession auch etwaige Arbeitsverhältnisse auf die neue Stiftung über. Eines Rückgriffs auf § 613a BGB als besonderer Überleitungsnorm für Arbeitsverhältnisse im Rahmen des Betriebsübergangs bedarf es dabei nicht. Fraglich ist hingegen, ob und inwieweit der durch die Vorschrift vermittelte Arbeitnehmerschutz dennoch auch für die Zusammenlegung Geltung beansprucht. Für die umwandlungsgesetzliche Verschmelzung erklärt § 324 UmwG die Vorschriften des § 613a Abs. 1, 4 bis 6 BGB ausdrücklich für anwendbar. Dagegen enthalten die Landesstiftungsgesetze, die für die Zusammenlegung eine Gesamtrechtsnachfolge anordnen, einen solchen Verweis nicht. Für die Anwendbarkeit der Vorschrift kommt es folglich darauf an, ob die Zusammenlegung einen Betriebsübergang darstellt. § 613a Abs. 1 S. 1 BGB setzt voraus, dass ein Betrieb oder Betriebsteil durch Rechtsgeschäft auf einen anderen Inhaber übergeht.

Es unterliegt keinem Zweifel, dass mit der Gesamtrechtsnachfolge auch ein vom Stiftungsvermögen umfasster Betrieb – im Sinne einer organisatorischen Gesamtheit von Personen und Sachen zur Ausübung einer wirtschaftlichen Tätigkeit mit eigener Zielsetzung[664] – auf die neue Stiftung übergeht.[665] Zweifelhaft ist, ob dieser Betriebsübergang auch, wie § 613a Abs. 1 S. 1 BGB voraussetzt, ein rechtsgeschäftlicher ist. Der grundsätzliche Einwand, dass die Gesamt-

---

662 Lutter/*Grunewald*, UmwG, § 20 Rn. 24.

663 Vgl. auch *Peters/Herms*, ZSt 2004, 323, 328 f.: „Abwägung zwischen dem persönlichen Charakter eines Rechtsverhältnisses und den Interessen der Umwandlungsparteien an der Unternehmenskontinuität".

664 Palandt/*Weidenkaff*, BGB, § 613a Rn. 9. Definition nach Art. 1 Abs. 1b der RL 2001/23/EG: „wirtschaftliche Einheit im Sinne einer organisierten Zusammenfassung von Ressourcen zur Verfolgung einer wirtschaftlichen Haupt- oder Nebentätigkeit"; auf eine Gewinnerzielungsabsicht kommt es dabei nicht an (Art. 1 Abs. 1c), vgl. *U. Kilian*, in: O. Werner/Saenger, Die Stiftung, Rn. 619.

665 Vgl. allgemein *Preis*, in: Erfurter Kommentar zum Arbeitsrecht, § 613a BGB Rn. 58.

rechtsnachfolge überhaupt nur gesetzlich und nicht aufgrund Rechtsgeschäfts möglich sei, ist jedoch seit längerem ausgeräumt.[666] So hat auch die Zusammenlegung mit den Organbeschlüssen, auf denen sie beruht, durchaus eine rechtsgeschäftliche Grundlage. Hieran ändert das Erfordernis behördlicher Genehmigung nichts.

Gleichwohl scheint gegen eine Anwendung des § 613a BGB auf die Zusammenlegung der Umkehrschluss zu § 324 UmwG zu sprechen, der für die Verschmelzung explizit auf die Vorschrift verweist, während eine solche Verweisungsnorm für die Zusammenlegung fehlt. Dem ist jedoch nicht nur entgegenzuhalten, dass § 324 UmwG die Anwendbarkeit des § 613a BGB auf Fälle der Gesamtrechtsnachfolge aufgrund Rechtsgeschäfts gerade klarstellen sollte,[667] sondern auch das Gebot europarechtskonformer Auslegung: Die Richtlinie 2001/23/EG,[668] auf die § 613a BGB zurückgeht, bezieht sich gemäß ihres Art. 1 Abs. 1a auf „Verschmelzungen", wobei hervorzuheben ist, dass die Terminologie des deutschen Rechts insoweit nicht verbindlich ist. Vielmehr ist der Verschmelzungsbegriff dem allgemeinen Sprachgebrauch folgend so zu verstehen, dass er alle Arten von Rechtsträgerfusionen – und damit auch Zusammenlegung und Zulegung – erfassen soll. Eine Ausklammerung gemeinnütziger Stiftungen ergibt sich im Übrigen nicht aus Art. 1 Abs. 1c der Richtlinie, der den Anwendungsbereich auf die Verschmelzung von „Unternehmen" konkretisiert, „die eine wirtschaftliche Tätigkeit ausüben, unabhängig davon, ob sie Erwerbszwecke verfolgen oder nicht". Auch sofern die Stiftung als Non-Profit-Organisation keinen (unmittelbaren) Erwerbszweck verfolgt, ist sie durch den Einsatz ihres Vermögens wirtschaftlich tätig und daher „Unternehmen" im Sinne der Richtlinie.

Steht damit fest, dass § 613a BGB prinzipiell die Zusammenlegung erfasst, fragt sich, welche Konsequenzen sich daraus unter dem Blickwinkel des Arbeitnehmerschutzes im Einzelnen ergeben. So folgt aus § 613a Abs. 1 S. 2 bis 4 BGB, dass die Rechte und Pflichten im Arbeitsverhältnis, die in den bisherigen Stiftungen durch Tarifvertrag oder Betriebsvereinbarung ausgestaltet waren, in dieser Form Inhalt des Arbeitsverhältnisse des Arbeitnehmers mit der neuen Stiftung werden. Ferner bestimmt § 613a Abs. 5 BGB, dass der bisherige oder der neue Arbeitgeber die Arbeitnehmer über den Betriebsübergang zu unterrichten haben. Im Falle der Zusammenlegung kann diese Unterrichtungsverpflich-

---

666 Vgl. nur Lutter/*Joost*, UmwG, § 324 Rn. 2.
667 Vgl. wiederum Lutter/*Joost*, UmwG, § 324 Rn. 1.
668 ABl EG Nr. L 82/16.

tung nur die zusammenzulegenden Stiftungen treffen, weil die neue Stiftung noch nicht existiert.

Hinsichtlich der Forthaftung des bisherigen Arbeitgebers für Verbindlichkeiten aus dem Arbeitsverhältnis bestimmt § 613a Abs. 3 BGB, dass diese Regelung nicht gilt, wenn eine juristische Person durch „Umwandlung" erlischt. Für die Zusammenlegung kann indes nichts anderes gelten. Nicht nur erlöschen die zusammengelegten Stiftungen und stehen damit als Haftungssubjekte nicht mehr zur Verfügung. Es geht im Falle der Gesamtrechtsnachfolge auch die Haftungsmasse ungeschmälert auf die neue Stiftung über, so dass für eine Forthaftung der bisherigen Stiftung kein Bedürfnis besteht.[669] Über den insoweit zu engen, weil nur auf „Umwandlungen" im Sinne des Umwandlungsgesetzes abzielenden Wortlaut des § 613a Abs. 3 BGB hinaus findet Absatz 2 auf die Zusammenlegung keine Anwendung.

Ebenso ist zweifelhaft, ob den Arbeitnehmern im Falle der Zusammenlegung ein Widerspruchsrecht gegen den Übergang ihrer Arbeitsverhältnisse auf den neuen Arbeitgeber zusteht (§ 613a Abs. 6 S. 1 BGB). Zum Schutz des Arbeitnehmers, gegen seinen Willen einen neuen Arbeitgeber aufgedrängt zu bekommen, ist dieser Widerspruch im Allgemeinen darauf gerichtet, den Übergang des Arbeitsverhältnisses auf den Betriebsübernehmer nicht eintreten, sondern stattdessen das Arbeitsverhältnis mit dem bisherigen Arbeitgeber fortbestehen zu lassen.[670] Das ist jedoch unbehelflich, wenn der übertragende Rechtsträger – wie im Falle der Zusammenlegung – alsbald erlöschen wird oder bereits erloschen ist. Deshalb herrscht die zutreffende Einsicht vor, dass § 613a Abs. 6 BGB in Konstellationen, in denen der übertragende Rechtsträger infolge der den Betriebsübergang auslösenden Umstrukturierung erlischt, aufgrund teleologischer Reduktion keine Anwendung findet.[671] Stattdessen liegt im Wegfall des bisherigen Arbeitgebers ein wichtiger Grund, der die Arbeitnehmer berechtigt, das Arbeitsverhältnis außerordentlich zu kündigen (§ 626 Abs. 1 BGB).[672]

---

669 *Preis,* in: Erfurter Kommentar zum Arbeitsrecht, § 613a BGB Rn. 140.

670 BAG NZA 2008, 815, 818.

671 So die herrschende Meinung, vgl. BAG NZA 2008, 815, 818; *Preis,* in: Erfurter Kommentar zum Arbeitsrecht, § 613a BGB Rn. 96; siehe auch BT-Drs. 14/7760, S. 20. A. A. Lutter/*Joost,* UmwG, § 324 Rn. 67; Semler/Stengel/*Simon,* UmwG, § 324 Rn. 52 f., denen zufolge der Widerspruch unmittelbar zur Auflösung des Arbeitsverhältnisses führe; kritisch auch *Buchner,* FS Kreutz, S. 537, 543.

672 Vgl. BAG NZA 2008, 815, 818; *Müller-Glöge,* in: Münchener Kommentar zum BGB, § 613a Rn. 219; *Willemsen*/Hohenstatt/Schweibert/Seibt, Umstrukturierung und Übertragung von Unternehmen, Kap. G Rn. 180.

c) Gläubigerschutz

aa) Bedürfnis nach Gläubigerschutz

Gemäß § 22 UmwG sind die Gläubiger der an einer Verschmelzung beteiligten Rechtsträger unter bestimmten Voraussetzungen berechtigt, zur Sicherung ihrer Ansprüche Sicherheitsleistung durch ihren bisherigen Schuldner zu verlangen. Die Vorschrift trägt dem Umstand Rechnung, dass die Gläubiger der beteiligten Rechtsträger, ohne darauf Einfluss nehmen zu können, infolge der Verschmelzung miteinander um das vorhandene Vermögen konkurrieren und hierdurch Nachteile erleiden können.[673] Die Landesstiftungsgesetze kennen eine entsprechende Regelung für die Zusammenlegung, die durch Universalsukzession erfolgt, hingegen nicht. Dafür mag man anführen, dass Stiftungen typischerweise keine wesentlichen Verbindlichkeiten haben, sondern überdurchschnittlich mit Eigenkapital finanziert sind[674] und nur in Ausnahmefällen Kredite in Anspruch nehmen, also fremdfinanziert sind,[675] weshalb ein Bedürfnis nach Gläubigerschutz nicht bestehe.

Jedoch ist die Möglichkeit einer mit der Fusion der Stiftungsvermögen einhergehende Gläubigergefährdung nicht von der Hand zu weisen. So können außergewöhnliche Schadensfälle oder normale Abnutzungen das Sachvermögen, wirtschaftliche Schwierigkeiten oder Kursverluste mögliche Unternehmensbeteiligungen entwerten und damit das Vermögen einer Stiftung schmälern. Wenn ihr Haftvermögen infolgedessen nicht mehr zur Befriedigung sämtlicher Gläubiger ausreicht, wird deren Schutzbedürfnis offenbar.[676] Die Frage nach einer analogen Anwendung der im Umwandlungsgesetz vorgesehenen Gläubigerschutzmechanismen drängt sich bei diesem Befund geradezu auf. Ob die Voraussetzungen einer Analogie vorliegen, soll im Hinblick auf § 22 UmwG im Folgenden untersucht werden.

---

673 Lutter/*Grunewald,* UmwG, § 22 Rn. 12 f.; Semler/Stengel/*Maier-Reimer,* UmwG, § 22 Rn. 21.

674 *Schindler,* DB 2003, 297, 300; Seifart/v. Campenhausen/*Orth,* Stiftungsrechts-Handbuch, § 37 Rn. 23.

675 *Hommelhoff,* in: Hopt/Reuter, Stiftungsrecht in Europa, S. 227, 229; Seifart/v. Campenhausen/*Orth,* Stiftungsrechts-Handbuch, § 38 Rn. 27.

676 Im Ergebnis ebenso *Schwake,* Kapital und Zweckerfüllung, S. 570; ein Gläubigerschutzbedürfnis prinzipiell anerkennend auch *Reuter,* in: Münchener Kommentar zum BGB, § 87 Rn. 16, und *Fritsche/*U. Kilian, StiftG Bbg, § 10 Anm. 1.5.

bb) Entgegenstehendes Analogieverbot?

Einer Analogie könnte entgegenstehen, dass § 1 Abs. 2 UmwG nach zum Teil vertretener Ansicht – neben numerus clausus und Analogieverbot im engeren Sinne – ein Analogieverbot im weiteren Sinne[677] statuiere, das der Übertragung umwandlungsgesetzlicher Schutzvorschriften, insbesondere des Minderheiten-, aber auch des Gläubigerschutzes auf wirtschaftliche Umwandlungsvorgänge außerhalb des Umwandlungsgesetzes entgegenstehe.[678] *Semler* stellt dafür vor allem auf die Gesetzesbegründung ab, wonach der Gesetzgeber angenommen habe, dass Rechtsträger die Vorschriften des Umwandlungsgesetz nur beachten müssten, wenn sie zugleich die Vorteile der Umwandlungsmöglichkeiten nach dem Gesetz in Anspruch nähmen.[679]

Gegen die Annahme eines aus § 1 Abs. 2 UmwG abzuleitenden Analogieverbots im weiteren Sinne wird allerdings mit Recht eingewandt, dass der Umwandlungsgesetzgeber mit § 1 Abs. 2 UmwG lediglich das schon zuvor anerkannte (Analogie-) Verbot, die besonderen Rechtstechniken des Umwandlungsgesetzes über dessen Anwendungsbereich hinaus zu erstrecken, habe kodifizieren wollen.[680] Außerdem kann das Umwandlungsgesetz keineswegs als abgeschlossene Wirkungseinheit begriffen werden. Gerade die Regelungen zum Gläubigerschutz sind Ausdruck eines gesetzgeberischen Wertungsvorgangs, dessen Ergebnis schon aus Gründen der Einheit und Widerspruchslosigkeit der Rechtsordnung auf vergleichbare Konstellationen übertragbar sein muss.[681] Ein Analogieverbot im weiteren Sinne, das die Übertragung umwandlungsgesetzlicher Schutzvorschriften auf außerhalb des Umwandlungsgesetzes zulässige Umstrukturierungen ausschlösse, ist daher nicht anzuerkennen.[682]

---

677 Begriff nach *Lutter/Drygala*, UmwG, § 1 Rn. 35.

678 So *Heckschen*, DB 1998, 1385, 1386; *Bungert*, NZG 1998, 367, 368; *Semler*/Stengel, UmwG, § 1 Rn. 63 ff.

679 *Semler*/Stengel, UmwG, § 1 Rn. 66.

680 *Leinekugel*, Ausstrahlungswirkung, S. 179 f.; *Lutter/Drygala*, UmwG, § 1 Rn. 35; vgl. auch BT-Drs. 12/6699, S. 80: „Dieser schon bisher bestehende geschlossene Kreis (numerus clausus) der Umwandlungsmöglichkeiten…".

681 Ähnlich bezüglich minderheitenschützender Vorschriften schon *Leinekugel*, Ausstrahlungswirkung, S. 182.

682 *Kallmeyer*, UmwG, § 1 Rn. 23; Schmitt/*Hörtnagl*/Stratz, § 1 UmwG Rn. 61; *Reichert*, in: Habersack u. a., Die Spaltung im neuen Umwandlungsrecht und ihre Rechtsfolgen, S. 25, 35 f.

cc) Voraussetzungen einer analogen Anwendung des § 22 UmwG

Ob § 22 UmwG auf die Zusammenführung analog anzuwenden ist, hängt damit davon ab, ob eine planwidrige Regelungslücke besteht, deren Ausfüllung durch die Vorschrift des § 22 UmwG von einer vergleichbaren Interessenlage getragen ist.[683]

Die Vorschriften der Landesstiftungsgesetze über die Zusammenlegung enthalten keine Regelungen zum Gläubigerschutz. Diese Regelungslücke wäre planwidrig, wenn nach der zugrunde liegenden Regelungsabsicht eine Regelung erforderlich gewesen wäre.[684] Insoweit ist auf die vorangegangenen Erörterungen zu verweisen, die ergeben haben, dass der Eintritt der Gesamtrechtsnachfolge durch Sinn und Zweck der Zusammenlegung gefordert ist, womit ein Bedürfnis nach Gläubigerschutz einhergeht, das allerdings unbefriedigt geblieben ist. Das Fehlen gläubigerschützender Bestimmungen ist demgemäß als planwidrig anzusehen.

Die Vergleichbarkeit der Interessenlagen ergibt sich daraus, dass im geregelten wie im ungeregelten Fall die Chancen der Gläubiger auf Befriedigung durch die Fusion geschmälert zu werden drohen. Die Vereinigung der Vermögen führt im einen wie im anderen Falle dazu, dass die Gläubiger der fusionierten Stiftungen bzw. Rechtsträger die Risiken von Verlusten im Vermögen der jeweils anderen Stiftung respektive des jeweils anderen Rechtsträgers tragen müssen. Hieraus rechtfertigt sich ihr Anspruch auf Sicherheitsleistung gemäß bzw. analog § 22 UmwG.[685]

dd) Einzelheiten einer analogen Anwendung des § 22 UmwG

Nach § 22 UmwG ist (vorbehaltlich Satz 2) den Gläubigern der an einer Verschmelzung beteiligten Rechtsträger, soweit sie nicht sogleich Befriedigung verlangen können, Sicherheit zu leisten, wenn sie ihren Anspruch anmelden, und zwar binnen sechs Monaten nach dem Tag, an dem die Eintragung der Verschmelzung in das Register des Rechtsträgers, dessen Gläubiger sie sind.

Analog dieser Vorschrift können die Gläubiger der an der Zusammenlegung beteiligten Stiftungen einen Anspruch auf Sicherheitsleistung gegen die aufgrund der Zusammenlegung entstandene Stiftung haben, gleichgültig, auf wel-

---

683 Speziell für Analogien zum Umwandlungsgesetz Schmitt/*Hörtnagl*/Stratz, § 1 UmwG Rn. 61.

684 *Larenz,* Methodenlehre, S. 357 f.

685 A. A. ohne Begründung *Fritsche,* in: O. Werner/Saenger, Die Stiftung, Rn. 741; tendenziell auch Soergel/*Neuhoff,* BGB, § 87 Rn. 5: Das Umwandlungsgesetz sei „gemeinhin nicht anzuwenden, auch nicht analog".

chem Rechtsgrund ihr primärer Anspruch beruht.[686] Aus dem Wortlaut der Vorschrift („dessen Gläubiger sie sind") folgt, dass der Anspruch zum Zeitpunkt der Eintragung der Verschmelzung (§ 20 UmwG), hier also des Wirksamwerdens der Zusammenlegung schon „begründet", der Entstehungsgrund bereits gelegt gewesen sein muss.[687]

Ein Anspruch auf Sicherheitsleistung erwächst nur denjenigen Stiftungsgläubigern, deren Anspruch noch nicht erfüllbar ist (§ 22 Abs. 1 S. 1 a. E. UmwG analog), weil ein Bedürfnis nach Sicherheitsleistung sonst nicht besteht. Analog § 22 Abs. 1 S. 2 UmwG steht ein Anspruch auf Sicherheitsleistung außerdem nur den Gläubigern zu, die glaubhaft machen können, dass durch die Zusammenlegung die Erfüllung ihrer Forderung gefährdet ist, was eine „konkrete Gefährdung" voraussetzt,[688] für die die Fusion überdies kausal sein muss.[689] Zu denken ist etwa an den Fall, dass das Vermögen einer der zusammengelegten Stiftungen durch Anteile an einem insolvenzgefährdeten Unternehmen bedroht ist. Der Anspruch auf Sicherheitsleistung steht jedoch solchen Gläubigern nicht zu, die im Falle der Insolvenz ein Recht auf vorzugsweise Befriedigung aus der Deckungsmasse haben, die nach gesetzlicher Vorschrift zu ihrem Schutz errichtet und staatlich überwacht ist.[690]

Der Gläubiger muss seinen Anspruch nach Grund und Höhe schriftlich bei der neu errichteten Stiftung[691] anmelden (§ 22 Abs. 1 S. 1 UmwG analog). Hierfür gewährt ihm das Gesetz eine sechsmonatige Frist ab dem Tag, an dem die Eintragung der Verschmelzung bekannt gemacht worden ist. Da im Rahmen der Zusammenlegung eine konstitutive Registereintragung und deren Bekanntmachung weder nötig noch möglich sind, kommt es stattdessen auf die Bekanntmachung der Zusammenlegung an. Darin sind die Gläubiger der jeweiligen Stiftung auf ihr mögliches Recht auf Sicherheitsleistung hinzuweisen (§ 22 Abs. 1 S. 3 UmwG analog).[692]

---

686 Vgl. Lutter/*Grunewald*, UmwG, § 22 Rn. 4.

687 Zu Einzelheiten Lutter/*Grunewald*, UmwG, § 22 Rn. 7; Semler/Stengel/*Maier-Reimer*, UmwG, § 22 Rn. 8 ff.

688 BGH NJW 2002, 2168, 2169; Lutter/*Grunewald*, UmwG, § 22 Rn. 12; Semler/Stengel/*Maier-Reimer*, UmwG, § 22 Rn. 32.

689 Semler/Stengel/*Maier-Reimer*, UmwG, § 22 Rn. 34.

690 Einzelheiten bei Lutter/*Grunewald*, UmwG, § 22 Rn. 25 ff.

691 Vgl. Lutter/*Grunewald*, UmwG, § 22 Rn. 17.

692 Zu den Publizitätsfragen im Übrigen § 7.

d) Nachweis der Gesamtrechtsnachfolge im Rechtsverkehr

Um den Eintritt der Gesamtrechtsnachfolge und damit den Vermögensübergang im Rechtsverkehr nachzuweisen, kann sich die aus der Zusammenlegung hervorgegangene Stiftung nicht auf die Publizität eines Stiftungsregisters berufen. Anders als beim Vermögensanfall an den Fiskus nach §§ 88 S. 3, 46 S. 1, 1936 ff. BGB kommt auch ein Nachweis durch Erbschein nicht in Betracht,[693] sondern neben der behördlichen Bekanntmachung der Zusammenlegung[694] nur eine Bescheinigung der zuständigen Aufsichtsbehörde. Um ihre Verkehrsfähigkeit sicherzustellen, hat die Stiftung auf die Ausstellung der Bescheinigung, die als feststellender Verwaltungsakt zu qualifizieren ist,[695] einen Rechtsanspruch.[696]

Auch Grundstücke, die sich im Vermögen der zusammenzulegenden Stiftungen befinden, gehen ohne besondere Übertragungsakte außerhalb des Grundbuchs auf die neue Stiftung über,[697] wodurch das Grundbuch unrichtig wird. Da die zusammengelegten Stiftungen mit der Gesamtrechtsnachfolge sogleich erlöschen (näher nachfolgend V.), kommt eine Berichtigungsbewilligung (§§ 19, 22 Abs. 1 GBO) nicht in Betracht, sondern muss die neue Stiftung mit den Beweismitteln des § 29 GBO die Unrichtigkeit des Grundbuchs nachweisen.[698] Als öffentliche Urkunde im Sinne des § 29 Abs. 1 S. 2 GBO, § 415 ZPO ist hierfür die Bescheinigung der zuständigen Aufsichtsbehörde über die Zusammenlegung und die damit eingetretene Universalsukzession erforderlich und ausreichend.[699]

4. Einzelfragen des Vermögensübergangs durch Einzelrechtsübertragung

a) Grundsätze der Liquidation

Tritt keine Gesamtrechtsnachfolge ein, so findet nach Maßgabe des § 88 S. 3 i. V. mit §§ 47 bis 53 BGB die Liquidation der Stiftungsvermögen statt. Als Liquidatoren haben die Mitglieder des Vorstands (§§ 88 S. 3, 48 BGB) dann nach §§ 88 S. 3, 49 Abs. 1 S. 1 BGB die laufenden Geschäfte zu beenden, die Forderungen einzuziehen, das übrige Vermögen in Geld umzusetzen, die Gläubiger zu befriedigen und den Überschuss den Anfallberechtigten auszuantworten. Die

---

693   Vgl. BayObLGZ 1994, 33, 35.
694   Vgl. im Einzelnen noch § 7.
695   So für die Rechtsnatur der Vertretungsbescheinigung Seifart/v. Campenhausen/*Hof*, Stiftungsrechts-Handbuch, § 10 Rn. 320.
696   So für Vertretungsbescheinigungen Staudinger/*Rawert*, BGB, Vorbem. zu §§ 80 ff. Rn. 80; Seifart/v. Campenhausen/*Hof*, Stiftungsrechts-Handbuch, § 8 Rn. 41.
697   Zur entsprechenden Rechtslage bei der Verschmelzung *Böhringer*, Rpfleger 2001, 59.
698   Zu Einzelheiten vgl. *Böhringer*, Rpfleger 2001, 59, 60.
699   Vgl. *Schauhoff*, Handbuch der Gemeinnützigkeit, § 3 Rn. 111.

vorgesehene Liquidisierung der Stiftungsvermögen widerspricht indes, worauf schon hingewiesen wurde, der auch durch den Stifterwillen geforderten Intention der Zusammenlegung, die Stiftungsvermögen möglichst „als Ganzes" in die neue Stiftung einzubringen. Im Rahmen der Zusammenlegung darf (und muss) sie daher gemäß § 49 Abs. 1 S. 3 BGB unterbleiben, soweit sie nicht zur Befriedigung der Gläubiger erforderlich ist.[700] Nach der Begleichung der fälligen Forderungen sind die restlichen Vermögenswerte – hinsichtlich des Sachvermögens ohne vorherige Umsetzung in Geld – an den Anfallberechtigten, also die neue Stiftung auszukehren (§§ 88 S. 3, 49 Abs. 1 S. 1 letzter Satzteil BGB).

Die Auflösung der Stiftung ist durch die Liquidatoren nach Maßgabe der §§ 88 S. 3, 50 BGB öffentlich bekanntzumachen. In der Bekanntmachung sind die Gläubiger zur Anmeldung ihrer Ansprüche aufzufordern, bekannten Gläubigern ist eine besondere Mitteilung zu machen. Um die Geltendmachung der Ansprüche durch die Gläubiger nicht zu vereiteln, darf die Übertragung des Vermögens gemäß §§ 88 S. 3, 51 BGB erst nach Ablauf eines Jahres seit Bekanntmachung der Auflösung erfolgen. Aus Gründen des Gläubigerschutzes ist dieses Sperrjahr auch bei der Zusammenlegung zwingend einzuhalten. Da gesetzlich angeordnet, liegt in der damit verbundenen Admassierung der Erträge ferner kein Verstoß gegen landesgesetzliche Verbote. Die Unterbrechung der Stiftungstätigkeit für den Zeitraum des Sperrjahres ist aus Sicht der Stiftungen, die die Zusammenlegung betreiben, indes unbefriedigend. *Stengel* schlägt deshalb vor, dass die aufnehmende Stiftung die fortdauernde Zweckverfolgung nach Möglichkeit vorfinanzieren solle.[701] Bei der Zusammenlegung ist das jedoch nur möglich, wenn die neu errichtete Stiftung – etwa aus Zustiftung oder Spenden – über Mittel verfügt, die nicht der Bindung des § 51 BGB unterliegen.[702]

Meldet sich ein bekannter Gläubiger bis zum Ablauf des Sperrjahres nicht, so ist ihm gemäß §§ 88 S. 3, 52 Abs. 1 BGB Sicherheit zu leisten. Die Liquidatoren haften den Gläubigern für die Verletzung ihrer Pflichten nach Maßgabe der §§ 88 S. 3, 53 BGB.

---

700 Vgl. wiederum *Richter*, in: Münchener Handbuch des Gesellschaftsrechts, § 118 Rn. 19: Verflüssigung des Stiftungsvermögens könne unter anderem dann unterbleiben, wenn „die Anfallberechtigten den Liquidationsüberschuss in Natur übernehmen wollen".
701 Semler/*Stengel*, UmwG, § 161 Rn. 48.
702 In der Praxis kann das ein Grund sein, die Zulegung der Zusammenlegung vorzuziehen. Denn bei der Zulegung unterliegt das Vermögen der aufnehmenden Stiftung nicht der Bindung des § 51 BGB.

b) Übernahme von Verbindlichkeiten

Sofern die Forderungen der Stiftungsgläubiger nicht beglichen werden, müssen sie durch die neue Stiftung übernommen werden. Hierzu bedarf es entweder einer entsprechenden Vereinbarung zwischen dem Gläubiger und der neuen Stiftung (§ 414 BGB) oder einer Vereinbarung zwischen der in Auflösung befindlichen zusammenzulegenden und der neuen Stiftung mit der Genehmigung des Gläubigers (§ 415 BGB). In jedem Falle ist also die Mitwirkung des Gläubigers unerlässlich. Verweigert er seine Zustimmung, bleibt der Schuldnerin nur, die Leistung, wenn sie erfüllbar ist (vgl. § 271 Abs. 2 BGB), zu erbringen. Eines über die Liquidationsregeln hinausgehenden, besonderen Gläubigerschutzes bedarf es daher nicht.[703]

c) Übertragung von Rechten und Pflichten

Nach Ablauf des Sperrjahres müssen Liquidatoren, die zum Stiftungsvermögen gehörenden Gegenstände einzeln – es gilt das Spezialitätsprinzip – und nach den jeweils geltenden Vorschriften auf die neue Stiftung zu übertragen.[704] Gehören zum Stiftungsvermögen Grundstücke oder Rechte an Grundstücken, so sind zu deren Übertragung gemäß §§ 873, 925 BGB Auflassung und Eintragung in die Grundbücher erforderlich. Die Übertragung von Forderungen und Rechten erfolgt durch Abtretung gemäß §§ 398, 413 BGB und gegebenenfalls unter Wahrung dafür vorgesehener Formvorschriften (zum Beispiel nach § 15 Abs. 3 GmbHG). Für unternehmensverbundene Stiftungen ist zu beachten, dass die Übertragung von Aktien- und GmbH-Anteilen durch Vinkulierungsklauseln an besondere Voraussetzungen geknüpft sein kann (§ 68 Abs. 2 AktG, § 15 Abs. 5 GmbHG). Ist die Stiftung Gesellschafterin einer BGB-Gesellschaft, einer offenen Handelsgesellschaft oder einer Kommanditgesellschaft, so genügt zur Übertragung der Mitgliedschaft als subjektivem Recht ebenfalls ein Abtretungsvertrag gemäß §§ 398, 413 BGB, der nach Maßgabe des Gesellschaftsvertrags der Zustimmung der übrigen Gesellschafter bedürfen kann.[705]

---

703 *Petersen*, Gläubigerschutz im Umwandlungsrecht, S. 320 ff.

704 *Fritsche*, in: O. Werner/Saenger, Die Stiftung, Rn. 741; *Peters/Herms*, ZSt 2004, 323, 328.

705 *Windbichler*, Gesellschaftsrecht, § 10 Rn. 15; Oetker/*Weitemeyer*, HGB, § 105 Rn. 51 f.; a. A. etwa *Kraft/Kreutz*, Gesellschaftsrecht, C V 3: Gesellschafterstellung als Rechtsverhältnis.

d) Besonderheiten der Übernahme von Dauerschuldverhältnissen

Zur Übernahme bestehender Vertragsbeziehungen ist eine dreiseitige Vereinbarung zwischen den bisherigen Vertragsparteien und der neuen Stiftung oder ein Vertrag zwischen dem austretenden und dem eintretenden Teil mit Zustimmung der verbleibenden Partei erforderlich,[706] wobei etwaige Formerfordernisse der übernommenen Verträge zu beachten sind, also zum Beispiel und praktisch bedeutsam das Schriftformerfordernis bei befristeten Mietverträgen nach § 550 S. 1 BGB.[707]

Für Arbeitsverhältnisse trifft § 613a Abs. 1 S. 1 BGB die bereits erwähnte Regelung, dass im Falle des Übergangs eines Betriebs oder Betriebsteils auch die zugehörigen Arbeitsverhältnisse auf den neuen Inhaber übergehen. Die Vorschrift findet auf mit den zusammenzulegenden Stiftungen jeweils bestehende Arbeitsverhältnisse Anwendung. Auf die Problematik, unter welchen Voraussetzungen von einem Betrieb bzw. Betriebsteil und dessen Übergang auszugehen ist, kommt es dabei nicht an, weil mit der Übertragung des gesamten Stiftungsvermögens, wie ihn die Zusammenlegung voraussetzt und bewirkt, etwaige Betriebe der Stiftung zwangsläufig auf die neue Stiftung übertragen werden müssen. Hinsichtlich der Arbeitsverhältnisse greift dann die Regelung des § 613a Abs. 1 S. 1 BGB: Sie gehen, sofern der Übergang nicht bereits individualvertraglich vereinbart wurde, kraft Gesetzes auf die neue Stiftung über. Anders als im Falle der Gesamtrechtsnachfolge steht den Arbeitnehmern gemäß § 613a Abs. 6 BGB ein binnen eines Monats wahrzunehmendes Widerspruchsrecht zu, dessen Ausübung das Arbeitsverhältnis zur bisherigen Stiftung fortbestehen lässt und somit den Vollzug der Zusammenlegung hemmen kann. Wie für sonstige Dauerschuldverhältnisse ist daher der Übergang der Arbeitsverhältnisse möglichst schon im Voraus individualvertraglich zu regeln oder zumindest ein Verzicht der Arbeitnehmer auf das Widerspruchsrecht zu vereinbaren.[708]

Darüber hinaus werden die Rechte und Pflichten im Arbeitsverhältnis, die in den bisherigen Stiftungen durch Tarifvertrag oder Betriebsvereinbarung ausgestaltet waren, unverändert Inhalt des Arbeitsverhältnisses des Arbeitnehmers mit der neuen Stiftung (§ 613a Abs. 1 S. 2 bis 4 BGB). Gemäß § 613a Abs. 5 BGB hat der bisherige oder der neue Arbeitgeber die Arbeitnehmer über den Betriebsübergang zu unterrichten. Schließlich ordnet § 613a Abs. 2 BGB die Fort-

---

706 *Fritsche,* in: O. Werner/Saenger, Die Stiftung, Rn. 741; *Oetker,* FS O. Werner, S. 207, 209; allgemein Jauernig/*Stürner,* BGB, § 398 Rn. 32; Palandt/*Grüneberg,* BGB, § 398 Rn. 38 ff.

707 Vgl. BGHZ 72, 396, 398.

708 Dazu *Preis,* in: Erfurter Kommentar zum Arbeitsrecht, § 613a BGB Rn. 102.

haftung des bisherigen Arbeitgebers für Verbindlichkeiten aus dem Arbeitsverhältnis an. Da die Zusammenlegung keine „Umwandlung" ist und die zusammengelegten Stiftungen im Hinblick auf die Notwendigkeit ihrer Liquidation (vgl. § 51 BGB) auch nicht sogleich erlöschen, greift der Ausnahmetatbestand des § 613a Abs. 3 BGB, der die Forthaftung des bisherigen Arbeitgebers ausschließt, nicht ein.

Auf Dienstverhältnisse, insbesondere etwaige Anstellungsverhältnisse von Vorstandsmitgliedern ist § 613a BGB als Arbeitnehmerschutzvorschrift nicht anzuwenden.[709] Sollen sie auf die neue Stiftung übergehen, ist demgemäß wie für sonstige Dauerschuldverhältnisse eine entsprechende Vereinbarung erforderlich. Angesichts der mit der Zusammenlegung unter Umständen verbundenen Veränderungen der Organstruktur kann es allerdings durchaus erforderlich sein, anstelle einer Vertragsübernahme auf die Auflösung bestehender Anstellungsverträge hinzuwirken.

V. Erlöschen der zusammengelegten Stiftungen

Die aufgelösten Stiftungen bestehen als solche fort, bis ihre Vermögen vollständig auf die neue Stiftung oder zunächst auf den Landesfiskus übergegangen sind. Nach der im Verbandsrecht geltenden Lehre vom Doppeltatbestand ist zum Erlöschen einer juristischen Person neben ihrer Vermögenslosigkeit die Löschung im jeweiligen Register erforderlich. Einer Registerlöschung bedarf es zum Erlöschen der Stiftung jedoch nicht, weil ein Registereintrag schon zu ihrer Errichtung nicht erfolgt.[710] Auf Grundlage des im Stiftungsrecht geltenden Konzessionssystems gelangt die Stiftung stattdessen mit ihrer Anerkennung durch die zuständige Aufsichtsbehörde zur Entstehung. Die verbandsrechtliche Lehre vom Doppeltatbestand findet daher auf die Stiftung nur in einer verwaltungsrechtlich modifizierten Form Anwendung, wonach neben der Vermögenslosigkeit zu ihrem Erlöschen ein actus contrarius zur Anerkennung erforderlich ist.[711]

Im Falle der Zusammenlegung liegt der insoweit erforderliche, auf das Erlöschen der Stiftung gerichtete Verwaltungsakt bereits in der Genehmigung der Zusammenlegung; eines weiteren Verwaltungshandelns bedarf es nicht. Mit der Vermögenslosigkeit der zusammengelegten Stiftungen ist der Doppeltatbestand mithin erfüllt, erlöschen die Stiftungen also sodann ipso iure. Sie erlöschen dau-

---

709 BAG NZA 2003, 552, 554; NZA 2003, 854, 855; *U. Kilian,* in: O. Werner/Saenger, Die Stiftung, Rn. 621; a. A. *Peters/Herms,* ZSt 2004, 323, 328.

710 *Richter,* in: Münchener Handbuch des Gesellschaftsrechts, § 118 Rn. 37; *Burgard,* Gestaltungsfreiheit im Stiftungsrecht, S. 651 f.; ferner *Roth/Knof,* KTS 2009, 163, 170 f.

711 Vgl. Staudinger/*Rawert,* BGB, § 88 Rn. 2.

erhaft und leben deshalb nicht wieder auf, falls die Stiftung, in der sie zusammengefasst sind, zu einem späteren Zeitpunkt wieder aufgelöst wird (vgl. Art. 8 Abs. 3 S. 3 StiftG Bay).[712]

§ 4. Zulegung durch Organbeschluss

A. Bestandsaufnahme der gesetzlichen Regelungen

Wie die Zusammenlegung ist auch die Zulegung durch Organbeschluss im Bundesrecht – namentlich in den §§ 80 ff. BGB sowie im thematisch einschlägigen Umwandlungsgesetz – nicht geregelt. Ausdrückliche Regelungen enthalten allein die Stiftungsgesetze Hamburgs (§ 7 Abs. 1) und Schleswig-Holsteins (§ 5 Abs. 1). Die Vorschriften stimmen insoweit überein, als sie die Voraussetzungen dafür nur aus Sicht der zuzulegenden, nicht aber der aufnehmenden Stiftung angeben. Nach § 7 Abs. 1 StiftG Hbg ist die Zulegung statthaft, wenn in der Stiftungssatzung nichts anderes bestimmt ist, ein sachlicher Grund, der insbesondere in einer nachhaltigen Änderung der tatsächlichen oder rechtlichen Verhältnisse liegen kann, besteht, der Stifterwille nicht entgegensteht und zuzulegende und aufnehmende Stiftungen im Wesentlichen gleiche Zwecke verfolgen. § 5 Abs. 1 StiftG SH knüpft die Zulegung hingegen in materieller Hinsicht lediglich an die Voraussetzung einer wesentlichen Veränderung der Verhältnisse, schreibt jedoch in formeller Hinsicht darüber hinaus die Zustimmung eines lebenden Stifters sowie der aufnehmenden Stiftung ausdrücklich vor. Sowohl nach hamburgischem als auch nach schleswig-holsteinischem Recht bedarf der Zulegungsbeschluss der Genehmigung durch die zuständige Behörde (§ 7 Abs. 3 S. 1 StiftG Hbg, § 5 Abs. 2 S. 1 StiftG SH), nachdem gemäß § 7 Abs. 3 S. 2 StiftG Hbg der lebende Stifter zuvor angehört worden ist. Während das Hamburgische Stiftungsgesetz über die Rechtsfolgen der Zulegung schweigt, bestimmt § 5 Abs. 2 S. 2 Hs. 1, S. 3 StiftG SH, dass die zugelegte Stiftung mit der behördlichen Genehmigung erlischt und ihr Vermögen einschließlich der Verbindlichkeiten auf die aufnehmende Stiftung übergeht.

---

712 Seifart/v. Campenhausen/*Hof,* Stiftungsrechts-Handbuch, § 11 Rn. 74; *Voll/Störle,* StiftG Bay, Art. 8 Rn. 3. Offen bleiben muss hier die bislang – soweit ersichtlich – nicht diskutierte Frage einer späteren „Entschmelzung" der zusammengelegten Stiftungen.

B. Rechtsgrundlage

I. Erfordernis einer Rechtsgrundlage

1. Hinsichtlich der zuzulegenden Stiftung

Für die zuzulegende Stiftung hat die Zulegung dieselben Wirkungen wie die Zusammenlegung: Nachdem ihr Vermögen auf die aufnehmende Stiftung übergegangen ist, erlischt sie. Wie die Zusammenlegung geht damit – jedenfalls für die zuzulegende Stiftung – auch die Zulegung über die dem Stiftungsvorstand gemäß §§ 86 S. 1, 27 Abs. 3 BGB zustehenden Geschäftsführungsaufgaben, also die ordnungsgemäße Verwaltung des Stiftungsvermögens und dessen Einsatz zur Erfüllung des Stiftungszwecks,[713] deutlich hinaus.[714] Damit bedarf auch sie einer besonderen Rechtsgrundlage im Gesetz oder in der Satzung.

2. Hinsichtlich der aufnehmenden Stiftung

Fraglich ist, ob für die aufnehmende Stiftung anderes zu gelten hat, weil die Zulegung für sie – wie es zumindest auf den ersten Blick scheint – primär einen Vermögenszuwachs bedeute und die Stiftung als solche im Gegensatz zur zugelegten Stiftung fortbestehe; sie sich also anders als die Zusammenlegung nicht „auf gleicher Augenhöhe"[715] abspiele, sondern die zuzulegende Stiftung der aufnehmenden Stiftung gleichsam untergeordnet werde. Wie die Annahme einer Zustiftung, für die als Maßnahme der regulären Geschäftsführung nach zum Teil vertretener Ansicht die Billigung durch den Vorstand ausreichen soll,[716] könnte der Zulegungsbeschluss damit aufseiten der aufnehmenden Stiftung von der Geschäftsführungsbefugnis des Vorstands nach §§ 86 S. 1, 27 Abs. 3 BGB umfasst sein und folglich einer besonderen Rechtsgrundlage entbehren. Diese Annahme scheint auch den Stiftungsgesetzen Hamburgs und Schleswig-Holsteins zugrunde zu liegen, die nach ihrem Wortlaut die Zulegung lediglich aus der Perspektive der zuzulegenden Stiftung regeln.

Dem ist jedoch entgegenzuhalten, dass die Zulegung – wie die Zusammenlegung – auf das „soziale Fortwirken" aller beteiligten Stiftungen (und nicht nur der aufnehmenden Stiftung) gerichtet ist. Überdies wäre es mit dem Willen des Stifters der zuzulegenden Stiftung in aller Regel unvereinbar, wenn „seine" Stiftung einer anderen Stiftung letztlich als bloße Vermögenszuwendung zugeschla-

---

713 Bamberger/Roth/*Schwarz/Backert,* BGB, § 86 Rn. 5; *Jakob,* Schutz der Stiftung, S. 204.

714 Vgl. im Einzelnen § 3 B I.

715 *Oetker,* FS O. Werner, S. 207, 208.

716 In dieser Richtung *Reuter,* npoR 2009, 55, 59 f.

gen und dieser auf diese Weise gleichsam schematisch untergeordnet würde. Dem Sinn der Zulegung und dem Stifterwillen entspricht es allein, dass auch im Rahmen der Zulegung ein möglichst gleichrangiges Fortwirken der beteiligten Stiftungen – und damit der sie prägenden Vermögen-Zweck-Beziehungen – in der aufnehmenden Stiftung angestrebt wird. Das hat zur Folge, dass die Satzung der aufnehmenden Stiftung zum Zwecke der Zulegung Änderungen erfährt, die über geringfügige, mit der Annahme einer bloßen Vermögenszuwendung verbundene Anpassungen, wie sie eine Zustiftung erfordern kann, deutlich hinausgehen.

Damit ist die Zulegung auch für die aufnehmende Stiftung von der Geschäftsführungsbefugnis des Vorstandes, die die ordnungsgemäße Verwaltung des Stiftungsvermögens und seinen Einsatz zur Erfüllung des Stiftungszwecks umfasst, nicht gedeckt,[717] sondern bedarf auch ihrerseits einer besonderen rechtlichen Grundlage.

II. Keine Rechtsgrundlage im Bundesrecht

Als Maßnahme der Selbstregulierung der Stiftung ist die Zulegung durch Organbeschluss ein Regelungsgegenstand des Stiftungsprivatrechts, für das der Bund gemäß Art. 74 Abs. 1 Nr. 1 GG die vorrangige Gesetzgebungskompetenz innehat. Das Bundesrecht enthält jedoch keine Rechtsgrundlage der Zulegung. Insbesondere lässt sie sich weder auf § 87 Abs. 1 BGB[718] noch auf die neuerdings als Rechtsgrundlage für Satzungsänderungen in Betracht gezogenen §§ 86 S. 1, 27 Abs. 3, 665 BGB stützen. Denn gemäß §§ 86 S. 1, 27 Abs. 3, 665 BGB darf der Vorstand lediglich in Angelegenheiten der Geschäftsführung von den Bestimmungen der Satzung abweichen. Für Maßnahmen, die – wie die Zulegung – über den Kreis der Geschäftsführungsaufgaben hinausgehen, lässt sich folglich nicht auf die Vorschriften rekurrieren.[719]

III. Rechtsgrundlage im Landesrecht

1. Gesetzgebungskompetenz der Länder

Damit kann sich eine gesetzliche Rechtsgrundlage für die Zulegung durch Organbeschluss nur aus dem Landesrecht ergeben. Eingedenk der erschöpfenden

---

717 Vgl. auch bereits zur Zusammenlegung § 3 B I.
718 Vgl. bereits § 3 B II 2 a.
719 So auch *Burgard*, Gestaltungsfreiheit im Stiftungsrecht, S. 340 Fn. 30; eingehend bereits § 3 B II 2 b.

Regelung, die der Bundesgesetzgeber mit den §§ 80 bis 88 BGB für das Stiftungsprivatrecht getroffen hat,[720] lässt sich eine Regelungsbefugnis der Länder nur über den Ermächtigungstatbestand des § 85 BGB für den Bereich der Stiftungs-„Verfassung" herleiten, sofern vorrangiges Bundesrecht nicht entgegensteht. Auf der Grundlage des vorzugswürdigen weiten Begriffsverständnisses[721] sind Teil der „Verfassung" neben Regelungen über die Zweckänderung und das Erlöschen auch Bestimmungen über die Zusammenlegung und ebenso über die Zulegung der Stiftung.[722] Der den Ländern damit nach § 85 BGB eröffneten Gesetzgebungskompetenz steht eine abschließende bundesgesetzliche Regelung – insbesondere § 87 BGB – nicht entgegen.[723]

2. Ausdrückliche gesetzliche Regelung

Die Länder haben die Zulegung allerdings, wie eingangs ausgeführt, überwiegend nicht zum Gegenstand ausdrücklicher gesetzlicher Regelungen gemacht. Allein § 7 Abs. 1 StiftG Hbg und § 5 Abs. 1 StiftG SH gestatten expressis verbis die Zulegung durch Organbeschluss.

Jedoch enthalten diese Vorschriften, wie sich bei genauer Lektüre ergibt (§ 7 Abs. 1 S. 2 StiftG Hbg: „Unter den Voraussetzungen des Satzes 1 kann auch die Zulegung zu einer anderen [...] Stiftung beschlossen werden"), eine Rechtsgrundlage nur für den Beschluss der zuzulegenden Stiftung. Dem scheint die – irrige – Ansicht des Gesetzgebers zugrunde zu liegen, dass die Zulegung seitens der aufnehmenden Stiftung einer besonderen Rechtsgrundlage nicht bedürfe.[724] Dass die gesetzliche Regelung insoweit unvollständig ist und eine planwidrige Regelungslücke besteht, liegt auf der Hand. Da sich die Auswirkungen der Zulegung auf die zuzulegende Stiftung einerseits und die aufnehmende Stiftung andererseits in der Sache nicht unterscheiden, ist überdies die Interessenlage vergleichbar und eine analoge Anwendung der Vorschriften auf die aufnehmende Stiftung damit gerechtfertigt. Mithin sind § 7 Abs. 1 StiftG Hbg und § 5 Abs. 1 StiftG SH über ihren Wortlaut hinaus auch als Rechtsgrundlagen für den Beschluss der aufnehmenden Stiftung anzusehen.

---

720 Vgl. § 3 B III 1 a.
721 Zur Begründung § 3 B III 1 b aa (3).
722 Vgl. *Breuer,* Zweckumwandlung und Aufhebung, S. 42; *Jeß,* Verhältnis des lebenden Stifters zur Stiftung, S. 81; *Karper,* Zusammenlegung von privatrechtlichen Stiftungen, S. 76 f.; Soergel/*Neuhoff,* BGB, § 87 Rn 5; Staudinger/*Rawert,* BGB, § 87 Rn 1; ebenso bereits RGZ 121, 167 f.; *Ballerstedt,* Gutachten zum 44. DJT, S. 11; *Thiesing,* DJZ 1913, 318, 319 („unzweifelhaft").
723 Zur Begründung § 3 B III 1 b bb.
724 Vgl. insoweit soeben § 4 B I 2.

3. Rechtsgrundlage durch Auslegung oder Rechtsfortbildung

Soweit das Landesrecht hingegen – wie überwiegend – die Zulegung gar nicht vorsieht, stellt sich die Frage, ob die erforderliche Rechtsgrundlage in der Befugnis zur „Zusammenlegung" bzw. zum „Zusammenschluss" gesehen werden kann. *Neuhoff* bejaht dies mit der Begründung, dass die Problematik beider Fälle identisch sei.[725]

a) Gesetzeswortlaut

In die entgegengesetzte Richtung weist der Wortlaut einiger Landesstiftungsgesetze. Dass von „Zusammenlegung" ausdrücklich die Rede ist, kann dabei allerdings nur von indizieller Bedeutung sein. Wenngleich sich in der heutigen Literatur ein weitgehend einheitlicher, zwischen Zusammenlegung und Zulegung klar unterscheidender Sprachgebrauch herausgebildet hat, so mag der jeweilige Landesgesetzgeber doch ein abweichendes Begriffsverständnis zugrunde gelegt haben.[726] Was jeweils gemeint ist, erschließt sich aber vielfach aus der weitergehenden Regelung, dass die neue Stiftung mit der Genehmigung der „Zusammenlegung" (§ 7 Abs. 3 S. 4 StiftG Nds, § 10 Abs. 3 StiftG Sa, § 21 Abs. 5 StiftG SA) bzw. des „Zusammenschlusses" entstehe (§ 8 Abs. 3 StiftG Bre, § 5 Abs. 2 S. 4 StiftG NRW, § 7 Abs. 4 S. 2 StiftG Saar). § 5 Abs. 3 S. 1 StiftG Bln spricht sogar ausdrücklich davon, dass im Falle der Zusammenlegung die zusammengelegten Stiftungen zu einer neuen Stiftung verschmelzen. Diese Vorschriften passen ihrem Wortlaut nach nicht auf die Zulegung, bei der im Unterschied zur Zusammenlegung eine neue Stiftung gerade nicht entsteht.

Einen anderen Befund ergibt die Auslegung des § 14 Abs. 2 StiftG BW. Zwar wird in § 14 Abs. 2 S. 3 StiftG BW mit der Genehmigung der Zusammenlegung zugleich die Rechtsfähigkeit der neuen Stiftung angeordnet. Doch heißt es im Folgesatz, dass das Vermögen von zusammengelegten Stiftungen „auf die neue oder die aufnehmende Stiftung" übergeht. Soweit das baden-württembergische Landesstiftungsgesetz die Organe zur „Zusammenlegung" ermächtigt, ist damit folglich in der Sache auch die Zulegung gemeint. Ohne weiteres gedeckt ist die Zulegung schließlich von der Vorschrift des § 10 Abs. 1 StiftG Bbg, die lediglich vom „Zusammenschluss" mehrerer Stiftungen spricht,

---

725 Soergel/*Neuhoff*, BGB, § 87 Rn. 5; im Ergebnis auch *Schauhoff*, Handbuch der Gemeinnützigkeit, § 19 Rn. 56; *Peiker*, StiftG He, § 9 Anm. 7; a. A. wohl *Siegmund-Schultze*, StiftG Nds, § 7 Anm. 2.2.

726 Vgl. insoweit auch den Bericht der Studienkommission des Deutschen Juristentages, wonach die Zulegung eine Form der Zusammenlegung sei: DJT-Stiftungsrecht, S. 32.

wovon daher sowohl die Zusammenlegung als auch die Zulegung umfasst sein dürften.[727]

Mit Ausnahme der Länder Baden-Württemberg und Brandenburg lässt der insoweit eindeutige Gesetzeswortlaut es nicht zu, unter landesgesetzlichen Regelungen der Zusammenlegung auch den Fall der Zulegung zu fassen; der Wortlaut zieht der Auslegung insoweit klare Grenzen.

b) Analoge Anwendung

Zu prüfen bleibt, ob die Vorschriften im Wege der Analogie über ihren Wortlaut hinaus auf den Fall der Zulegung anwendbar sind. Neben einer Vergleichbarkeit der Interessenlagen setzt das eine planwidrige Unvollständigkeit des einschlägigen Landesstiftungsgesetzes voraus. Entscheidend ist mithin, ob das Fehlen einer gesetzlichen Bestimmung über die Zulegung durch Organbeschluss dem Regelungsplan des jeweiligen Gesetzgebers auf Landesebene widerspricht.

Da ein ausdrücklicher gesetzgeberischer Wille zu dieser Frage in den Materialien zu den Landesstiftungsgesetzen, soweit ersichtlich, nicht dokumentiert ist, muss der Regelungsplan des Gesetzgebers aus dem Gesetz selbst im Wege der historischen und teleologischen Auslegung erschlossen werden.[728] Insofern ist beachtenswert, dass die Differenzierung zwischen Zusammenlegung und Zulegung spätestens seit dem 44. Deutschen Juristentag, der sich im Jahre 1962 mit einer Reform des Stiftungsprivatrechts und dabei auch mit den Möglichkeiten einer Stiftungsfusion auseinandersetzte,[729] bekannt ist. Im Schrifttum wird seither – wenn auch nicht immer begrifflich, so doch jedenfalls in der Sache – deutlich zwischen Zusammenlegung und Zulegung unterschieden.[730] Somit hätten die Landesgesetzgeber zumindest im Rahmen der zwischenzeitlichen Neufassungen ihrer Stiftungsgesetze Gelegenheit gehabt, eine bis dahin möglicherweise bestehende (verdeckte) Regelungslücke zu schließen und die Zusammenlegung um die Möglichkeit der Zulegung zu ergänzen. Dass dies – mit Ausnahme Hamburgs[731] und Schleswig-Holsteins[732] – nicht geschehen ist, legt den Schluss nahe, dass eine Regelung bewusst nicht getroffen wurde.

Anders könnte gleichwohl zu befinden sein, wenn die gesetzgeberische Intention, die Fusion von Stiftungen zu ermöglichen, mit einer gesetzlichen Rege-

---

727 Vgl. auch *Fritsche*/U. Kilian, StiftG Bbg, § 10 Anm. 1.5.

728 Vgl. BGHZ 149, 165, 174; BGH NJW 2007, 992, 993.

729 Vgl. DJT-Stiftungsrecht, S. 32 ff.

730 So schon *Ebersbach,* Handbuch des deutschen Stiftungsrechts, S. 140.

731 § 10 AGBGB Hbg in der Fassung vom 1. 7. 1958 sprach nur die Satzungsänderung ausdrücklich an.

732 § 5 StiftG SH in der Fassung vom 13. 7. 1972.

lung, die allein die Zusammenlegung vorsieht, verfehlt worden wäre. Davon kann allerdings nicht die Rede sein. Die bisherige Untersuchung hat gezeigt, dass sich Zusammenlegung und Zulegung unter wesentlichen stiftungsrechtlichen Gesichtspunkten, allen voran ihrer Interdependenz mit dem Stifterwillen, nicht unterscheiden. Vor diesem Hintergrund kann auch unter teleologischen Gesichtspunkten nicht von einer Regelungslücke gesprochen werden, die durch eine Analogie auszufüllen wäre. Eine analoge Anwendung der landesgesetzlichen Vorschriften über die Zusammenlegung auf die Fälle der Zulegung durch Organbeschluss kommt folglich nicht in Betracht.

4. Rechtsgrundlage in der Satzung

Fehlt demnach zumeist eine gesetzliche Rechtsgrundlage, so kommt es darauf an, ob sich die Zulegung auf eine Rechtsgrundlage in der Satzung stützt. Das ist unproblematisch zu bejahen, wenn die Satzung eine ausdrückliche Regelung enthält, die lauten könnte:

> „Ist eine wesentliche Veränderung der Verhältnisse eingetreten, so kann der Vorstand einstimmig beschließen, dass die Stiftung durch Zulegung mit einer anderen Stiftung vereinigt wird."

Eine solche Regelung, die nicht differenziert, ob die Stiftung als zuzulegende oder als aufnehmende Stiftung fungiert, lässt beides zu. Problematisch sind Satzungsregelungen, die – ihrem Wortlaut nach – die Stiftung nur in der Rolle der zuzulegenden

> Beispiel 1:
>
> „Ist eine wesentliche Veränderung der Verhältnisse eingetreten, so kann der Vorstand einstimmig beschließen, dass die Stiftung einer anderen Stiftung mit ähnlicher Zwecksetzung zugelegt wird."

oder der aufnehmenden Stiftung sehen:

> Beispiel 2:
>
> „Ist eine wesentliche Veränderung der Verhältnisse eingetreten, so kann der Vorstand einstimmig beschließen, dass die Stiftung eine andere Stiftung durch Zulegung aufnimmt."

Hat der Stifter „seiner" Stiftung nur die Rolle der zuzulegenden Stiftung ausdrücklich zugewiesen (Beispiel 1) – was in der Praxis nicht selten ist[733] –, so wird man davon a maiore ad minus auch die Zulegung durch Aufnahme einer

---

733 Vgl. insoweit nur das Muster bei *Rawert,* in: Hoffmann/Becking, Beck'sches Formularbuch, Form. I. 26 (§ 11 Abs. 2 S. 1).

anderen Stiftung umfasst sehen können, bei der die betreffende Stiftung zusätzlich als Rechtsperson erhalten bleibt. Im umgekehrten Fall (Beispiel 2) sind die Stiftungsorgane hingegen daran gebunden, dass der Stifter eine Zulegung offenbar nur bei rechtlichem Fortbestand „seiner" Stiftung zulassen wollte – mögen vernünftige Gründe dafür auch nicht recht ersichtlich sein.

Zweifelhaft ist die Rechtslage ferner dann, wenn die Stiftungssatzung ihrem Wortlaut nach allein zur Zusammenlegung, nicht aber zur Zulegung ermächtigt:[734]

Beispiel 3:

„Der Stiftungsvorstand kann, wenn sich die Verhältnisse wesentlich verändert haben, die Zusammenlegung mit einer anderen Stiftung beschließen."

Beispiel 4:[735]

„Die Stiftung ist mit einer anderen zu einer neuen Stiftung zusammenzulegen, wenn die Erfüllung des Stiftungszwecks nur noch auf diesem Weg ganz oder teilweise möglich ist."

Wenn sich der Stifter auf die Verwendung des Begriffs „Zusammenlegung" beschränkt hat (Beispiel 3), so lässt sich davon allein – zumal vor dem Hintergrund eines insoweit sicherlich nicht ganz trennscharfen allgemeinen Sprachgebrauchs – nur dann auf die Unzulässigkeit der Zulegung schließen, wenn sich der Stifter bei der Abfassung der Satzung juristischen Sachverstands bedient hat. Andernfalls ist von der „Zusammenlegung" im Allgemeinen auch die Zulegung umfasst, wenn nicht aus dem weiteren Inhalt der Satzung deutlich wird, dass tatsächlich allein die Zusammenlegung im Rechtssinne gemeint ist (Beispiel 4); dann steht der Stifterwille einer Zulegung nämlich entgegen.[736]

Im Übrigen, insbesondere wenn die Stiftungssatzung nur zur Satzungsänderung, Zweckänderung oder Auflösung ermächtigt, gilt das zur Zusammenlegung Gesagte.[737]

5. Zulegung ohne ausdrückliche Rechtsgrundlage

Enthält weder das einschlägige Landesstiftungsgesetz noch die Satzung eine Rechtsgrundlage, so kann die Zulegung, wie für die Zusammenlegung bereits ausführlich begründet wurde, gleichwohl zulässig sein, wenn sie geboten ist, um die für die Stiftung prägende Zweck-Vermögen-Beziehung zu erhalten, eine

---

734 Vgl. etwa das Muster bei *v. Holt/Koch,* Stiftungssatzung, S. 152 (§ 14 Nr. 2).

735 *v. Holt/Koch,* Stiftungssatzung, S. 152 (§ 14 Nr. 2).

736 Vgl. auch *Fritsche,* in: O. Werner/Saenger, Die Stiftung, Rn. 735.

737 Vgl. § 3 B IV 2 a.

weitere Zweckverfolgung also andernfalls unmöglich ist (vgl. § 87 Abs. 1 BGB).[738]

C. Voraussetzungen

Die Voraussetzungen der Zulegung richten sich in erster Linie nach der Satzung, in zweiter Linie nach dem Gesetz.[739] Soweit die Landesstiftungsgesetze Regelungen über die Zulegung durch Organbeschluss enthalten, regeln sie diese durchweg in enger Anlehnung an die Zusammenlegung. Insoweit ist zunächst auf die dortigen Ausführungen zu verweisen.[740] Die nachfolgende Darstellung kann sich daher auf die Grundzüge und auf die Besonderheiten der Zulegung beschränken.

I. Gleichgerichtete Organbeschlüsse

1. Voraussetzungen

Als mehrseitige Grundlagenänderung setzt auch die Zulegung gleichgerichtete Beschlüsse voraus. Deren formellen und materiellen Voraussetzungen unterscheiden sich im Wesentlichen nicht von denen der Zusammenlegung. Das gilt, wie angesichts abweichender Tendenzen im Schrifttum[741] besonders zu betonen ist, auch für die aufnehmende Stiftung. Denn die Zulegung hat ihrerseits keine anderen Auswirkungen auf Stiftung und Stifterwillen als die Zusammenlegung. Der Fortbestand der aufnehmenden Stiftung als juristischer Person, der Gegenteiliges vermuten lässt, ist bei der Zulegung nicht mehr als das rechtstechnische Vehikel zur Erreichung dieses Ziels.[742]

Damit verlangt die Zulegung auch seitens der aufnehmenden Stiftung einen rechtfertigenden Grund.[743] Dementsprechend kommt die Zulegung einer leistungsunfähigen Stiftung zu einer leistungsfähigen Stiftung, bei der sich weder die Verhältnisse wesentlich verändert haben noch eine Satzungsregelung hierzu legitimiert, nicht in Betracht.[744] Eine florierende Stiftung kann sich darüber nicht

---

738 Dazu im Einzelnen noch § 5 C I 3 b.
739 Zum Verhältnis von Satzung und Gesetz § 3 B IV 1.
740 Siehe § 3 C.
741 Hinsichtlich der hoheitlichen Zulegung *Mecking,* StiftG RhPf, § 8 Anm. 6.
742 Vgl. bereits soeben § 4 B I 2.
743 Vgl. § 3 C I 4 c.
744 Vgl. auch Semler/*Stengel,* UmwG, § 161 Rn. 42: Es müssten die Voraussetzungen des § 87 Abs. 1 BGB erfüllt sein, wenn durch die Zulegung in eine „gesunde" Stiftung ein-

hinwegsetzen, indem sie sich „freiwillig" bereit erklärt, eine gefährdete aufzunehmen.[745]

Eine Besonderheit ist im Hinblick auf die formellen Beschlussvoraussetzungen bei der aufnehmenden Stiftung zu vermerken. Da der ihrerseits zu fassende Beschluss nicht auf den Übergang von Stiftungsvermögen gerichtet ist, fehlt – anders als bei der zuzulegenden Stiftung – ein Anknüpfungspunkt für das Erfordernis einer notariellen Beurkundung gemäß §§ 311b Abs. 3, 128 BGB. Ihr Beschluss ist also formfrei wirksam.

2. Beschlussinhalt

Da es eines vorbereitenden Vertrages („Zulegungsvertrag") zwischen den beteiligten Stiftungen nicht bedarf,[746] müssen die zuständigen Organe sich im Vorfeld über die Beschlussinhalte abstimmen. Dabei ist Einvernehmen insbesondere in den nachfolgenden Punkten zu erzielen.

a) Auswahl von aufnehmender und zuzulegender Stiftung

Aus den Beschlüssen muss eindeutig hervorgehen, welche Stiftung als zuzulegende und welche als aufnehmende fungiert. Diese Entscheidung steht, wenn sie nicht bereits durch die Satzungen der beteiligten Stiftungen und damit durch den Stifterwillen determiniert ist, im pflichtgemäßen Ermessen der zuständigen Organe, sie haben sich also von sachlichen Erwägungen leiten zu lassen. Ein besonderes Augenmerk muss dabei auf Aufwand und Kosten liegen, die mit dem Übergang des Vermögens von der zuzulegenden auf die aufnehmende Stiftung verbunden sind. Dementsprechend sind die Organe, jedenfalls sofern nicht Gesamtrechtsnachfolge stattfindet, zur Vermeidung unnötigen Transaktionsaufwands gehalten, als aufnehmende Stiftung diejenige zu bestimmen, die über das umfangreichere bzw. aufwendiger zu übertragende Vermögen verfügt. Entsprechendes gilt, wenn eine Stiftung mehr Gläubiger hat oder in mehr Verträgen gebunden ist als die andere. Zu berücksichtigen ist gegebenenfalls auch, ob eine Stiftung während des im Rahmen der Liquidation vorgesehenen Sperrjahres (§ 51 BGB) in der Lage ist, die fortdauernde Zweckverfolgung der anderen Stif-

---

gegriffen werde. Für die hoheitliche Zulegung Staudinger/*Rawert*, BGB, § 87 Rn. 11. Problematisch insofern die Auffassung von *Schwake*, in: Münchener Handbuch des Gesellschaftsrechts, § 79 Rn. 307, der die Zulegung einer ertragsschwachen zu einer leistungsstarken Stiftung offenbar als Normalfall ansieht.

745 So aber Seifart/v. Campenhausen/*Hof*, Stiftungsrechts-Handbuch, § 10 Rn. 357, unter Berufung auf *Ebersbach*, Handbuch des deutschen Stiftungsrechts, S. 528 (betreffend die hoheitliche Zulegung).

746 Vgl. § 3 C I 2.

tung vorzufinanzieren[747] und deshalb eher als aufnehmende Stiftung in Betracht kommt.

b) Entbehrlichkeit eines Stiftungsgeschäfts

Die im Rahmen der Zusammenlegung umstrittene Frage, ob es eines Stiftungsgeschäfts im Sinne von § 81 BGB bedarf, ist bei der Zulegung zweifelsfrei zu verneinen.[748] Für sie fehlt, da es bei der Zulegung nicht zu der Errichtung einer neuen Stiftung kommt, von vornherein jeglicher Anknüpfungspunkt.

c) Neufassung der Stiftungssatzung

Stattdessen ist im Rahmen der Zulegung die Satzung der aufnehmenden Stiftung neu zu fassen. Die neue Satzung muss, um auch insoweit die Entscheidungskongruenz sicherzustellen, nicht nur Teil des Beschlusses der aufnehmenden, sondern auch Teil des Beschlusses der zuzulegenden Stiftung sein. Es reicht dabei entgegen *Fritsche*[749] prinzipiell nicht aus, „bestimmte Kerninteressen" der zuzulegenden Stiftung zu berücksichtigen. Das würde auf eine – zumindest partielle – Unterordnung der zuzulegenden gegenüber der aufnehmenden Stiftung hinauslaufen, der die Organe der zuzulegenden Stiftung ob ihrer Verpflichtung auf den Stifterwillen grundsätzlich nicht zustimmen dürfen. Dementsprechend ist zwischen den Satzungen der zuzulegenden und der aufnehmenden Stiftung wie bei der Zusammenlegung eine Konkordanz herzustellen, bei der die jeweiligen Stifterwillen so weit wie möglich zur Geltung kommen. Für den Mindestinhalt der Satzung bleibt § 81 Abs. 1 S. 3 BGB maßgeblich. Hinsichtlich der Einzelheiten ist auf die Ausführungen zur Zusammenlegung zu verweisen.[750]

II. Weitere Voraussetzungen

1. Zustimmung des Stifters oder eines Dritten

Nach den einschlägigen Landesstiftungsgesetzen ist die Zustimmung des Stifters zur Zulegung nicht erforderlich. Allerdings kann der Stifter sich oder auch einem Dritten einen Zustimmungsvorbehalt in der Satzung eingeräumt haben. Die Zulegung ist dann nur zulässig, wenn die erforderliche Zustimmung, die kraft

---

747 Vgl. Semler/*Stengel*, UmwG, § 161 Rn. 48.
748 *Fritsche*, in: O. Werner/Saenger, Die Stiftung, Rn. 738; *Oetker*, FS O. Werner, S. 207, 209 Fn. 6.
749 *Fritsche*, in: O. Werner/Saenger, Die Stiftung, Rn. 738.
750 Vgl. § 3 C I 6 b.

Satzungsregelung in das Belieben des Berechtigten gestellt sein kann, erteilt ist.[751]

2. Behördliche Mitwirkung

Die Zulegung bedarf zu ihrer Wirksamkeit stets der behördlichen Genehmigung. Dies gilt in Hamburg und Schleswig-Holstein kraft ausdrücklicher gesetzlicher Anordnung (§ 7 Abs. 3 S. 1 Hs. 1 StiftG Hbg, § 5 Abs. 2 S. 1 StiftG SH), im Übrigen aufgrund eines Erst-recht-Schlusses zu den in sämtlichen Stiftungsgesetzen enthaltenen Regelungen, die schon einfache Satzungsänderungen einer Genehmigungspflicht unterwerfen. Das entspricht der Rechtslage bei der Zusammenlegung. Hier wie dort soll die Genehmigung vor allem die Übereinstimmung der Maßnahmen mit dem Stifterwillen sicherstellen. Aus diesem teleologischen Aspekt folgt im Einklang mit dem Wortlaut von § 7 Abs. 1 StiftG Hbg und § 5 Abs. 1 S. 2 StiftG SH, die die Zulegung aus der Perspektive der einzelnen Stiftung regeln, dass die Zulegung für jede beteiligte Stiftung einer gesonderten Genehmigung der jeweils zuständigen Aufsichtsbehörde bedarf. Die Aufsichtsbehörde darf diese Genehmigung nur erteilen, wenn sie sich im Rahmen einer umfassenden Rechtmäßigkeitsprüfung vergewissert hat, dass alle materiellen und formellen Voraussetzungen der Zulegung erfüllt sind. Sie hat unter anderem eingehend zu prüfen, ob der Stifterwille in der neugefassten Satzung ausreichend repräsentiert ist.[752]

Bei alledem kann sich die Aufsichtsbehörde der zuzulegenden Stiftung nicht darauf beschränken, die Satzung in ihrer geänderten Fassung nach Beschlusslage zu prüfen. Sie hat vielmehr sicherzustellen, dass die Zulegung erst vollzogen wird, wenn die ins Auge gefasste Satzungsänderung in dieser Form aufseiten der aufnehmenden Stiftung tatsächlich genehmigt und damit endgültig wirksam geworden ist. Sie hat daher die Bestandskraft dieser Genehmigung abzuwarten, bevor sie ihrerseits die Zulegung genehmigt.

Bei der aufnehmenden Stiftung muss die Genehmigung – was bei der Zusammenlegung Gegenstand der hier entbehrlichen Anerkennungsprüfung ist – außerdem sicherstellen, dass keine formal unzulässigen Inhalte durch die zulegungsbedingten Änderungen nachträglich in die Satzung eingefügt werden.[753] Prüfungsmaßstab sind insoweit die §§ 80, 81 BGB.

---

751 Ausführlich § 3 C II 1.
752 Vgl. § 3 C II 2 a.
753 Zu diesem Zweck des Genehmigungsverfahrens Erman/*O. Werner*, BGB, § 85 Rn. 5.

Zur behördlichen Zuständigkeit, zu den formellen Genehmigungsvoraussetzungen und zu weiteren Fragen der behördlichen Mitwirkung gilt das zur Zusammenlegung Gesagte.[754]

D. Rechtsfolgen

Im Unterschied zur Zusammenlegung bedarf es der Errichtung einer neuen Stiftung bei der Zulegung nicht. Dennoch setzt auch die Zulegung rechtstechnisch ein Dreifaches voraus: die Änderung der Satzung bei der aufnehmenden Stiftung, den Übergang des Vermögens von der zuzulegenden auf die aufnehmende Stiftung und das Erlöschen der zugelegten Stiftung.

Wie bei der Zusammenlegung ist der Eintritt der Rechtsfolgen durch die behördliche Mitwirkung strukturiert. Mit Wirksamwerden der an die aufnehmende Stiftung gerichteten Genehmigung wird ihre Satzung geändert. Erst dann darf die Genehmigung gegenüber der zuzulegenden Stiftung erteilt werden, die sogleich aufgelöst wird. Dem schließt sich der Übergang des Stiftungsvermögens an, mit dessen Abschluss die zugelegte Stiftung erlischt. Damit stellt sich die zeitliche Abfolge der Zulegung wie folgt dar:

(1) Satzungsänderung bei der aufnehmenden Stiftung,

(2) Auflösung der zuzulegenden Stiftung,

(3) Übergang des Stiftungsvermögens,

(4) Erlöschen der zugelegten Stiftung.

I. Satzungsänderung bei der aufnehmenden Stiftung und Auflösung der zuzulegenden Stiftung

Demgemäß ist der Zulegungsbeschluss seitens der aufnehmenden Stiftung auf die Änderung der Satzung, seitens der zuzulegenden Stiftung auf den Übergang des Vermögens und auf ihr Erlöschen gerichtet. Mit dem Wirksamwerden (§ 43 Abs. 1 S. 1 VwVfG) der zunächst an die aufnehmende Stiftung gerichteten Genehmigung ist ihre Satzung beschlussgemäß geändert. Hinsichtlich der zuzulegenden Stiftung gilt wie bei der Zusammenlegung, dass sie mit dem Wirksamwerden der Genehmigung aufgelöst ist.[755]

---

754 Vgl. § 3 C II 2.
755 Vgl. § 3 D II.

II. Vermögensübergang

1. Vermögensanfall gemäß § 88 BGB

Der Übergang des Vermögens der aufgelösten Stiftung auf die aufnehmende Stiftung richtet sich wie bei der Zusammenlegung nach § 88 BGB.[756] Die aufnehmende Stiftung ist dementsprechend anfallberechtigt, wenn die Zulegung auf Grundlage der Satzung (§ 88 S. 1 BGB) oder einer Regelung des Landesrechts (§ 88 S. 2 Var. 2 BGB) erfolgt. Sonst, wenn die Zulegung ausnahmsweise ohne ausdrückliche Rechtsgrundlage zulässig ist, fällt das Vermögen zunächst an den Landesfiskus (§ 88 S. 2 Var. 1, S. 3 i. V. mit §§ 46, 1922, 1967 BGB), der das Vermögen in zweckentsprechender Weise zu verwenden, das heißt in diesem Falle auf die aufnehmende Stiftung zu übertragen hat.[757]

2. Modus des Vermögensübergangs

Nach der hier vertretenen Auffassung findet der Vermögensübergang im Rahmen der Zusammenlegung unabhängig davon durch Gesamtrechtsnachfolge statt, ob das Landesrecht dies ausdrücklich vorsieht. Erforderlich ist nur, dass die Zulegung eine Rechtsgrundlage im Landesrecht hat. Die Gesamtrechtsnachfolge ergibt sich in diesen Fällen aus dem Sinn und Zweck der gesetzlichen Regelung.[758]

Während diese Auffassung im Hinblick auf die Zusammenlegung in der Literatur – jedenfalls im Ergebnis – von manchen geteilt wird, wird für den Fall der Zulegung bislang fast einhellig davon ausgegangen, dass sich der Vermögensübergang immer durch Einzelrechtsübertragung vollziehe.[759] Dabei ergibt sich die Gesamtrechtsnachfolge nach baden-württembergischem und schleswig-holsteinischem Recht unmittelbar aus dem Gesetz; § 14 Abs. 2 S. 4 StiftG BW und § 5 Abs. 2 S. 3 StiftG SH sehen die Universalsukzession sowohl für die Zusammenlegung als auch für die Zulegung ausdrücklich vor. Wer die Gesetzgebungskompetenz der Länder für die Anordnung der Gesamtrechtsnachfolge bei der Zusammenlegung als Annex zur kompetenzgemäßen Rechtsgrundlage im Landesrecht – zutreffend – bejaht,[760] kann für die Zulegung nicht anders ent-

---

756 Zur Begründung § 3 D IV 1.

757 Vgl. § 3 D IV 1 b dd.

758 Ausführlich § 3 D IV 2 b cc.

759 Seifart/v. Campenhausen/*Hof*, Stiftungsrechts-Handbuch, § 10 Rn. 355; *Reuter*, in: Münchener Kommentar zum BGB, § 87 Rn. 17; Semler/*Stengel*, UmwG, § 161 Rn. 42; a. A. nur *Denecke*, ZSt 2004, 278, 280.

760 Vgl. § 3 D IV 2 b bb.

scheiden und muss jedenfalls insoweit von einer Gesamtrechtsnachfolge ausgehen, als das einschlägige Landesstiftungsgesetz sie ausdrücklich vorsieht.

Fehlt zwar eine ausdrückliche Anordnung der Universalsukzession, ist die organseitig initiierte Zulegung aber immerhin im Landesstiftungsgesetz vorgesehen (§ 10 Abs. 1 StiftG Bbg, § 7 Abs. 1 S. 2 StiftG Hbg), so lässt sich die Gesamtrechtsnachfolge wiederum aus dem Sinn und Zweck dieser Vorschriften herleiten. Denn sie entspringen der Absicht des Gesetzgebers, Stiftungen die Möglichkeit zur Fusion insbesondere dann zu eröffnen, wenn eine Zweckverfolgung sonst nicht mehr möglich oder zumindest erheblich beeinträchtigt wäre. Diese Zielsetzung des Gesetzgebers wäre indes gefährdet – insoweit gilt folglich nichts anderes als bei der Zusammenlegung –, wenn die Realisierung der Zulegung von der individuellen Mitwirkung einzelner Gläubiger und Vertragspartner abhinge. Anders als es der Meinungsstand in der Literatur vermittelt, ist daher ein Grund, den Vermögensübergang bei der Zulegung prinzipiell anders zu beurteilen als bei der Zusammenlegung, nicht ersichtlich. Für die Einzelheiten der Universalsukzession ist auf die dortigen Ausführungen zu verweisen.[761]

Wie dargestellt wurde, enthält die Mehrzahl der Landesstiftungsgesetze allerdings keine Rechtsgrundlage für die Zulegung durch Organbeschluss. Wird die Zulegung unter diesen Umständen (nur) aufgrund entsprechender Satzungsregelung oder ausnahmsweise ohne explizite Rechtsgrundlage beschlossen, so fehlt einer Gesamtrechtsnachfolge der erforderliche Anhaltspunkt im Gesetz. Das Vermögen der zuzulegenden Stiftung ist dann im Rahmen der Liquidation durch Einzelrechtsübertragung auf die aufnehmende Stiftung zu überführen.[762]

III. Erlöschen der zugelegten Stiftung

Sobald das Vermögen der zuzulegenden auf die aufnehmende Stiftung übertragen ist, erlischt sie ipso iure.[763]

---

761 Vgl. § 3 D IV 3.
762 Dazu § 3 D IV 4; a. A. *Növer*, Die Stiftung 4 (2010), 45, 47, wonach die aufnehmende Stiftung als Liquidator der untergehenden Stiftung eine Gesamtrechtsnachfolge „erklären" könne. Mit dem Postulat einer gesetzlichen Grundlage der Gesamtrechtsnachfolge ist dies indes völlig unvereinbar. Im Übrigen steht die Annahme, die aufnehmende Stiftung fungiere als Liquidator der untergehenden Stiftung, im offenen Widerspruch zur gesetzlichen Regelung der §§ 88 S. 3, 48 Abs. 1 S. 1 BGB.
763 Vgl. § 3 D V.

3. Teil: Zusammenführung durch Hoheitsakt

§ 5. Zusammenlegung durch Hoheitsakt

A. Bestandsaufnahme der gesetzlichen Regelungen

Auch die hoheitliche Zusammenlegung ist im Bundesrecht nicht geregelt. Sofern die Landesstiftungsgesetze sie erwähnen,[764] verweisen sie hinsichtlich der Voraussetzungen zunächst durchweg auf die Vorschrift des § 87 Abs. 1 BGB,[765] die im Kern vorsieht, dass Zweckänderung und Aufhebung durch die Aufsichtsbehörde zulässig sind, wenn die Verfolgung des Stiftungszwecks unmöglich ist oder das Gemeinwohl gefährdet. Vielfach bestimmt das Landesrecht außerdem, dass nur Stiftungen gleicher Art[766] bzw. mit im Wesentlichen gleichartigen Zwecken[767] zusammengelegt werden können. Nach einigen Landesgesetzen steht die Zusammenlegung überdies unter der Voraussetzung, dass zu seinen Lebzeiten der Stifter,[768] in Schleswig-Holstein außerdem der Vorstand angehört wird.[769] Nach saarländischem Recht ist bei einem entsprechenden Satzungsvorbehalt gar die Zustimmung des Stifters erforderlich; jedenfalls aber ist der Stifterwille zu berücksichtigen und darf in die Rechte der durch die Stiftung Begünstigten nicht eingegriffen werden.[770] In einigen Stiftungsgesetzen ist ausdrücklich festgehalten, dass die Aufsichtsbehörde der neuen Stiftung eine Satzung zu geben hat.[771] Hinsichtlich der Rechtsfolgen ordnen die Stiftungsgesetze – mit Unterschieden – an, dass die neue Stiftung mit der Zusammenlegung

---

764 § 14 Abs. 3 S. 1 StiftG BW, Art. 8 Abs. 3 S. 1 StiftG Bay, § 9 Abs. 1 S. 2 StiftG Bre, § 8 Abs. 1 S. 2 StiftG Nds, § 8 S. 2 StiftG Saar, § 6 Abs. 1 S. 2 StiftG SH, § 11 Abs. 2 S. 1 StiftG Th.

765 Zu § 14 Abs. 3 S. 1 StiftG BW ist als Besonderheit zu vermerken, dass der Verweis sich auf den ganzen § 87 BGB, also auch auf dessen Absätze 2 und 3 bezieht, die insoweit als formelle Voraussetzungen zu berücksichtigen sind.

766 Art. 16 Abs. 1 S. 1 StiftG Bay, § 11 Abs. 2 S. 1 StiftG Th.

767 § 8 Abs. 1 S. 2 StiftG Nds, § 6 Abs. 1 S. 2 StiftG SH.

768 § 9 Abs. 2 StiftG Bre, § 8 Abs. 2 StiftG Nds, § 6 Abs. 2 S. 2 Hs. 2 StiftG SH.

769 § 6 Abs. 2 S. 2 Hs. 1 StiftG SH.

770 § 8 S. 4 i. V. mit § 7 Abs. 2 StiftG Saar.

771 § 14 Abs. 3 S. 2 StiftG BW, § 8 Abs. 1 S. 2 StiftG Nds, § 8 S. 4 StiftG Saar.

rechtsfähig wird,[772] die zusammenzulegenden Stiftungen erlöschen[773] und ihr Vermögen auf die neue Stiftung übergeht.[774]

B. Rechtsgrundlage

I. Erfordernis einer Rechtsgrundlage

Die Stiftung ist als juristische Person Trägerin von Grundrechten (Art. 19 Abs. 3 GG). Indem die Aufsichtsbehörde die Zusammenlegung ihr gegenüber hoheitlich anordnet, greift sie jedenfalls in das Recht der Stiftung auf allgemeine Handlungsfreiheit aus Art. 2 Abs. 1 GG ein. Dieses belastende Handeln des Staates gegenüber der Stiftung ist nach dem Vorbehalt des Gesetzes (Art. 20 Abs. 1 GG) nur auf gesetzlicher Grundlage zulässig. Ausdrückliche Rechtsgrundlagen der hoheitlichen Zusammenlegung existieren, wie zuvor dargelegt wurde, in einigen Landesstiftungsgesetzen. Trotz des grundsätzlichen Vorrangs des Bundes- vor dem Landesrecht (Art. 31 GG) ist bei diesem Befund im Folgenden zuerst auf das Landesrecht näher einzugehen.

II. Rechtsgrundlage im Landesrecht

1. Gesetzgebungskompetenz der Länder

Dieses Vorgehen ist zudem dadurch gerechtfertigt, dass gemäß Art. 70 Abs. 1 GG die Länder für den Bereich des öffentlichen Stiftungsrechts gesetzgebungsbefugt sind.[775] Dieser Kompetenztitel umfasst das gesamte Verhältnis zwischen Stiftung und Aufsichtsbehörde mit Ausnahme lediglich der in den §§ 80, 81 BGB geregelten Anerkennungsvoraussetzungen.[776] Im Rahmen der Ausgestaltung des Aufsichtshandelns sind die Länder unter anderem zur Regelung der ho-

---

772 Art. 8 Abs. 3 S. 2 StiftG Bay, § 9 Abs. 1 S. 2 Hs. 2 i. V. mit § 8 Abs. 3 StiftG Bre, § 8 Abs. 1 S. 3 StiftG Nds, § 8 S. 4 i. V. mit § 7 Abs. 4 S. 1 StiftG Saar, § 6 Abs. 1 S. 4 StiftG SH, § 11 Abs. 2 S. 2 StiftG Th.

773 § 6 Abs. 1 S. 4 StiftG SH.

774 § 14 Abs. 3 S. 3 i. V. mit Abs. 2 S. 4 StiftG BW, § 8 S. 4 i. V. mit § 7 Abs. 4 S. 2 StiftG Saar, § 6 Abs. 1 S. 5 StiftG SH.

775 *Schulte/Risch,* in: O. Werner/Saenger, Die Stiftung, Rn. 1346; Bamberger/Roth/ *Schwarz/Backert,* BGB, § 80 Rn. 1; vgl. BVerwG StiftRspr. II, 29, 30 (= BayVBl. 1970, 290): „Das öffentlich-rechtliche Stiftungsrecht ist bundesrechtlich nicht abschließend kodifiziert."

776 *Schulte/Risch,* in: O. Werner/Saenger, Die Stiftung, Rn. 1346.

heitlichen Zusammenlegung befugt.[777] Dem steht die Regelung des § 87 Abs. 1 BGB – ungeachtet ihrer noch sogleich zu untersuchenden Verfassungsmäßigkeit – auch mit Blick auf Art. 31 GG nicht entgegen, weil es insoweit an der erforderlichen wertungsmäßigen Vergleichbarkeit zwischen Zweckänderung und Aufhebung einerseits und der Zusammenlegung andererseits fehlt.[778]

Soweit die Landesstiftungsgesetze die hoheitliche Zusammenlegung überhaupt ansprechen, beschränken sie sich darauf, hinsichtlich ihrer wesentlichen Tatbestandsvoraussetzungen auf § 87 BGB zu verweisen (zum Beispiel § 6 Abs. 1 S. 2 Nr. 2 StiftG SH). Ihre Rechtsgrundlage findet die hoheitliche Zusammenlegung in diesen Fällen dennoch im Landesrecht, das mit der Zusammenlegung eine vom Bundesrecht, das nur Zweckänderung und Aufhebung kennt, abweichende Rechtsfolge statuiert.[779]

2. Zweifelsfälle: Hamburg, Mecklenburg-Vorpommern, Hessen

Nach dem Wortlaut der Landesstiftungsgesetze Hamburgs und Mecklenburg-Vorpommerns, die lediglich Satzungsänderungen durch Hoheitsakt ausdrücklich zulassen, bleibt unklar, ob davon auch die Zusammenlegung umfasst ist. Für das hamburgische Recht ist dies abzulehnen, was sich daraus ergibt, dass das Gesetz bei den organseitig initiierten Maßnahmen zwischen Satzungsänderung auf der einen und Zusammenlegung und Zulegung auf der anderen Seite unterscheidet (§ 7 Abs. 1), während es als hoheitliche Maßnahme in Absatz 4 lediglich die Satzungsänderung vorsieht. Dasselbe gilt im Ergebnis für § 9 Abs. 1 S. 2 StiftG MV und beruht insoweit auf dem Willen des Gesetzgebers, der ausweislich der Gesetzgebungsmaterialien die Auffassung vertrat, die hoheitliche Zusammenlegung habe als Form der Aufhebung ihre „unmittelbare und abschließende Rechtsgrundlage in § 87 BGB" gefunden.[780]

Aus dem im Übrigen relativ homogenen Bild der Landesstiftungsgesetze sticht noch die Regelung des § 9 Abs. 1 S. 1 StiftG He hervor. Danach kann das zuständige Stiftungsorgan die Zusammenlegung bei der Aufsichtsbehörde „beantragen". Die nach § 9 Abs. 1 S. 3 StiftG He zuständige Aufsichtsbehörde darf die Zusammenlegung verfügen, wenn es wegen wesentlicher Änderung der Ver-

---

777 A. A. neuerdings *Reuter,* Die Stiftung 4 (2010), 49, 59 f.: Zur hoheitlichen Satzungsänderung unterhalb der Zweckänderung seien nach der Zuständigkeitsordnung des Bundesstiftungsrechts die Stiftungsorgane, nicht die Stiftungsbehörden berufen. Die auf eine Rechtsaufsicht beschränkte Stiftungsaufsicht könne und müsse notwendige Satzungsänderungen zwar anmahnen, dürfe sie aber nicht selbst vornehmen.

778 Eingehend § 3 B III 1 b bb (2) (c).

779 Vgl. auch Staudinger/*Rawert,* BGB, § 87 Rn. 8.

780 LT-Drs. 4/2047, S. 10.

hältnisse angezeigt erscheint (§ 9 Abs. 2 S. 1 StiftG He) oder wenn Stiftungsgeschäft oder Stiftungsakt es vorsehen (§ 9 Abs. 2 S. 2 StiftG He). *Peiker* vertritt die Auffassung, die Zusammenlegung sei danach zwar grundsätzlich nur auf Antrag des zuständigen Stiftungsorgans möglich. Eine Ausnahme gelte aber für den Fall, dass das zuständige Organ „nicht mehr handlungsfähig" und die Maßnahme „für den Fortbestand der Stiftung notwendig geworden" sei. Dann sei eine hoheitliche Zusammenlegung auch ohne Antrag von Amts wegen zulässig.[781] Diese Auffassung verdient keinen Zuspruch.[782] Zum einen zeigt die Systematik des Gesetzes, dass sich die Befugnis der Stiftungsaufsicht nach § 9 Abs. 1 S. 3 StiftG He auf die Entscheidung über Anträge des zuständigen Organs nach Satz 1 beschränken soll. In dieselbe Richtung weist zum anderen die Entstehungsgeschichte des Gesetzes. Ein Gesetzentwurf, der Grundlagenänderungen allein in die Hände der Stiftungsaufsicht legen wollte,[783] konnte sich gerade nicht durchsetzen. Aus „dem Aufsichtsrecht bzw. der Aufsichtspflicht des Staates" folgerte man, dass das zuständige Stiftungsorgan selbst Grundlagenänderungen nicht beschließen könne, beließ aber die Initiative zu Satzungsänderungen beim antragstellenden Stiftungsorgan.[784] In den Fällen des § 9 Abs. 1 StiftG He ist der Antrag daher zwingende Voraussetzung für die Entscheidung der Aufsichtsbehörde. Dies wird durch den mit Gesetz vom 31. 1. 1978[785] angefügten § 9 Abs. 3 StiftG He bestätigt, demzufolge die Aufsichtsbehörde auch über die in § 87 BGB geregelten hoheitlichen Maßnahmen der Zweckänderung und Aufhebung entscheidet. Die Regelung wäre überflüssig, wenn die Maßnahmen unter geringeren Voraussetzungen und von Amts wegen schon auf Grundlage der § 9 Abs. 1 und 2 StiftG He ergriffen werden könnten. Das hessische Landesrecht enthält demzufolge keine rechtliche Grundlage der hoheitlichen Zusammenlegung, sondern es bedarf auch hier des Rückgriffs auf § 87 Abs. 1 BGB (dazu sogleich).

---

781 *Peiker,* StiftG He, § 9 Anm. 1.
782 So im Ergebnis auch *Ebersbach,* Handbuch des deutschen Stiftungsrechts, S. 480; Seifart/v. Campenhausen/*Hof,* Stiftungsrechts-Handbuch, § 10 Rn. 360 Fn. 655.
783 Siehe § 9 Abs. 2 des Gesetzentwurfs, LT-Drs. 5/I/1689, S. 2.
784 Vgl. den Stenographischen Bericht zur 51. Sitzung des Hessischen Landtags vom 30. 3. 1966, S. 2351.
785 GVBl. I 1978, S. 109 f.

III. Rechtsgrundlage im Bundesrecht

1. Keine Rechtsgrundlage im Umwandlungsgesetz

Das Umwandlungsgesetz kommt als Rechtsgrundlage der hoheitlichen Zusammenlegung von Stiftungen von vornherein nicht in Betracht. Das gilt ungeachtet der Ausgrenzung rechtsfähiger Stiftungen aus dem Kreis umwandlungsfähiger Rechtsträger schon deshalb, weil das Gesetz nur durch die Rechtsträger selbst initiierte, nicht aber hoheitlich oktroyierte Umstrukturierungen erfasst.

2. § 87 Abs. 1 BGB als Rechtsgrundlage

a) Einführung und Meinungsstand

Gemäß § 87 Abs. 1 BGB ist die zuständige Behörde befugt, der Stiftung eine andere Zweckbestimmung zu geben oder sie aufzuheben, wenn die Erfüllung des Stiftungszwecks unmöglich geworden ist oder das Gemeinwohl gefährdet. Die Zusammenlegung gehört nach dem Wortlaut der Norm nicht zum behördlichen Eingriffsinstrumentarium. Im Landesrecht ist die hoheitliche Zusammenlegung dagegen zum Teil ausdrücklich vorgesehen, wobei hinsichtlich ihrer Voraussetzungen durchgängig auf § 87 Abs. 1 BGB verwiesen wird.[786] Sofern die Stiftungsgesetze im Übrigen – wohl in der Annahme, neben § 87 BGB sei dafür kein Raum[787] – eine ausdrückliche Regelung nicht getroffen haben, stellt sich die Frage, ob die Aufsichtsbehörden eine Befugnis zur Zusammenlegung möglicherweise unmittelbar aus § 87 Abs. 1 BGB herleiten können. Im Schrifttum gehen die Meinungen darüber auseinander.

Nach einer Ansicht soll § 87 Abs. 1 BGB selbst keine Rechtsgrundlage für die hoheitliche Zusammenlegung bieten.[788] Als behördliche Zwangsmaßnahme sei die Zusammenlegung deshalb nur auf Grundlage und nach Maßgabe des Landesrechts möglich.[789] Erst das Landesrecht erweitere das „Eingriffsinstrumentarium" des § 87 Abs. 1 BGB um diese Maßnahmen, indem es die hoheitliche Zusammenlegung explizit vorsehe und bezüglich ihrer Voraussetzungen auf

786 Vgl. § 14 Abs. 3 S. 1 StiftG BW, Art. 8 Abs. 3 S. 1 StiftG Bay, § 9 Abs. 1 StiftG Brem, § 8 Abs. 1 S. 2 StiftG Nds, § 8 S. 2 StiftG Saar, § 6 Abs. 1 S. 2 StiftG SH, § 11 Abs. 2 StiftG Th.

787 Vgl. *Reuter*, in: Münchener Kommentar zum BGB, § 87 Rn. 15.

788 Vgl. *Burgard*, Gestaltungsfreiheit im Stiftungsrecht S. 629 Fn. 35; *Peters/Herms*, ZSt 2004, 323, 324 f.; zweifelnd *Bruns*, StiftG BW, § 14 Anm. 1.1.

789 Vgl. Soergel/*Neuhoff*, BGB, § 87 Rn. 5; *Otto*, Handbuch der Stiftungspraxis, S. 104; *Schiffer*, in: Anwaltkommentar zum BGB, § 87 Rn. 14.

§ 87 BGB verweise.[790] Insbesondere stelle die Zusammenlegung kein milderes Mittel gegenüber der Aufhebung dar, weil sie über die Aufhebung hinaus zur Errichtung einer neuen Stiftung führe.[791] Folglich setze die Zusammenlegung die Aufhebung voraus, doch bedürfe es zudem der Errichtung einer neuen Stiftung.[792]

Nach anderer Ansicht soll § 87 BGB dagegen selbst – ohne dass es also auf die Regelungen des Landesrechts ankäme – Rechtsgrundlage der hoheitlichen Zusammenlegung sein (können).[793] *Coing* und *Ebersbach* führen zur Begründung aus, dass die Zusammenlegung als „besondere Spielart der Umwandlung", also der Zweckänderung, von § 87 BGB umfasst sei.[794] Denn die Zusammenlegung von Stiftungen beeinträchtige „deren Wirksamkeit und in der Regel auch die Absichten des Stifters weniger […] als eine Zweckänderung".[795] Andere stellen hingegen entscheidend darauf ab, dass die Zusammenlegung ein milderes Mittel gegenüber der Aufhebung sei.[796] „Vorbehaltlich eines dem Stiftungsgeschäft entnehmbaren entgegenstehenden Willens des Stifters" schließe die Eingriffsbefugnis aus § 87 BGB, so *Reuter,* als „mildere Alternative zur Aufhebung" die Zusammenlegung ein.[797] Auch *Andrick/Suerbaum* sehen in der Zusammenlegung ein Minus gegenüber der Aufhebung, weil die alten Stiftungen in der neuen Stiftung fortbestünden.[798] Da die Zusammenlegung wie die Aufhebung zum Erlöschen der beteiligten Stiftungen führt, bezeichnen *Heuer/Ringe* die Zusammenlegung gar als deren Unterfall.[799]

---

790 Staudinger/*Rawert,* BGB, § 87 Rn. 8.

791 *Hüttemann/Rawert,* ZIP 2002, 2019, 2023.

792 *Saenger,* ZSt 2007, 81, 83.

793 Wohl auch Fritsche/*U. Kilian,* StiftG MV, § 2 Anm. 4.1.2; *Berndt/Götz,* Stiftung und Unternehmen, Rn. 372.

794 Vgl. Staudinger/*Coing,* BGB, 12. Aufl., § 87 Rn. 8; *Ebersbach,* Handbuch des deutschen Stiftungsrechts, S. 139.

795 *Ebersbach,* Handbuch des deutschen Stiftungsrechts, S. 139.

796 *Ebersbach,* Handbuch des deutschen Stiftungsrechts, S. 140 f.; *Gutschebauch,* BB 1949, 119; *Andrick,* Stiftungsrecht und Staatsaufsicht, S. 133; *Fritsche,* in: O. Werner/Saenger, Die Stiftung, Rn. 742; *Mecking,* StiftG RhPf, § 8 Anm. 6.

797 Vgl. *Reuter,* in: Münchener Kommentar zum BGB, § 87 Rn. 15.

798 *Andrick/Suerbaum,* Stiftung und Aufsicht, § 7 Rn. 93.

799 So *Heuer/Ringe,* Rote Seiten zu Stiftung & Sponsoring 3/2005, S. 4 m. w. N. in Fn. 22; ähnlich *Muscheler,* Stiftungsrecht, S. 87 mit Fn. 30: Zusammenlegung und Zulegung als „Varianten" der Aufhebung; in diesem Sinne auch die Begründung zum Stiftungsgesetz Mecklenburg-Vorpommerns, vgl. LT-Drs. 4/2047, S. 10.

b) Stellungnahme

aa) Verfassungsmäßigkeit des § 87 Abs. 1 BGB

Um die Befugnis zur hoheitlichen Zusammenlegung aus § 87 Abs. 1 BGB herleiten zu können, müsste die Vorschrift überhaupt verfassungsgemäß sein, was nach wie vor insbesondere unter dem Gesichtspunkt der Gesetzgebungskompetenz in Zweifel gezogen wird.

Entgegen *Backert*[800] stellt sich allerdings spätestens[801] seit der Modernisierung des Stiftungsrechts im Jahre 2002 nicht mehr die Frage, ob § 87 BGB als vorkonsitutionelles Recht an den Kompetenzen des historischen BGB-Gesetzgebers zu messen ist. Denn am Ende einer umfassend geführten Debatte über die Reform des Stiftungsrechts stand die bewusste Entscheidung des Gesetzgebers, den stiftungsrechtlichen Normenbestand des Bürgerlichen Gesetzbuchs nach Abwägung verschiedener Entwürfe und Einsetzung einer *Bund-Länder-Arbeitsgruppe* im Wesentlichen unverändert weitergelten zu lassen. Damit hat der Gesetzgeber die §§ 80 bis 88 BGB insgesamt – und damit auch § 87 BGB, der selbst lediglich eine geringfügige redaktionelle Änderung erfuhr – in seinen Willen aufgenommen.[802] So unterliegen die Vorschriften seither nicht nur dem Verwerfungsmonopol des *Bundesverfassungsgerichts,* sondern müssen auch gemessen an den Vorschriften des Grundgesetzes kompetenzgemäß sein.[803]

Das ist im Hinblick auf die Vorschrift des § 87 BGB zweifelhaft, die nach überwiegender Auffassung insgesamt dem öffentlichen Stiftungsrecht angehören soll.[804] Während die Regelungskompetenz des Bundes für das Stiftungsprivatrecht auf Art. 74 Abs. 1 Nr. 1 GG beruht, obliegt nämlich die Regelung des öffentlichen Stiftungsrechts nach der Grundregel des Art. 70 Abs. 1 GG den Ländern. Damit scheint der Bund zur Regelung des öffentlichen Stiftungsrechts allenfalls ausnahmsweise befugt zu sein.

---

800 *Backert,* in: O. Werner/Saenger, Die Stiftung, Rn. 681.
801 Nach *Leipold,* NJW 2003, 2657, 2658 f., soll der Gesetzgeber die Vorschriften des Bürgerlichen Gesetzbuchs bereits mit der Hinzufügung amtlicher Überschriften durch das Gesetz zur Modernisierung des Schuldrechts vom 26. 11. 2001 (BGBl. I, 3138) insgesamt in seinen Willen aufgenommen haben.
802 Vgl. allgemein BVerfGE 6, 55, 65 f.
803 Allgemein v. Mangoldt/Klein/Starck/*Wolff,* GG, Art. 123 Rn. 24 f.
804 Etwa BVerwGE 29, 314, 315; BVerwG StiftRspr. II, 29, 30 (= BayVBl. 1970, 290); Soergel/*Neuhoff,* BGB, § 87 Rn. 2; *Volkholz,* Geltung und Reichweite der Privatautonomie, S. 111; vgl. auch *Reuter,* in: Münchener Kommentar zum BGB, Vor § 80 Rn. 71: Stiftungsaufsicht sei „instrumentell insgesamt" öffentlich-rechtlich.

Es kommt folglich zunächst darauf an, ob die Qualifikation des § 87 BGB als öffentlich-rechtlicher Vorschrift zutrifft. Eine differenzierende Auffassung hierzu vertritt *Backert:* Während der Regelungsschwerpunkt auf der „zweifellos" bürgerlich-rechtlichen Frage liege, die Art und Weise der Beendigung und der Zweckänderung festzulegen, und auch das Tatbestandsmerkmal der Unmöglichkeit der Zweckerfüllung bürgerlich-rechtlich sei, handle es sich beim Tatbestandsmerkmal der Gemeinwohlgefährdung und der „Konkretisierung der behördlichen Eingriffsbefugnis" um öffentlich-rechtliche Fragestellungen.[805] Diese Aufspaltung der Vorschrift in einen öffentlich-rechtlichen und einen privatrechtlichen Teil lässt sich bei schulmäßiger Prüfung ihrer Rechtsnatur allerdings nicht verifizieren. Insbesondere lässt sie sich nicht auf Grundlage der Interessentheorie damit rechtfertigen, das Tatbestandsmerkmal der Unmöglichkeit der Zweckerfüllung diene – im Gegensatz zum Merkmal der Gemeinwohlgefährdung – nicht dem Allgemeininteresse und sei deshalb Privatrecht.[806] Denn bei Unmöglichkeit der Zweckerfüllung schreitet die Aufsichtsbehörde keineswegs nur zur Wahrung des historischen Stifterwillens ein. Ihr Tätigwerden dient zugleich dazu, den Rechtsverkehr vor einem Rechtsträger zu schützen, bei dem die durch seine Stiftungsrechtsform suggerierte und in der prinzipiell dauerhaften Verfolgung des Stiftungszwecks wurzelnde Verlässlichkeit und Beständigkeit nicht mehr gewährleistet sind,[807] und verfolgt damit (auch) öffentliche Interessen. Die mangelnde Trennschärfe der Interessentheorie als Unterscheidungskriterium von öffentlichem und privatem Recht tritt hier deutlich zutage.

Eindeutig lässt sich § 87 BGB hingegen vom Boden der Subordinationstheorie[808] als öffentlich-rechtlich qualifizieren. Denn die aufsichtlichen Maßnahmen der Zweckänderung und Aufhebung sind nicht verhandelbar, sondern beanspruchen gegenüber der Stiftung einseitige Verbindlichkeit. Somit stehen sich Stiftungsaufsicht und Stiftung nicht gleichgeordnet, sondern im stets öffentlich-rechtlichen Subordinationsverhältnis gegenüber. Die in § 87 Abs. 2 und 3 BGB getroffenen Festlegungen gestalten das Verwaltungsverfahren näher aus und sind damit gleichermaßen öffentlich-rechtlicher Natur. Dieser Befund wird von der modifizierten Subjektstheorie[809] bestätigt. Denn seinem Wortlaut nach berechtigt § 87 BGB ausschließlich die „zuständige Behörde", also die Stiftungsaufsicht, die unabhängig von ihrer konkreten Aufgabenwahrnehmung immer

---

805 Vgl. *Backert,* in: O. Werner/Saenger, Die Stiftung, Rn. 681; ähnlich schon *Achilles,* ZRP 2002, 23, 28; Anklänge auch bei *Happ,* Stifterwille und Zweckänderung, S. 140.
806 Sog. Interessentheorie, vgl. *Maurer,* Allgemeines Verwaltungsrecht, § 3 Rn. 15.
807 Vgl. *Reuter,* in: Hopt/Reuter, Stiftungsrecht in Europa, S. 139, 148 f.
808 *Maurer,* Allgemeines Verwaltungsrecht, § 3 Rn. 16.
809 Vgl. *Maurer,* Allgemeines Verwaltungsrecht, § 3 Rn. 17.

Trägerin öffentlicher Gewalt bleibt. Die sie berechtigenden (oder verpflichtenden) Vorschriften sind im Gegensatz zu den für jedermann geltenden Rechtssätzen öffentliches Recht.

Das wirft nach dem eingangs Gesagten die Frage auf, ob der Bundesgesetzgeber zur Regelung des § 87 BGB als öffentlich-rechtlicher Vorschrift überhaupt befugt war. Der historische Grund für die gespaltene Gesetzgebungszuständigkeit auf dem Gebiet des Stiftungsrechts liegt darin, dass sich schon die Schöpfer des Bürgerlichen Gesetzbuchs im ausgehenden 19. Jahrhundert zur Vermeidung von Übergriffen in das kompetenziell den Ländern zugestandene öffentliche Recht daran gehindert sahen, das Stiftungsrecht umfassend zu regeln.[810] Das Grundgesetz zeichnete diese tradierte Kompetenzaufteilung zwischen Reich und Einzelstaaten für das Verhältnis von Bund und Ländern nach. Gemäß Art. 70 Abs. 1 und 2, 72 Abs. 1, 74 Abs. 1 Nr. 1 GG hat der Bund die konkurrierende Gesetzgebungskompetenz für das „bürgerliche Recht". Das Ausmaß der daraus folgenden Rechtssetzungsbefugnis des Bundes für das Stiftungsrecht ist im Detail aber sehr umstritten.[811] Immerhin dürfte mittlerweile außer Streit stehen, dass es – entgegen einem von *Salzwedel* vorgeschlagenen „kodifikationstechnischen" Begriffsverständnis[812] – zu weit ginge, von dem Kompetenztitel alle Rechtsnormen umfasst zu sehen, „die in ihrer Gesamtheit auf die Bildung eines geschlossenen Systems von Rechtsfolgen im Verhältnis gleichgeordneter Rechtspersonen zueinander ausgerichtet sind".[813] Vielmehr betont das *Bundesverfassungsgericht* in heute ständiger Rechtsprechung, dass dem historischen Zusammenhang in der deutschen Gesetzgebung bei der Auslegung des Art. 74 Abs. 1 Nr. 1 GG im Interesse einer festen und berechenbaren Kompetenzordnung[814] eine besondere Bedeutung zukomme (sog. historisch-materielle Auslegung).[815] Durch diesen bestimmenden Einfluss des „Historischen" und „Traditionellen" ist „bürgerliches Recht", wie der historische BGB-Gesetzgeber es verstand, der Inbegriff derjenigen Normen, „welche die den Per-

---

810 Vgl. Mugdan I, S. 420 (Motive), S. 664 (Protokolle) und S. 831 (Denkschrift).
811 Vgl. ausführlich *Schulte/Risch,* in: O. Werner/Saenger, Die Stiftung, Rn. 1331 ff.
812 In diesem Sinne aber etwa Staudinger/*Rawert,* BGB, Vorbem. zu §§ 80 ff. Rn. 2.
813 *Salzwedel,* Verhandlungen des 44. DJT, Band I, 5. Teil, S. 53.
814 So BVerfGE 61, 149, 175.
815 BVerfGE 42, 20, 29; 61, 149, 175; Jarass/*Pieroth,* GG, Art. 74 Rn. 3. Diese Erkenntnis hat sich mittlerweile auch im Stiftungsrecht durchgesetzt, vgl. BT-Drs. 14/8765, S. 7; *Achilles,* ZRP 2002, 23, 25; *Andrick/Suerbaum,* Stiftung und Aufsicht, § 5 Rn 7; *Hüttemann,* ZHR 167 (2003), 35, 46; *Reuter,* in: Münchener Kommentar zum BGB, Vor § 80 Rn. 40; *Schwintek,* Vorstandskontrolle, S. 386 f.; ausführlich *Schulte/Risch,* in: O. Werner/Saenger, Die Stiftung, Rn. 1335 ff.

sonen als Privatpersonen zukommende rechtliche Stellung und die Verhältnisse, in welchen die Personen als Privatpersonen unter einander stehen, zu regeln bestimmt sind".[816] Damit ist das „bürgerliche Recht" im Sinne des Art. 74 Abs. 1 Nr. 1 GG nicht als strenger begrifflicher Gegensatz zum öffentlichen Recht zu verstehen, wobei andererseits nicht zu verkennen ist, dass es durchaus das Bemühen des historischen Gesetzgebers war, Übergriffe in das öffentliche Recht der Länder möglichst zu vermeiden. Dieses ist daher, was ein Umkehrschluss zu Art. 74 Abs. 1 Nr. 3 GG bestätigt,[817] unter Zugrundelegung des historisch-materiellen Ansatzes von Art. 74 Abs. 1 Nr. 1 GG „grundsätzlich ausgeklammert".[818] Es kann deshalb keineswegs angenommen werden, dass die Kompetenz des Bundes per se auch solche Regelungen umfasse, die zwar isoliert betrachtet öffentlich-rechtlicher Natur, im Übrigen aber als Vorfragen für den Eintritt oder Wegfall privatrechtlicher Rechtsfolgen anzusehen seien.[819]

Von der Gesetzgebungskompetenz des Bundes für „das bürgerliche Recht" umfasst sind damit (nur) solche – heutzutage als öffentliches Recht zu qualifizierenden – Regelungen, die der historische BGB-Gesetzgeber *ausdrücklich* als von seiner Rechtssetzungsbefugnis gedeckt ansah.[820] Dies trifft auf § 87 BGB zu. Ausweislich der Materialien wurde die Vorschrift unter Streichung eines zunächst angedachten Ländervorbehalts und damit in der deutlichen Absicht in das Bürgerliche Gesetzbuch aufgenommen, trotz des an sich öffentlich-rechtlichen Charakters der Vorschrift eine reichsgesetzliche Regelung zu treffen.[821]

Bei der gebotenen historisch-materiellen Auslegung ist die Regelung des § 87 BGB demzufolge vom Kompetenztitel „bürgerliches Recht" in Art. 74 Abs. 1 Nr. 1 GG und damit von der Gesetzgebungskompetenz des Bundes umfasst, so dass gegen ihre (formelle) Verfassungsmäßigkeit im Ergebnis keine durchgreifenden Bedenken bestehen.[822]

---

816 So die Motive bei Mugdan I, S. 359.
817 *Andrick/Suerbaum,* NJW 2002, 2905, 2906.
818 BVerfGE 42, 20, 30.
819 So aber im Anschluss an *Salzwedel* (Verhandlungen zum 44. DJT, Band I, 5. Teil, S. 53) vor allem Staudinger/*Rawert,* BGB, Vorbem. §§ 80 ff. Rn. 2; Seifart/ *v. Campenhausen,* Stiftungsrechts-Handbuch, § 1 Rn. 5; Bamberger/Roth/*Schwarz,* BGB, 1. Aufl., Vor § 80 Rn. 2; ablehnend jetzt aber Bamberger/Roth/*Schwarz/Backert,* BGB, § 80 Rn. 2.
820 Vgl. BVerfGE 61, 149, 176.
821 Im Ergebnis ebenso *Happ,* Stifterwille und Zweckänderung, S. 140 f.
822 An der materiellen Verfassungsmäßigkeit des § 87 Abs. 1 BGB bestehen, soweit hier von Interesse, keine Zweifel. Die beachtlichen Einwände, die *Reuter,* in: Münchener Kommentar zum BGB, § 87 Rn. 1, 7, gegen die materielle Verfassungsmäßigkeit des

bb) Zusammenlegung als Rechtsfolge des § 87 Abs. 1 BGB

Klärungsbedürftig bleibt, ob die Zusammenlegung als „Unterfall" oder milderes Mittel der Aufhebung bzw. Zweckänderung von der Regelung des § 87 Abs. 1 BGB umfasst ist.

(1) Kein „Unterfall" der Aufhebung

Heuer/Ringe ist zwar darin zuzustimmen, dass die zusammengelegten Stiftungen wie im Falle ihrer Aufhebung erlöschen. Ihrer Folgerung, die Zusammenlegung sei deshalb ein „Unterfall" der Aufhebung, ist jedoch zu widersprechen. Die Zusammenlegung bezweckt nämlich im Unterschied zur Aufhebung keineswegs allein das Erlöschen der betreffenden Stiftung. Um das eigentliche Ziel der Zusammenlegung – den Erhalt der Stiftung als soziale Wirkungseinheit – zu realisieren, genügt das Erlöschen der beteiligten Stiftungen nicht. Vielmehr bedarf es darüber hinaus der Errichtung einer neuen Stiftung, die die Vermögen der zusammenzulegenden Stiftungen einschließlich aller Aktiva und Passiva übernimmt. Die mit der Zusammenlegung angestrebte Gestaltungswirkung reicht demnach weiter, so dass die Qualifikation der Zusammenlegung als „Unterfall" der Aufhebung unzutreffend ist[823] und sich eine Erstreckung der Eingriffsbefugnis aus § 87 Abs. 1 BGB auf die Zusammenlegung so nicht begründen lässt.

(2) Zusammenlegung als „milderes Mittel"

(a) Zulässigkeit eines Erst-recht-Schlusses

Die Sichtweise, Teil der Befugnis zur Aufhebung und Zweckänderung sei als deren milderes Mittel auch die Zusammenlegung, beruht methodisch auf einem Erst-recht-Schluss: Wenn die Behörde eine Stiftung nach § 87 Abs. 1 BGB (sogar) aufheben oder ihren Zweck ändern dürfe, so müsse sie erst recht befugt sein, die Stiftung (lediglich) mit einer anderen zusammenzulegen. Im Gegensatz zum Analogieschluss geht es also nicht um eine Vergleichbarkeit von Sachverhalt und Rechtsfolge, sondern um die Wahl der angemessenen Rechtsfolge. Die Erstreckung der Eingriffsnorm auf milder wirkende Maßnahmen stellt sich da-

---

§ 87 Abs. 1 BGB erhebt, betreffen nur das Tatbestandsmerkmal der Gemeinwohlgefährdung, das für die Zusammenlegung keine Rolle spielt. An dieser Stelle kann die Auseinandersetzung mit Reuters Ansicht daher unterbleiben.

823 Letztlich übereinstimmend *Saenger*, ZSt 2007, 81, 82 f., der dies allerdings – kaum zutreffend – unter dem Gesichtspunkt diskutiert, ob die Zusammenlegung ein im Vergleich zur Aufhebung „milderes Mittel" ist; hierzu sogleich im Text.

mit als Anwendungsfall des Verhältnismäßigkeitsgrundsatzes dar.[824] Sinngemäß formuliert *Hof* für das Stiftungsrecht, es sei den Aufsichtsbehörden „grundsätzlich gestattet und durch den Grundsatz der Verhältnismäßigkeit sogar geboten, zur Regelung des Einzelfalls geeignete Zwischenlösungen und Kombinationen von gesetzlich vorgesehenen Maßnahmen zu verwenden".[825]

Diese Argumentation sieht sich indessen vor allem mit Blick auf den Vorbehalt des Gesetzes (Art. 20 Abs. 3 GG) verfassungsrechtlichen Bedenken ausgesetzt.[826] Es fehle an der erforderlichen formellgesetzlichen Rechtsgrundlage, wenn a maiore ad minus auf eine über den Gesetzeswortlaut hinausgehende Eingriffsbefugnis geschlossen werde.[827] Dem wird zu Recht entgegengehalten, dass die Herleitung des Gesetzesvorbehalts (zumindest auch) aus den Grundrechten dafür spricht, ein Analogieverbot allenfalls insoweit anzunehmen, als der Bürger durch die analoge Anwendung stärker belastet würde als ohne sie.[828] Auch unter dem Blickwinkel der Gewaltenteilung ist es nicht zu beanstanden, wenn die wesentlichen Regelungen des Grundrechtseingriffs in einem Parlamentsgesetz vorgezeichnet sind, während die Umsetzung der gesetzgeberischen Wertungen im Übrigen – und sei es auch im Wege eines bei der Einzelfallentscheidung getroffenen Erst-recht-Schlusses – der Verwaltung überlassen wird.[829] Die am Verhältnismäßigkeitsgrundsatz, der seinerseits Verfassungsrang hat, orientierte Erstreckung einer Eingriffsbefugnis auf mildere und damit grundrechtsschonendere Mittel begegnet damit letztlich keinen durchgreifenden verfassungsdogmatischen Bedenken. Seine spezifisch stiftungsrechtliche Legitimation findet der Erst-recht-Schluss überdies in dem die Aufsichtsbehörden verpflichtenden Stifterwillen. Mit dieser Pflicht muss das Recht korrespondieren, anstelle von Zweckänderung und Aufhebung ein mit Blick auf den Stifterwillen schonenderes Mittel zu wählen.

---

824 *Hemke*, Methodik der Analogiebildung im öffentlichen Recht, S. 130.

825 Seifart/v. Campenhausen/*Hof*, Stiftungsrechts-Handbuch, § 11 Rn. 57; für das Versammlungsrecht vergleichbar BVerfGE 69, 315, 353.

826 Vgl. *Beaucamp*, AöR 134 (2009), 83, 99 ff.; *Th. I. Schmidt*, VerwArch 97 (2006), 139, 156 ff.

827 *Schnur*, VR 2000, 114, 116 f. (betreffend das Versammlungsrecht); für ein Analogieverbot im Rahmen der Eingriffsverwaltung allgemein *Hillgruber*, JZ 1996, 118, 123 ff., 124.

828 *Beaucamp*, AöR 134 (2009), 83, 102 ff.

829 *Th. I. Schmidt*, VerwArch 97 (2006), 139, 158.

Soweit das Landesrecht keine Befugnis zur hoheitlichen Zusammenlegung vorsieht, wäre es damit grundsätzlich zulässig, diese lückenfüllend[830] im Wege der Rechtsfortbildung aus § 87 Abs. 1 BGB herzuleiten.

(b) Folgerungen

Folglich kommt es darauf an, ob die Zusammenlegung gegenüber der Zweckänderung oder Aufhebung als „milderes", also weniger einschneidendes Mittel angesehen werden kann. Woran die Eingriffsintensität an die Stiftung gerichteter Hoheitsakte zu messen ist, ist durchaus problematisch: Als Anknüpfungsgesichtspunkte werden der Fortbestand der Stiftung als juristischer Person,[831] ihr Fortleben als soziale Wirkungseinheit[832] und der Stifterwille[833] genannt. Die Bedeutung dieser Differenzierung wird daran deutlich, dass etwa *Ebersbach* die Zusammenlegung gegenüber der Zweckänderung als milderes Mittel ansieht, weil sie die „Wirksamkeit" der Stiftung und die „Absichten des Stifters" „weniger beeinträchtigt" als die Zweckänderung,[834] während *Hof* genau umgekehrt die Zusammenlegung als einen gegenüber der Zweckänderung „deutlich gewichtigere[n] Schritt" einordnet, weil sie die Existenz der Stiftung als juristischer Person unmittelbar angreife.[835]

Da Adressatin des Verwaltungsakts die Stiftung selbst ist, erscheint es zunächst in der Tat nahe zu liegen, die Intensität des Eingriffs an ihren Grundrechten zu messen, mit *Hof* die Eingriffsintensität der Zusammenlegung auf der einen und der Zweckänderung bzw. Aufhebung auf der anderen Seite „vorrangig" also danach zu beurteilen, inwieweit eine Maßnahme den Fortbestand der Stiftung als juristischer Person beeinträchtigt.[836] Darin kämen – so *Hof* – die Autonomie und die grundsätzliche Unverfügbarkeit der Stiftung zum Ausdruck.[837]

---

830 Dazu, dass Bundesnormen grundsätzlich zur Ausfüllung von Regelungslücken im Landesrecht herangezogen werden können, vgl. *Th. I. Schmidt,* VerwArch 97 (2006), 139, 159, und *Beaucamp,* AöR 134 (2009), 83, 97.

831 Seifart/v. Campenhausen/*Hof,* Stiftungsrechts-Handbuch, § 11 Rn. 325; *Schlüter/Stolte,* Stiftungsrecht, Kap. 3 Rn. 36.

832 *Andrick/Suerbaum,* Stiftung und Aufsicht, § 7 Rn. 93; *Ebersbach,* Handbuch des deutschen Stiftungsrechts, S. 139.

833 *Reuter,* in: Münchener Kommentar zum BGB, § 87 Rn. 2 a. E., 15; *Schlüter/Stolte,* Stiftungsrecht, Kap. 3 Rn. 36; Bamberger/Roth/*Schwarz/Backert,* BGB, § 87 Rn. 3.

834 *Ebersbach,* Handbuch des deutschen Stiftungsrechts, S. 139.

835 Seifart/v. Campenhausen/*Hof,* Stiftungsrechts-Handbuch, § 11 Rn. 324 f.; ebenso *Gebel/Hinrichsen,* StiftG SH, § 6 Anm. 4.7.

836 Seifart/v. Campehausen/*Hof,* Stiftungsrechts-Handbuch, § 10 Rn. 373.

837 Seifart/v. Campenhausen/*Hof,* Stiftungsrechts-Handbuch, § 7 Rn. 138; zur „Unverfügbarkeit" ausführlich *ders.,* GS Walz, S. 233 ff.

Der Stifterwille habe nur insofern Bedeutung, als im Einzelfall zwischen ihm und dem Existenzrecht der Stiftung „abzuwägen" sei.[838]

Vor allem *Rawert* und *Reuter* sind demgegenüber der Auffassung, dass ein Existenzrecht der Stiftung „nur nach Maßgabe des ursprünglichen Stifterwillens" bestehen könne.[839] Dass und weshalb eine Relativierung des (grundrechtlichen) Bestandsschutzes durch den Stifterwillen überzeugend ist, wurde bereits dargelegt.[840] Dabei wurde allerdings betont, dass der Stifterwille die Grundrechte der Stiftung nicht einfach zurückdrängen kann. Vielmehr ist – dies in Übereinstimmung mit *Hof* – zwischen dem Bestandsrecht der Stiftung und den in seinem objektivierten Willen verkörperten Grundrechten des Stifters abzuwägen. Unter Berücksichtigung der Wertungen des einfachen Rechts überwiegt dabei im Allgemeinen der grundrechtlich fundierte Stifterwille das Bestandsrecht der Stiftung.

Im Ergebnis ist damit zur Bestimmung der Eingriffsintensität behördlichen Handelns jedenfalls primär auf den historischen Stifterwillen abzustellen, was auf die Gleichung hinausläuft: Je stärker eine Maßnahme zum historischen Stifterwillen im Widerspruch steht, desto eingriffsintensiver ist sie. Mithin lässt sich das jeweils mildere Mittel nur im Einzelfall bestimmen; eine abstrakte, vom konkreten Stifterwillen losgelöste Abstufung der Aufsichtsmaßnahmen ist ausgeschlossen.

Die zuständige Aufsichtsbehörde muss also prüfen, wie sich der historische Stifterwille zu dem in Betracht kommenden Aufsichtshandeln verhält und auf dieser Grundlage feststellen, welche Maßnahme die jeweils mildeste ist. Es ist denkbar, dass der Stifter in der Satzung einen Vorrang der Aufhebung bzw. Zweckänderung vor der Zusammenlegung ausdrücklich angeordnet hat. An diesen eindeutig formulierten Stifterwillen ist die zuständige Behörde gebunden, so dass die Zusammenlegung dann das eingriffsintensivere Mittel darstellt. Hat der Stifter, wie meist, eine solche ausdrückliche Aussage in der Satzung dagegen nicht getroffen, so gilt nach dem mutmaßlichen Stifterwillen, dass der Stifter

---

838 Seifart/v. Campenhausen/*Hof,* Stiftungsrechts-Handbuch, § 10 Rn. 373 Fn. 672.

839 Staudinger/*Rawert,* BGB, § 87 Rn. 13; *Reuter,* in: Münchener Kommentar zum BGB, § 87 Rn. 2; ebenso *Jakob,* Schutz, S. 111 Fn. 42. *Rawert* und *Reuter* verweisen entgegen *Hof* (in Seifart/v. Campenhausen, Stiftungsrechts-Handbuch, § 10 Rn. 373 Fn. 672) zu Recht auf die Entscheidung des BVerwG StiftRspr. IV, 151 ff. (= NJW 1991, 713). Immerhin hat das Gericht in dieser Entscheidung einen Anspruch der Stiftung aus eigenem Recht auf Genehmigung einer Satzungsänderung an der Unvereinbarkeit mit dem Stifterwillen scheitern lassen und damit den Stifterwillen als Maßstab des Aufsichtshandelns betont.

840 Dazu § 3 B III 2 b.

den durch die Zusammenlegung ermöglichten Fortbestand der in der Stiftung verkörperten Vermögen-Zweck-Beziehung einer Zweckänderung oder Aufhebung vorgezogen hätte.[841]

(3) Ergebnis

Nach alledem ist festzuhalten, dass § 87 Abs. 1 BGB die Stiftungsaufsicht zur Zusammenlegung ermächtigt, sofern sich die hoheitliche Zusammenlegung anhand des tatsächlichen oder mutmaßlichen Stifterwillens im Einzelfall als das gegenüber der Aufhebung und der Zweckänderung mildere Mittel darstellt. Das gilt allerdings nur, soweit das einschlägige Landesstiftungsgesetz keine Regelung über die hoheitliche Zusammenlegung enthält. Ein Rückgriff auf § 87 BGB ist sonst nicht nur entbehrlich, sondern mangels einer die Rechtsfortbildung legitimierenden Regelungslücke unzulässig.

IV. Rechtsgrundlage in der Satzung?

Problematisch ist, ob der Stifter die Befugnisse der Stiftungsaufsicht durch entsprechende Satzungsregelung erweitern, ob er die Aufsichtsbehörde also etwa unter geringeren als den durch das Landesrecht respektive § 87 Abs. 1 BGB gegebenen Voraussetzungen zur Zusammenlegung ermächtigen kann.

Zum Teil wird die Auffassung vertreten, dass „der in der Stiftungssatzung dokumentierte Wille des Stifters stiftungsaufsichtliche Befugnisse rechtfertigen" könne.[842] Im Rahmen des Anerkennungsverfahrens sei – lediglich – unter Zweckmäßigkeitsgesichtspunkten zu prüfen, ob der Stiftungsaufsicht die zusätzlichen Aufgaben aufgebürdet werden könnten, wobei vor allem die Verwaltungseffizienz und die Eingehung zusätzlicher Haftungsrisiken eine Rolle spielten.[843]

Die Grundrechte der Stiftung stehen einer Kompetenzerweiterung zugunsten der Stiftungsaufsicht jedenfalls nicht per se im Wege,[844] weil sie nach der hier vertretenen Auffassung gegen den Stifterwillen abzuwägen sind. Allerdings sind die Zweckmäßigkeitskriterien, unter denen der Stifter die aufsichtlichen Kompetenzen nach der referierten Literaturauffassung erweitern könne, zu unscharf, als

---

841 Vgl. bereits § 3 C I 4 b cc.

842 So *Andrick/Suerbaum*, Stiftung und Aufsicht, § 9 Rn. 76.

843 *Peiker*, StiftG He, § 10 Anm. 2.1; *Fritsche*/U. Kilian, StiftG Bbg, § 6 Anm. 1.2.2; *Siegmund-Schultze*, StiftG Nds, § 10 Anm. 2.2.

844 A. A. aber Seifart/v. Campenhausen/*Hof*, Stiftungsrechts-Handbuch, § 10 Rn. 17; *ders.*, GS Walz, S. 233, 247; *A. Werner*, Die Zustiftung, S. 251 f.; wie hier *Backert*, in: O. Werner/Saenger, Die Stiftung, Rn. 1278.

dass sie das Interesse des Stifters an einer rechtssicheren Satzungsgestaltung befriedigen könnten. Auch und vor allem würde die Stiftungsaufsicht in Wahrnehmung der ihr in der Satzung übertragenen Befugnisse selbst zum Organ der Stiftung und müsste in dieser Eigenschaft ihrerseits der Aufsicht unterliegen. Doch kann die Behörde nicht Kontrolleurin und Kontrollierte zugleich sein.[845] Schließlich ist einzuwenden, dass der Stifter, könnte er der Aufsichtsbehörde zusätzliche Befugnisse eröffnen, hierdurch in die „einseitig-öffentlichrechtliche" Aufgaben- und Kompetenzverfassung der Verwaltung eingriffe, obwohl diese „hoheitlichen Vorgaben des öffentlichrechtlichen Über- und Unterordnungsverhältnisses" dem Stifter als Privatperson grundsätzlich entzogen sind.[846]

Folglich sind Satzungsregelungen, mit denen der Stifter der Aufsichtsbehörde eine über die gesetzlichen Regelungen hinausgehende Befugnis zur Zusammenlegung einzuräumen sucht, unzulässig.[847] Jedenfalls ist die Aufsichtsbehörde gehindert, einen entsprechenden Kompetenzzuwachs für sich in Anspruch zu nehmen.[848] Um dem Stifterwillen dennoch weitestgehend Rechnung zu tragen, wird durch Umdeutung (§ 140 BGB) aber regelmäßig von einer inhaltsgleichen Befugnis der Stiftungsorgane auszugehen sein, deren Wahrnehmung dann wie stets der behördlichen Aufsicht unterliegt.

C. Voraussetzungen

Die Zusammenlegung kommt durch behördliches Handeln zustande, das auf die Anordnung der Zusammenlegung (dazu I.) und die Entstehung einer neuen Stiftung (II.) gerichtet ist.

---

845 *Jakob,* Schutz der Stiftung, S. 261; *ders., ZSt* 2006, 63, 64; *Reuter,* in: Münchener Kommentar zum BGB, Vor § 80 Rn 80; *Burgard,* Gestaltungsfreiheit im Stiftungsrecht S. 216 Fn. 80.

846 *Jakob,* Schutz der Stiftung, S. 261; *ders., ZSt* 2006, 63, 64.

847 Vgl. allgemein *Jakob,* Schutz der Stiftung, S. 261; *ders., ZSt* 2006, 63, 64; *Reuter,* in: Münchener Kommentar zum BGB, Vor § 80 Rn. 80; *Burgard,* Gestaltungsfreiheit im Stiftungsrecht, S. 216 Fn. 80; *Backert,* in: O. Werner/Saenger, Die Stiftung, Rn. 1277 f.; Fritsche/*U. Kilian,* StiftG MV, § 9 Anm. 4.

848 So Seifart/v. Campenhausen/*Hof,* Stiftungsrechts-Handbuch, § 11 Rn 14; *A. Werner,* Die Zustiftung, S. 251 f.

I. Anordnung der Zusammenlegung

1. Grundlagen und rechtliche Qualifikation

Die durch die Aufsichtsbehörde angeordnete Zusammenlegung ist als Maßnahme des repressiven Aufsichtshandelns auf den Eintritt unmittelbarer Rechtswirkungen gerichtet, bedarf also weder eines vorherigen noch eines nachfolgenden Beschlusses der Stiftungsorgane. Die Anordnung der Zusammenlegung durch die Aufsichtsbehörde stellt folglich einen Verwaltungsakt im Sinne des § 35 S. 1 VwVfG dar.

Indem die Landesstiftungsgesetze die Aufsichtsbehörde mit der Zusammenlegung zu einer Maßnahme ermächtigen, die begriffsnotwendig mindestens zwei Stiftungen gegenüber ergehen muss, erwecken sie den Eindruck, dass insoweit die Anordnung durch eine Behörde stets ausreiche. Dem ist indes aus den bereits an früherer Stelle aufgezeigten Gründen entgegenzutreten.[849] Für die Konstellation der bundesländerübergreifenden Zusammenlegung folgt dies bereits daraus, dass unter dem Gesichtspunkt der Verbandskompetenz einer Aufsichtsbehörde – jedenfalls ohne besondere gesetzliche Grundlage – nicht die Befugnis zusteht, verbindliche Rechtsfolgen für eine Stiftung zu setzen, die in einem anderen Bundesland ansässig ist.[850] Dass die Anordnung der Zusammenlegung für jede beteiligte Stiftung individuell erfolgen muss, folgt im Übrigen aus der Natur des Aufsichtsverhältnisses, das bilateral zwischen der zuständigen Aufsichtsbehörde und der durch sie beaufsichtigten Stiftung besteht. Wie jede andere Aufsichtsmaßnahme muss mithin auch die Zusammenlegung für jede von ihr betroffene Stiftung durch gesonderten Verwaltungsakt der jeweils aufsichtführenden Behörde angeordnet werden. Das gilt entgegen der insoweit missverständlichen Formulierung der Landesstiftungsgesetze selbst dann, wenn die zusammenzulegenden Stiftungen im Zuständigkeitsbereich ein und derselben Aufsichtsbehörde liegen.

Wie es im Rahmen der organseitig initiierten Zusammenlegung einer inhaltlichen Abstimmung der Beschlüsse bedarf, so sind hier gleichgerichtete, inhaltlich übereinstimmende Verwaltungsentscheidungen vonnöten, was eine enge Zusammenarbeit der beteiligten Aufsichtsbehörden verlangt.

---

849 Vgl. § 3 C II 2 a bb.
850 Vgl. *Oldiges,* DÖV 1989, 873, 878.

2. Formelle Voraussetzungen

a) Subsidiarität

Als Grundrechtsträgerin verfügt die rechtsfähige Stiftung bürgerlichen Rechts innerhalb des durch den Stifterwillen abgesteckten Rahmens über eine gegenüber staatlichen Eingriffen vorrangige Entscheidungskompetenz in eigenen Angelegenheiten.[851] Der daraus resultierende Grundsatz der Subsidiarität verpflichtet die Aufsichtsbehörde, der Stiftung Gelegenheit geben, eigenverantwortlich Maßnahmen zu ergreifen, bevor sie hoheitlich gegenüber der Stiftung einschreitet.[852] Wenn nicht Gefahr in Verzug ist, ist die Aufsichtsbehörde daher verpflichtet, den Stiftungsorganen eine angemessene Frist zu setzen, um die Zusammenlegung ihrerseits zu veranlassen (so ausdrücklich § 8 S. 1 StiftG Saar). Erst wenn diese Frist fruchtlos verstrichen ist, darf die Aufsichtsbehörde die Zusammenlegung anordnen.

b) Zuständigkeit

Die Anordnung der Zusammenlegung, die als Maßnahme der laufenden Stiftungsaufsicht für jede beteiligte Stiftung gesondert erfolgen muss, ist Sache der hierfür nach Landesrecht sachlich und örtlich zuständigen Aufsichtsbehörde. Eine Sonderregelung enthält § 6 Abs. 1 StiftG SH, wonach für Maßnahmen nach § 87 BGB sowie für Zusammenlegungen und Zulegungen das Innenministerium zuständig ist.

Da die unter Umständen gegebene Zuständigkeit mehrerer Aufsichtsbehörden auf den Anforderungen des materiellen Rechts beruht, handelt es sich wiederum nicht um einen Fall der Mehrfachzuständigkeit, für die sich die Alleinzuständigkeit einer Behörde nach § 3 Abs. 2 VwVfG bestimmen ließe.[853]

c) Anhörung des Stiftungsvorstands und des Stifters

Dass die Aufsichtsbehörde, bevor sie die Zusammenlegung anordnen darf, dem Stiftungsvorstand Gelegenheit geben muss, sich zu den für die Entscheidung

---

851 Seifart/v. Campenhausen/*Hof*, Stiftungsrechts-Handbuch, § 10 Rn. 11; *Richter*, in: Münchener Handbuch des Gesellschaftsrechts, § 103 Rn. 5.

852 *Burgard*, Gestaltungsfreiheit im Stiftungsrecht, S. 209; *Schiffer*, in: Anwaltkommentar zum BGB, § 87 Rn. 11; *Schwake*, in: Münchener Handbuch des Gesellschaftsrechts, § 79 Rn. 317; *Steffen*, in: Reichsgerichtsrätekommentar zum BGB, § 87 Rn. 5. Soergel/*Neuhoff*, BGB, Vor § 80 Rn. 87, leitet die Subsidiarität aus der Natur der Aufsicht ab.

853 Vgl. § 3 C II 2 a cc (1) (a).

erheblichen Tatsachen zu äußern,[854] ist in § 6 Abs. 2 S. 2 Hs. 1 StiftG SH ausdrücklich geregelt. Nach § 14 Abs. 3 S. 1 StiftG BW folgt dies aus der entsprechenden Anwendung des § 87 Abs. 2 BGB. Im Übrigen ergibt sich die zwingende Anhörungspflicht aus § 28 Abs. 1 VwVfG, weil die Zusammenlegung zum Erlöschen der Stiftung führt und damit ein Eingriff in ihr grundrechtlich fundiertes Existenzrecht – was ausreicht – zumindest möglich ist.[855] Gelegenheit zur Äußerung gibt die Aufsichtsbehörde dem Stiftungsvorstand regelmäßig bereits dadurch, dass sie ihm angesichts der Subsidiarität ihres Einschreitens eine angemessene Frist zur eigenverantwortlichen Abhilfe setzt. Damit verbindet sich die Ankündigung der Behörde, nach fruchtlosem Verstreichen dieser Frist ihrerseits aktiv zu werden und damit die Möglichkeit des Stiftungsvorstands, dies durch das rechtzeitige Vorbringen der entscheidungserheblichen Tatsachen gegenüber der Behörde abzuwenden.

Nach einigen Landesstiftungsgesetzen ist die Aufsichtsbehörde darüber hinaus zur Anhörung des (lebenden) Stifters verpflichtet.[856] Sofern das einschlägige Stiftungsgesetz eine solche Regelung nicht enthält, ergibt sich die Anhörungspflicht aus § 28 VwVfG,[857] was allerdings die bereits näher begründete Einsicht voraussetzt, dass dem Stifter über die Anerkennung der Stiftung hinaus ein Recht auf deren Bestand zusteht, das durch die Zusammenlegung beeinträchtigt werden kann.[858] Die Anhörung des Stifters soll vor allem die authentische Auslegung des von der Stiftungsaufsicht zu berücksichtigenden Stifterwillens erleichtern.[859] Die Ergebnisse der Anhörungen sind für die Behörde mithin nicht verbindlich;[860] die Behörde ist aber verpflichtet, den Vortrag des Anhörungsberechtigten zur Kenntnis zu nehmen und ernsthaft in Erwägung zu ziehen.[861]

---

854 Seifart/v. Campenhausen/*Hof*, Stiftungsrechts-Handbuch, § 10 Rn. 369.

855 Vgl. § 3 C II 2 a cc (1) (d).

856 Art. 8 Abs. 2 StiftG Bay, § 9 Abs. 2 StiftG Bre, § 8 Abs. 2 StiftG Nds, § 10 Abs. 2 i. V. mit § 9 Abs. 2 StiftG Sa, § 6 Abs. 2 S. 2 Hs. 2 StiftG SH („soll").

857 Seifart/v. Campenhausen/*Hof*, Stiftungsrechts-Handbuch, § 10 Rn. 369; Bamberger/Roth/*Schwarz/Backert*, BGB, § 87 Rn. 3.

858 Ausführlich § 3 C II 2 a cc (1) (e).

859 *Lehmann*, StiftG SH, § 6 Anm. 4.

860 Ebenso Seifart/v. Campenhausen/*Hof*, Stiftungsrechts-Handbuch, § 10 Rn. 369.

861 Vgl. Stelkens/Bonk/Sachs/*Bonk/Kallerhoff*, VwVfG, § 28 Rn. 16; Knack/*Clausen*, VwVfG, § 28 Rn. 7.

3. Materielle Voraussetzungen

a) Vereinbarkeit mit dem Stifterwillen

Fraglich ist, ob die Zulässigkeit der hoheitlichen Zusammenlegung ihre Vereinbarkeit mit dem Stifterwillen voraussetzt. Eine mittelbare Verknüpfung mit dem Stifterwillen erfährt die Zusammenlegung jedenfalls in den Fällen, in denen das Landesrecht keine spezielle Rechtsgrundlage enthält. Die hoheitliche Zusammenlegung ist dann nur zulässig auf Grundlage von § 87 Abs. 1 BGB, soweit sie sich nach Maßgabe des Stifterwillens im Einzelfall als mildere Maßnahme gegenüber Aufhebung und Zweckänderung darstellt. Damit ist der Rückgriff auf § 87 Abs. 1 BGB und folglich die Möglichkeit einer hoheitlichen Zusammenlegung versperrt, wenn es dem Willen des Stifters im Einzelfall eher entspricht, die Stiftung aufzulösen und ihr Vermögen an die Anfallberechtigten auszukehren oder den Stiftungszweck zu ändern, als die Stiftung mit einer anderen zusammenzulegen.[862]

Hat die Zusammenlegung hingegen eine Rechtsgrundlage im Landesrecht, ist darüber zu befinden, ob die hoheitliche Zusammenlegung möglicherweise unterbleiben muss, wenn und weil sie mit dem Stifterwillen unvereinbar ist, oder ob die Aufsichtsbehörde die Zusammenlegung auch gegen den (historischen) Willen des Stifters veranlassen kann. Für die letztgenannte Sichtweise wird vorgetragen, dass die aufsichtlichen Befugnisse nicht zur Disposition des Stifters stünden und er sie daher nicht beschränken, sondern nur dadurch beeinflussen könne, dass er vorrangige Kontrollmechanismen in die Satzung aufnehme.[863] Nach anderer Auffassung soll die Stiftungsaufsicht dagegen auch im Rahmen ihrer gesetzlichen Eingriffsbefugnisse an den Stifterwillen gebunden sein. Ergebe dessen Auslegung, dass eine Zweck- oder sonstige Satzungsänderung auch um den Preis der Stiftungsaufhebung ausgeschlossen sein solle, dann sei die Behörde hieran gebunden.[864] Könne dem Stifterwillen dann anders nicht Rechnung getragen werden, so sei die Stiftung als ultima ratio aufzuheben.[865]

---

862 In diesem Sinne auch *Reuter,* in: Münchener Kommentar zum BGB, § 87 Rn. 15.

863 Seifart/v. Campenhausen/*Hof,* Stiftungsrechts-Handbuch, § 10 Rn. 82, 307, 369; für die Maßnahmen nach § 87 BGB ebenso *Muscheler,* Stiftungsrecht, S. 279; *Beckmann,* Änderung der Stiftungssatzung, S. 138; im Ansatz auch *Jakob,* ZSt 2006, 63, 64; undeutlich *Bruns,* StiftG BW, § 6 Anm. 4.2.

864 *Burgard,* Gestaltungsfreiheit im Stiftungsrecht, S. 387; *Backert,* in: O. Werner/Saenger, Die Stiftung, Rn. 691; Staudinger/*Rawert,* BGB, § 87 Rn. 13; *Reuter,* in: Münchener Kommentar zum BGB, § 87 Rn. 2.

865 *Schiffer,* in: Anwaltkommentar zum BGB, § 87 Rn. 18; Bamberger/Roth/*Schwarz/Backert,* BGB, § 87 Rn. 3.

Den Vorzug verdient eine zwischen beiden Standpunkten vermittelnde Sichtweise. Die erstgenannte Auffassung kann nicht überzeugen, soweit sie sich auf solche Befugnisse der Stiftungsaufsicht erstreckt, die allein im (Bestands-) Interesse der Stiftung und damit zur Wahrung des Stifterwillens bestehen. Der Sinn der Stiftungsaufsicht, den Stifterwillen zu wahren – die Garantiefunktion der Aufsicht –, würde insoweit ins Gegenteil verkehrt, wäre die Stiftungsaufsicht bei der Wahrnehmung ihrer Befugnisse an den Stifterwillen nicht gebunden. Etwas anderes gilt, soweit die aufsichtlichen Befugnisse nicht (allein) zur Wahrung des Stifterwillens, sondern – wie die Aufhebung einer Stiftung, deren Zweckerfüllung unmöglich ist oder das Gemeinwohl gefährdet – zumindest auch im Interesse des Rechtsverkehrs und der Allgemeinheit bestehen. Solche Befugnisse können nicht zur Disposition des Stifters stehen. Für die hoheitliche Zusammenlegung, die dem Fortbestand der Stiftungsidee dient und damit im Interesse des Stifters besteht, jedoch gilt, dass sie unterbleiben muss, sofern der Stifterwille entgegensteht.[866] Davon ist nicht schon dann auszugehen, wenn der Stifter die Möglichkeit einer Zusammenlegung in der Satzung nicht ausgesprochen hat. Vielmehr muss sich notfalls durch Auslegung ermitteln lassen, dass er eine Zusammenlegung grundsätzlich oder zumindest in der konkreten Situation nicht wollte oder – hätte er ihre Möglichkeit bedacht – nicht gewollt hätte. Im Einzelnen gelten insoweit dieselben Kriterien wie bei der Zusammenlegung durch Organbeschluss.[867]

Dies hat zur Konsequenz, dass die Aufsichtsbehörde hinsichtlich des Ob und des Wie einer Zusammenlegung ebenso an die Bestimmungen gebunden ist, die der Stifter im Stiftungsgeschäft oder in der Satzung getroffen hat, wie die Organe der Stiftung. Da der Stifter indes nur selten Regelungen für Maßnahmen der Stiftungsaufsicht getroffen, sondern sich auf die Ausgestaltung von Befugnissen der Stiftungsorgane beschränkt haben dürfte, kann die Frage virulent werden, ob Vorgaben, die der Stifter für die Maßnahmen der Organe – hier konkret der Zusammenlegung – getroffen hat, auch auf entsprechende behördlich veranlasste Maßnahmen Anwendung finden können. Dies ist dem Grunde nach zu bejahen. Denn aus Sicht des Stifters macht es insoweit regelmäßig keinen Unterschied, ob eine Maßnahme durch Beschluss der Stiftungsorgane oder auf behördliche Veranlassung getroffen wird. Besondere Voraussetzungen – gleichgültig, ob

---

866 Vgl. – allerdings ohne die hier vorgeschlagene, an die Funktion der Stiftungsaufsicht anknüpfende Differenzierung – Staudinger/*Rawert*, BGB, § 87 Rn. 13, sowie Soergel/*Neuhoff*, BGB, § 87 Rn. 4; speziell für die Zusammenlegung im Ergebnis ebenso *Fritsche*, in: O. Werner/Saenger, Die Stiftung, Rn. 742, und *O. Werner*, ebenda, Rn. 385.

867 Vgl. § 3 C I 4 b cc.

formeller oder materieller Art –, die der Stifter für die Zusammenlegung durch Organbeschluss aufgestellt hat, sind damit grundsätzlich auch für die hoheitliche Zusammenlegung beachtlich. So kann auch die hoheitliche Zusammenlegung etwa von der Zustimmung des Stifters oder auch eines Dritten abhängen, wenn der Stifter sich oder dem Dritten in der Satzung entsprechende Rechte für den Fall einer Satzungs- oder Grundlagenänderung durch Organbeschluss vorbehalten hat.[868] Anders ist jedoch zu entscheiden, soweit die Vorgaben, die der Stifter getroffen hat, der Wahrung seines historischen Willens dienen, zu der die Aufsichtsbehörde ohnehin verpflichtet ist.

b) Voraussetzungen des § 87 Abs. 1 BGB

Die materiellen Voraussetzungen der hoheitlichen Zusammenlegung bestimmen sich aufgrund Verweisung im Landesrecht oder hilfsweise durch Rechtsfortbildung nach § 87 Abs. 1 BGB. Die nachfolgenden Ausführungen verzichten auf eine umfassende Erläuterung der Vorschrift, sondern konzentrieren sich auf die Punkte, die für die Zusammenlegung relevant sind.

aa) Unmöglichkeit der Erfüllung des Stiftungszwecks

Der Begriff der Unmöglichkeit im Sinne des § 87 Abs. 1 BGB umfasst wie jener des allgemeinen Leistungsstörungsrechts (§ 275 Abs. 1 BGB) die Fälle der tatsächlichen und der rechtlichen Unmöglichkeit.[869] Rechtlich unmöglich ist die Zweckerfüllung, wenn sie gegen ein gesetzliches oder aufgrund eines Gesetzes erlassenes Verbot verstößt.[870] Dem kann die Aufsichtsbehörde durch Zweckänderung oder Aufhebung der Stiftung entgegentreten, nicht hingegen durch Zusammenlegung, weil diese den inkriminierten Zweck nicht verändern würde.

Für die Zusammenlegung relevant ist folglich nur die Variante der tatsächlichen Unmöglichkeit, die vorliegt, wenn die der Erfüllung des Stiftungszwecks entgegenstehenden Hindernisse so groß sind, dass sie – ohne das ins Auge gefasste hoheitliche Einschreiten – nicht oder nur mit unzumutbarem Aufwand überwunden werden können.[871] Als Beispiele werden die endgültige Verwirklichung des Stiftungszwecks, der Wegfall der Destinatäre und der Verlust des Stiftungsvermögens genannt.[872] Immer ist erforderlich, dass die Erfüllung des

---

868 Dazu § 3 C II 1 b.
869 Bamberger/Roth/*Schwarz/Backert*, BGB, § 87 Rn. 2; Seifart/v. Campenhausen/*Hof*, Stiftungsrechts-Handbuch, § 11 Rn. 59.
870 *Backert*, in: O. Werner/Saenger, Die Stiftung, Rn. 688.
871 *Reuter*, in: Münchener Kommentar zum BGB, § 87 Rn. 5.
872 Vgl. Staudinger/*Rawert*, BGB, § 87 Rn. 4; *Reuter*, in: Münchener Kommentar zum BGB, § 87 Rn. 5.

Stiftungszwecks vollständig und auf unabsehbare Dauer unmöglich ist; eine bloß teilweise bzw. vorübergehende Hinderung an der Zweckverfolgung genügt nicht.[873]

Für die Zusammenlegung ist insbesondere der Fall von Bedeutung, dass die Zweckerfüllung aufgrund Vermögensverlusts unmöglich geworden ist.[874] Doch kommt es dabei nicht unmittelbar auf den Umfang des Grundstockvermögens an, das in seinem Bestand zu erhalten und deshalb zur Zweckerfüllung grundsätzlich schon gar nicht verbraucht werden darf. Vielmehr wird die zweckgerichtete Stiftungstätigkeit aus den Erträgen des Grundstockvermögens finanziert,[875] so dass die Zweckerfüllung nicht erst als unmöglich anzusehen ist, wenn das Vermögen der Stiftung vollständig aufgebraucht oder verloren ist, sondern bereits dann, wenn die aus dem Grundstockvermögen erzielbaren Erträge nicht mehr ausreichen, um den Verwaltungsaufwand zu decken und den Stiftungszweck weiter zu verfolgen. Darin unterscheidet sich die tatsächliche Unmöglichkeit im Sinne von § 87 Abs. 1 BGB von den Insolvenzgründen der Zahlungsunfähigkeit (§§ 17, 18 InsO) und der Überschuldung (§ 19 InsO), die jeweils an das gesamte Haftungsvermögen der Stiftung – also unter Einschluss des Grundstocks – anknüpfen.[876]

Von einer dauerhaften Unmöglichkeit der Zweckverfolgung kann nicht die Rede sein, wenn der Vermögensverlust durch die Ansammlung von Stiftungserträgen oder die Einwerbung von Spenden und Zustiftungen in absehbarer Zeit ausgeglichen und die zweckgerichtete Tätigkeit somit wieder aufgenommen werden kann.[877]

bb) Gefährdung des Gemeinwohls

Darüber hinaus wird als Voraussetzung für die Zusammenlegung im Einklang mit dem Wortlaut des § 87 Abs. 1 BGB alternativ die aus der Zweckerfüllung resultierende Gefährdung des Gemeinwohls genannt.[878] Die Grundrechte der

---

873 Bamberger/Roth/*Schwarz/Backert*, BGB, § 87 Rn. 2; Seifart/v. Campenhausen/*Hof*, Stiftungsrechts-Handbuch, § 11 Rn. 59.

874 Seifart/v. Campenhausen/*Hof*, Stiftungsrechts-Handbuch, § 10 Rn. 362.

875 Seifart/v. Campenhausen/*Hof*, Stiftungsrechts-Handbuch, § 9 Rn. 5 ff.; *Schlüter/Stolte*, Stiftungsrecht, Kap. 1 Rn. 37.

876 *Fritsche*, in: O. Werner/Saenger, Die Stiftung, Rn. 673 f., 783; vgl. auch OLG Dresden WM 2004, 1278, 1279; *D. Kilian*, FG O. Werner, S. 85, 87 f.; a. A. Erman/*O. Werner*, BGB, § 86 Rn. 5.

877 Seifart/v. Campenhausen/*Hof*, Stiftungsrechts-Handbuch, § 10 Rn. 375.

878 Etwa von Seifart/v. Campenhausen/*Hof*, Stiftungsrechts-Handbuch, § 10 Rn. 360; *Meyn/Gottschald*, in: Münchener Handbuch des Gesellschaftsrechts, § 107 Rn. 5.

Stiftung verlangen eine enge Auslegung. Überwiegend wird für eine Gemeinwohlgefährdung deshalb vorausgesetzt, dass die zweckgerichtete Stiftungstätigkeit gegen Gesetze oder grundlegende Entscheidungen der geltenden Rechts- und Verfassungsordnung verstoßen müsse.[879] Damit ist die Tatbestandsvoraussetzung der Gemeinwohlgefährdung mit derjenigen der rechtlichen Unmöglichkeit zumindest teilweise deckungsgleich. Wie für diese gilt, dass die Zusammenlegung den Stiftungszweck und damit die Ursache des Rechtsverstoßes grundsätzlich nicht verändert und gegenüber dem Fall einer Gemeinwohlgefährdung keine geeignete hoheitliche Maßnahme ist.[880] Ein gemeinwohlgefährdender Stiftungszweck kann die Zusammenlegung also nicht legitimieren.[881]

cc) Unmöglichkeit der Zweckerfüllung bei allen beteiligten Stiftungen

Grundsätzlich müssen bei allen zusammenzulegenden Stiftungen die Voraussetzungen des § 87 Abs. 1 BGB vorliegen, die weitere Zweckverfolgung also unmöglich sein.[882]

Da die Stiftungsorgane über die Existenz der Stiftung nicht disponieren dürfen, kann das Erfordernis der Unmöglichkeit weiterer Zweckverfolgung nicht dadurch ersetzt werden, dass die Stiftungsorgane ihr zustimmen – es sei denn, es liegen insoweit die Voraussetzungen der Zusammenlegung durch Organbeschluss vor. In diesem Falle können hoheitliche und organschaftliche Zusammenlegung miteinander kombiniert werden. Gegebenenfalls kann auf diese Weise eine gefährdete mit einer florierenden Stiftung fusioniert werden, wobei allerdings zu beachten ist, dass die wirtschaftliche Gefahr bei der einen nicht zu Lasten des Vermögens der anderen Stiftung behoben werden darf.[883]

c) Vergleichbarkeit der Stiftungszwecke

Wegen ihrer grundlegenden Verschiedenartigkeit in Entstehungsgrund und Fortbestand können bürgerlich-rechtliche nicht ohne weiteres mit öffentlich-

---

879 Vgl. *Backert,* in: O. Werner/Saenger, Die Stiftung, Rn. 689; Palandt/*Ellenberger,* BGB, § 87 Rn. 1; noch enger *Reuter,* in: Münchener Kommentar zum BGB, § 87 Rn. 7, und Staudinger/*Rawert,* BGB, § 87 Rn. 6: nur Gesetzesverstoß.

880 Dagegen spricht *Schiffer,* in: Anwaltkommentar zum BGB, § 87 Rn. 16 Fn. 21, ihr lediglich eine praktische Relevanz ab.

881 Unzutreffend daher zum Beispiel *O. Schmidt,* in: Heidelberger Kommentar zum UmwG, § 161 Rn. 10.

882 Vgl. Art. 8 Abs. 3 S. 1 StiftG Bay, § 9 Abs. 1 S. 2 StiftG Bre, § 11 Abs. 2 S. 1 StiftG Th; dazu *Pohley/Backert,* StiftG Bay, Art. 16 Anm. 1; *Voll/Störle,* StiftG Bay, Art. 8 Rn. 3; *Schiffer,* in: Anwaltkommentar zum BGB, § 87 Rn. 16.

883 Vgl. § 3 C I 4 e.

rechtlichen Stiftungen zusammengelegt werden. Art. 8 Abs. 3 S. 1 StiftG Bay stellt dies klar, wenn es dort heißt, dass nur gleichartige Stiftungen zusammengelegt werden können.[884]

Fraglich ist, ob die Zwecke der zusammenzulegenden Stiftungen darüber hinaus – wie es bei der Zusammenlegung durch Organbeschluss grundsätzlich der Fall ist – vergleichbar sein müssen. Dagegen spricht, dass die zuständige Aufsichtsbehörde, wenn die weitere Verfolgung des Stiftungszwecks unmöglich ist, nicht nur zur Zusammenlegung, sondern gemäß § 87 Abs. 1 BGB eben auch zur Zweckänderung ermächtigt ist.[885] In der Sache ändert das jedoch nichts daran, dass wie bei der organseitig initiierten Maßnahme[886] auch die hoheitliche Zusammenlegung von Stiftungen, deren Zwecke nicht wenigstens vergleichbar sind, zu einer Verwässerung die weitere Zweckverfolgung beeinträchtigen kann und deshalb unter dem Gesichtspunkt der Zusammenlegung unzulässig ist.[887] Allerdings ist die Aufsichtsbehörde nicht gehindert, die Vergleichbarkeit der Stiftungszwecke zuvor im Wege der Zweckänderung gemäß § 87 Abs. 1 BGB herzustellen, wenn deren Voraussetzungen vorliegen.

d) Abfassung einer Satzung

Aufgabe der Aufsichtsbehörden ist es auch, der zum Zwecke der Zusammenlegung neu zu errichtenden Stiftung eine Satzung zu geben (so ausdrücklich § 14 Abs. 3 StiftG BW, § 8 Abs. 1 S. 2 StiftG Nds, § 8 S. 3 StiftG Saar), deren Mindestinhalt sich nach den §§ 80, 81 BGB bestimmt.[888] Dabei sind sie gehalten, den für die beteiligten Stiftungen maßgeblichen Stifterwillen so weit wie möglich Rechnung zu tragen, widrigenfalls die Zusammenlegung mit dem Stifterwillen unvereinbar und damit unzulässig ist. § 87 Abs. 2 S. 1 BGB schreibt diesen aus der Garantiefunktion der Stiftungsaufsicht folgenden Grundsatz für die Zweckänderung ausdrücklich vor.

Die Abfassung der Satzung erfordert eine enge Zusammenarbeit der beteiligten Aufsichtsbehörden, die sich auf eine gemeinsame Satzung verständigen müssen, und legt darüber hinaus eine frühzeitige Einbeziehung der Stiftungsor-

---

884 Vgl. dazu *Pohley/Backert*, StiftG Bay, Art. 16 Anm. 1.

885 In dieser Richtung *Pohley/Backert*, StiftG Bay, Art. 16 Anm. 1; a. A. *Bruns*, StiftG BW, § 14 Anm. 3; Seifart/v. Campenhausen/*Hof*, Stiftungsrechts-Handbuch, § 10 Rn. 358.

886 Vgl. § 3 C I 4 d, dort auch zu der erforderlichen Vergleichbarkeit.

887 So ausdrücklich § 6 Abs. 1 StiftG SH, § 8 Abs. 1 S. 2 StiftG Nds, § 9 Abs. 1 S. 2 StiftG Bre, § 7 Abs. 1 S. 2 StiftG Hbg.

888 Vgl. Seifart/v. Campenhausen/*Hof*, Stiftungsrechts-Handbuch, § 10 Rn. 356; *Schiffer*, in: Anwaltkommentar zum BGB, § 87 Rn. 15.

gane nahe, die mit der alltäglichen Stiftungsarbeit am besten vertraut sind.[889] Da der Stifterwille Organe und Aufsichtsbehörde gleichermaßen bindet, gilt für die Abfassung der Satzung im Einzelnen nichts anderes als bei der Zusammenlegung durch Organbeschluss; auf die dortigen Ausführungen wird verwiesen.[890]

II. Entstehung der neuen Stiftung

1. Erfordernis staatlicher Anerkennung

Die Vorschrift des § 80 Abs. 1 BGB, die für die Entstehung einer Stiftung unter anderem ihre staatliche Anerkennung im Sinne von § 81 BGB verlangt, ist ihrem Wortlaut nach nur auf die originäre Stiftungsgründung zugeschnitten, die auf einem privatautonomen Stiftungsgeschäft beruht. Auf die hoheitlich verfügte Zusammenlegung, die zugleich auf die Entstehung einer neuen Stiftung gerichtet ist, findet die Vorschrift damit keine unmittelbare Anwendung.

Die Stiftung bedarf jedoch – wie jede juristische Person – zur Erlangung ihrer Rechtsfähigkeit eines staatlichen Exekutivaktes,[891] der bei originärer Stiftungserrichtung in der Anerkennung (§ 81 BGB) liegt. Einige Landesstiftungsgesetze sehen diesen staatlichen Exekutivakt im Falle der hoheitlichen Zusammenlegung bereits in deren Anordnung, mit der die neue Stiftung sogleich entstehe.[892] Das ist allerdings problematisch, weil die staatliche Mitwirkung an der Entstehung juristischer Personen vor allem aus Gründen der Publizität erforderlich ist, denn deren Existenz darf im Interesse des Rechtsverkehrs keinem Zweifel unterliegen.

Unter dieser Prämisse begegnen die Rechtsfolgenanordnungen der Landesstiftungsgesetze aus ähnlichen Gründen Bedenken wie bei der Zusammenlegung durch Organbeschluss.[893] Denn die Voraussetzungen der Zusammenlegung und damit auch die Voraussetzungen für die Entstehung der neuen Stiftung sind erst erfüllt, wenn alle zuständigen Aufsichtsbehörden hinsichtlich aller zusammenzu-

---

889 Seifart/v. Campenhausen/*Hof,* Stiftungsrechts-Handbuch, § 10 Rn. 369, der außerdem zu Recht darauf hinweist, dass sich so das Risiko späterer Rechtsstreitigkeiten zwischen Stiftung und Aufsichtsbehörde minimieren lasse.

890 Vgl. § 3 C I 6.

891 *O. Werner,* in: O. Werner/Saenger, Die Stiftung, Rn. 371; *K. Schmidt,* in: v. Campenhausen u. a., Stiftungen in Deutschland und Europa, S. 231, 233; Soergel/*Hadding,* BGB, Vor § 21 Rn. 5.

892 Art. 8 Abs. 3 S. 2 StiftG Bay, § 9 Abs. 1 S. 2 Hs. 2 i. V. mit § 8 Abs. 3 StiftG Bre, § 8 Abs. 1 S. 3 StiftG Nds, § 8 S. 4 i. V. mit § 7 Abs. 4 S. 1 StiftG Saar, § 6 Abs. 1 S. 4 StiftG SH, § 11 Abs. 2 S. 2 StiftG Th.

893 Siehe § 3 C II 2 b aa.

legenden Stiftungen gleichgerichtete Entscheidungen getroffen haben. Die neue Stiftung kann damit – anders als es die genannten Stiftungsgesetze vorsehen – frühestens dann entstehen, wenn der letzte auf die Zusammenlegung gerichtete Verwaltungsakt durch Bekanntgabe wirksam geworden ist. Dies zu prüfen, kann dem Rechtsverkehr schlechterdings nicht zugemutet werden.

Um Klarheit über die Existenz der aus der Zusammenlegung hervorgehenden Stiftung zu schaffen, bedarf es daher – über die Anordnung der Zusammenlegung hinaus – eines besonderen staatlichen Konstitutivakts. Insoweit stimmt die Interessenlage mit derjenigen bei originärer Stiftungserrichtung überein. Die neue Stiftung entsteht daher in teilanaloger Anwendung des § 80 Abs. 1 BGB erst mit ihrer staatlichen Anerkennung.[894]

2. Voraussetzungen

Die behördliche Zuständigkeit für die Anerkennung richtet sich nach dem Recht des Landes, in dem die neue Stiftung ihren Sitz haben soll (vgl. § 80 Abs. 1 BGB). Hinsichtlich der Anerkennungsvoraussetzungen gilt die auf die originäre Stiftungserrichtung zugeschnittene Vorschrift des § 80 Abs. 2 BGB wiederum nur mit gewissen Modifikationen, für deren Einzelheiten das zur Zusammenlegung durch Organbeschluss Gesagte entsprechend gilt.[895] Gegenstand der von der Anerkennungsbehörde vorzunehmenden Prüfung ist danach zunächst, ob die erforderlichen, auf die Zusammenlegung gerichteten Verwaltungsakte ergangen und dauerhaft wirksam, also in Bestandskraft erwachsen sind.[896]

Die neue Stiftung erhält ihre Satzung entgegen § 80 Abs. 2 BGB nicht durch ein Stiftungsgeschäft, sondern durch Verwaltungsakt, dessen durch die Anerkennungsbehörde insoweit zu überprüfender (Mindest-) Inhalt sich aus § 81 Abs. 1 S. 3 BGB ergibt. Unzweifelhaft ist, dass der Stiftungszweck der neuen Stiftung das Gemeinwohl nicht gefährden darf (§ 80 Abs. 2 letzter Satzteil BGB). Dagegen eröffnet die Formulierung, die dauernde und nachhaltige Erfüllung des Stiftungszwecks müsse gesichert erscheinen, der Anerkennungsbehörde nach zutreffender Ansicht keinen eigenen Prognosespielraum, sondern nur eine gerichtlich überprüfbare Grenzkontrolle. Die zuständige Behörde darf die Anerkennung daher nur ausnahmsweise dann verweigern, wenn das infolge der Zusammenlegung zur Verfügung stehende Vermögen selbst unter Berücksichtigung verlässlich zu erwartender Spenden und Zustiftungen im Hinblick auf den

---

894 A. A. *Fritsche*, in: O. Werner/Saenger, Die Stiftung, Rn. 742.
895 Vgl. § 3 C II 2 b.
896 Seifart/v. Campenhausen/*Hof*, Stiftungsrechts-Handbuch, § 10 Rn. 370; *Lehmann*, StiftG SH, § 6 Anm. 5.

zu verfolgenden Zweck offenkundig und nicht nur vorübergehend unzureichend ist.[897]

D. Rechtsfolgen

Auf der Rechtsfolgenseite setzt die Zusammenlegung durch Hoheitsakt wie ihr stiftungsintern initiiertes Pendant ebenfalls ein Dreifaches voraus: die Entstehung der neuen Stiftung, die Übertragung der Stiftungsvermögen und das Erlöschen der zusammengelegten Stiftungen.

Der zeitliche Ablauf ist durch die tatbestandlichen Voraussetzungen der jeweiligen behördlichen Anordnungen vorgegeben: Denn wiederum darf die Anerkennung der neuen Stiftung erst erteilt werden, wenn die an die zusammenzulegenden Stiftungen gerichteten Verfügungen wirksam und bestandskräftig sind. Folglich treten die Rechtsfolgen der Zusammenlegung im Übrigen bereits ein, sind aber im Hinblick auf die Entstehung der neuen Stiftung gehemmt. Denn erst mit ihrer Entstehung kann das Vermögen der zusammenzulegenden Stiftungen auf sie übergehen und können die zusammenzulegenden Stiftungen erlöschen. Daraus ergibt sich für den Regelfall als zeitliche Abfolge:

(1) Auflösung der zusammenzulegenden Stiftungen,

(2) Entstehung der neuen Stiftung,

(3) Übergang der Stiftungsvermögen,

(4) Erlöschen der zusammengelegten Stiftungen.

I. Pflichtgebundene Entscheidung oder Ermessen

Sowohl die Landesstiftungsgesetze als auch § 87 Abs. 1 BGB scheinen die Entscheidung über die Zusammenlegung in das behördliche Ermessen zu stellen („kann"). Der Umstand, dass die Stiftungsaufsicht Rechtsaufsicht ist, steht (pflichtgemäßen) Ermessensentscheidungen zwar nicht von vornherein entgegen. Ist die Stiftung eindeutig vermögenslos und die Zweckverfolgung daher unmöglich, so ist die Aufsichtsbehörde aber zum Schutze sowohl des Stifterwillens, der sonst leerliefe, als auch des Rechtsverkehrs[898] zum Einschreiten verpflichtet. Das „kann" in § 87 Abs. 1 BGB bzw. in den auf die Vorschrift verwei-

---

897 Vgl. bereits § 3 C II 2 b bb.

898 Zur vergleichbaren Rechtslage im Gesellschaftsrecht (§ 394 FamFG) Oetker/*Preuß*, HGB, § 8 Rn. 157 ff.

senden Bestimmungen der Landesstiftungsgesetze ist mithin als „muss" zu lesen.[899] Ein gewisser, gerichtlich überprüfbarer Spielraum steht der Aufsichtsbehörde nur bei der Beurteilung zu, ob eine die weitere Zweckverfolgung hindernde Vermögenslosigkeit tatsächlich eingetreten ist. Schreitet die Aufsichtsbehörde ein, so ist sie nach dem Verhältnismäßigkeitsprinzip verpflichtet, das mildeste Mittel zu ergreifen.[900] Als solches wird regelmäßig neben der Zusammenlegung die Zulegung in Betracht kommen. Zwischen beiden muss die Aufsichtsbehörde dann gegebenenfalls nach pflichtgemäßem Ermessen auswählen.[901] Auf die dabei maßgeblichen Gesichtspunkte wurde bereits eingegangen.[902]

Eigene, gerichtlich nur begrenzt überprüfbare Ermessenserwägungen darf die Aufsichtsbehörde damit nur für die Ausgestaltung der neuen Stiftungssatzung anstellen, soweit deren Inhalt nicht durch Maßgaben der Stifter determiniert ist. Die Aufsichtsbehörde hat dann diejenige Regelung zu treffen, die ihr – unter Berücksichtigung der von den Stiftungsorganen gegebenenfalls vorgetragenen Gesichtspunkte – für die Erfüllung des Stiftungszwecks am sachgerechtesten erscheint.

In der Frage der Anerkennung steht der zuständigen Behörde ausweislich des § 80 Abs. 2 BGB kein Ermessen zu. Liegen die Voraussetzungen für die Errichtung der Stiftung vor, so ist die Anerkennung zu erteilen.

II. Auflösung der zusammenzulegenden Stiftungen und Entstehung der neuen Stiftung

Die zusammenzulegenden Stiftungen sind mit Wirksamwerden der an sie adressierten und auf ihr Erlöschen sowie den Vermögensübergang auf die neue Stiftung gerichteten Verwaltungsakte aufgelöst, aber noch nicht erloschen. Abweichend von den Bestimmungen mancher Landesstiftungsgesetze entsteht die neue Stiftung nicht zeitgleich, sondern erst mit Wirksamwerden der analog § 80 Abs. 2 BGB erforderlichen Anerkennung.[903]

---

899 *Reuter*, in: Münchener Kommentar zum BGB, § 87 Rn. 2.
900 Zur Maßgeblichkeit des Stifterwillens insoweit bereits § 5 B III 2 b bb (2).
901 Seifart/v. Campenhausen/*Hof*, Stiftungsrechts-Handbuch, § 10 Rn. 365.
902 Vgl. § 3 C I 5 entsprechend.
903 Vgl. im Übrigen § 3 D II, III.

III. Übergang der Stiftungsvermögen

1. Anwendbarkeit des § 88 BGB

Wie die Vorschrift des § 88 BGB, die den Verbleib des Vermögens einer aufzulösenden Stiftung regelt, für die organseitig initiierte Zusammenlegung gilt, findet sie auch auf die entsprechende hoheitliche Maßnahme Anwendung. Eine teleologische Reduktion lässt sich nicht begründen, sondern im Gegenteil ist die nach den § 88 S. 3 i. V. mit §§ 47 bis 53 BGB grundsätzlich durchzuführende Liquidation aus Gründen des Gläubigerschutzes geboten.[904] Daraus folgt, dass das Stiftungsvermögen dem nach der Satzung, hilfsweise nach Landesrecht Berechtigten anfällt (§ 88 S. 1 und 2 BGB). Wie sich dieser Vermögensanfall vollzieht, bestimmt § 88 S. 3 BGB unter Verweis auf die §§ 46 bis 53 BGB.

2. Anfallberechtigung der neuen Stiftung

Wenngleich die behördliche Anordnung der Zusammenlegung einen Vermögensübergang von den zusammenzulegenden Stiftungen auf die neue Stiftung bezweckt, ist dies mithin nur möglich, sofern diese nach den Satzungen oder – hilfsweise – nach Landesrecht als Anfallberechtigte bestimmt ist.

Vorauszuschicken ist, dass eine vom Stifter für den Fall der endgültigen Auflösung der Stiftung getroffene Anfallberechtigung, wie bereits dargelegt wurde, nach dem mutmaßlichen Willen des Stifters die Möglichkeit der Zusammenlegung nicht konterkarieren soll und daher regelmäßig nicht eingreift.[905] Da eine Satzungsregelung, die für den Fall der *hoheitlichen* Zusammenlegung den Vermögensanfall an die von Behördenhand geschaffene Stiftung ausdrücklich vorsieht, in der Praxis freilich kaum vorkommen dürfte, wird die Frage hier besonders virulent, ob die Anfallberechtigung dieser Stiftung möglicherweise durch Auslegung der Satzung bzw. des Stifterwillens ermittelt werden kann. Nach der Systematik des § 88 BGB – namentlich dem Zusammenspiel der Sätze 1 und 2 – wird man hierfür indes konkrete Anhaltspunkte verlangen müssen. Allein der Umstand, dass die Zusammenlegung mit dem mutmaßlichen Stifterwillen vereinbar ist, genügt jedenfalls nicht.[906]

Das von § 88 S. 2 BGB hilfsweise in Bezug genommene Landesrecht muss den Anfallberechtigten nicht konkret bezeichnen; es genügt seine abstrakte Um-

---

904 Vgl. § 3 D IV 1 a.
905 A. A. *Saenger*, ZSt 2007, 81, 83; im Ergebnis wie hier Seifart/v. Campenhausen/*Hof*, Stiftungsrechts-Handbuch, § 10 Rn. 367.
906 Dazu schon § 3 D IV 1 b bb.

schreibung.[907] Dementsprechend ist in den Regelungen des Landesrechts, die im Kontext der hoheitlichen Zusammenlegung einen Vermögensübergang auf die neue Stiftung ausdrücklich anordnen,[908] zugleich die gesetzliche Anfallberechtigung der neu errichteten Stiftung enthalten. Für die Landesstiftungsgesetze, in denen zwar die Möglichkeit der hoheitlichen Zusammenlegung, nicht aber der Vermögensübergang ausdrücklich angesprochen ist, ist im Ergebnis nicht anders zu entscheiden. Denn die Zusammenlegung setzt den Vermögensübergang auf die neue Stiftung begriffsnotwendig voraus. Indem die Stiftungsgesetze die Aufsichtsbehörde zur Zusammenlegung ermächtigen, ordnen sie mithin implizit zugleich die gesetzliche Anfallberechtigung der aus der Zusammenlegung entstandenen Stiftung an.[909]

3. Anfallberechtigung des Fiskus

Enthält das einschlägige Stiftungsgesetz jedoch keine Rechtsgrundlage für die hoheitliche Zusammenlegung, so versagt auch dieser Begründungsansatz für die Anfallberechtigung der Stiftung. Stattdessen greift dann § 88 S. 2 Var. 2 BGB ein, wonach das Vermögen einer aufgelösten Stiftung an den Landesfiskus fällt. Damit ist ein für die Zusammenlegung erforderlicher Vermögensübergang auf die neue Stiftung indes keineswegs ausgeschlossen, ist der Fiskus doch gemäß §§ 88 S. 3, 46 S. 2 BGB gehalten, das ihm angefallene Vermögen in einer dem Stiftungszweck entsprechenden Weise zu verwenden. Zwar ist ihm hierbei ein gewisser Ermessensspielraum zuzugestehen.[910] Ist Auflösungsgrund jedoch die beabsichtigte Zusammenlegung, die eine fortdauernde Zweckverfolgung in einer Weise ermöglicht, die den Vorstellungen des Stifters ersichtlich am nächsten kommt, so bleibt für ein Ermessen kein Raum. Der Fiskus ist daher bei einem „auf Null" reduzierten Ermessen verpflichtet, das erlangte Vermögen in die neu errichtete Stiftung einzubringen.[911]

4. Gesamtrechtsnachfolge

Im Falle des § 88 S. 3 i. V. mit § 46 S. 1 BGB ist der Fiskus Gesamtrechtsnachfolger des Stiftungsvermögens (§§ 1922 Abs. 1, 1967 BGB). Einige Landesstiftungsgesetze sehen diese Universalsukzession des Weiteren auch für die hoheit-

---

907   Vgl. § 3 D IV 1 b cc.
908   § 14 Abs. 3 S. 3 i. V. mit Abs. 2 S. 4 StiftG BW, § 8 S. 4 i. V. mit § 7 Abs. 4 S. 2 StiftG Saar, § 6 Abs. 1 S. 5 StiftG SH.
909   Vgl. § 3 D IV 1 b cc.
910   Palandt/Ellenberger, BGB, § 46 Rn. 1.
911   In diesem Sinne wohl auch Karper, BWVP 1994, 275, 278; Saenger, ZSt 2007, 81, 83.

liche Zusammenlegung zugunsten der neu errichteten Stiftung ausdrücklich vor.[912] Diesbezüglich steht allerdings erneut die Gesetzgebungskompetenz der Länder in Frage. Zweifel gründen insbesondere darauf, dass die Zuordnung des Stiftungsvermögens und seine Übertragung ein Regelungsgegenstand des Stiftungsprivatrechts ist, das nach Art. 74 Abs. 1 Nr. 1 GG in die konkurrierende Gesetzgebungskompetenz des Bundes fällt. Von dieser hat der Bund mit den §§ 80 ff. BGB in erschöpfender Weise Gebrauch gemacht.[913] Da weder der Vermögensübergang selbst noch die hoheitliche Zusammenlegung Gegenstände der Stiftungsverfassung sind, lässt sich eine Regelungsbefugnis der Länder auch nicht auf die Vorschrift des § 85 BGB stützen.

Gleichwohl lassen sich die Gedanken, die dafür sprechen, die Anordnung der Gesamtrechtsnachfolge im Rahmen der Zusammenlegung durch Organbeschluss als nach § 85 BGB von der Gesetzgebungskompetenz der Länder gedeckt anzusehen, an diese Stelle übertragen. Wie für die organseitig initiierte gilt nämlich auch für die hoheitliche Zusammenlegung, dass sie den vollständigen Übergang der Stiftungsvermögen auf die neue Stiftung voraussetzt. Im Rahmen der Einzelrechtsübertragung den erforderlichen Konsens mit den Vertragspartnern respektive Gläubigern zu erzielen, kann sich indes als problematisch erweisen. Die aus Sicht der Aufsichtsbehörde gebotene hoheitliche Maßnahme würde dann unter Umständen deshalb scheitern oder zumindest verzögert, weil zunächst Einvernehmen über die Einzelheiten des Vermögensübergangs hergestellt werden müsste. Die Gesamtrechtsnachfolge, die solche Hemmnisse abbaut, erweist sich daher als notwendig, damit die Zusammenlegung überhaupt ein wirksames Instrument repressiven Aufsichtshandelns darstellen kann. Ihre Anordnung ist damit als Annexregelung zur hoheitlichen Zusammenlegung von der Gesetzgebungskompetenz der Länder für das öffentliche Stiftungsrecht umfasst, weil die gesetzlichen Regelungen, die die Zusammenlegung als Aufsichtsmittel vorsehen, ihren Zweck sonst verfehlten.

Sofern das einschlägige Landesstiftungsgesetz die Aufsichtsbehörde explizit zur Zusammenlegung ermächtigt, ohne aber die Gesamtrechtsnachfolge ausdrücklich anzuordnen, folgt die Universalsukzession, wie bereits an früherer Stelle ausführlich dargelegt wurde,[914] aus dem Sinn und Zweck dieser Vorschriften. Gegenüber der Zusammenlegung durch Organbeschluss kommt der schon zur Frage der Gesetzgebungskompetenz angesprochene Gedanke hinzu, dass der Gesetzgeber die Realisierbarkeit der hoheitlich verfügten Zusammenlegung

---

912 § 14 Abs. 3 S. 3 i. V. mit Abs. 2 S. 4 StiftG BW, § 8 S. 4 i. V. mit § 7 Abs. 4 S. 2 StiftG Saar, § 6 Abs. 1 S. 4 StiftG SH.
913 Vgl. § 3 B III 1 a.
914 Dazu § 3 D IV 2 b cc.

kaum von der Mitwirkung der Gläubiger und Vertragspartner der Stiftung abhängig machen wollte.

Hinsichtlich der Rechtsfolgen der Universalsukzession gilt im Wesentlichen das zur organseitig initiierten Zusammenlegung Gesagte. Hervorzuheben ist allerdings, dass die Arbeitnehmerschutzvorschrift des § 613a BGB, die auf den Übergang eines Betriebs oder Betriebsteils durch Rechtsgeschäft abstellt, auf die behördlich durch Verwaltungsakt verfügte Zusammenlegung keine Anwendung findet.

5. Einzelrechtsübertragung

Sofern eine Rechtsgrundlage für die hoheitliche Zusammenlegung – wie in Berlin, Brandenburg, Nordrhein-Westfalen, Rheinland-Pfalz, Sachsen, Sachsen-Anhalt sowie Hamburg, Hessen und Mecklenburg-Vorpommern[915] – hingegen gänzlich fehlt, erwirbt zunächst der Landesfiskus das Vermögen zwar als Gesamtrechtsnachfolger der zusammenzulegenden Stiftungen. Für eine Universalsukzession der neu errichteten Stiftung mangelt es aber an einer rechtlichen Grundlage, so dass der Fiskus das ihm angefallene Vermögen im Wege der Einzelrechtsübertragung nach den jeweiligen privatrechtlichen Vorschriften auf die Stiftung übertragen muss.[916] Ein davon umfasster Betrieb oder Betriebsteil geht folglich durch Rechtsgeschäft über, so dass § 613a BGB Anwendung findet.

IV. Erlöschen der zusammengelegten Stiftungen

Die zusammengelegten Stiftungen erlöschen ipso iure, wenn sie nach Übergang ihrer Vermögen vollständig vermögenslos sind.[917]

§ 6. Zulegung durch Hoheitsakt

A. Bestandsaufnahme der gesetzlichen Regelungen

Die hoheitliche Zulegung ist weder im Bundesrecht noch – von drei Ausnahmen abgesehen – im Landesrecht angesprochen; lediglich die Stiftungsgesetze Bayerns, Schleswig-Holsteins und Thüringens sehen die hoheitliche Zulegung vor. Nach bayerischem und thüringischem Recht kann eine Stiftung, bei der eine der

---

915 Vgl. § 5 B II 2.
916 Zu den Einzelproblemen § 3 D IV 4.
917 Vgl. § 3 D V.

Voraussetzungen des § 87 Abs. 1 BGB vorliegt, einer anderen zugelegt werden, wenn diese zustimmt und die Erfüllung ihres Zwecks nicht beeinträchtigt wird (Art. 8 Abs. 4 S. 2 StiftG Bay, § 11 Abs. 3 StiftG Th).

Das schleswig-holsteinische Recht regelt die Voraussetzungen der hoheitlichen Zulegung hingegen analog zur Zusammenlegung und ermächtigt das Innenministerium, Stiftungen mit im Wesentlichen gleichartigen Zwecken durch Zulegung zu verbinden, wenn die Voraussetzungen des § 87 Abs. 1 BGB vorliegen (§ 6 Abs. 1 S. 2 Nr. 1 StiftG SH). Gemäß § 6 Abs. 1 S. 3 StiftG SH erlöschen die zugelegten Stiftungen mit der Zulegung, zugleich geht ihr Vermögen auf die andere Stiftung über (§ 6 Abs. 1 S. 5 StiftG SH). Nach § 6 Abs. 2 S. 1 StiftG SH ergehen die Maßnahmen schriftlich und im Benehmen mit dem fachlich zuständigen Ministerium. Die Vorstände sowie zu seinen Lebzeiten der Stifter sollen zuvor gehört werden (§ 6 Abs. 2 StiftG SH).

B. Rechtsgrundlage

I. Erfordernis einer Rechtsgrundlage

Die Zulegung führt zwangsläufig zum Erlöschen der zugelegten Stiftung und greift damit zumindest in ihre allgemeine Handlungsfreiheit aus Art. 2 Abs. 1 i. V. mit Art. 19 Abs. 3 GG ein. Anders als die zuzulegende erlischt die aufnehmende Stiftung infolge der Zulegung nicht, sondern besteht fort. Der Eindruck, die aufnehmende Stiftung werde durch das ihr infolge der Zulegung anfallende Vermögen lediglich begünstigt, so dass es einer Rechtsgrundlage insofern nicht bedürfte, geht aber fehl. Vielmehr setzt die Zulegung bei der aufnehmenden Stiftung – darin unterscheidet sie sich von der Zustiftung – stets eine Anpassung ihrer Satzung voraus. Auch für die aufnehmende Stiftung bedeutet die Zulegung also einen Eingriff in die allgemeine Handlungsfreiheit (Art. 2 Abs. 1 i. V. mit Art. 19 Abs. 3 GG). Nach dem Vorbehalt des Gesetzes[918] bedarf die Anordnung der Zulegung als belastender Verwaltungsakt[919] mithin sowohl gegenüber der zuzulegenden Stiftung als auch gegenüber der aufnehmenden Stiftung einer gesetzlichen Grundlage. Eine Ermächtigung in der Satzung reicht nicht aus.[920]

---

918 Zu ihm *Jarass*/Pieroth, GG, Art. 20 Rn. 44 f.
919 Definition bei *Maurer*, Allgemeines Verwaltungsrecht, § 9 Rn. 48.
920 Dazu § 5 B IV; siehe aber auch § 6 C III 5 zur Kombination von Zulegung durch Hoheitsakt und Zulegung durch Organbeschluss.

II. Rechtsgrundlage im Landesrecht

Die Gesetzgebungskompetenz für das öffentliche Stiftungsrecht und mithin für die gesetzliche Ermächtigung der Stiftungsbehörden zu repressiven Aufsichtsmaßnahmen liegt gemäß Art. 70 Abs. 1 GG bei den Ländern. Daher ist zunächst das Landesrecht daraufhin zu untersuchen, ob es eine Rechtsgrundlage für die hoheitliche Zulegung enthält.

1. Ausdrückliche gesetzliche Regelung

Eine ausdrückliche Regelung hat die hoheitliche Zulegung nur in Art. 8 Abs. 4 StiftG Bay, § 6 Abs. 1 StiftG SH und § 11 Abs. 3 StiftG Th gefunden, die die zuständige Behörde zur Anordnung der Zulegung ermächtigen. Allerdings ist zu berücksichtigen, dass Art. 8 Abs. 4 S. 1 StiftG Bay und § 11 Abs. 3 S. 1 StiftG Th der Aufsichtsbehörde eine solche Befugnis nur gegenüber der zuzulegenden Stiftung einräumen, während es seitens der aufnehmenden Stiftung darauf ankommt, ob diese der Zulegung zustimmt (Art. 8 Abs. 4 S. 2 StiftG Bay, § 11 Abs. 3 S. 2 StiftG Th).

2. Rechtsgrundlage durch Auslegung oder Rechtsfortbildung

Darüber hinaus stellt sich die Frage, ob sich eine Rechtsgrundlage durch Auslegung oder Rechtsfortbildung der vorhandenen, wenn auch ihrem Wortlaut nach lediglich zur hoheitlichen Zusammenlegung ermächtigenden Regelungen begründen lässt. Eine dahingehende Auslegung ist im Falle von § 14 Abs. 3 StiftG BW anzuerkennen. Zwar spricht das Gesetz im ersten Satz ausdrücklich von „zusammenlegen", konkretisiert dies jedoch im Folgesatz dahin, dass die Stiftungsbehörde der neuen Stiftung eine Satzung gebe oder die Satzung der aufnehmenden (sic!) Stiftung ändere. Damit ist erkennbar auch die Zulegung von § 14 Abs. 3 StiftG BW umfasst.

Soweit die Landesstiftungsgesetze im Übrigen die Zusammenlegung durch Hoheitsakt vorsehen, fehlen jedoch Anhaltspunkte, die eine solche Auslegung rechtfertigen könnten. Die damit allenfalls in Betracht kommende analoge Anwendung der Vorschriften über die hoheitliche Zusammenlegung setzt neben einer übereinstimmenden Interessenlage, die hier durchaus naheliegt,[921] eine hinsichtlich des nicht normierten Falles planwidrige Regelungslücke voraus. Sofern der Gesetzgeber zumindest die hoheitliche Zusammenlegung als eine Möglichkeit der aufsichtsbehördlich zu veranlassenden Stiftungsfusion ausdrücklich geregelt hat, ist eine solche Regelungslücke jedoch unter historischen wie teleo-

---

921 Vgl. Soergel/*Neuhoff*, BGB, § 87 Rn. 5.

logischen Gesichtspunkten nicht nachweisbar.[922] Vielmehr ist anzunehmen, dass die Landesgesetzgeber die Zulegung bewusst nicht geregelt haben. Die Zulegung lässt sich damit nicht mittels Analogieschlusses auf die für die Zusammenlegung bestehende Rechtsgrundlage stützen.[923]

Nur in den Stiftungsgesetzen Baden-Württembergs, Bayerns, Schleswig-Holsteins und Thüringens existieren mithin Rechtsgrundlagen für eine Zulegung durch Hoheitsakt.

III. Rechtsgrundlage im Bundesrecht

Konsequenterweise scheidet auch eine analoge Anwendung des § 87 Abs. 1 BGB hinsichtlich der hoheitlichen Zulegung mangels Regelungslücke aus, sofern die hoheitliche Zusammenlegung im Landesrecht geregelt ist.

Nur wenn der Landesgesetzgeber eine Zusammenführung von Stiftungen durch Hoheitsakt – und sei es auch in der irrigen Annahme, § 87 BGB enthalte insoweit eine abschließende Regelung[924] – überhaupt nicht vorgesehen hat,[925] besteht eine Regelungslücke, die regelmäßig durch analoge Anwendung des § 87 Abs. 1 BGB auszufüllen ist. Es gilt das zur Zusammenlegung Gesagte: Wenn sich aus dem Stifterwillen nicht ausnahmsweise etwas anderes ergibt, so stellt sich die Zulegung, bei der zwar die zuzulegende Stiftung als Rechtsperson erlischt, die für die Stiftung konstitutive Vermögen-Zweck-Beziehung aber aufrechterhalten bleibt, als gegenüber Zweckänderung und Aufhebung milderes Mittel dar.[926] Unter diesen Umständen ist die zuständige Behörde, wenn die Voraussetzungen des § 87 Abs. 1 BGB vorliegen, erst recht befugt, die Zulegung anzuordnen.

C. Voraussetzungen

Die Zulegung wird durch Verwaltungsakte im Sinne des § 35 S. 1 VwVfG verfügt, die an die aufnehmende und an die zuzulegende Stiftung zu richten sind.[927]

---

922   Vgl. § 4 B III 3 b.
923   A. A. Soergel/*Neuhoff*, BGB, § 87 Rn. 5.
924   Vgl. *Reuter*, in: Münchener Kommentar zum BGB, § 87 Rn. 15.
925   So in Berlin, Brandenburg, Hessen, Mecklenburg-Vorpommern, Nordrhein-Westfalen, Rheinland-Pfalz, Sachsen und Sachsen-Anhalt.
926   Im Einzelnen § 5 B III 2.
927   Näher § 5 C I 1.

I. Auswahl von aufnehmender und zuzulegender Stiftung

Bevor die Zulegung aber verfügt werden kann, ist Klarheit darüber herzustellen, welche Stiftung als zuzulegende und welche als aufnehmende fungiert. Da sich – jedenfalls – die Rechtsfolgen der Zulegung je nachdem unterscheiden, welche Rolle eine Stiftung übernimmt, muss die behördliche Anordnung in dieser Hinsicht eindeutig sein. Als Kriterium für die Auswahl der aufnehmenden respektive der zuzulegenden Stiftung hat sich die zuständige Aufsichtsbehörde in erster Linie an den jeweiligen Satzungsvorgaben und damit an dem Stifterwillen zu orientieren. Sieht die Satzung einer Stiftung beispielsweise vor, dass sie im Falle einer Zulegung ausschließlich aufnehmender Rechtsträger sein darf, so ist auch die Aufsichtsbehörde daran gebunden. Eine dahingehende, für die Aufsichtsbehörde verbindliche Satzungsregelung kann auch darin liegen, dass die Stiftungsorgane eine Zulegung nur beschließen dürfen, wenn die Stiftung dabei als aufnehmende fungiert. Denn für die Entscheidung der Aufsichtsbehörde dürfte im Zweifel nichts anderes gelten.

Beispiel:

„Ist eine wesentliche Veränderung der Verhältnisse eingetreten, so kann der Vorstand einstimmig beschließen, dass die Stiftung durch Zulegung eine andere Stiftung aufnimmt."

Fehlt eine entsprechende Äußerung des Stifters, steht der Aufsichtsbehörde ein Ermessensspielraum zu, den sie pflichtgemäß, also unter Berücksichtigung aller relevanten Gesichtspunkte ausfüllen muss. Ein besonderes Augenmerk ist dabei darauf zu richten, Aufwand und Kosten der Zulegung, die den Stiftungen zur Last fallen, möglichst gering zu halten. Daher ist die Aufsichtsbehörde, jedenfalls wenn sich der Vermögensübergang nicht durch Gesamtrechtsnachfolge vollzieht, zur Vermeidung unnötigen Transaktionsaufwands regelmäßig gehalten, als aufnehmende Stiftung diejenige zu bestimmen, deren Vermögen aufwendiger und somit kostspieliger zu übertragen wäre.

Sind sachliche Gründe dafür, welche Stiftung als aufnehmende und welche als zuzulegende fungiert, nicht erkennbar, so ist fraglich, ob die Aufsichtsbehörde nach eigenem Gutdünken entscheiden darf. Dagegen könnte der Einwand erhoben werden, dass jede Entscheidung einer sachlichen Rechtfertigung entbehrte und damit eine nach Art. 3 Abs. 1 GG zu beurteilende willkürliche Ungleichbehandlung darstellte. Eine behördlich angeordnete Fusion könnte in dieser Konstellation demnach nur im Wege der Zusammenlegung statthaft sein. Dieser Überlegung ist allerdings entgegenzuhalten, dass sich die Auswirkungen der Zulegung für die aufnehmende Stiftung einerseits und für die zuzulegende Stiftung andererseits im Hinblick auf die Vermögen-Zweck-Beziehungen, die bei beiden

Stiftungen fortbestehen, nicht unterscheiden und ihre Rechtsfolgen daher bei wertender Betrachtung vergleichbar sind. Insbesondere ist der Fortbestand der aufnehmenden Stiftung so gesehen nicht mehr als das rechtstechnische Vehikel zur Realisierung der angestrebten Stiftungsfusion. Mithin kann schon von einer im Hinblick auf Art. 3 Abs. 1 GG relevanten Ungleichbehandlung nicht ausgegangen werden. Damit ist die Entscheidung, welche Stiftung als aufnehmende, welche als zuzulegende fungiert, in dieser Konstellation ins freie Ermessen der Aufsichtsbehörde gestellt.

II. Formelle Voraussetzungen

Hinsichtlich der formellen Voraussetzungen ist zunächst auf die Ausführungen zur hoheitlichen Zusammenlegung zu verweisen.[928] Insbesondere gilt auch hier, dass zuständig für die Anordnung der Zulegung die jeweils aufsichtführende, in Bayern nach Art. 8 Abs. 5 StiftG Bay die Anerkennungsbehörde ist. Unterliegen zuzulegende und aufnehmende Stiftung der Aufsicht verschiedener Behörden, so sind diese nebeneinander zuständig. Denn eine Rechtsvorschrift, die – vor allem im Falle bundesländerübergreifender Zulegungen – die Zuständigkeit bei einer Aufsichtsbehörde konzentriert, gibt es (mit teilweiser Ausnahme von § 6 Abs. 1 StiftG SH) nicht. Dementsprechend bleibt es bei den allgemeinen Zuständigkeitsregeln. Sind danach mehrere Behörden zuständig, müssen sie durch entsprechende Abstimmung im Vorfeld sicherstellen, gleichgerichtete Entscheidungen zu treffen.

III. Materielle Voraussetzungen

1. Vereinbarkeit mit dem Stifterwillen

Die Zulegung durch Hoheitsakt ist nur unter der Voraussetzung zulässig, dass die bei allen beteiligten Stiftungen zu berücksichtigenden Stifterwillen nicht entgegenstehen.[929] Wie stets braucht der Stifter allerdings seinen widersprechenden Willen nicht ausdrücklich erklärt zu haben, sondern es genügt, wenn der durch Auslegung zu ermittelnde Stifterwille dies ergibt.[930]

---

928 Vgl. § 5 C I 2.
929 Vgl. § 5 C I 3 a.
930 Dazu im Einzelnen § 3 C I 4 b.

2. Voraussetzungen des § 87 Abs. 1 BGB

Die Zulegung ist unabhängig davon, ob sie auf den durchgängig auf § 87 Abs. 1 BGB verweisenden Regelungen der Landesstiftungsgesetze (Art. 8 Abs. 4 S. 1 StiftG Bay, § 14 Abs. 3 S. 1 StiftG BW, § 6 Abs. 1 S. 2 StiftG SH, § 11 Abs. 3 S. 1 StiftG Th) oder unmittelbar auf § 87 Abs. 1 BGB beruht, nur zulässig, wenn die Zweckverfolgung unmöglich ist oder das Gemeinwohl gefährdet. Hiervon weichen nur Art. 8 Abs. 4 S. 2 StiftG Bay und § 11 Abs. 3 S. 2 StiftG Th insofern ab, als hinsichtlich der aufnehmenden Stiftung stattdessen erforderlich ist, dass sie der Zulegung zustimmt und die Erfüllung ihres Zwecks durch die Zulegung nicht beeinträchtigt wird (dazu sogleich).

Dabei wird für die Zulegung überwiegend vorausgesetzt, dass die Voraussetzungen des § 87 Abs. 1 BGB bei sämtlichen Stiftungen, also sowohl bei der aufnehmenden als auch bei der zuzulegenden, erfüllt sind.[931] Dagegen wollen *Mecking* und *Schwake* es ausreichen lassen, dass die weitere Verfolgung des Stiftungszwecks bei der zuzulegenden Stiftung, nicht notwendig auch bei der aufnehmenden Stiftung unmöglich ist.[932] *Reuter* scheint danach differenzieren zu wollen, ob die Zulegung bei der aufnehmenden Stiftung zu einer Zweckänderung führt – was nur unter den Voraussetzungen des § 87 Abs. 1 BGB zulässig sei – oder nicht.[933] Die wiedergegebenen Auffassungen dürften auf der Prämisse beruhen, dass die Auswirkungen der Zulegung bei der zuzulegenden Stiftung einerseits und bei der aufnehmenden Stiftung andererseits von unterschiedlichem Gewicht seien. In dem Wortlaut einiger Landesstiftungsgesetze, die ausschließlich auf die zuzulegende Stiftung abstellen, scheint diese Sichtweise eine Stütze zu finden. Der zunächst naheliegenden Begründung, die Zulegung bedeute für die aufnehmende Stiftung, deren Rechtsfähigkeit erhalten bleibe,[934] in erster Linie einen Vermögenszuwachs und sei für sie deshalb von geringerem Gewicht, ist jedoch entgegenzutreten.[935] Denn die Zulegung unterscheidet sich gerade darin von der Zustiftung, dass sie neben dem Übergang des Vermögens der zuzulegenden Stiftung auf die aufnehmende Stiftung eine Verschmelzung auf organisatorischer Ebene bedingt, um das „soziale Fortwirken" beider Stiftungen

---

931 *Peters/Herms,* ZSt 2004, 323, 326; Staudinger/*Rawert,* BGB, § 87 Rn. 11; *Schiffer,* in: Anwaltkommentar zum BGB, § 87 Rn. 17; Seifart/v. Campenhausen/*Hof,* Stiftungsrechts-Handbuch, § 10 Rn. 357; *O. Schmidt,* in: Heidelberger Kommentar zum UmwG, § 161 Rn. 11.

932 *Mecking,* StiftG RhPf, § 8 Anm. 6; *Schwake,* Kapital und Zweckerfüllung, S. 572 f.

933 *Reuter,* in: Münchener Kommentar zum BGB, § 87 Rn. 17.

934 So *Schwake,* Kapital und Zweckerfüllung, S. 572.

935 Zu den Gründen schon § 4 B I 2.

und damit insbesondere der ihnen immanenten Vermögen-Zweck-Beziehungen sicherzustellen.

Die hoheitliche Zulegung kann damit hinsichtlich der aufnehmenden Stiftung nicht unter geringeren Voraussetzungen zulässig sein als sie es hinsichtlich der zuzulegenden Stiftung ist. Es ist ein Gebot der Wertungsrichtigkeit – und damit des Art. 3 Abs. 1 GG –, die behördlich veranlasste Zulegung de lege lata in beiden Fällen nur unter den Voraussetzungen des § 87 Abs. 1 BGB zuzulassen.

3. Vergleichbarkeit der Stiftungszwecke

Um eine Verwässerung der Stiftungszwecke zu vermeiden, ist eine hoheitliche Zulegung nur zulässig, wenn die Zwecke von aufnehmender und zuzulegender Stiftung wenigstens vergleichbar sind (vgl. Art. 8 Abs. 4 S. 2 StiftG Bay, § 6 Abs. 1 S. 2 StiftG SH, § 11 Abs. 3 S. 2 StiftG Th). Allerdings steht es der Aufsichtsbehörde frei, diese Vergleichbarkeit zuvor durch Zweckänderung herzustellen, wenn die Voraussetzungen dafür vorliegen.[936]

4. Änderung der Stiftungssatzung

Die Satzung der aufnehmenden Stiftung ist in der Weise abzuändern, dass sie die bisherigen Satzungen von zuzulegender und aufnehmender Stiftung inhaltlich miteinander in Einklang bringt. Der an die aufnehmende Stiftung adressierte Verwaltungsakt muss folglich vorsehen, welche Änderungen die Stiftungssatzung im Hinblick auf die Aufnahme der zuzulegenden Stiftung zu erfahren hat. Dabei gilt es, die Willen der Stifter der beteiligten Stiftungen prinzipiell gleichrangig – die zuzulegende darf der aufnehmenden Stiftung insbesondere nicht untergeordnet werden – und jeweils so weit wie möglich zu verwirklichen. Hinsichtlich der Einzelheiten ist auf die obigen Ausführungen zu verweisen.[937]

5. Sonderfall: Zustimmung der aufnehmenden Stiftung

Die Zulegung ist im Falle von Art. 8 Abs. 4 S. 2 StiftG Bay und § 11 Abs. 3 S. 2 StiftG Th darüber hinaus nur zulässig, wenn die aufnehmende Stiftung ihr zustimmt. Damit beschränkt sich die Kompetenz der Aufsichtsbehörde, die Zulegung anzuordnen, auf die Seite der zuzulegenden Stiftung, während hinsichtlich der aufnehmenden Stiftung ein korrespondierender Organbeschluss nötig ist. Der Sache nach werden so – was auch sonst denkbar ist – die hoheitliche Zulegung und die Zulegung durch Organbeschluss miteinander kombiniert. Rechts-

---

936 Vgl. im Übrigen § 5 C I 3 c.
937 Vgl. § 4 C I 2 c und § 3 C I 6 b.

grundlage für die Entscheidung des zuständigen Stiftungsorgans ist dann Art. 8 Abs. 4 S. 2 StiftG Bay oder § 11 Abs. 3 S. 2 StiftG Th. Die Zustimmung erteilen darf das Organ jedoch nur, wenn die formellen und materiellen Voraussetzungen der Zulegung durch Organbeschluss erfüllt sind.[938]

Vergleichbar mit der Rechtslage in Bayern und Thüringen vertreten *Ebersbach* und *Hof* allgemein die Auffassung, dass die Aufsichtsbehörde eine florierende Stiftung zwar nicht zur Aufnahme einer gefährdeten zwingen, jene sich aber „freiwillig" dazu bereiterklären könne.[939] Dem kann nur unter dem Vorbehalt beigetreten werden, dass die aufnehmende Stiftung der Zulegung, anders als das Wort „freiwillig" suggeriert, keineswegs autonom – es gilt der Vorbehalt des Stiftungsgeschäfts[940] –, sondern wiederum nur dann zustimmen darf, wenn die Voraussetzungen einer Zulegung durch Organbeschluss erfüllt sind.

D. Rechtsfolgen

Zum Vollzug der Zulegung ist rechtstechnisch ein Dreifaches erforderlich: die Änderung der Satzung bei der aufnehmenden Stiftung, der Übergang des Vermögens von der zuzulegenden auf die aufnehmende Stiftung und das Erlöschen der zugelegten Stiftung.

Der Eintritt der Rechtsfolgen ergibt sich wiederum aus den Voraussetzungen des behördlichen Handelns. Denn erst wenn die Satzungsänderung gegenüber der aufnehmenden Stiftung verfügt wurde und bestandskräftig ist, darf die Zulegung gegenüber der zuzulegenden Stiftung verfügt werden, die dadurch aufgelöst wird und deren Vermögen damit auf die aufnehmende Stiftung übergeht. Die zuzulegende Stiftung erlischt, sobald sie vermögenslos ist. Die zeitliche Abfolge stellt sich damit folgendermaßen dar:

(1) Satzungsänderung bei der aufnehmenden Stiftung,

(2) Auflösung der zuzulegenden Stiftung,

(3) Übergang des Stiftungsvermögens,

(4) Erlöschen der zugelegten Stiftung.

---

938 Dazu § 4 C.

939 *Ebersbach,* Handbuch des deutschen Stiftungsrechts, S. 528; Seifart/v. Campenhausen/*Hof,* Stiftungsrechts-Handbuch, § 10 Rn. 357.

940 Vgl. § 3 B IV 2 b.

I. Änderung der Stiftungssatzung

Die Satzung der aufnehmenden Stiftung ist mit Wirksamwerden (§ 43 VwVfG) des an sie gerichteten Verwaltungsakts, der die neugefasste Satzung enthält, geändert.

II. Auflösung der zuzulegenden Stiftung und Übergang ihres Vermögens

Die zuzulegende Stiftung wird mit Wirksamwerden (§ 43 VwVfG) des nach Eintritt der Bestandskraft der Satzungsänderung an sie gerichteten Verwaltungsakts sogleich aufgelöst. Ob und wie das Vermögen der zuzulegenden Stiftung auf die aufnehmende Stiftung übergeht, bestimmt sich nach § 88 BGB.[941] Aus § 14 Abs. 3 S. 3 i. V. mit Abs. 2 S. 4 StiftG BW und § 6 Abs. 1 S. 5 StiftG SH, die einen Vermögensübergang auf die neue Stiftung vorsehen, ergibt sich ihre Anfallberechtigung im Sinne von § 88 S. 2 Var. 2 BGB.[942] Entsprechendes folgt, da die Zulegung den Vermögensanfall an die aufnehmende Stiftung voraussetzt, implizit aus Art. 8 Abs. 4 S. 1 StiftG Bay und § 11 Abs. 3 S. 1 StiftG Th. Im Übrigen, soweit die hoheitliche Zulegung auf § 87 Abs. 1 BGB beruht, fehlt eine landesgesetzliche Regelung, aus der sich ein Vermögensanfall zugunsten der aufnehmenden Stiftung begründen ließe. Das Vermögen fällt dann gemäß § 88 S. 2 Var. 1 BGB zunächst an den Fiskus als Gesamtrechtsnachfolger (§§ 88 S. 3, 46 S. 1, 1922, 1967 BGB), der verpflichtet ist, das Vermögen an die aufnehmende Stiftung zu übertragen,[943] was mangels gesetzlicher Grundlage für eine Gesamtrechtsnachfolge die Übertragung der einzelnen Vermögensgegenstände nach den jeweils geltenden Vorschriften erfordert. Auf die damit verbundenen praktischen Unwägbarkeiten ist bereits hingewiesen worden.[944]

§ 14 Abs. 3 S. 3 i. V. mit Abs. 2 S. 4 StiftG BW und § 6 Abs. 1 S. 5 StiftG SH sehen für den Vermögensübergang auf die aufnehmenden Stiftung dagegen Universalsukzession vor.[945] Für Bayern und Thüringen, wo eine entsprechende Vorschrift fehlt, folgt dies aus dem Sinn und Zweck der Zulegung.[946]

---

941 Vgl. § 5 D III 1.
942 Zur Begründung siehe § 3 D IV 1 b cc.
943 Im Einzelnen § 5 D III 3.
944 Vgl. § 5 D III 5 und § 3 D IV 4.
945 Zur Gesetzgebungskompetenz § 5 D III 4.
946 Vgl. § 5 D III 4.

III. Erlöschen der zugelegten Stiftung

Die zuzulegende Stiftung erlischt, sobald sie vermögenslos,[947] ihr Vermögen also auf die aufnehmende Stiftung respektive (zunächst) auf den Fiskus übergegangen ist. Dies geschieht in beiden Fällen durch Gesamtrechtsnachfolge. Auflösung und Erlöschen trennt daher nur eine logische Sekunde.

---

947   Vgl. § 5 D IV.

4. Teil: Übergreifende Fragestellungen

Alle Arten der Stiftungszusammenführung werfen Fragen hinsichtlich der Publizität dieser Maßnahmen im Rechtsverkehr und hinsichtlich ihrer steuerlichen Auswirkungen auf, die im Folgenden in ihren Grundzügen behandelt werden.

§ 7. Publizität

Im Interesse der Rechtssicherheit und des Verkehrsschutzes müssen Zweifel sowohl am Bestand der zusammen- bzw. zugelegten Stiftungen als auch an der Rechtsgüterzuordnung vermieden werden.[948] Bei der Verschmelzung dient hierzu die konstitutive Registereintragung, die bekanntzumachen ist (§ 19 UmwG). Ein mit vergleichbarer Publizität und öffentlichem Glauben ausgestattetes Register gibt es für Stiftungen nicht. Die in allen Bundesländern lediglich informationshalber eingerichteten Stiftungsverzeichnisse müssen Angaben über die Zusammenführung bzw. das Erlöschen nur in Sachsen, Sachsen-Anhalt, Schleswig-Holstein und Thüringen aufnehmen.[949] Unabhängig davon ist jedoch im Rahmen der Zusammenlegung die neu errichtete Stiftung ins jeweilige Stiftungsverzeichnis einzutragen,[950] wobei ein Hinweis auf die zugrunde liegende Zusammenlegung zweckmäßig ist. Eintragungen ins Stiftungsverzeichnis entfalten nach überwiegender Ansicht zwar keinen Vertrauensschutz in die Richtigkeit oder Vollständigkeit der Eintragungen, stärken aber die Transparenz im Stiftungswesen und dienen damit der Sicherheit des Rechtsverkehrs.[951]

Darüber hinaus wird eine gewisse Publizität immerhin dadurch hergestellt, dass einige Landesstiftungsgesetze die Aufsichtsbehörden verpflichten, die Zusammenführung bzw. das mit ihr einhergehende Erlöschen der Stiftung im Staatsanzeiger bzw. Amtsblatt des jeweiligen Landes oder im Amtsblatt der

---

948 Vgl. *Heuer/Ringe,* Rote Seiten zu Stiftung & Sponsoring 3/2005, S. 6; zur Legitimation stiftungsrechtlicher Publizität allgemein *Mattheus,* DStR 2003, 254, 255.

949 § 8 Abs. 1 S. 3 StiftG Sa, § 20 Abs. 1 S. 3 StiftG SA, § 15 Abs. 2 S. 2 Nr. 8 StiftG SH, § 5 Abs. 2 Nr. 6 und 7 StiftG Th.

950 § 4 Abs. 2 StiftG BW, Art. 4 Abs. 2 StiftG Bay, § 11 Abs. 1 S. 2 StiftG Bln, § 14 Abs. 2 S. 1 StiftG Bbg, § 15 Abs. 1 StiftG Bre, § 17a Abs. 2 S. 1 StiftG He, § 3 S. 1 StiftG MV, § 12 Abs. 1 StiftG NRW, § 18 Abs. 1 S. 1 StiftG Saar, § 8 Abs. 1 S. 1 StiftG Sa, § 20 Abs. 1 S. 1 SA, § 15 Abs. 2 S. 1 StiftG SH, § 5 Abs. 1 StiftG Th, ferner, allerdings beschränkt auf öffentliche Stiftungen, § 3 Abs. 1 S. 1 StiftG Hbg, § 17a Abs. 1 S. 1 StiftG Nds, § 5 Abs. 1 S. 1 StiftG RhPf.

951 Vgl. Seifart/v. Campenhausen/*Orth,* Stiftungsrechts-Handbuch, § 38 Rn. 21 m. w. N.

Aufsichtsbehörde bekanntzumachen.[952] Die Bekanntmachung haben im Falle der Zusammenführung die zuständigen Genehmigungsbehörden zu veranlassen. Dabei müssen die Rechtsform der Stiftung und der Zeitpunkt angegeben werden, in dem die Veränderung eingetreten ist.[953] Die Bekanntgabe des Erlöschens sollte, um den Bedürfnissen des Rechtsverkehrs Rechnung zu tragen, mit dem Hinweis auf die Zusammenführung und (gegebenenfalls) die Gesamtrechtsnachfolge der neuen Stiftung verbunden werden.

Entsprechende Publizitätspflichten müssen aus Gründen der Rechtssicherheit[954] für Zusammenlegung und Zulegung allerdings auch dann bestehen, wenn eine ausdrückliche gesetzliche Regelung – wie in Bremen, Hamburg, Mecklenburg-Vorpommern, Nordrhein-Westfalen und Rheinland-Pfalz – fehlt.[955] Entsprechend oder gemäß[956] § 88 S. 3 i. V. mit § 50 BGB ist das Erlöschen dann in dem satzungsgemäß vorgesehenen Blatt, hilfsweise in demjenigen Blatt bekanntzugeben, das für Bekanntmachungen des Amtsgerichts bestimmt ist, in dessen Bezirk die Stiftung ihren Sitz hat.[957]

Zu einer noch darüber hinausgehenden Publizität sind nur Stiftungen verpflichtet, die ein Handelsgewerbe im Sinne von § 1 HGB betreiben und deshalb gemäß § 33 HGB ins Handelsregister einzutragen sind. Nach § 34 Abs. 1 und 2 HGB sind jede Änderung der nach § 33 Abs. 2 S. 2 HGB eintragungspflichtigen Tatsachen, wozu auch die Auflösung zählt, und jede Satzungsänderung zur Eintragung ins Handelsregister anzumelden. Zusammenlegung und Zulegung sind dann, wenngleich in der Praxis sicher nur in Ausnahmefällen,[958] von der Publizität des Handelsregisters erfasst.

---

952 § 16 StiftG BW, § 2 Abs. 2 S. 1 StiftG Bln, § 13 StiftG Bbg, § 17 StiftG He, § 17 StiftG Nds, § 17 StiftG Saar, § 5 Abs. 2 S. 2 StiftG Sa, § 20 Abs. 4 StiftG SA, § 15 Abs. 1 S. 1 Nr. 2 lit. b StiftG SH, § 6 Abs. 1 S. 1 StiftG Th.

953 *Mühlhäuser*, Publizität bei Stiftungen, S. 13.

954 *Burgard*, NZG 2002, 697, 700 f., und *Mattheus*, DStR 2003, 254, 256, verweisen auf ein „rechtsstaatliches Gebot der Rechtssicherheit".

955 Dafür de lege ferenda *Beckmann*, Änderung der Stiftungssatzung, S. 167 f.

956 Bei Durchführung der Liquidation kommt die Vorschrift direkt zur Anwendung.

957 Seifart/v. Campenhausen/*Orth*, Stiftungsrechts-Handbuch, § 38 Rn. 11; wohl auch Seifart/v. Campenhausen/*Hof*, Stiftungsrechts-Handbuch, § 11 Rn. 77.

958 Vgl. *Burgard*, FS O. Werner, S. 190, 196 f., demzufolge die Eintragung von Stiftungen ins Handelsregister ohne größere praktische Relevanz zu sein scheint.

§ 8. Steuerliche Folgen

A. Grundlagen

Aus Sicht der Praxis sind die steuerlichen Auswirkungen einer Stiftungszusammenführung von zentraler Bedeutung. Eine mit ihr verbundene Steuerlast, die das nach der Fusion verbleibende Vermögen schmälern würde, könnte dazu führen, dass die Zusammenlegung bzw. Zulegung aus wirtschaftlichen Gründen letztlich nicht sinnvoll wäre. Außerdem bedürfte es dann näherer Erörterung, inwieweit die Schmälerung der Stiftungsvermögen mit dem stiftungsrechtlichen Vermögenserhaltungsgebot vereinbar wäre.

Die Vorschriften des Umwandlungssteuergesetzes, die den Zweck verfolgen, die Reorganisation von Unternehmen nicht durch negative ertragsteuerliche Folgen zu beschränken, finden auf die Zusammenführung von Stiftungen allerdings keine Anwendung, weil sie von der abschließenden Aufzählung der Umwandlungsvorgänge in § 1 UmwStG nicht umfasst ist.[959] Damit richtet sich die steuerliche Beurteilung von Zusammenlegung und Zulegung nach den allgemeinen Regeln.

B. Ertragsteuer

Die Zusammenführung erfolgt stets unentgeltlich, sodass sie aufseiten der zusammenzulegenden bzw. zulegenden Stiftung nicht zu einem ertragsteuerlich relevanten Veräußerungsgewinn führt.[960] Ein etwaiger wirtschaftlicher Geschäftsbetrieb geht im Falle der Zusammenführung unentgeltlich auf die aufnehmende Stiftung über, so dass diese die erlangten Wirtschaftsgüter gemäß §§ 6 Abs. 3 EStG, 8 Abs. 1 S. 1 KStG zum Buchwert fortführt. Mithin unterbleibt eine ertragsteuerlich relevante Aufdeckung stiller Reserven.[961]

---

959 *Pauls*, ZSt 2007, 123, 125; *Fritsche*, in: O. Werner/Saenger, Die Stiftung, Rn. 744; Seifart/v. Campenhausen/*Pöllath/Richter*, Stiftungsrechts-Handbuch, § 42 Rn. 29 Fn. 117. Zum abschließenden Charakter der Norm Rödder/Herlinghaus/van Lishaut/*Trossen*, UmwStG, § 1 Rn. 6.
960 Schauhoff/*Kirchhain*, Handbuch der Gemeinnützigkeit, 3. Aufl., § 19 Rn. 56.
961 Schauhoff/*Kirchhain*, Handbuch der Gemeinnützigkeit, 3. Aufl., § 19 Rn. 56; Seifart/v. Campenhausen/*Pöllath/Richter*, Stiftungsrechts-Handbuch, § 42 Rn. 30.

C. Umsatzsteuer

Auch unterliegt die Zusammenführung, unabhängig davon, ob sie sich im Wege der Gesamtrechtsnachfolge oder der Einzelrechtsübertragung vollzieht, nicht der Umsatzsteuerpflicht.[962] Zwar können Stiftungen als „Unternehmen" nach § 2 UStG zur Umsatzsteuer herangezogen werden.[963] Eine Geschäftsveräußerung, bei der ein Unternehmen oder ein in der Gliederung eines Unternehmens gesondert geführter Betrieb im Ganzen entgeltlich oder unentgeltlich übereignet oder in eine Gesellschaft eingebracht wird, erfolgt jedoch gemäß § 1 Abs. 1a UStG umsatzsteuerfrei.

D. Schenkungsteuer

Besonders problematisch ist, ob der Vermögensübergang im Rahmen der Zusammenführung, da er unentgeltlich erfolgt, für die aufnehmende Stiftung schenkungsteuerpflichtig ist. Der Schenkungsteuer unterliegt gemäß § 7 Abs. 1 ErbStG sowohl „der Übergang von Vermögen auf Grund eines Stiftungsgeschäfts unter Lebenden" (Nr. 8) als auch der Erwerb „bei Aufhebung einer Stiftung" (Nr. 9). Nach einer vielfach vertretenen Auffassung sollen beide Steuertatbestände in der Zusammenführung, die das Erlöschen der zusammenzulegenden bzw. zuzulegenden Stiftungen und den Vermögensübergang auf die aufnehmende Stiftung bewirkt, kumulieren.[964] Da eine doppelte Steuerpflicht indes eine künstliche Aufspaltung eines einheitlichen (und deshalb auch nur einheitlich steuerbaren) Geschehens bedeuten würde, wird zwar von nur einer Steuerpflicht ausgegangen,[965] die zudem entfalle, wenn die neue Stiftung ausschließlich und unmittelbar kirchlichen, gemeinnützigen oder mildtätigen Zwecken diene (§ 13 Abs. 1 Nr. 16 lit. b ErbStG).[966]

Doch erscheint bereits zweifelhaft, ob die Zusammenführung die Tatbestände des § 7 Abs. 1 Nr. 8 und 9 ErbStG, wie weithin angenommen wird, wirklich erfüllt. Erbschaft- und Schenkungsteuer werden wesentlich vom bürgerlich-

---

962 *Pauls,* ZSt 2007, 123, 125 f.; *Fritsche,* in: O. Werner/Saenger, Die Stiftung, Rn. 744.

963 Näher *Pauls,* ZSt 2007, 123, 125.

964 So *Pauls,* ZSt 2007, 123, 125; *Fritsche,* in: O. Werner/Saenger, Die Stiftung, Rn. 744; vgl. auch *Meincke,* ErbStG, § 7 Rn. 115.

965 *Meincke,* ErbStG, § 7 Rn. 115; Seifart/v. Campenhausen/*Pöllath/Richter,* Stiftungsrechts-Handbuch, § 42 Rn. 30.

966 *Pauls,* ZSt 2007, 123, 125; *Fritsche,* in: O. Werner/Saenger, Die Stiftung, Rn. 744; *Schauhoff,* Handbuch der Gemeinnützigkeit, § 19 Rn. 58.

rechtlichen Begriffsverständnis geprägt.[967] Indem § 7 Abs. 1 Nr. 8 ErbStG von dem Stiftungsgeschäft unter Lebenden spricht, nimmt die Vorschrift auf die Regelung des § 81 BGB Bezug und unterwirft damit die vermögensmäßige Erstausstattung der Stiftung – also den Vermögensübergang auf die Stiftung, der auf dem Stiftungsgeschäft beruht – der Schenkungsteuer.[968] *Meincke* sieht hiervon den Fall (der Zusammenlegung) umfasst, in dem „eine Stiftung durch Beschluss aufgehoben und ihr Vermögen einer anderen neu gegründeten Stiftung als Erstausstattung zugewiesen" wird.[969] Gegen diese Ansicht spricht jedoch, dass die Zusammenlegung, wie im Vorigen näher dargelegt wurde, gerade nicht, wie von § 7 Abs. 1 Nr. 8 ErbStG gefordert, auf einem neuerlichen Stiftungsgeschäft beruht. Für die Zusammenlegung durch Hoheitsakt versteht sich dies von selbst.

Ebenso ist zweifelhaft, ob eine Steuerpflicht aus § 7 Abs. 1 Nr. 9 ErbStG abzuleiten ist. Das lässt sich zwar nicht mit dem Argument ablehnen, dass die Zusammenlegung bzw. die Zulegung keine „Aufhebung" im Sinne von § 87 Abs. 1 BGB darstellten, weil die Vorschrift über ihren insoweit zu engen Wortlaut hinaus nach allgemeiner Ansicht jeden Fall des Erlöschens umfasst.[970]

Jedoch sprechen insbesondere teleologische Erwägungen dagegen, die Stiftungszusammenführung überhaupt, ob nach § 7 Abs. 1 Nr. 8 oder Nr. 9 ErbStG, für schenkungsteuerpflichtig zu halten. Denn der Rechtsgrund für die Erbschaft- bzw. Schenkungsteuerpflichtigkeit des Vermögensübergangs auf die Stiftung (§§ 3 Abs. 2 Nr. 1, 7 Abs. 1 Nr. 8 ErbStG) besteht in der Festlegung des Vermögens für einen bestimmten Zweck, weshalb das in der Stiftung (zweck-) gebundene Vermögen für die Dauer dieser Bindung grundsätzlich nur einmal der Erbschaft- bzw. Schenkungsteuer unterliegen kann.[971] Diese Bindung des Stiftungsvermögens an den Stifterwillen bleibt, wie im Rahmen dieser Untersuchung im Einzelnen aufgezeigt wurde, sowohl bei der Zusammenlegung als auch bei der Zulegung in ihren wesentlichen Zügen erhalten. Dementsprechend kann der mit einer Zusammenführung verbundene Vermögensübergang eine Schenkungsteuerpflicht nicht begründen.[972]

---

967 *Meincke,* ErbStG, Einführung Rn. 11; *Meyer-Arndt,* BB 1984, 1542, 1543.

968 *Meincke,* ErbStG, § 7 Rn. 112; Troll/*Gebel*/Jülicher, ErbStG, § 7 Rn. 332; *Meyer-Arndt,* BB 1984, 1542, 1543.

969 *Meincke,* ErbStG, § 7 Rn. 115.

970 *Meincke,* ErbStG, § 7 Rn. 113; Troll/*Gebel*/Jülicher, ErbStG, § 7 Rn. 337.

971 *O. Hahn/Schindler,* Besteuerung der Stiftungen, S. 102; Seifart/v. Campenhausen/*Pöllath/Richter,* Stiftungsrechts-Handbuch, § 42 Rn. 46.

972 Vgl. Seifart/v. Campenhausen/*Pöllath/Richter,* Stiftungsrechts-Handbuch, § 42 Rn. 34, 45, 47; *O. Hahn/Schindler,* Besteuerung der Stiftungen, S. 102; ferner Troll/Gebel/*Jülicher,* ErbStG, § 15 Rn. 128.

E. Grunderwerbsteuer

Wenn im Rahmen der Zusammenlegung oder der Zulegung Grundstücke auf die neue Stiftung übergehen, stellt sich schließlich die Frage, ob der Vorgang grunderwerbsteuerpflichtig ist. Dies wäre wegen § 3 Nr. 2 GrEStG ohne weiteres ausgeschlossen, wenn die Zusammenführung ein schenkungsteuerbarer Vorgang wäre,[973] was sie nach hiesiger Ansicht nicht ist. Damit greift die zur Vermeidung doppelter Steuerpflicht gedachte[974] Befreiung von der Grunderwerbsteuer nicht ein. Neben steuer- und verfassungsrechtlichen Bedenken, die gegen die Besteuerung bloßer Organisationsakte ohne Marktberührung allgemein erhoben werden,[975] sprechen die schon zur schenkungsteuerlichen Beurteilung vorgebrachten Gründe gleichwohl dagegen, die Zusammenführung überhaupt als grunderwerbsteuerbaren „Erwerb" im Sinne von § 1 GrEStG anzusehen. Wenn das Stiftungsvermögen auch formal den Rechtsträger wechselt, bleibt es dennoch demselben fortdauernden Stifterwillen unterworfen. Berücksichtigt man dies und die identitätsprägende Bedeutung des Stifterwillens, so kann von einem „Erwerb von einem anderen", den § 1 GrEStG voraussetzt,[976] nicht die Rede sein. Der Übergang von Grundstücken im Rahmen der Zusammenlegung und der Zulegung ist deshalb als grunderwerbsteuerfrei anzusehen.

F. Ergebnis

Nach alledem verhält sich die Zusammenführung von Stiftungen steuerlich neutral. Das gilt unabhängig davon, ob eine der beteiligten Stiftungen einen wirtschaftlichen Geschäftsbetrieb unterhält oder nicht.

---

973 Konsequent *Pauls,* ZSt 2007, 123, 126.
974 Boruttau/*Sack,* GrEStG, § 3 Rn. 91.
975 Vgl. Boruttau/*P. Fischer,* GrEStG, Vorb. Rn. 93.
976 Vgl. Boruttau/*P. Fischer,* GrEStG, § 1 Rn. 11.

5. Teil: Zusammenfassung und Ausblick

§ 9. Zusammenfassung der wesentlichen Ergebnisse

A. Einleitung und Grundlagen

Unter der Zusammenlegung wird die Vereinigung von mindestens zwei Stiftungen zu einer neuen Stiftung verstanden; sie stellt damit das stiftungsrechtliche Pendant zur umwandlungsrechtlichen Verschmelzung durch Neugründung dar. Bei der Zulegung wird mindestens eine Stiftung in eine andere, ihrerseits fortbestehende Stiftung aufgenommen; sie ist insoweit der Verschmelzung durch Aufnahme vergleichbar. Zusammenlegung und Zulegung, die oberbegrifflich auch als Zusammenführung bezeichnet werden, sind sowohl durch Beschluss eines Stiftungsorgans als auch hoheitlich durch aufsichtsbehördliche Anordnung denkbar.

Im Gegensatz zu Körperschaften und Personengesellschaften, die vom Willen ihrer Mitglieder bzw. Gesellschafter getragen sind, verfügt die Stiftung nicht über Mitglieder, die befugt wären, autonom über ihre Existenz und Ausgestaltung zu entscheiden. Sie unterliegt für die Dauer ihrer Existenz vielmehr den Vorgaben des in der Stiftungssatzung objektivierten Stifterwillens. Der Zusammenführung von Stiftungen sind daher deutlich engere Grenzen gezogen als der Verschmelzung anderer juristischer Personen.

Die Gründe, eine Zusammenführung von Stiftungen in Betracht zu ziehen, können vielfältig sein. Es lassen sich politische und gesellschaftliche, wirtschaftliche und aus der Stiftersphäre herrührende, da von ihm bereits im Stiftungsgeschäft bzw. in der Satzung vorgezeichnete Gründe und Motive unterscheiden.

In der Stiftungspraxis kann unter Umständen anstelle einer Zusammenlegung oder einer Zulegung eine Stiftungskooperation oder die Einrichtung einer gemeinsamen Stiftungsverwaltung zu erwägen sein, die sich in ihrer geringeren organisatorischen Tragweite und schwächeren rechtlichen Bindungswirkung von der Zusammenführung unterscheiden. Von der Zulegung ist überdies die Zustiftung abzugrenzen. Beide stellen sich zwar äußerlich als Übertragungen von Vermögen dar, jedoch bewirkt die Zulegung im Gegensatz zur Zustiftung darüber hinaus eine umfassende organisatorische Verschmelzung der beteiligten Stiftungen.

B. Zusammenlegung durch Organbeschluss

Die Zusammenlegung ist als Grundlagenänderung von der Geschäftsführungsbefugnis des Vorstands (§§ 86 S. 1, 27 Abs. 3, 664 ff. BGB), die eine ordnungsgemäße Verwaltung des Stiftungsvermögens und seinen Einsatz zur Erfüllung des Stiftungszwecks meint, nicht umfasst. Die Organe der Stiftung dürfen sie daher nur dann beschließen, wenn dafür eine besondere rechtliche Grundlage existiert, die sich aus dem Bundesrecht jedoch nicht herleiten lässt. Denn weder ist die Stiftung ein verschmelzungsfähiger Rechtsträger im Sinne von § 3 UmwG, weshalb das Umwandlungsgesetz als Rechtsgrundlage ausscheidet, noch lässt sich die Zusammenlegung durch Organbeschluss auf § 87 Abs. 1 BGB (analog) oder auf §§ 86 S. 1, 27 Abs. 3, 665 BGB stützen.

Allerdings enthalten die meisten Landesstiftungsgesetze Regelungen über die Zusammenlegung durch Organbeschluss. In Anbetracht der vorrangigen Gesetzgebungskompetenz des Bundes für den Bereich des Stiftungsprivatrechts (Art. 74 Abs. 1 Nr. 1 GG), von der dieser in prinzipiell abschließender Weise Gebrauch gemacht hat, setzt die Herleitung einer Rechtssetzungsbefugnis der Länder allerdings zum einen die Einsicht voraus, dass die Ermächtigung der Länder zur Regelung der Stiftungs-„Verfassung" in § 85 BGB in einem weiten, auch Zusammenlegung und Zulegung umfassenden Sinne zu verstehen ist. Zum anderen ist zu erkennen, dass die Stiftungszusammenführung – anders als Zweckänderung und Aufhebung – die im Mittelpunkt der Stiftung und des Stifterwillens stehende Vermögen-Zweck-Beziehung erhalten. § 87 Abs. 1 BGB kann daher mangels wertungsmäßiger Vergleichbarkeit im Hinblick auf die Zusammenführung von Stiftungen nicht als abschließende gesetzliche Regelung angesehen werden.

Soweit die Landesstiftungsgesetze eine Zusammenlegung (schon) unter der Voraussetzung einer wesentlichen Veränderung der Verhältnisse erlauben, ist dies unter verfassungsrechtlichen Gesichtspunkten nicht zu beanstanden. Da die Stiftungsfusion stets nur im Einklang mit dem Stifterwillen zulässig ist, werden Stiftungsgrundrechte durch sie nämlich nicht verletzt. Diese werden durch den Stifterwillen zwar nicht begrenzt, jedoch ist zwischen beiden Positionen abzuwägen, wobei dem durch die Nachwirkungen des Grundrechts auf Stiftung grundrechtlich fundierten Stifterwillen in aller Regel der Vorrang gebührt. Damit können Eingriffe in den Bestand der Stiftung gerechtfertigt sein, wenn und weil sie zur Wahrung des Stifterwillens erforderlich sind. Insoweit sind die landesgesetzlichen Regelungen verfassungskonform auszulegen.

Des Weiteren kann sich eine rechtliche Grundlage für den Organbeschluss aus der Stiftungssatzung ergeben. Nach dem Vorbehalt des Stiftungsgeschäfts (§ 85 BGB), der auch für Zusammenlegung gilt, muss der Stifter die Voraussetzungen dafür aber zumindest tatbestandlich konkretisiert haben. Der Bezug auf eine „wesentliche Veränderung der Verhältnisse" reicht dafür aus. Nicht wenigstens hierauf rekurrierende, autonome Zusammenlegungsbeschlüsse sind hingegen unzulässig. Zuwiderlaufende Satzungsbestimmungen sind wegen Verstoßes gegen zwingendes Bundesrecht nichtig.

Ausnahmsweise kann eine Zusammenlegung durch Organbeschluss auch ohne ausdrückliche Rechtsgrundlage in der Satzung oder im Gesetz zulässig sein. Nicht alle Vorgaben des Stifters können nämlich dasselbe Gewicht haben. Bei generalisierender Betrachtung steht im Mittelpunkt vielmehr der Erhalt der Vermögen-Zweck-Beziehung. Um sie zu konservieren, können deshalb auch Grundlagenänderungen wie die Zusammenlegung zulässig sein. Allerdings setzt dies voraus, dass eine Weiterverfolgung des Stiftungszwecks anders nicht möglich ist (vgl. § 87 Abs. 1 BGB).

In formeller Hinsicht setzt die Zusammenlegung gleichgerichtete Organbeschlüsse voraus, die auf die Errichtung einer neuen Stiftung, die Auflösung der zusammenzulegenden Stiftungen und den Übergang ihrer Vermögen auf die neue Stiftung zielen. Zuständig für die Beschlussfassung ist in Ermangelung einer abweichenden Regelung der Vorstand, der im Zweifel einstimmig beschließt. Das Beschlussorgan hat den lebenden Stifter nur dann zuvor anzuhören, wenn das maßgebliche Landesstiftungsgesetz oder die Satzung dies vorsieht. Je nachdem, ob die Satzung oder das Landesrecht eine entsprechende Regelung enthalten, kann die Zusammenlegung gegebenenfalls ferner von der Zustimmung des Stifters oder eines von ihm benannten Dritten abhängig sein. Die Beschlüsse bedürfen, da sie auf die Übertragung des gesamten Stiftungsvermögens gerichtet sind, gemäß §§ 311b Abs. 3, 128 BGB der notariellen Beurkundung.

Die materiellen Beschlussvoraussetzungen richten sich in erster Linie nach einer eventuellen Regelung in der Stiftungssatzung, in zweiter Linie nach der einschlägigen gesetzlichen Rechtsgrundlage. Dabei ist die Zusammenlegung aber stets nur zulässig, wenn und soweit der historische, also im Stiftungsgeschäft manifestierte und gegebenenfalls durch Auslegung zu ermittelnde Stifterwille ihr nicht entgegensteht. Benennt die Satzung keine besonderen Voraussetzungen, so ist die Zusammenlegung nach einem allgemeinen, in den meisten Landesstiftungsgesetzen auch ausdrücklich normierten Grundsatz des Stiftungsrechts nur zulässig, wenn sie durch eine wesentliche Veränderung der Verhältnisse gerechtfertigt ist. Davon ist auszugehen, wenn veränderte Verhältnisse die weitere zweckgerichtete Stiftungstätigkeit schon erheblich beeinträchtigen oder sich eine solche Entwicklung konkret abzeichnet. Die Zusammenlegung setzt außerdem voraus, dass die Zwecke der beteiligten Stiftungen wenigstens vergleichbar sind. Sonst ist eine Zusammenlegung nur möglich, wenn unter den engen Voraussetzungen einer Zweckänderung zuvor die Zwecke der Stiftungen angeglichen worden sind.

Die Zusammenlegungsbeschlüsse sind keine Stiftungsgeschäfte im Sinne der §§ 80, 81 BGB, jedoch müssen sie, um Grundlage für die Errichtung der neuen Stiftung sein zu können, ihre Satzung bereits enthalten. Deren Inhalt ist aus den Satzungen der beteiligten Stiftungen abzuleiten, wobei die handelnden Organe vor der Aufgabe stehen, den ihnen zugrunde liegenden Stifterwillen in der neuen Satzung zu gleichrangiger und jeweils bestmöglicher Geltung zu verhelfen.

Stets bedarf die Zusammenlegung aufseiten aller beteiligten Stiftungen einer behördlichen Genehmigung, für deren Erteilung die Aufsichtsbehörde zuständig ist, in deren Zuständigkeitsbereich die Stiftung ihren Sitz hat (Sitzprinzip). Sie darf nur erteilt werden, wenn alle materiellen und formellen Voraussetzungen der Zusammenlegung gewahrt sind. Entgegen den ausdrücklichen Regelungen einiger Landesstiftungsgesetze, die insoweit gegenüber vorrangigem Bundesrecht keine Geltung beanspruchen können (Art. 31 GG), ist zur Entstehung der neuen Stiftung darüber hinaus aus Gründen der Rechtssicherheit und Rechtsklarheit analog § 80 Abs. 1 BGB ihre Anerkennung erforderlich. Dies setzt wiederum voraus, dass die Zusammenlegung allseits endgültig genehmigt ist und die Satzung der neuen Stiftung den Voraussetzungen der §§ 80, 81 BGB genügt.

Mit dem Wirksamwerden der erforderlichen Genehmigungen als privatrechtsgestaltenden Verwaltungsakten werden die zusammenzulegenden Stiftungen aufgelöst. Sobald die neue Stiftung anerkannt und damit errichtet ist, gehen die Vermögen der aufgelösten Stiftungen auf sie über. Dieser Vermögensübergang richtet sich nach § 88 BGB und setzt für eine unmittelbare Überleitung der Vermögensgegenstände folglich voraus, dass die neue Stiftung Anfallberechtigte der aufgelösten Stiftung ist. Dies ergibt sich zumeist entweder bereits aus der Satzung oder aus dem Landesrecht. Andernfalls fällt das Vermögen zunächst an den Landesfiskus als Gesamtrechtsnachfolger (§§ 88 S. 3, 46 S. 1, 1922, 1967 BGB), der verpflichtet ist, das Vermögen – dann allerdings nach den allgemeinen Regeln, also durch Einzelrechtsübertragung – auf die neu errichtete Stiftung zu übertragen.

Der Vermögensübergang auf die neue Stiftung vollzieht sich durch Gesamtrechtsnachfolge, wenn dies im einschlägigen Landesstiftungsgesetz ausdrücklich normiert ist. Die Gesetzgebungskompetenz der Länder folgt insoweit aus § 85 BGB. Im Ergebnis gilt nichts anderes, wenn das Landesrecht die Zusammenlegung durch Organbeschluss regelt, die Einzelheiten des Vermögensübergangs aber offen lässt. In diesem Falle ist die Universalsukzession nämlich aus dem Sinn und Zweck des Gesetzes herzuleiten. Erwirbt die neue Stiftung als Gesamtrechtsnachfolgerin, so gilt zum Schutze der Stiftungsgläubiger § 22 UmwG analog. Im Sonderfall, dass das Landesrecht die Zusammenlegung überhaupt nicht regelt, vollzieht sich der Vermögenserwerb der neuen Stiftung im Wege der Einzelrechtsübertragung.

Mit Abschluss ihrer Liquidation, wenn die Stiftungsvermögen also vollständig auf die neue Stiftung respektive zunächst auf den Fiskus übergegangen sind, erlöschen die aufgelösten Stiftungen ipso iure.

C. Zulegung durch Organbeschluss

Die Zulegung hat, da sie wie die Zusammenlegung auf das „soziale Fortwirken" der beteiligten Stiftungen gerichtet ist, nicht nur für die zuzulegende, sondern auch für die aufnehmende Stiftung den Charakter einer Grundlagenänderung und setzt daher eine besondere Rechtsgrundlage voraus, die sich aus der Satzung oder aus dem Gesetz ergeben kann. Eine gesetzliche Grundlage der organseitig initiierten Zulegung enthalten indes nur die Stiftungsgesetze Hamburgs, Schleswig-Holsteins sowie – kraft Auslegung – Baden-Württembergs und Brandenburgs. Enthält weder das einschlägige Stiftungsgesetz noch die Satzung eine Rechtsgrundlage der Zulegung durch Organbeschluss, so kommt sie nur ausnahmsweise dann in Betracht, wenn sie zur Aufrechterhaltung der im Zentrum des Stifterwillens stehenden Zweck-Vermögen-Beziehung erforderlich ist, eine weitere Verfolgung des Stiftungszwecks sonst also unmöglich wäre.

Welche Stiftung bei der Zulegung als zuzulegende, welche als aufnehmende fungiert, bestimmen die Stiftungsorgane in Ermangelung entsprechender Stiftervorgaben nach pflichtgemäßem Ermessen, wobei Aufwand und Kosten des Vermögensübergangs gewichtige Kriterien darstellen. Hinsichtlich der materiellen Voraussetzungen der Zulegungsbeschlüsse gilt für die zuzulegende wie die aufnehmende Stiftung gleichermaßen, dass sie nur zulässig sind, wenn ein rechtfertigender Grund, also die Voraussetzungen einer hinreichend konkreten Satzungsermächtigung oder eine wesentliche Veränderung der Verhältnisse gegeben sind.

In formeller Hinsicht bedarf nur der Beschluss der zuzulegenden Stiftung gemäß §§ 311b Abs. 3, 128 BGB der notariellen Beurkundung. Der Beschluss der aufnehmenden Stiftung ist hingegen, da nicht auf die Übertragung eigenen Vermögens gerichtet, formfrei wirksam.

Inhaltlich müssen die Zulegungsbeschlüsse, die bei der zuzulegenden Stiftung auf die Auflösung und den Vermögensübergang, bei der aufnehmenden Stiftung auf die Änderung der Satzung gerichtet sind, keine völlig neue Satzung zum Gegenstand haben, sondern es kann ausreichen, wenn sie Vorgaben darüber enthalten, welche Änderungen die Satzung der aufnehmenden Stiftung erfahren soll. Dabei müssen die bisherigen Stiftungssatzungen wiederum so miteinander in Einklang gebracht werden, dass die Stifterwillen bestmögliche Geltung behalten.

Wie die Zusammenlegung bedarf die Zulegung durch Organbeschluss, bevor sie wirksam werden kann, aufseiten aller beteiligten Stiftungen einer gesonderten behördlichen Genehmigung. Neben der Einhaltung der materiellen und formellen Voraussetzungen der Zulegung hat die Genehmigungsbehörde seitens der aufnehmenden Stiftung ferner sicherzustellen, dass keine nach den §§ 80, 81 BGB formal unzulässigen Inhalte Eingang in die Stiftungssatzung finden. Zu beachten ist außerdem, dass die Genehmigung hinsichtlich der zuzulegenden Stiftung erst erteilt werden darf, wenn die auf die aufnehmende Stiftung bezogene Genehmigung bestandskräftig und ihre Satzung damit wirksam geändert ist.

Mit Wirksamwerden der an die aufnehmende Stiftung gerichteten Genehmigung ist ihre Satzung geändert, mit Wirksamwerden der an die zuzulegende Stiftung gerichteten Genehmigung ist diese aufgelöst. Wenn die Zulegung in der Satzung oder im jeweiligen Landesstiftungsgesetz vorgesehen ist, fällt das Vermögen der aufgelösten Stiftung gemäß § 88 BGB an die aufnehmende Stiftung, die, wie sich entweder ausdrücklich oder entsprechend dem Sinn und Zweck der Regelungen aus den Landesstiftungsgesetzen ergibt, Gesamtrechtsnachfolgerin der aufgelösten Stiftung wird oder sonst durch Einzelrechtsübertragung im Rahmen der Liquidation das Stiftungsvermögen erhält. Lässt sich die Anfallberechtigung der aufnehmenden Stiftung weder nach der Satzung noch nach dem Gesetz begründen, so erwirbt zunächst der Landesfiskus gemäß §§ 88 S. 3, 46 S. 1, 1922, 1967 BGB als Gesamtrechtsnachfolger das Vermögen der aufgelösten Stiftung und ist verpflichtet, das ihm so angefallene Vermögen nach den allgemeinen Regeln auf die aufnehmende Stiftung zu übertragen.

Sobald die zuzulegende Stiftung vermögenslos ist, erlischt sie ipso iure.

D. Zusammenlegung durch Hoheitsakt

Als ein die betroffene Stiftung belastender Verwaltungsakt bedarf die behördliche Anordnung der Zusammenlegung zwingend einer gesetzlichen Grundlage. Entsprechende gesetzliche Regelungen, die die Aufsichtsbehörde unter Verweis auf § 87 Abs. 1 BGB zur Zusammenlegung ermächtigen, finden sich in etlichen Landesstiftungsgesetzen. Ihre Vereinbarkeit mit dem Stifterwillen vorausgesetzt, stellt sich die Zusammenlegung, die die für die Stiftung konstitutive Zweck-Vermögen-Beziehung unangetastet lässt, als milderes Mittel gegenüber Zweckänderung und Aufhebung dar und findet ihre Rechtsgrundlage daher, sofern das Landesrecht sie nicht vorsieht, in § 87 Abs. 1 BGB.

Die hoheitliche Zusammenlegung ist gegenüber geeigneten organseitigen Maßnahmen subsidiär, darf also erst angeordnet werden, wenn die Organe der Stiftung trotz entsprechender Androhung und Fristsetzung untätig bleiben. Die behördliche Zuständigkeit bestimmt sich nach den Rechtssitzen der zusammenzulegenden Stiftungen. Bevor die Zusammenlegung verfügt werden darf, sind sowohl die Stiftung als auch, wenn möglich, der Stifter anzuhören.

In materieller Hinsicht darf die Zusammenlegung nur angeordnet werden, wenn und soweit die Stifterwillen ihr nicht entgegenstehen. Das Primat des Stifterwillens gilt mithin auch gegenüber hoheitlichen Maßnahmen. Da die Landesstiftungsgesetze durchweg auf § 87 Abs. 1 BGB verweisen und die Vorschrift im Übrigen im Wege des Erst-recht-Schlusses Anwendung findet, ist außerdem stets erforderlich, dass die weitere Verfolgung des Stiftungszwecks wie bisher unmöglich ist. Dabei ist das Tatbestandsmerkmal der Gemeinwohlgefährdung für die Zusammenlegung ohne Bedeutung, weil die Zusammenlegung kein taugliches Mittel zur Änderung des gemeinwohlgefährdenden Stiftungszwecks ist. Wie die organschaftlich initiierte setzt die hoheitliche Zusammenlegung eine Vergleichbarkeit der Stiftungszwecke zwingend voraus. Gegenstand der unter diesen Voraussetzungen an die zusammenzulegenden Stiftungen adressierten Verwaltungsakte muss zugleich die Satzung der zum Zwecke der Zusammenlegung neu zu errichtenden Stiftung sein.

Liegen die materiellen Voraussetzungen vor, so ist die Aufsichtsbehörde allerdings zum Einschreiten nicht nur berechtigt, sondern im Interesse und zum Schutze des Stifterwillens auch verpflichtet. Sie muss dabei das mildeste der ihr zur Gebote stehenden Mittel auswählen. Zwischen Zusammenlegung und Zulegung muss die Aufsichtsbehörde dann gegebenenfalls nach pflichtgemäßem Ermessen auswählen, wobei neben dem Stifterwillen wiederum im Vordergrund steht, die Maßnahme zu ergreifen, die den geringsten Aufwand und die geringsten Kosten verursacht.

Zu ihrer Entstehung bedarf die neue Stiftung aus Gründen der Rechtssicherheit und Rechtsklarheit zudem der Anerkennung im Sinne von § 80 Abs. 1 BGB durch die Aufsichtsbehörde, in deren Zuständigkeitsbereich die neue Stiftung ihren Sitz haben soll. Diese darf die Anerkennung allerdings nur und erst erteilen, wenn die übrigen Voraussetzungen der Zusammenlegung erfüllt, die auf die Zusammenlegung gerichteten Verwaltungsakte also bestandskräftig sind und die Satzung der neuen Stiftung den Voraussetzungen der §§ 80, 81 BGB entspricht.

Die Anordnung der Zusammenlegung bewirkt sogleich die Auflösung der zusammenzulegenden Stiftungen. Wenn die Zusammenlegung im Landesrecht ausdrücklich geregelt ist, folgt daraus jedenfalls implizit der Vermögensübergang auf die neu errichtete Stiftung; sie ist Anfallberechtigte im Sinne des § 88 BGB. Dem Sinn und Zweck dieser landesgesetzlichen Regelungen entspricht es auch, dass die neu errichtete Stiftung das Vermögen selbst ohne explizite Regelung durch Gesamtrechtsnachfolge erwirbt. Fehlt eine landesgesetzliche Regelung der Zusammenlegung, lässt sie sich also nur auf § 87 Abs. 1 BGB stützen und ist ein Vermögensübergang auf die neue Stiftung in diesem Falle auch nicht ausnahmsweise in der Satzung vorgesehen, fällt das Stiftungsvermögen zunächst an den Landesfiskus als Gesamtrechtsnachfolger (§§ 88 S. 3, 46 S. 1, 1922, 1967 BGB), der verpflichtet ist, das Vermögen sodann im Wege der Einzelrechtsübertragung auf die neue Stiftung zu übertragen.

Die zusammengelegten Stiftungen erlöschen, sobald sie vermögenslos sind, ipso iure.

E. Zulegung durch Hoheitsakt

Die hoheitliche Zulegung ist sowohl gegenüber der zuzulegenden als auch gegenüber der aufnehmenden Stiftung ein belastender Verwaltungsakt und bedarf als solcher einer gesetzlichen Grundlage; jedoch ist sie in den Landesstiftungsgesetzen nur vereinzelt vorgesehen. Sowohl eine analoge Anwendung von Regelungen über die hoheitliche Zusammenlegung als auch eine rechtsfortbildende Anwendung des § 87 Abs. 1 BGB kommt indes mangels Regelungslücke überwiegend nicht in Betracht. Nur soweit eine Regelung über die hoheitliche Zusammenführung überhaupt weder existiert noch bewusst unterblieben ist, kann für die Zulegung als gegenüber Zweckänderung und Aufhebung grundsätzlich milderem, da die im Zentrum des Stifterwillens stehende Vermögen-Zweck-Beziehung aufrechterhaltendem Mittel auf § 87 Abs. 1 BGB rekurriert werden.

Wie die hoheitliche Zusammenlegung ist auch die Zulegung gegenüber organseitigen Maßnahmen subsidiär. Hinsichtlich der behördlichen Zuständigkeit gilt wiederum das Sitzprinzip. Die Aufsichtsbehörde hat, bevor sie die Zulegung verfügt, sowohl die Stiftung als auch, wenn möglich, den Stifter anzuhören.

Materiell darf der auf die Zulegung gerichtete Verwaltungsakt sowohl gegenüber der aufnehmenden als auch gegenüber der zuzulegenden Stiftung nur unter den Voraussetzungen des § 87 Abs. 1 BGB ergehen. Welche Stiftung dabei als aufnehmende und welche als zuzulegende fungiert, steht grundsätzlich im pflichtgemäßen Ermessen der Aufsichtsbehörde. Die Zwecke von aufnehmender und zuzulegender Stiftung müssen zumindest vergleichbar sein.

Inhaltlich müssen die Verwaltungsakte exakt bestimmen, welche Änderungen die Satzung der aufnehmenden Stiftung erfahren soll. Dabei ist wiederum darauf zu achten und möglichst in Abstimmung mit den Stiftungsorganen sicherzustellen, dass die in den bisherigen Satzungen zum Ausdruck kommenden Stifterwillen weiterhin bestmöglich verwirklicht werden.

Die Aufsichtsbehörde der zuzulegenden Stiftung darf die Zulegung erst anordnen, wenn feststeht, dass die Satzung der aufnehmenden Stiftung ordnungsgemäß geändert ist bzw. werden wird. Mit Wirksamwerden des an die aufnehmende Stiftung gerichteten Verwaltungsakts ist deren Satzung geändert, mit Wirksamwerden des an die zuzulegende Stiftung gerichteten Verwaltungsakts wird diese aufgelöst. Ihr Vermögen fällt nur dann unmittelbar der aufnehmenden Stiftung zu, wenn der Vermögensübergang oder doch zumindest die hoheitliche Zulegung im Landesrecht ausdrücklich geregelt ist. Dann ergibt sich zugleich aus Sinn und Zweck der landesgesetzlichen Vorschriften die Gesamtrechtsnachfolge der aufnehmenden Stiftung. Im Übrigen fehlt für einen Vermögensübergang unmittelbar an die aufnehmende Stiftung eine Rechtsgrundlage, so dass ihr Vermögen zunächst an den Landesfiskus als Gesamtrechtsnachfolger fällt (§§ 88 S. 3, 46 S. 1, 1922, 1967 BGB), der verpflichtet ist, das Vermögen auf die neue Stiftung zu übertragen. Insoweit findet Einzelrechtsübertragung statt.

Sobald die zuzulegende Stiftung vermögenslos ist, erlischt sie ipso iure.

F. Publizität

Die Auswirkungen von Stiftungszusammenführungen auf den Rechtsverkehr werfen die Frage nach der Publizität dieser Maßnahmen auf. Viele Landesstiftungsgesetze versuchen dem dadurch Rechnung zu tragen, dass die Zusammenführung bzw. das mit ihr verbundene Erlöschen der Stiftung in die – allerdings nur informationshalber bestehenden – Stiftungsverzeichnisse aufzunehmen oder durch Veröffentlichung bekanntzumachen ist. Aus Gründen der Rechtssicherheit sind die Zusammenlegung und Zulegung aber auch dann entsprechend §§ 88 S. 3 i. V. mit § 50 BGB bekanntzumachen, wenn das Landesrecht entsprechende Publizitätspflichten nicht enthält. Weitergehende Publizität erlangt die Zusammenführung nur bei unternehmensverbundenen Stiftungen, die ins Handelsregister eingetragen sind.

G. Steuerliche Auswirkungen

Zusammenlegung und Zulegung unterliegen im Hinblick auf ihre steuerlichen Auswirkungen nicht dem Umwandlungssteuergesetz, sondern sind nach den allgemeinen steuerrechtlichen Regeln zu beurteilen. Danach lösen sie für die beteiligten Stiftungen keine besonderen steuerlichen Folgen aus. Vor allem stellt sich die Stiftungszusammenführung wegen der fortdauernden Zweckbindung des Vermögens nicht als schenkungsteuerlich relevanter Vorgang dar.

§ 10. Ausblick und Vorschläge de lege ferenda

Die stiftungsrechtlichen Institute der Zusammenlegung und der Zulegung können einen Beitrag dazu leisten, einerseits die mit der Errichtung einer Stiftung gemeinhin beabsichtigte Dauerhaftigkeit und Beständigkeit ihrer Zweckverfolgung sicherzustellen, andererseits dem Wunsch der Stiftungsbeteiligten nach einer Anpassungsfähigkeit an veränderte Umstände Rechnung zu tragen.

De lege lata verbindet sich mit der Zusammenführung von Stiftungen indes eine gerade aus Sicht der Praxis missliche Vielzahl teils allgemeiner, teils spezieller stiftungsrechtlicher Probleme. Auch soweit die Landesstiftungsgesetze Vorschriften über die Zusammenführung enthalten, regeln sie vor allem deren Rechtsfolgen nur rudimentär oder stehen mit den allgemeinen Regelungen des Bundesrechts jedenfalls nicht ohne weiteres in Einklang. Der zur Schließung verbleibender Regelungslücken unumgängliche Rückgriff auf allgemeine Auslegungsgrundsätze und Grundprinzipien des Stiftungsrechts führt überdies zu beträchtlicher Rechtsunsicherheit, die durch das problematische Verhältnis von Bundes- und Landesrecht noch verstärkt wird. Das gilt besonders im Hinblick auf die Frage, ob der Vermögensübergang sich durch Gesamtrechtsnachfolge vollziehen kann – ein angesichts der Schwierigkeiten von Einzelrechtsübertragungen aus Sicht der Praxis geradezu zwingendes Postulat. Dass im Rahmen der länderübergreifenden Zusammenführung nach geltendem Recht auf mehrere, zumindest teilweise divergierende Landesrechte Rücksicht zu nehmen ist, stellt eine zusätzliche Hürde dar.

Die Zusammenführung durch Organbeschluss sollte deshalb de lege ferenda zum Gegenstand einer bundesgesetzlichen Regelung gemacht und damit um den weitgefächerten Problemkreis der Gesetzgebungskompetenz entlastet werden. Thematisch einschlägig ist das Umwandlungsgesetz, wie die an etlichen Stellen der Untersuchung hervorgehobenen Parallelen zur Verschmelzung zeigen. Den Vorschlag, die Zulegung durch Organbeschluss in Anlehnung an die damaligen §§ 346 f. AktG über die Verschmelzung von Aktiengesellschaften bundesgesetzlich zu regeln, hat im Jahre 1967 freilich bereits die Studienkommission des 44. Deutschen Juristentags unterbreitet[977] – und dies bekanntlich ohne Erfolg. Jedoch besteht Anlass, diese Aufforderung zu wiederholen.[978] Gegen eine Aufnahme der Stiftung in den Kreis der verschmelzungsfähigen Rechtsträger lassen

---

977 DJT-Stiftungsrecht, S. 32 ff.
978 Ebenso *Fritsche,* in: O. Werner/Saenger, Die Stiftung, Rn. 745, und *Heuer/Ringe,* Rote Seiten zu Stiftung & Sponsoring 3/2005, S. 9.

sich die seinerzeit geltend gemachten Gründe nämlich heute nicht mehr ins Feld führen:

Die Vorstellung des Umwandlungsgesetzgebers, dass die Stiftung als Unternehmensträger nicht in Betracht komme, ist nicht nur faktisch, sondern seit dem Stiftungsrechtsmodernisierungsgesetz des Jahres 2002 mittlerweile auch legislatorisch überholt. Aus rechtspolitischer Perspektive erscheint die sachliche Beschränkung des Umwandlungsgesetzes auf Unternehmensträger ohnehin seit jeher als verfehlt.[979] Des Weiteren ist, jedenfalls seit der Gesetzgeber das umwandlungsrechtliche Prinzip der Anteilskontinuität aufgegeben hat, auch die Mitgliederlosigkeit der Stiftung kein überzeugender Grund mehr gegen die Aufnahme der Stiftung in den Kreis der verschmelzungsfähigen Rechtsträger. Schließlich kann die weitgehende Ausgrenzung der Stiftung aus dem Anwendungsbereich des Umwandlungsgesetzes auch rechtspolitisch nicht überzeugen, wie die in den vergangenen Jahren drastisch gestiegene Anzahl von Stiftungen und ein schon heute belegbares und künftig eher zunehmendes praktisches Bedürfnis nach Möglichkeiten ihrer Zusammenführung erweisen.

Im Anhang wird aus diesen Gründen und basierend auf den Ergebnissen dieser Arbeit ein Vorschlag für eine bundesgesetzliche Regelung der Stiftungszusammenführung durch Organbeschluss unterbreitet, die als neuer siebter Abschnitt im sachlichen Zusammenhang mit der Verschmelzung unter Beteiligung rechtsfähiger Vereine ins Umwandlungsgesetz eingefügt werden sollte. Im Falle der Aufnahme der Stiftung in den Kreis der verschmelzungsfähigen Rechtsträger wären die spezifisch stiftungsrechtlichen Begriffe der Zusammenlegung und der Zulegung damit, soweit es um organseitige Maßnahmen geht, zugunsten der umwandlungsgesetzlichen Terminologie aufzugeben.

Hingegen fehlt dem Bundesgesetzgeber für die Regelung der Stiftungszusammenführung durch Hoheitsakt die hierzu erforderliche Gesetzgebungskompetenz. Dementsprechend kann sich die Forderung nach einer detaillierteren gesetzlichen Grundlage, die bestehende Rechtsunsicherheiten ausräumt, indem sie insbesondere die behördlichen Zuständigkeiten und die Rechtsfolgen lückenlos und angepasst an die Vorschriften des Bundesrechts regelt, nur an die Landesgesetzgeber richten. Da Zusammenlegung und Zulegung, soweit sie mit dem Stifterwillen vereinbar sind, sich als mildere Mittel gegenüber Zweckänderung und Aufhebung darstellen, erscheint es darüber hinaus zumindest möglich, sie de lege ferenda an geringere Eingriffsvoraussetzungen als die Unmöglichkeit der weiteren Zweckverfolgung (§ 87 Abs. 1 BGB) zu knüpfen. Davon sollte gleich-

---

979 So bereits *K. Schmidt*, Non Profit Law Yearbook 2001, S. 107, 111 ff.

wohl abgesehen werden, um den Grundsatz der Subsidiarität eines aufsichtsbehördlichen Einschreitens auf diese Weise auch tatbestandlich zu verankern.

Anhang I: Entwurf einer umwandlungsgesetzlichen Regelung[980]

§ 3 Verschmelzungsfähige Rechtsträger.
(1) An Verschmelzungen können als übertragende, übernehmende oder neue Rechtsträger beteiligt sein:
(…)
4a. rechtsfähige Stiftungen (§ 80 des Bürgerlichen Gesetzbuchs);
(…)

6a. Abschnitt. Verschmelzung unter Beteiligung rechtsfähiger Stiftungen
§ 104b UmwG
(1) Eine rechtsfähige Stiftung kann sich an einer Verschmelzung nur beteiligen, wenn das Stiftungsgeschäft und die Satzung nicht entgegenstehen.[981] Die Zwecke der an einer Verschmelzung beteiligten Stiftungen müssen zumindest vergleichbar sein.[982]

(2) Eine rechtsfähige Stiftung darf im Wege der Verschmelzung Rechtsträger anderer Rechtsform nicht aufnehmen und durch die Verschmelzung solcher Rechtsträger nicht gegründet werden.

§ 104c UmwG
(1) Soweit sich aus dem Stiftungsgeschäft und aus der Satzung nichts anderes ergibt,[983] kann das für die Beschlussfassung über Satzungsänderungen zuständige Organ, hilfsweise der Vorstand der Stiftung die Verschmelzung beschließen,[984] wenn sich die Verhältnisse wesentlich verändert haben.[985] § 311b Abs. 2 des Bürgerlichen Gesetzbuchs gilt für den Verschmelzungsbeschluss nicht.[986]

(2) Der Stifter ist vor der Beschlussfassung anzuhören, soweit dies möglich und nicht mit unverhältnismäßigem Aufwand verbunden ist.[987] Der Verschmelzungsbeschluss bedarf einer Mehrheit von drei Vierteln der Mitglieder. Das Stiftungsgeschäft oder die Satzung kann eine größere Mehrheit und weitere Erfordernisse bestimmen.[988]

---

980 Die Fußnoten verweisen auf die zugehörigen Ausführungen im Text.
981 § 3 B IV 1.
982 § 3 C I 4 d.
983 § 3 B IV 1.
984 § 3 C I 3 a.
985 § 3 C I 4 c.
986 § 3 C I 3 e.
987 § 3 C I 3 c.
988 § 3 C I 3 b.

(3) Die Verschmelzungsbeschlüsse müssen bei der Verschmelzung durch Neugründung die Satzung der neuen Stiftung, bei der Verschmelzung durch Aufnahme die Änderungen der Satzung der aufnehmenden Stiftung enthalten.[989] Die Satzung der neuen oder der aufnehmenden Stiftung muss die wesentlichen Vorgaben der Satzungen der zu verschmelzenden Stiftungen zum Inhalt haben.[990]

§ 104d UmwG

(1) Jeder Verschmelzungsbeschluss bedarf zu seiner Wirksamkeit der Zustimmung der Aufsichtsbehörde, in deren Zuständigkeitsbereich die Stiftung ihren Sitz hat.[991] Die Aufsichtsbehörde darf ihre Zustimmung nur verweigern, wenn der Beschluss gegen gesetzliche Bestimmungen, Vorgaben des Stiftungsgeschäfts oder der Satzung oder sonst gegen den Stifterwillen verstößt.[992]

(2) Bei der Verschmelzung durch Aufnahme darf die Aufsichtsbehörde, in deren Zuständigkeitsbereich die aufnehmende Stiftung ihren Sitz hat, ihre Zustimmung erst erteilen, sobald die sonst erforderlichen Genehmigungen bestandskräftig sind.[993]

§ 104e UmwG

§§ 20, 22 und 36 Abs. 1 S. 2 dieses Gesetzes gelten mit der Maßgabe, dass an die Stelle der Eintragung der bei der Verschmelzung durch Neugründung die Anerkennung (§ 80 des Bürgerlichen Gesetzbuchs),[994] bei der Verschmelzung durch Aufnahme die gegenüber der zuzulegenden Stiftung erteilte Genehmigung tritt.[995]

§ 104f UmwG

Die §§ 4 bis 13,[996] 15 bis 19, 23 bis 35 und 36 Abs. 2 S. 2[997] dieses Gesetzes finden keine Anwendung. § 36 Abs. 2 S. 1 gilt mit der Maßgabe, dass die Verschmelzungsbeschlüsse an die Stelle des Stiftungsgeschäfts (§ 81 des Bürgerlichen Gesetzbuchs) treten.[998]

---

989 § 3 C I 6, § 4 C I 2.
990 § 3 C I 6 b, § 4 C I 2 c.
991 § 3 C II 2 a, § 4 C II 2.
992 § 3 C II 2 a cc (2), § 4 C II 2.
993 § 4 C II 2.
994 § 3 C II 2 b.
995 § 4 C II 2.
996 § 3 C I 2.
997 § 3 C I 6 a, b aa.
998 § 3 C I 6 a.

Anhang II: Auszüge aus den Landesstiftungsgesetzen

A. Baden-Württemberg[999]

§ 14 Zweckänderung, Zusammenlegung, Aufhebung
(1) Zuständig für Maßnahmen nach § 87 des Bürgerlichen Gesetzbuches ist die Stiftungsbehörde.

(2) Die Stiftungsorgane können den Stiftungszweck ändern, die Stiftung mit einer anderen zusammenlegen oder sie aufheben, soweit dies in der Satzung vorgesehen ist. Die Maßnahmen bedürfen der Genehmigung der Stiftungsbehörde. Mit der Genehmigung der Zusammenlegung wird die neue Stiftung rechtsfähig. Das Vermögen von zusammengelegten Stiftungen geht auf die neue oder die aufnehmende Stiftung über.

(3) Unter den Voraussetzungen des § 87 des Bürgerlichen Gesetzbuches kann die Stiftungsbehörde mehrere Stiftungen zusammenlegen. Die Stiftungsbehörde gibt der neuen Stiftung eine Satzung oder ändert die Satzung der aufnehmenden Stiftung. Absatz 2 Satz 4 gilt entsprechend.

B. Bayern[1000]

Art. 8
(1) Für die Umwandlung und das Erlöschen der Stiftungen des bürgerlichen Rechts gelten §§ 87 und 88 BGB. Auf die Stiftungen des öffentlichen Rechts finden diese Bestimmungen entsprechende Anwendung, § 88 Satz 3 BGB mit der Maßgabe, dass § 46 BGB auch dann entsprechend anzuwenden ist, wenn das Vermögen der Stiftung nicht an den Fiskus fällt.

(2) Der Stifter ist vor einer Aufhebung der Stiftung oder Umwandlung des Zwecks zu hören.

(3) Die Aufhebung von Stiftungen kann auch in der Weise erfolgen, dass mehrere Stiftungen gleicher Art, bei denen eine der in § 87 Abs. 1 BGB genannten Voraussetzungen vorliegt,

---

999 Stiftungsgesetz für Baden-Württemberg (StiftG BW) vom 4. Oktober 1977 (GBl. S. 408), zuletzt geändert durch ÄndG vom 16. Dezember 2003 (GBl. S. 720).
1000 Bayerisches Stiftungsgesetz (StiftG Bay) in der Fassung der Bekanntmachung vom 26. September 2008 (GVBl. S. 834).

zusammengelegt werden. Die neue Stiftung erlangt mit der Zusammenlegung die Rechtsfähigkeit. Im Fall der Aufhebung der neuen Stiftung leben die zusammengelegten Stiftungen nicht wieder auf.

(4) Die Aufhebung einer Stiftung, bei der eine der in § 87 Abs. 1 BGB genannten Voraussetzungen vorliegt, kann auch in der Weise erfolgen, dass sie einer Stiftung gleicher Art zugelegt wird. Die Zulegung ist nur zulässig, wenn die aufnehmende Stiftung zustimmt und die Erfüllung ihres Zwecks nicht beeinträchtigt wird.

(5) Zuständige Behörde im Sinn des § 87 BGB ist die Anerkennungsbehörde.

C. Berlin[1001]

§ 5

(1) Die nach der Satzung zuständigen Organe können die Änderung der Satzung, die Aufhebung der Stiftung oder ihre Zusammenlegung einer anderen Stiftung beschließen. Dabei soll der vom Stifter im Stiftungsgeschäft oder in der Satzung zum Ausdruck gebrachte Wille berücksichtigt werden. Der Beschluss bedarf der Genehmigung der Aufsichtsbehörde.

(2) Die Aufhebung, die Zusammenlegung mit einer anderen Stiftung oder die Änderung des Zwecks kann nur beschlossen werden, wenn es wegen wesentlicher Änderung der Verhältnisse angezeigt erscheint, sofern das Stiftungsgeschäft oder die Satzung keine andere Regelung enthält.

(3) Im Falle der Zusammenlegung verschmelzen die zusammengelegten Stiftungen zu einer neuen Stiftung; diese erlangt Rechtsfähigkeit mit Genehmigung des Zusammenlegungsbeschlusses. Das Vermögen einschließlich der Verbindlichkeiten der zusammengelegten Stiftungen geht mit der Genehmigung auf die neue Stiftung über.

1001 Berliner Stiftungsgesetz (StiftG Bln) in der Fassung vom 22. Juli 2003 (GVBl. S. 293).

D. Brandenburg[1002]

§ 10 Satzungsänderungen, Auflösung, Zusammenschluss
(1) Die Auflösung, der Zusammenschluss mehrerer Stiftungen sowie die Änderung des Stiftungszwecks durch Satzungsänderung können vom zuständigen Stiftungsorgan beschlossen werden, soweit das Stiftungsgeschäft oder die Satzung dem nicht entgegenstehen. Die Beschlüsse zur Auflösung einer oder zum Zusammenschluss zweier oder mehrerer Stiftungen sowie vom zuständigen Stiftungsorgan gefasste Beschlüsse zu Satzungsänderungen bedürfen der schriftlichen Genehmigung durch die Stiftungsbehörde. Beinhaltet die Satzungsänderung eine Verlegung des Stiftungssitzes in ein anderes Bundesland, bedarf dies der Zustimmung der Stiftungsbehörde sowohl des entlassenden als auch des aufnehmenden Bundeslandes. Beschlüsse, die eine Änderung im Sinne des Satzes 1 beinhalten, bedürfen auch bei kirchlichen Stiftungen im Sinne des § 2 der Genehmigung durch die Stiftungsbehörde.

(2) Bevor eine Genehmigung nach Absatz 1 erteilt wird, ist dem noch lebenden Stifter Gelegenheit zu geben, sich zu den Beschlüssen der zuständigen Stiftungsorgane zu äußern.

E. Bremen[1003]

§ 8 Satzungsänderung, Zusammenschluß, Sitzverlegung und Auflösung durch Stiftungsorgane.
(1) Satzungsänderungen, der Zusammenschluß mit anderen Stiftungen oder die Auflösung der Stiftung sind zulässig, wenn die Satzung dies vorsieht oder eine wesentliche Änderung der Verhältnisse dies erfordert. Satzungsänderungen, die den Stiftungszweck nicht berühren, sind außerdem zulässig, wenn sie die ursprüngliche Gestaltung der Stiftung nicht wesentlich ändern. Zu Lebzeiten des Stifters ist dessen Zustimmung erforderlich.

(2) Maßnahmen nach Absatz 1 bedürfen der Genehmigung der Stiftungsbehörde. Einer Genehmigung bedarf auch die Sitzverlegung einer bereits rechtsfähigen Stiftung in den Geltungsbereich dieses Gesetzes.

(3) Mit der Genehmigung des Zusammenschlusses wird die neue Stiftung rechtsfähig.

§ 9 Zweckänderung, Zusammenlegung und Aufhebung durch die Stiftungsbehörde.
(1) Die in § 87 des Bürgerlichen Gesetzbuchs vorgesehenen Maßnahmen trifft die Stiftungsbehörde. Liegen die Voraussetzungen des § 87 Abs. 1 des Bürgerlichen Gesetzbuchs bei meh-

---

1002 Stiftungsgesetz für das Land Brandenburg (StiftG Bbg) vom 20. April 2004 (GVBl. I S. 150).
1003 Bremisches Stiftungsgesetz (StiftG Bre) vom 7. März 1989 (Brem. GBl. S. 163), zuletzt geändert durch Gesetz vom 27. Februar 2008 (Brem. GBl. S. 181).

reren Stiftungen mit im wesentlichen gleichartigen Zwecken vor, so kann die Stiftungsbehörde diese auch zu einer neuen Stiftung zusammenlegen und dieser Stiftung eine Satzung geben; § 8 Abs. 3 gilt entsprechend.

(2) Vor Maßnahmen nach Absatz 1 ist zu Lebzeiten des Stifters auch dieser zu hören.

F. Hamburg[1004]

§ 7 Änderung der Satzung, Auflösung, Zulegung und Zusammenlegung
(1) Die Stiftung kann eine Änderung der Satzung beschließen, soweit
    1. in der Satzung nicht etwas anderes bestimmt ist,
    2. hierfür ein sachlicher Grund besteht, insbesondere die tatsächlichen oder rechtlichen Verhältnisse sich nachhaltig geändert haben, und
    3. der tatsächliche oder mutmaßliche Wille des Stifters nicht entgegensteht.
Unter den Voraussetzungen des Satzes 1 kann auch die Zulegung zu einer anderen oder die Zusammenlegung zu einer neuen Stiftung beschlossen werden, sofern die beteiligten Stiftungen im Wesentlichen gleiche Zwecke verfolgen.

(2) Die Stiftung kann ihre Auflösung beschließen, wenn
    1. hierfür sachliche Voraussetzungen im Stiftungsgeschäft oder in der Satzung festgelegt sind und diese Voraussetzungen vorliegen, oder
    2. der Stiftungszweck erreicht ist oder nicht mehr erfüllt werden kann.
Ist bei einer kirchlichen Stiftung der Vermögensanfall nicht geregelt, so fällt das Stiftungsvermögen im Falle ihrer Auflösung an die jeweilige Kirche; Entsprechendes gilt für Stiftungen nach § 2 Absatz 3 Satz 2.

(3) Beschlüsse nach den Absätzen 1 und 2 bedürfen der Genehmigung durch die zuständige Behörde; bei kirchlichen Stiftungen ist darüber hinaus die Zustimmung der zuständigen Kirchenbehörde erforderlich. Ist der Stifter am Leben, so soll er zuvor gehört werden. Im Falle der Zusammenlegung erlangt die neue Stiftung die Rechtsfähigkeit mit der Genehmigung der Zusammenlegung.

(4) Die zuständige Behörde kann, soweit nicht § 87 des Bürgerlichen Gesetzbuchs Anwendung findet, die Satzung wegen einer wesentlichen Veränderung der Verhältnisse ändern, insbesondere wenn Satzungsbestimmungen unausführbar werden. Ist der Stifter im Leben, so soll er zuvor gehört werden.

1004 Hamburgisches Stiftungsgesetz (StiftG Hbg) vom 14. Dezember 2005 (HmbGVBl. S. 521, ber. 2007 S. 202).

G. Hessen[1005]

§ 9 Änderung der Verfassung nach Anerkennung, Aufhebung und Zusammenlegung von Stiftungen.
(1) Der Vorstand oder die sonstigen hierzu berufenen Organe können beantragen, die Verfassung zu ändern, die Stiftung aufzuheben oder sie mit einer anderen Stiftung zusammenzulegen. Der Wille des Stifters ist tunlichst zu berücksichtigen. Die Entscheidung trifft die Aufsichtsbehörde.

(2) Die Aufhebung, die Zusammenlegung mit einer anderen Stiftung oder die Änderung des Zwecks kann nur erfolgen, wenn es wegen wesentlicher Änderung der Verhältnisse angezeigt erscheint. Das Stiftungsgeschäft oder der Stiftungsakt kann bestimmen, dass solche Entscheidungen auch ohne wesentliche Änderung der Verhältnisse zulässig sind.

(3) Die Aufsichtsbehörde entscheidet auch über die Zweckänderung oder die Aufhebung der Stiftung im Falle des § 87 des Bürgerlichen Gesetzbuches.

H. Mecklenburg-Vorpommern[1006]

§ 9 Änderung der Stiftungssatzung
(1) Eine Änderung der Stiftungssatzung bedarf der Genehmigung durch die Stiftungsbehörde. Die Stiftungsbehörde kann die Stiftungssatzung ändern, wenn dies aufgrund einer wesentlichen Veränderung der Verhältnisse erforderlich ist.

(2) Der Stifter soll zu Lebzeiten vor einer Änderung der Stiftungssatzung angehört werden. Bei mehreren Stiftern reicht die Anhörung von mindestens zwei Mitstiftern aus.

1005 Hessisches Stiftungsgesetz (StiftG He) vom 4. April 1966 (GVBl. I S. 77), zuletzt geändert durch Art. 1 ÄndG vom 6. September 2007 (GVBl. I S. 546).
1006 Stiftungsgesetz des Landes Mecklenburg-Vorpommern (StiftG MV) vom 7. Juni 2006 (GVBl. S. 366).

I. Niedersachsen[1007]

§ 7 Satzungsänderung, Zusammenlegung und Aufhebung durch Stiftungsorgane oder Dritte
(1) Wenn die Satzung dies vorsieht oder wenn sich die Verhältnisse seit der Errichtung der Stiftung wesentlich geändert haben, kann die Satzung geändert oder die Stiftung mit einer anderen Stiftung zusammengelegt oder aufgehoben werden. Satzungsänderungen, die den Stiftungszweck nicht berühren, sind außerdem zulässig, wenn sie die ursprüngliche Gestaltung der Stiftung nicht wesentlich verändern oder die Erfüllung des Stiftungszwecks erleichtern.

(2) Bei Maßnahmen nach Absatz 1 ist der erkennbare oder mutmaßliche Wille der Stifterin oder des Stifters zu berücksichtigen. Zu Lebzeiten der Stifterin oder des Stifters ist deren oder dessen Zustimmung erforderlich. In Rechte derer, die durch die Stiftung bedacht sind, darf nicht eingegriffen werden.

(3) Maßnahmen nach Absatz 1 werden von den zur Verwaltung der Stiftung berufenen Organen getroffen. Die Satzung kann andere Stiftungsorgane oder Dritte hierzu ermächtigen. Die Maßnahmen bedürfen der Genehmigung der Stiftungsbehörde. Mit der Genehmigung der Zusammenlegung wird die neue Stiftung rechtsfähig.

(4) Eine Sitzverlegung in das Land Niedersachsen ist der Stiftungsbehörde anzuzeigen.

§ 8 Zweckänderung, Zusammenlegung und Aufhebung durch die Stiftungsbehörde
(1) Die Stiftungsbehörde trifft die in § 87 BGB vorgesehenen Maßnahmen. Liegen die Voraussetzungen des § 87 Abs. 1 BGB vor, so kann die Stiftungsbehörde die Umwandlung auch in der Weise vornehmen, daß sie mehrere Stiftungen mit im wesentlichen gleichartigen Zwecken zu einer neuen Stiftung zusammenlegt und dieser Stiftung eine Satzung gibt. Mit der Zusammenlegung wird die neue Stiftung rechtsfähig.

(2) Vor Maßnahmen nach Absatz 1 ist zu Lebzeiten der Stifterin oder des Stifters diese oder dieser zu hören.

1007 Niedersächsisches Stiftungsgesetz (StiftG Nds) vom 24. Juli 1968 (GVBl. S. 119), zuletzt geändert durch Art. 1 ÄndG vom 23. November 2004 (GVBl. S. 514).

J. Nordrhein-Westfalen[1008]

§ 5 Satzungsänderung, Zusammenschluss, Selbstauflösung
(1) Soweit nicht in der Satzung etwas anderes bestimmt ist, können die zuständigen Stiftungs-organe eine Änderung der Satzung beschließen, wenn hierdurch der Stiftungszweck oder die Organisation der Stiftung nicht wesentlich verändert wird. Die Stiftungsaufsichtsbehörde ist hierüber innerhalb eines Monats nach Beschlussfassung zu unterrichten.

(2) Soweit die Satzung es nicht ausschließt, können die zuständigen Stiftungsorgane
1. wesentliche Änderungen des Stiftungszwecks, wesentliche Änderungen, die die dauernde und nachhaltige Erfüllung des Stiftungszwecks berühren, den Zusammen-schluss einer Stiftung mit einer anderen oder die Auflösung der Stiftung beschließen, sofern eine wesentliche Veränderung der Verhältnisse eingetreten ist,
2. wesentliche Änderungen der Organisation beschließen, soweit es die Erfüllung des Stiftungszwecks nicht beeinträchtigt.
Die Stifterinnen und Stifter sind hierzu nach Möglichkeit anzuhören. Die Beschlüsse bedürfen der Genehmigung durch die Stiftungsbehörde. Mit der Genehmigung der Beschlüsse über den Zusammenschluss und die hierzu erforderlichen Satzungsänderungen ist die neue Stiftung anerkannt.

K. Rheinland-Pfalz[1009]

§ 8 Änderung der Satzung, Aufhebung der Stiftung
(1) Soweit nicht in der Satzung etwas anderes bestimmt ist, kann der Vorstand der Stiftung eine Änderung der Satzung beschließen, wenn hierdurch der Stiftungszweck oder die Organi-sation der Stiftung nicht wesentlich verändert wird.

(2) Soweit nicht in der Satzung etwas anderes bestimmt ist, kann der Vorstand der Stiftung nach Anhörung der Stifterin oder des Stifters eine Erweiterung oder Änderung des Stiftungs-zwecks, die Zusammenlegung mit einer anderen Stiftung oder die Aufhebung der Stiftung beschließen, wenn eine wesentliche Änderung der Verhältnisse eingetreten ist.

(3) Beschlüsse nach den Absätzen 1 und 2 bedürfen der Anerkennung durch die Stiftungsbe-hörde.

1008 Stiftungsgesetz für das Land Nordrhein-Westfalen (StiftG NRW) vom 15. Februar 2005 (GVBl. S. 52), zuletzt geändert durch Gesetz vom 9. Februar 2010 (GVBl. S. 112).
1009 Landesstiftungsgesetz Rheinland-Pfalz (StiftG RhPf) vom 19. Juli 2004 (GVBl. S. 385).

L. Saarland[1010]

§ 7 Satzungsänderung, Zusammenschluss und Auflösung durch Stiftungsorgane
(1) Satzungsänderungen, der Zusammenschluss mit anderen Stiftungen oder die Auflösung der Stiftung sind zulässig, wenn die Satzung dies vorsieht oder eine wesentliche Änderung der Verhältnisse dies erfordert. Satzungsänderungen, die den Stiftungszweck nicht berühren, sind außerdem zulässig, wenn sie die ursprüngliche Gestaltung der Stiftung nicht wesentlich ändern.

(2) Bei Maßnahmen nach Absatz 1 ist der Stifterwille zu berücksichtigen. Stifterinnen und Stifter können sich in der Satzung das Recht vorbehalten, zu Lebzeiten Maßnahmen nach Absatz 1 von ihrer Zustimmung abhängig zu machen. In Rechte derer, die durch die Stiftung bedacht sind, darf nicht eingegriffen werden.

(3) Maßnahmen nach Absatz 1 werden durch das zuständige Stiftungsorgan getroffen. Die Maßnahmen bedürfen der Genehmigung der Stiftungsbehörde.

(4) Mit der Genehmigung des Zusammenschlusses wird die neue Stiftung rechtsfähig. In diesem Zeitpunkt geht das Vermögen der zusammengeschlossenen Stiftungen auf die neue Stiftung über.

§ 8 Zweckänderung, Zusammenlegung und Aufhebung durch die Stiftungsbehörde
Sofern die Stiftung innerhalb einer ihr von der Stiftungsbehörde gesetzten angemessenen Frist eine Maßnahme nach § 7 nicht vornimmt, ergreift die Stiftungsbehörde die im § 87 des Bürgerlichen Gesetzbuches vorgesehenen Maßnahmen. Unter den Voraussetzungen des § 87 Abs. 1 Bürgerliches Gesetzbuch kann die Stiftungsbehörde mehrere Stiftungen zusammenlegen. Sie gibt dieser neuen Stiftung eine Satzung. § 7 Abs. 2 und 4 gelten entsprechend.

M. Sachsen[1011]

§ 9 Satzungsänderung
(1) Die Satzung kann geändert, insbesondere kann der Zweck der Stiftung umgewandelt werden, wenn
    1. das Stiftungsgeschäft oder die Satzung dies vorsieht oder
    2. sich die Verhältnisse seit der Errichtung der Stiftung wesentlich geändert haben.
Die Beschlüsse nach Satz 1 bedürfen der Genehmigung der Stiftungsbehörde. Auf Verlangen der Stiftungsbehörde ist bei steuerbegünstigten Stiftungen vor Erteilung der Genehmigung

---

1010 Saarländisches Stiftungsgesetz (StiftG Saar) vom 9. August 2004 (Amtsbl. S. 1825).
1011 Sächsisches Stiftungsgesetz (StiftG Sa) vom 7. August 2007 (GVOBl. S. 386).

eine Bestätigung des zuständigen Finanzamts vorzulegen, dass durch die Satzungsänderung die Steuervergünstigung der Stiftung nicht beeinträchtigt wird.

(2) Zu Lebzeiten des Stifters soll dieser angehört werden. Im Fall des Absatzes 1 Nr. 2 ist die Zustimmung des Stifters erforderlich.

(3) Es ist dafür zu sorgen, dass die Erträge des Stiftungsvermögens dem Personenkreis, dem sie zugute kommen sollten, im Sinne des Stifters erhalten bleiben.

(4) Eine Sitzverlegung in den oder aus dem Freistaat Sachsen bedarf der Genehmigung durch die Stiftungsbehörde.

§ 10 Aufhebung, Zusammenlegung
(1) Unter den Voraussetzungen des § 9 Abs. 1 Satz 1 kann die Stiftung aufgehoben oder mit einer anderen Stiftung zusammengelegt werden.

(2) § 9 Abs. 1 Satz 2 und 3, Abs. 2 und 3 gilt entsprechend.

(3) Die Genehmigung des Zusammenlegungsbeschlusses umfasst die Anerkennung der neuen Stiftung als rechtsfähig.

(4) Das Vermögen einschließlich der Verbindlichkeiten der zusammengelegten Stiftungen geht mit der Genehmigung des Zusammenlegungsbeschlusses auf die neue Stiftung über.

N. Sachsen-Anhalt[1012]

§ 21 Satzungsänderung.
(1) Wenn die Satzung dies vorsieht oder wenn sich die Verhältnisse seit der Errichtung der Stiftung wesentlich geändert haben, kann die Satzung geändert oder die Stiftung mit einer anderen Stiftung zusammengelegt werden.

(2) Zu Lebzeiten des Stifters ist dessen Zustimmung erforderlich. In Rechte derer, die durch die Stiftung begünstigt sind, darf nicht eingegriffen werden.

(3) Maßnahmen nach Absatz 1 werden von den zur Verwaltung der Stiftung berufenen Organen getroffen. Die Maßnahmen bedürfen der Genehmigung der Stiftungsbehörde.

1012 Gesetz über die Bildung und Tätigkeit von Stiftungen (StiftG SA) in der Fassung der Bekanntmachung vom 1. Januar 1997 (GVBl. S. 144). Siehe aber bereits § 9 des Regierungsentwurfs eines Stiftungsgesetzes vom 9. Juni 2010 (LT-Drs. 5/2651).

(4) Eine Sitzverlegung in das oder aus dem Land bedarf auch dann der Genehmigung durch die Stiftungsbehörde, wenn die Sitzverlegung nach dem Recht des bisherigen oder des zukünftigen Sitzes von der dort zuständigen Behörde zu genehmigen ist.

(5) Mit der Genehmigung der Zusammenlegung wird die neue Stiftung rechtsfähig.

O. Schleswig-Holstein[1013]

§ 5 Satzungsänderung, Zulegung, Zusammenlegung und Auflösung durch Stiftungsorgane
(1) Die nach der Satzung zuständigen Organe können die Satzung ändern, wenn
    1. der Stiftungszweck und die Gestaltung der Stiftung nicht oder nur unwesentlich verändert werden oder
    2. dies wegen einer wesentlichen Veränderung gegenüber den im Zeitpunkt der Entstehung der Stiftung bestehenden Verhältnissen angebracht ist;
Sie können die Stiftung
    1. einer anderen Stiftung mit deren Zustimmung zulegen,
    2. mit einer anderen zu einer neuen Stiftung zusammenlegen oder
    3. Auflösen,
wenn die in Satz 1 Nr. 2 genannte Voraussetzung gegeben ist; zu Lebzeiten der Stifterin oder des Stifters ist deren oder dessen Zustimmung erforderlich.

(2) Beschlüsse nach Absatz 1 bedürfen der Genehmigung der zuständigen Behörde. Im Falle des Absatzes 1 Satz 2 Nr. 1 erlischt die zugelegte Stiftung mit der Genehmigung, im Falle des Absatzes 1 Satz 2 Nr. 2 erlöschen die zusammengelegten Stiftungen und die neue Stiftung erlangt Rechtsfähigkeit. Mit dem Erlöschen geht das Vermögen einschließlich der Verbindlichkeiten der zugelegten Stiftung auf die andere Stiftung, das der zusammengelegten Stiftung auf die neue Stiftung über.

(3) Eine Verlegung des Sitzes der Stiftung in das oder aus dem Land Schleswig-Holstein bedarf auch dann der Genehmigung der zuständigen Behörde, wenn die Sitzverlegung nach dem Recht des bisherigen oder des künftigen Sitzes auch von der dort zuständigen Behörde zu genehmigen ist.

(4) Genehmigungen nach den Absätzen 2 und 3 sind schriftlich zu erteilen. Die Genehmigung einer Zulegung, Zusammenlegung oder Auflösung kann nicht in elektronischer Form erteilt werden.

1013 Gesetz über rechtsfähige Stiftungen des bürgerlichen Rechts (StiftG SH) in der Fassung vom 2. März 2000 (GVOBl. S. 208), zuletzt geändert durch Art. 19 LandesVO vom 12. Oktober 2005 (GVOBl. S. 487).

§ 6 Zweckänderung, Zulegung, Zusammenlegung und Aufhebung von Amts wegen
(1) Die in § 87 BGB vorgesehenen Maßnahmen trifft das Innenministerium. Liegen die Voraussetzungen des § 87 Abs. 1 BGB vor, so ist das Innenministerium auch berechtigt, Stiftungen mit im Wesentlichen gleichartigen Zwecken
    1. durch Zulegung zu verbinden oder
    2. zu einer neuen Stiftung zusammenzulegen und dieser neuen Stiftung eine
    Satzung zu geben.
Im Falle des Satzes 2 Nr. 1 erlöschen die zugelegten Stiftungen mit der Zulegung. Im Falle des Satzes 2 Nr. 2 erlöschen die zusammengelegten Stiftungen mit der Zusammenlegung, die neue Stiftung erlangt Rechtsfähigkeit. Mit dem Erlöschen geht das Vermögen einschließlich der Verbindlichkeiten der zugelegten Stiftungen auf die andere Stiftung, das der zusammengelegten Stiftungen auf die neue Stiftung über.

(2) Maßnahmen nach Absatz 1 ergehen schriftlich, aber nicht in elektronischer Form, im Benehmen mit dem fachlich zuständigen Ministerium. Die Vorstände der beteiligten Stiftungen sollen gehört werden; zu Lebzeiten der Stifterin oder des Stifters soll auch diese oder dieser gehört werden.

P. Thüringen[1014]

§ 11 Zweckänderung, Aufhebung
(1) Für die Änderung des Zwecks und die Aufhebung der Stiftung gelten die §§ 87 und 88 BGB. § 9 Abs. 2 gilt entsprechend.

(2) Die Aufhebung von Stiftungen kann auch in der Weise erfolgen, dass mehrere Stiftungen gleicher Art, bei denen eine der in § 87 Abs. 1 BGB genannten Voraussetzungen vorliegt, zusammengelegt werden. Die neue Stiftung erlangt mit der Zusammenlegung die Rechtsfähigkeit. Im Fall der Aufhebung der neuen Stiftung leben die zusammengelegten Stiftungen nicht wieder auf.

(3) Die Aufhebung einer Stiftung, bei der eine der in § 87 Abs. 1 BGB genannten Voraussetzungen vorliegt, kann auch in der Weise erfolgen, dass sie einer Stiftung gleicher Art zugelegt wird. Die Zulegung ist nur zulässig, wenn die aufnehmende Stiftung zustimmt und die Erfüllung ihres Stiftungszwecks nicht beeinträchtigt wird.

1014 Thüringer Stiftungsgesetz (StiftG Th) vom 16. Dezember 2008 (GVOBl. S. 561).

(4) Soweit der Stifter in der Satzung keine entgegenstehende Regelung getroffen hat, ist allein der Wegfall der Gemeinnützigkeit kein genereller Auflösungsgrund. Es treten dann lediglich die steuerrechtlichen Rechtsfolgen bei Wegfall der Gemeinnützigkeit ein.

Literaturverzeichnis

Achilles, Wilhelm-Albrecht: Stiftungsrechtsreform und Gesetzgebungskompetenz des Bundes, ZRP 2002, S. 23 ff.

Aigner, Pia Maria: Der Schutz der Stiftung vor Einflußnahme Dritter – Rechtsvergleichung im deutschsprachigen Rechtsraum –, Frankfurt am Main u. a. 2000

Alscher, Sarah: Die Stiftung des öffentlichen Rechts, München 2006

Alternativkommentar zum BGB: Hrsg. von Rudolf Wassermann, Bd. 1, §§ 1-240, Neuwied u. a. 1987

Andrick, Bernd: Stiftungsrecht und Staatsaufsicht unter besonderer Berücksichtigung der nordrhein-westfälischen Verhältnisse, Baden-Baden 1988

ders.: Sachentscheidungsvoraussetzungen im stiftungsrechtlichen Verwaltungsprozess, in: v. Campenhausen u. a. (Hrsg.), Stiftungen in Deutschland und Europa, 1998, S. 281 ff.

Andrick, Bernd / Suerbaum, Joachim: Stiftung und Aufsicht, Dogmatik – Stiftungspraxis – Reformbestrebungen, München 2001 (mit Nachtrag „Das modernisierte Stiftungsrecht", München 2003)

dies.: Das Gesetz zur Modernisierung des Stiftungsrechts, NJW 2002, 2905 ff.

Anwaltkommentar zum BGB: Allgemeiner Teil mit EGBGB, hrsg. von: Thomas Heidel und Barbara Dauner-Lieb, Bonn 2005

Ballerstedt, Kurt: Soll das Stiftungsrecht bundesgesetzlich vereinheitlicht und reformiert werden, gegebenenfalls mit welchen Grundzügen?, in: Verhandlungen des 44. Deutschen Juristentages, Bd. I (Gutachten), 5. Teil, Tübingen 1962, S. 5 ff.

Bamberger, Heinz Georg / Roth, Herbert (Hrsg.): Kommentar zum Bürgerlichen Gesetzbuch, 2. Aufl., München 2007, teilweise 1. Aufl., München 2003

Baumbach, Adolf / Hueck, Alfred: Kommentar zum GmbHG, 19. Auflage, München 2010

Baus, Matthias: Zusammenführung von Stiftungen – auch aus wirtschaftlichen Motiven?, npoR 2010, S. 5 ff.

Beaucamp, Guy: Zum Analogieverbot im öffentlichen Recht, in: AöR 134 (2009), S. 83 ff.

Beckmann, Eva-Maria: Die Änderung der Stiftungssatzung, Aachen 2005

Bericht der interministeriellen Arbeitsgruppe „Stiftungsrecht" zu Fragen einer Neugestaltung des Stiftungsrechts, in: Hauer u. a. (Hrsg.), Deutsches Stiftungswesen 1966-1976, 1977, S. 361 ff.

Berndt, Hans / Götz, Hellmut: Stiftung und Unternehmen, 8. Auflage, Herne 2009

Bertelsmann Stiftung (Hrsg.): Handbuch Stiftungen, Wiesbaden 1998

dies. (Hrsg.): Handbuch Bürgerstiftungen, 2. Aufl., Gütersloh 2004

Böhringer, Walter: Grundbuchberichtigung bei Umwandlungen nach dem Umwandlungsgesetz, Rpfleger 2001, S. 59 ff.

Boruttau, Ernst Paul: Grunderwerbsteuergesetz, Kommentar, 16. Aufl., München 2007

Böttcher, Lars / Grewe, Daniel: Die Anwendbarkeit des § 311b III BGB beim Unternehmenskauf, NZG 2005, S. 950 ff.

Breuer, Hanni: Zweckumwandlung und Aufhebung von Stiftungen nach deutschem Recht – unter vergleichender Heranziehung entsprechender Einrichtungen im anglo-amerikanischen Recht –, Diss. Köln 1967

Bruns, Patrick: StiftG Baden-Württemberg, 6. Aufl., Wiesbaden 2010

Buchner, Herbert: Arbeitsrechtliche Nachbesserung des Gesellschaftsrechts?, in: Festschrift für Peter Kreutz zum 70. Geburtstag, 2010, S. 537 ff.

Bund-Länder-Arbeitsgruppe Stiftungsrecht: Eingesetzt vom Bundesministerium der Justiz, Bericht vom 19. 10. 2001

Bungert, Hartwin: Ausgliederung durch Einzelrechtsübertragung und analoge Anwendung des Umwandlungsgesetzes – Anmerkung zu LG Karlsruhe, Beschl. vom 6. 11. 1997, O 43/97 KfH I, NZG 1998, S. 367 ff.

Burgard, Ulrich: Das neue Stiftungsprivatrecht, NZG 2002, S. 697 ff.

ders.: Mitgliedschaft und Stiftung – Die rechtsfähige Stiftung als Ersatzform des eingetragenen Vereins, in: Walz u. a. (Hrsg.), Non Profit Law Yearbook 2005, Köln 2006, S. 95 ff.

ders.: Gestaltungsfreiheit im Stiftungsrecht – Zur Einführung korporativer Strukturen bei der Stiftung, Köln 2006

ders.: Firmenrechtliche Fragen bei Verein und Stiftung, in: Saenger u. a., Gründen und Stiften – Festschrift zum 70. Geburtstag des Jenaer Gründungsdekans und Stiftungsrechtlers Olaf Werner, 2009, S. 190 ff.

Campenhausen, Axel Freiherr von: Alte Stiftungen in den neuen Ländern, in: v. Campenhausen u. a. (Hrsg.), Stiftungen in Deutschland und Europa, 1998, S. 183 ff.

Canaris, Claus-Wilhelm: Grundrechte und Privatrecht – eine Zwischenbilanz, Berlin u. a. 1999

Crezelius, Georg / Rawert, Peter: Das Gesetz zur weiteren steuerlichen Förderung von Stiftungen – Anmerkungen zum ersten Schritt einer Reform des Stiftungsrechts, ZEV 2000, S. 421 ff.

Denecke, Heiko: Die Reaktivierung von Alt-Stiftungen (Hrsg.: Bundesverband Deutscher Stiftungen), Berlin 2005

ders.: Zur Rechtsnachfolge bei Stiftungsvereinigungen, ZSt 2004, S. 278 ff.

DJT-Stiftungsrecht: Bericht der Studienkommission des Deutschen Juristentages, Vorschläge zur Reform des Stiftungsrechts, München 1968

Duden, Konrad: Für ein Bundesstiftungsgesetz, JZ 1968, S. 1 ff.

Ebersbach, Harry: Handbuch des deutschen Stiftungsrechts, Göttingen 1972

Engelsing, Felix: Dritter Sektor und Kartellrecht, in: Kötz u. a. (Hrsg.), Non Profit Law Yearbook 2002, Köln 2003, S. 105 ff.

Enneccerus, Ludwig / Nipperdey, Hans Carl: Allgemeiner Teil des bürgerlichen Rechts, Zweiter Halbband, 15. Aufl., Tübingen 1960

Erman, Walter: Bürgerliches Gesetzbuch, Handkommentar, hrsg. von Harm Peter Westermann, 12. Aufl., Köln 2008

Erfurter Kommentar zum Arbeitsrecht: Hrsg. von Rudi Müller-Glöge, Ulrich Preis und Ingrid Schmidt, 11. Aufl., München 2011

Erler, Adalbert / Kaufmann, Ekkehard (Hrsg.): Handwörterbuch zur deutschen Rechtsgeschichte, Berlin 1985 ff.

Flume, Werner: Allgemeiner Teil des Bürgerlichen Rechts, Erster Band, Zweiter Teil: Die juristische Person, Berlin u. a. 1983

Freyer, Verena: Kooperationen und Netzwerke im Stiftungswesen, in: Rupert Graf Strachwitz und Florian Mercker (Hrsg.), Stiftungen in Theorie, Recht und Praxis – Handbuch für ein modernes Stiftungswesen, Berlin 2005, S. 594 ff.

Fritsche, Stefan: Die Stiftungssatzung im Spannungsfeld zwischen Stifterfreiheit, Stiftungsautonomie und staatlicher Stiftungsaufsicht, ZSt 2009, S. 21 ff.

Fritsche, Stefan / Kilian, Ulrike: StiftG Brandenburg, StiftG Mecklenburg-Vorpommern, Kommentare zu den Landesstiftungsgesetzen, Wiesbaden 2007

Fritz, Stefan: Stifterwille und Stiftungsvermögen, Diss. Jena, 2007

Gebel, Volkram / Hinrichsen, Stephanie: Schleswig-Holsteinisches Stiftungsgesetz, Kommentar, Wiesbaden 1994

Großkommentar zum GmbHG: Hrsg. von Peter Ulmer, Mathias Habersack und Martin Winter, Tübingen 2005 ff.

Gutzschebauch, Gerhard: Umwandlung und Aufhebung von Stiftungen infolge der Geldumstellung, BB 1949, S. 119

Habersack, Mathias / Koch, Ulrich / Winter, Martin (Hrsg.): Die Spaltung im neuen Umwandlungsrecht und ihre Rechtsfolgen, ZHR-Beiheft 68, Heidelberg 1999

Haecker, Jens: Zum neuen Stiftungsgesetz des Landes Schleswig-Holstein, SchlHA 1972, S. 153 ff.

Hahn, Ottokar / Schindler, Ambros: Die Besteuerung der Stiftungen, 2. Auflage, Baden-Baden 1977

Hahn, Philip: Die Stiftungssatzung – Geschichte und Dogmatik, Tübingen 2010

Hahn, Simon: Die organschaftliche Änderung der Stiftungssatzung nach der Reform der Landesstiftungsgesetze, Baden-Baden 2010

Happ, Annette: Stifterwille und Zweckänderung – Möglichkeiten und Grenzen einer Änderung des Stiftungszwecks durch Organbeschluss, Köln u. a. 2007

Härtl, Peter: Ist das Stiftungsrecht reformbedürftig? Eine vergleichende Untersuchung der Landesstiftungsgesetze unter Berücksichtigung der Stiftungspraxis bei den staatlichen Stiftungsgenehmigungs- und -aufsichtsbehörden, Baden-Baden 1990

Heckschen, Heribert: Die Pflicht zur Anteilsgewährung im Umwandlungsrecht, DB 2008, S. 1363 ff.

ders.: Die Entwicklung des Umwandlungsrechts aus Sicht der Rechtsprechung und Praxis, DB 1998, S. 1385 ff.

Heidelberger Kommentar zum UmwG: Umwandlungsgesetz, hrsg. von Hans-Christoph Maulbetsch, Axel Klumpp und Klaus-Dieter Rose, Heidelberg 2009

Heimberger, Hans: Die Veränderung des Stiftungszwecks – Beiträge zur Geschichte des Badischen Stiftungswesens, Heidelberg 1913

Hemke, Katja: Methodik der Analogiebildung im öffentlichen Recht, Berlin 2006

Herzog, Rainer: Die unselbständige Stiftung des bürgerlichen Rechts, Baden-Baden 2006

Heuel, Markus: StiftG Nordrhein-Westfalen, Kommentar zum Stiftungsgesetz, Wiesbaden 2009

Heuer, Carl-Heinz / Ringe, Friederike: Die Fusion von Stiftungen, Die Roten Seiten zum Magazin Stiftung & Sponsoring, Heft 3/2005

Hillgruber, Christian: Richterliche Rechtsfortbildung als Verfassungsproblem, JZ 1996, S. 118 ff.

Hippel, Thomas v.: Grundprobleme von Nonprofit-Organisationen – eine zivilrechtsdogmatische, steuerrechtliche und rechtsvergleichende Untersuchung über Strukturen, Pflichten und Kontrollen und wirtschaftliche Tätigkeit von Vereinen und Stiftungen, Tübingen 2007

Historisch-kritischer Kommentar zum BGB: Hrsg. von Mathias Schmoeckel, Joachim Rückert, Reinhard Zimmermann, Band I, Allgemeiner Teil, §§ 1-240, Tübingen 2003

Hof, Hagen: Stiftungen im deutschen Recht, in: Hopt/Reuter (Hrsg.), Stiftungsrecht in Europa, 2001, S. 301 ff.

ders.: Die Unverfügbarkeit der selbständigen Stiftung bürgerlichen Rechts – Kern der Stiftungsautonomie, in: Zwischen Markt und Staat – Gedächtnisschrift für Rainer Walz, 2008, S. 233 ff.

ders. / Bianchini- Hartmann, Maren / Richter, Andreas: Stiftungen, Errichtung – Gestaltung – Geschäftstätigkeit – Steuern, 2. Aufl., München 2010

Hoffmann, Jakob: Beschlussmängel in der rechtsfähigen Stiftung bürgerlichen Rechts, in: Entwicklungen im Arbeits- und Wirtschaftsrecht – Festgabe für Peter Kreutz zum 70. Geburtstag, 2009, S. 29 ff.

Hoffmann-Becking, Michael / Rawert, Peter (Hrsg.): Beck'sches Formularbuch Bürgerliches Recht, Handels- und Wirtschaftsrecht, 10. Aufl., München 2010

Holt, Thomas von / Koch, Christian: Stiftungssatzung, 2. Aufl., München 2011

Hommelhoff, Peter: Stiftungsrechtsreform in Europa, in: Hopt/Reuter (Hrsg.), Stiftungsrecht in Europa, 2001, S. 227 ff.

Hüttemann, Rainer: Das Gesetz zur weiteren steuerlichen Förderung von Stiftungen, DB 2000, S. 1584 ff.

ders. / Rawert, Peter: Der Modellentwurf eines Landesstiftungsgesetzes, ZIP 2002, S. 2019 ff.

Hüttemann, Rainer: Das Gesetz zur Modernisierung des Stiftungsrechts, ZHR 167 (2003), S. 35 ff.

ders.: Das Gesetz zur weiteren Stärkung des bürgerschaftlichen Engagements und seine Auswirkungen auf das Gemeinnützigkeits- und Spendenrecht, DB 2007, S. 2053 ff.

Hüttemann, Rainer: Gemeinnützigkeits- und Spendenrecht, Köln 2008

Ipsen, Jörn: Staatsrecht I – Staatsorganisationsrecht, 21. Aufl., Köln 2009

Isensee, Josef / Kirchhof, Paul (Hrsg.): Handbuch des Staatsrechts, Band V, Heidelberg 1992

Jakob, Dominique: Schutz der Stiftung – Die Stiftung und ihre Rechtsverhältnisse im Widerstreit der Interessen, Tübingen 2006

ders.: Begrenzung und Ausschluss der stiftungsaufsichtlichen Kontrolle durch stiftungsautonome Bestimmungen, ZSt 2006, S. 63 ff.

ders.: Stifterrechte zwischen Privatautonomie und Trennungsprinzip – Möglichkeiten und Konsequenzen der Einflussnahme des Stifters auf seine Stiftung unter Berücksichtigung aktueller Entwicklungen des schweizerischen, österreichischen und liechtensteinischen Rechts, in: Saenger u. a., Gründen und Stiften – Festschrift zum 70. Geburtstag des Jenaer Gründungsdekans und Stiftungsrechtlers Olaf Werner, 2009, S. 101 ff.

ders. / *Studen, Goran:* Die European Foundation – Phantom oder Zukunft des europäischen Stiftungsrechts?, ZHR 174 (2010), S. 61 ff.

Jarass, Hans D.: Regelungsspielräume des Landesgesetzgebers im Bereich der konkurrierenden Gesetzgebung und in anderen Bereichen, NVwZ 1996, S. 1041 ff.

ders. / *Pieroth, Bodo:* Grundgesetz für die Bundesrepublik Deutschland, Kommentar, 10. Aufl., München 2009

Jauernig, Othmar (Hrsg.): Bürgerliches Gesetzbuch, 13. Aufl., München 2009

Jeß, Kay: Das Verhältnis des lebenden Stifters zur Stiftung – unter besonderer Berücksichtigung der Gestaltungsmöglichkeiten der Stiftungsverfassung und des Rechtsschutzes der Stiftung vor Übergriffen der Stiftung, Ammersbek bei Hamburg 1991

Kallmeyer, Harald: Umwandlungsgesetz – Kommentar, 4. Aufl., Köln 2010

Karper, Ines: Die Zusammenlegung von privatrechtlichen Stiftungen, Diss. Göttingen 1993

dies.: Die staatliche Zusammenlegung von rechtsfähigen privatrechtlichen Stiftungen, BWVP 1994, S. 275 ff.

Katschinski, Ralf Joachim: Die Umwandlung von Non-Profit-Organisationen, in: Kötz u. a. (Hrsg.), Non Profit Law Yearbook 2001, Köln 2002, S. 65 ff.

Kersting, Christian: Die Kontrolle des Stiftungsvorstands durch Stifter und Destinatäre, in: Walz u. a. (Hrsg.), Non Profit Law Yearbook 2006, Köln u. a. 2007, S. 57 ff.

Kielmansegg, Sebastian Graf von: Grundfälle zu den allgemeinen Grundrechtslehren, JuS 2009, S. 216 ff.

Kiem, Roger: Das Beurkundungserfordernis beim Unternehmenskauf im Wege des Asset Deals – Zur Anwendung des § 311b III BGB auf Gesamtvermögensübertragungsvorgänge juristischer Personen, NJW 2006, S. 2363 ff.

Kilian, Dirk: Die Stiftung als Ausnahme von der Regel im PKH-Verfahren, in: Juristenausbildung aus Leidenschaft – Festgabe für Olaf Werner zum 65. Geburtstag, 2004, S. 85 ff.

Kilian, Ulrike: Voraussetzungen einer Zweckänderung – Ein praktisches Beispiel, ZSt 2005, S. 171 ff.

Knack, Hans Joachim (Begr.): Verwaltungsverfahrensgesetz, 8. Auflage, Köln u. a. 2004

Kohler, Josef: Lehrbuch des Bürgerlichen Rechts, Band 1: Allgemeiner Teil, Berlin 1906

Kohnke, Andreas: Die Pflichten des Stiftungsvorstands aus Bundes- und Landesrecht, Baden-Baden 2009

Kölner Kommentar zum UmwG: Hrsg. von Barbara Dauner-Lieb und Stefan Simon, Köln 2009

Kopp, Ferdinand O. / Ramsauer, Ulrich: Verwaltungsverfahrensgesetz, 11. Aufl., München 2010

Kraft, Alfons / Kreutz, Peter: Gesellschaftsrecht, 11. Aufl., Neuwied/Kriftel 2000

Kronke, Herbert: Stiftungstypus und Unternehmensträgerstiftung. Eine rechtsvergleichende Untersuchung, Tübingen 1988

Kübler, Friedrich / Assmann, Heinz-Dieter: Gesellschaftsrecht – Die privatrechtlichen Ordnungsstrukturen und Regelungsprobleme von Verbänden und Unternehmen, 6. Aufl., Heidelberg u. a. 2006

Larenz, Karl: Methodenlehre der Rechtswissenschaft, 6. Aufl., Berlin u. a. 1991

Larenz, Karl / Wolf, Manfred: Allgemeiner Teil des bürgerlichen Rechts, 9. Aufl., München 2004

Lehmann, Monika: Kommentar zum Schleswig-Holsteinischen Stiftungsgesetz, Essen 2002

Leinekugel, Rolf: Die Ausstrahlungswirkungen des Umwandlungsgesetzes, Köln u. a. 2000

Leipold, Dieter: Gibt es noch vorkonstitutionelle Vorschriften im BGB?, NJW 2003, S. 2657 ff.

Liermann, Hans: Geschichte des Stiftungsrechts, Tübingen 1963

ders.: Die Stiftung als Rechtspersönlichkeit, in: Franz u. a. (Hrsg.), Deutsches Stiftungswesen 1948-1966, 1968, S. 153 ff.

Lindner, Reinhold: Die Umwandlung einer Stiftung in eine Aktiengesellschaft am Fallbeispiel der Carl-Zeiss-Stiftung – Zugleich eine Untersuchung der Eignung der Stiftung als Unternehmensform, Berlin 2004

Lunk, Stefan / Rawert, Peter: Bestellung, Abberufung, Anstellung und Kündigung von Stiftungsvorständen, in: Kötz u. a. (Hrsg.), Non Profit Law Yearbook 2001, 2002, S. 91 ff.

Lutter, Marcus / Winter, Martin (Hrsg.): Umwandlungsgesetz, Kommentar, 4. Auflage, Köln 2009

Machreich, Hans-Joachim: Aspekte der formellen Verfassungsmäßigkeit des Landesstiftungsrechts, Diss. Jena, 2003

v. Mangoldt, Hermann / Klein, Friedrich / Starck, Christian (Hrsg.): Kommentar zum Grundgesetz, 5. Aufl., München 2005

Mankowski, Peter: Rechtsstellung von Destinatären einer Stiftung und Auslegung eines Alt-Hamburger Testaments, FamRZ 1995, S. 851 ff.

Manssen, Gerrit: Privatrechtsgestaltung durch Hoheitsakt, Tübingen 1994

Mattheus, Daniela: Eckpfeiler einer stiftungsrechtlichen Publizität, DStR 2003, S. 254 ff.

Maunz, Theodor / Dürig, Günter: Kommentar zum Grundgesetz, Loseblatt, München, Stand: 57. Lieferung, Januar 2010

Maurer, Hartmut: Allgemeines Verwaltungsrecht, 16. Aufl., München 2006

Mayer, Dieter / Weiler, Simon: Neuregelungen durch das Zweite Gesetz zur Änderung des Umwandlungsgesetzes (Teil I), DB 2007, S. 1235 ff.

Mecking, Christoph: Das Gesetz zur weiteren steuerlichen Förderung von Stiftungen, NJW 2001, S. 203 ff.

ders.: Der Sitz der Stiftung, ZSt 2004, S. 199 ff.

ders.: Das Stiftungswesen in Rheinland-Pfalz, Kommentar zum Landesstiftungsgesetz, Wiesbaden 2006

Meincke, Jens Peter: Erbschaftsteuer- und Schenkungsteuergesetz, Kommentar, 15. Aufl., München 2009

Mertens, Kai: Umwandlung und Universalsukzession – Die Reform von Verschmelzung, Spaltung, Vermögensübertragung und Formwechsel, Heidelberg 1993

Meyer-Arndt, Lüder: Schenkungsteuer bei Umwandlung einer Familienstiftung?, BB 1984, S. 1542 ff.

Meyn, Christian / Richter, Andreas / Koss, Claus: Die Stiftung – Umfassende Erläuterungen, Beispiele und Musterformulare für die Rechtspraxis, 2. Aufl., Freiburg 2009

Mühlhäuser, Kurt: Publizität bei Stiftungen, Diss. München 1970

v. Münch, Ingo / Kunig, Philip (Hrsg.): Grundgesetz-Kommentar, 5. Aufl., München 2000 ff.

Münchener Handbuch des Gesellschaftsrechts: Hrsg. von Volker Beuthien und Hans Gummert, Band 5: Verein und Stiftung bürgerlichen Rechts, 3. Aufl. (1. Aufl. dieses Bandes), München 2009

Münchener Kommentar zum AktG: Hrsg. von Bruno Kropff und Johannes Semler, Band 7, 2. Aufl., München 2001

Münchener Kommentar zum BGB: Hrsg. von Franz Jürgen Säcker und Roland Rixecker, Band 1, 5. Aufl., München 2006 ff. (teilweise 4. Aufl., München 2001 ff. und Ergänzungsband zur 4. Aufl., Stand: 3. Lieferung, Februar 2006)

Münchener Vertragshandbuch: Hrsg. von Martin Heidenhain und Burkhardt W. Meister, Band 1: Gesellschaftsrecht, 6. Aufl., München 2005

Muscheler, Karlheinz: Stiftungsrecht – Gesammelte Beiträge, Baden-Baden 2005

ders.: Satzungsdurchbrechung in der Stiftung, in: Zwischen Markt und Staat – Gedächtnisschrift für Rainer Walz, 2008, S. 451 ff.

ders.: Die Verbrauchsstiftung, in: Gründen und Stiften – Festschrift zum 70. Geburtstag des Jenaer Gründungsdekans und Stiftungsrechtlers Olaf Werner, 2009, S. 129 ff.

Neuhoff, Klaus: Grundsätzliches zur Anfechtung einer Statutenänderung bei de Carl-Zeiss-Stiftung – Urteil des LG Ellwangen vom 17. Mai 2002 (2 O 313/01), ZSt 2003, S. 56 ff.

Neuhoff, Klaus: Die operative Stiftung und ihr Vermögen, in: Gründen und Stiften – Festschrift zum 70. Geburtstag des Jenaer Gründungsdekans und Stiftungsrechtlers Olaf Werner, 2009, S. 146 ff.

Nipperdey, Hans Carl: Bundesprivatrecht und Landesprivatrecht, NJW 1951, S. 897 ff.

Nörr, Knut Wolfgang / Scheyhing, Robert / Pöggeler, Wolfgang: Sukzessionen – Forderungszession, Vertragsübernahme, Schuldübernahme, 2. Aufl., Tübingen 1999

Növer, Dorothea: Erfahrungen der Stiftungsaufsicht mit dem nordrhein-westfälischen Stiftungsgesetz von 2005, Die Stiftung (Jahreshefte zum Stiftungswesen), 4 (2010), S. 45 ff.

Oertmann, Paul: Kommentar zum bürgerlichen Gesetzbuch, Bd. 1, 3. Aufl., Berlin 1926

Oetker, Hartmut / Maultzsch, Felix: Vertragliche Schuldverhältnisse, 3. Aufl., Berlin u. a. 2007

Oetker, Hartmut: Kommentar zum Handelsgesetzbuch, München 2009

ders.: Zusammenführung von Stiftungen und Gesamtrechtsnachfolge – eine Herausforderung an Gesetzgeber und Rechtswissenschaft, in: Gründen und Stiften – Festschrift zum 70. Geburtstag des Jenaer Gründungsdekans und Stiftungsrechtlers Olaf Werner, 2009, S. 207 ff.

Oldiges, Martin: Verbandskompetenz, DÖV 1989, S. 873 ff.

Orth, Manfred: Verluste gemeinnütziger Stiftungen aus Vermögensverwaltung, DStR 2009, S. 1397 ff.

Otto, Lieselotte: Handbuch der Stiftungspraxis – Stiftungsrecht, Steuerrecht und Rechnungslegung bei Stiftungen, Neuwied 2007

Palandt, Otto: Bürgerliches Gesetzbuch, 70. Aufl., München 2011

Pauls, Alexandra: Steuerliche Überlegungen zur Zusammenführung gemeinnütziger Stiftungen, ZSt 2007, S. 123 ff.

Peiker, Peter: Hessisches Stiftungsgesetz, Kommentar, 4. Aufl., Wiesbaden 2009

Peters, Fokke / Herms, Carolin: Die Fusion bürgerlich-rechtlicher Stiftungen, ZSt 2004, S. 323 ff.

Petersen, Jens: Der Gläubigerschutz im Umwandlungsrecht, München 2001

ders.: Das Stiftungsrecht des BGB, Jura 2007, S. 277 ff.

Pohley, Hanns G. / Backert, Wolfram: Kommentar zum Bayerischen Stiftungsgesetz, 4. Aufl., Wiesbaden 2002

PricewaterhouseCoopers AG (Hrsg.): Auswirkungen der Finanz- und Wirtschaftskrise auf deutsche Stiftungen – Eine Befragung von Entscheidern in 110 deutschen Stiftungen, Frankfurt am Main 2009

Priester, Hans-Joachim: Das neue Umwandlungsrecht aus notarieller Sicht, DNotZ 1995, S. 427 ff.

Prütting, Hanns / Wegen, Gerhard / Weinreich, Gerd: Kommentar zum Bürgerlichen Gesetzbuch, 5. Aufl., Köln 2010

Raiser, Thomas / Veil, Rüdiger: Recht der Kapitalgesellschaften – Ein Handbuch für Wissenschaft und Praxis, 4. Aufl., München 2006

Rawert, Peter / Ajzenstejn, Andrea: Stiftungsrecht im Nationalsozialismus – Eine Untersuchung unter besonderer Berücksichtigung der jüdischen und paritätischen Stiftungen, in: v. Campenhausen u. a. (Hrsg.), Stiftungen in Deutschland und Europa, 1998, S. 157 ff.

Rawert, Peter: Der Stiftungsbegriff und seine Merkmale – Stiftungszweck, Stiftungsvermögen, Stiftungsorganisation –, in: Hopt/Reuter (Hrsg.), Stiftungsrecht in Europa, 2001, S. 109 ff.

ders.: Rezension zu „Ulrich Burgard, Gestaltungsfreiheit im Stiftungsrecht", ZHR 171 (2007), S. 105 ff.

ders.: Die Stiftung als GmbH? Oder: Der willenlose Stifter, in: Festschrift für Hans-Joachim Priester zum 70. Geburtstag, 2007, S. 647 ff.

ders.: Kapitalerhöhung zu guten Zwecken – Die Zustiftung in der Gestaltungspraxis –, DNotZ 2008, S. 5 ff.

ders.: Grundrecht auf Stiftung?, in: Festschrift für Dieter Reuter zum 70. Geburtstag, 2010, S. 1323 ff.

Reemann, Jörn Ludwig: Die Verfassung des Vereins – Notwendiger Inhalt und Individualschutz, Diss. Münster 1988

Reichert, Bernhard: Handbuch Vereins- und Verbandsrecht, 12. Aufl., Köln 2010

Reichert, Jochem: Ausstrahlungswirkungen der Ausgliederungsvoraussetzungen nach UmwG auf andere Strukturänderungen, in: Mathias Habersack, Ulrich Koch und Martin Winter (Hrsg.), Die Spaltung im neuen Umwandlungsrecht, Heidelberg 1999, S. 25 ff.

Reichtsgerichtsrätekommentar zum BGB: Das Bürgerliche Gesetzbuch mit besonderer Berücksichtigung der Rechtsprechung des Reichsgerichts und des Bundesgerichtshofes, 12. Aufl., Berlin/Leipzig 1974 ff.

Reuter, Dieter: Rechtsprobleme unternehmensbezogener Stiftungen, DWiR 1991, 192 ff.

ders.: Staat und Stiftung, in: Hopt/Reuter (Hrsg.), Stiftungsrecht in Europa, 2001, S. 139 ff.

ders.: Der Vorbehalt des Stiftungsgeschäfts, NZG 2004, S. 939 ff.

ders.: Stiftungsrechtliche Vorgaben für die Verwaltung des Stiftungsvermögens, NZG 2005, S. 649 ff.

ders.: Stiftungsform, Stiftungsstruktur und Stiftungszweck, AcP 207 (2007), S. 1 ff.

ders.: Die Zustiftung im Recht der selbständigen Stiftung, npoR 2009, S. 55 ff.

ders.: Die Änderung der Stiftungssatzung, Die Stiftung (Jahreshefte zum Stiftungswesen), 4 (2010), S. 49 ff.

Richter, Andreas / Sturm, Sebastian: Stiftungsrechtsreform und Novellierung der Landesstiftungsgesetze, NZG 2005, S. 655 ff.

Risch, Ben: Die Zukunft der Landesstiftungsgesetze, in: Grenzen der Instrumentalisierung von Stiftungen, hrsg. für den Bundesverband Deutscher Stiftungen von Christoph Mecking und Martin Schulte, 2003, S. 185 ff.

Rittner, Fritz: Die werdende juristische Person, Tübingen 1973

Rödder, Thomas / Herlinghaus, Andreas / van Lishaut, Ingo: Umwandlungssteuergesetz, Kommentar, Köln 2008

Rotberg, Konrad v.: Stiftungsgesetz für Baden-Württemberg, Essen 1980

Roth, Gregor / Knof, Béla: Die Stiftung in Krise und Insolvenz, KTS 2009, S. 163 ff.

Röthel, Anne: Vermögenswidmung durch Stiften oder Vererben: Konkurrenz oder Konkordanz?, in: Zwischen Markt und Staat – Gedächtnisschrift für Rainer Walz, 2008, S. 617 ff.

Sachs, Michael: Kein Recht auf Stiftungsgenehmigung, in: Freiheit und Eigentum – Festschrift für Walter Leisner zum 70. Geburtstag, 1999, S. 955 ff.

ders. (Hrsg.): Grundgesetz, Kommentar, 5. Aufl., München 2009

Saenger, Ingo: Zusammenlegung von Stiftungen, ZSt 2007, S. 81 ff.

Sagasser, Bernd / Bula, Thomas / Brünger, Thomas R.: Umwandlungen, Verschmelzung – Spaltung – Formwechsel – Vermögensübertragung, 3. Aufl., München 2002

Salzwedel, Jürgen: Soll das Stiftungsrecht bundesgesetzlich vereinheitlich und reformiert werden, gegebenenfalls mit welchen Grundzügen?, in: Verhandlungen des 44. Deutschen Juristentages, Bd. I., Tübingen 1962

Sauter, Eugen / Schweyer, Gerhard / Waldner, Wolfram: Der eingetragene Verein – gemeinverständliche Erläuterung des Vereinsrechts unter Berücksichtigung neuester Rechtsprechung mit Formularteil, 18. Aufl., München 2006

Schauhoff, Stephan (Hrsg.): Handbuch der Gemeinnützigkeit, 2. Aufl., München 2005, teilweise 3. Aufl., München 2010

Schiffer, K. Jan: Die Stiftung in der Beraterpraxis, 2. Aufl., Bonn 2010

Schindler, Ambros: Familienstiftungen – Recht, Steuer, Betriebswirtschaft, Bielefeld 1975

ders.: Vermögensanlage von Stiftungen im Zielkonflikt zwischen Rendite, Risiko und Erhaltung der Leistungskraft, DB 2003, S. 297 ff.

Schlüter, Andreas: Stiftungsrecht zwischen Privatautonomie und Gemeinwohlbindung – ein Rechtsvergleich Deutschland, Frankreich, Italien, England, USA, München 2004

Schlüter, Andreas / Stolte, Stefan: Stiftungsrecht, München 2007

Schmidt, Karsten: Stiftungswesen – Stiftungsrecht – Stiftungspolitik, Bergisch Gladbach u. a. 1987

ders.: Universalsukzession kraft Rechtsgeschäfts – Bewährungsproben eines zivilrechtsdogmatischen Rechtsinstituts im Unternehmensrecht, AcP 191 (1991), S. 495 ff.

ders.: Zum Analogieverbot des § 1 Abs. 2 UmwG – Denkanstöße gegen ein gesetzliches Denkverbot –, in: Aktien- und Bilanzrecht, Festschrift für Bruno Kropff, 1997, S. 259 ff.

ders.: Konzessionssystem und Stiftungsrecht, in: v. Campenhausen u. a. (Hrsg.), Stiftungen in Deutschland und Europa, 1998, S. 231 ff.

ders.: Gesellschaftsrecht, 4. Auflage, Köln u. a. 2002

ders.: Unternehmen als Stifter und Spender – Überlegungen aus der Perspektive des Gesellschaftsrechts –, in: Kötz u. a. (Hrsg.), Non Profit Law Yearbook 2001, Köln 2002, S. 107 ff.

Schmidt, Thorsten Ingo: Die Analogie im Verwaltungsrecht, VerwArch 97 (2006), S. 139 ff.

Schmidt-Jortzig, Edzard: Stifterfreiheit – Bedingungen eines Grundrechts auf Stiftung, in: Strachwitz/Mercker (Hrsg.), Stiftungen in Theorie, Recht und Praxis – Handbuch für ein modernes Stiftungswesen, Berlin 2005, S. 55 ff.

Schmitt, Joachim / Hörtnagl, Robert / Stratz, Rolf-Christian: Umwandlungsgesetz – Umwandlungssteuergesetz, 4. Auflage, München 2006

278

Schnorbus, York: Analogieverbot und Rechtsfortbildung im Umwandlungsrecht – Ein Beitrag zum Verständnis des § 1 Abs. 2 UmwG –, DB 2001, S. 1654 ff.

Schnur, Reinhold: Minusmaßnahmen gegen Versammlungsteilnehmer, VR 2000, S. 114 ff.

Scholz, Rupert / Langer, Stefan: Stiftung und Verfassung – Strukturprobleme des Stiftungsrechts am Beispiel der „Stiftung Warentest", Berlin 1990

Schröder, Rainer: Stiftungsaufsicht im Spannungsfeld von Privatautonomie und Staatskontrolle – ein Beitrag zum Verhältnis von Staat und Stiftung, DVBl. 2007, S. 207 ff.

Schubel, Christian: Verbandssouveränität und Binnenorganisation der Handelsgesellschaften, Tübingen 2003

Schubert, Werner (Hrsg.): Die Vorlagen der Redaktoren für die erste Kommission zur Ausarbeitung des Entwurfs eines Bürgerlichen Gesetzbuches, Allgemeiner Teil, Teil 1, Berlin/New York 1981

Schulte, Martin / Risch, Ben Michael: Die Reform der Landesstiftungsgesetze – Eine Zwischenbilanz, DVBl. 2005, S. 9 ff.

Schwake, Johannes: Kapital und Zweckerfüllung bei Unternehmensstiftungen, Hamburg 2008

Schwarz, Günter Christian: Zur Neuregelung des Stiftungsprivatrechts (Teil I), DStR 2002, S. 1718 ff.

ders.: Die Stiftung als Instrument für die mittelständische Unternehmensnachfolge, BB 2001, S. 2381 ff.

ders.: Zur Zulässigkeit landesrechtlicher Vorschriften über die Familien- und Unternehmensstiftungen, ZEV 2008, S. 306 ff.

Schwintek, Sebastian: Vorstandskontrolle in rechtsfähigen Stiftungen bürgerlichen Rechts – eine Untersuchung zu Pflichten und Kontrolle von Leitungsorganen im Stiftungsrecht – insbesondere in Unternehmensträgerstiftungen, Baden-Baden 2001

Seifart, Werner (Begr.) / Campenhausen, Axel Freiherr von (Hrsg.): Stiftungsrechts-Handbuch, 3. Aufl., München 2009, teilweise 2. Aufl., München 1999 (u. d. T. Handbuch des Stiftungsrechts)

Seifert, Jens: Problemkreise des Grundrechtsverzichts, Jura 2007, S. 99 ff.

Semler, Johannes / Stengel, Arndt (Hrsg.): Umwandlungsgesetz mit Spruchverfahrensgesetz, 2. Aufl., München 2007

Seyfarth, Sabine: Der Schutz der unselbstständigen Stiftung – Gefahrenlagen, Schutzmöglichkeiten, Schutzlücken, Baden-Baden 2009

Sieger, Jürgen / Bank, Stephan: Erhalt von Einflussmöglichkeiten des Stifters auf die Geschäftstätigkeit einer zivilrechtlichen Stiftung, NZG 2010, S. 641 ff.

Siegmund-Schultze, Gerhard: Kommentar zum Niedersächsischen Stiftungsgesetz, 9. Aufl., Wiesbaden 2005

Soergel, Hans Theodor (Begr.): Bürgerliches Gesetzbuch mit Einführungsgesetz und Nebengesetzen, hrsg. von Wolfgang Siebert u. a., 13. Aufl., Stuttgart u. a. 1999 ff., teilweise 12. Aufl., Stuttgart u. a. 1987 ff., teilweise 11. Aufl., Stuttgart u. a. 1978 ff.

Sorg, Martin H.: Die Familienstiftung – Wesen, Probleme, Gestaltungsvorschläge für die Praxis, Baden-Baden 1984

Staudinger, Julius von: Kommentar zum Bürgerlichen Gesetzbuch,
- §§ 21-103, Redaktor Herbert Roth, 13. Aufl., Berlin 1995
- §§ 21-79, Redaktor Herbert Roth. Neubearbeitung, Berlin 2005
- §§ 311b und c, Redaktor Manfred Löwisch, Neubearbeitung, Berlin 2006
- Einleitung EBGBG, Art. 1, 2, 50-218 EGBGB, Redaktor Peter Rawert, Neubearbeitung, Berlin 2005
- teilweise §§ 1-89, Redaktor Norbert Habermann, 12. Aufl., Berlin 1980

Stelkens, Paul / Bonk, Heinz-Joachim / Sachs, Michael (Hrsg.): Verwaltungsverfahrensgesetz, Kommentar, 7. Aufl., München 2008

Stengel, Arndt: Kommentar zum Hessischen Stiftungsgesetz, Wiesbaden 1994

Stöber, Kurt: Handbuch zum Vereinsrecht, 9. Aufl., Köln 2004

Strickrodt, Georg: Neuordnung des Stiftungsrechts? Zum Verhandlungsthema des Deutschen Juristentages 1962, JR 1962, S. 285 ff.

ders.: Stiftungsrecht – geltende Vorschriften und rechtspolitische Vorschläge, Baden-Baden 1977

Suerbaum, Joachim: Satzungsänderungen im unechten Dreieck – Anmerkungen zum Beschluss des OVG Berlin vom 01. 11. 2002 (2 S 29.02), ZSt 2004, 34 ff.

Suerbaum, Joachim: Stiftung und Aufsicht – Verfassungsrechtliche Grundlagen – einfachgesetzliche Ausgestaltung, Die Stiftung (Jahreshefte zum Stiftungswesen), 2 (2008), S. 89 ff.

Theurl, Theresia / Saxe, Annegret: Stiftungskooperationen in Deutschland, hrsg. vom Bundesverband Deutscher Stiftungen e. V., Berlin 2009

Thiesing (ohne Vorname): Zur Aufhebung und Aenderung der Verfassung einer Stiftung, DJZ 1913, S. 318 ff.

Troll, Max / Gebel, Dieter / Jülicher, Marc: Kommentar zum Erbschaftsteuer- und Schenkungsteuergesetz, Loseblatt, München, Stand: 39. Lieferung, Stand: Februar 2010

Volkholz, Torsten: Geltung und Reichweite der Privatautonomie bei der Errichtung von Stiftungen – Die Weiterentwicklung des Stiftungsrechts nach

Neufassung der §§ 80 bis 88 BGB durch das Gesetz zur Modernisierung des Stiftungsrechts zum 1. September 2002, Frankfurt am Main 2008

ders.: Die Vermögensausstattung und der Schutz des Vermögens von rechtsfähigen Stiftungen und Stiftungs-GmbHs, in: Entwicklungen im Arbeits- und Wirtschaftsrecht – Festgabe für Peter Kreutz zum 70. Geburtstag, 2009, S. 119 ff.

Voll, Otto / Voll, Josef / Störle, Johann: Bayerisches Stiftungsgesetz, Kommentar, 5. Aufl., Stuttgart u. a. 2009

Wachter, Thomas: Stiftungen – Zivil- und Steuerrecht in der Praxis, Köln 2001

Wagner, Franz W. / Walz, W. Rainer: Zweckerfüllung gemeinnütziger Stiftungen durch zeitnahe Mittelverwendung und Vermögenserhaltung – Eine ökonomische und rechtliche Analyse, Baden-Baden 1997

Wallenhorst, Rolf / Halaczinsky, Raymond: Die Besteuerung gemeinnütziger Vereine, Stiftungen und der juristischen Personen des öffentlichen Rechts, 6. Aufl., München 2009

Weitemeyer, Birgit: Die Bürgerstiftung – Rechtsform und Reformbedarf?, in: Gedächtnisschrift für Jörn Eckert, Baden-Baden 2008, S. 967 ff.

Werner, Almuth: Die Zustiftung – Eine rechtsdogmatische Untersuchung unter besonderer Berücksichtigung aufsichtsrechtlicher Genehmigungsvorbehalte und Anzeigepflichten, Baden-Baden 2003

Werner, Olaf: Stiftung und Stifterwille, in: v. Campenhausen u. a. (Hrsg.), Stiftungen in Deutschland und Europa, 1998, S. 243 ff.

ders.: Grenzen der Gestaltungsfreiheit in Stiftungssatzungen – insbesondere solcher mit dem Ziel der Möglichkeit späterer Änderungen, in: Johannes Hager (Hrsg.), Entwicklungstendenzen im Stiftungsrecht, Baden-Baden 2008, S. 49 ff.

ders.: Das Thüringer Stiftungsgesetz vom 16.12.2008, ZSt 2009, S. 3 ff.

ders. / Saenger, Ingo: Die Stiftung – Recht, Steuern, Wirtschaft – Stiftungsrecht, Berlin 2008

Wiedemann, Herbert: Verbandssouveränität und Außeneinfluß. Gedanken zur Errichtung eines Beirats in einer Personengesellschaft, in: Festschrift für Wolfgang Schilling zum 65. Geburtstag, 1973, S. 105 ff.

ders.: Gesellschaftsrecht, Band I – Grundlagen, München 1980

Wigand, Klaus / Haase-Theobald, Cordula / Heuel, Markus / Stolte, Stefan: Stiftungen in der Praxis, 2. Aufl., Wiesbaden 2009

Wilhelm, Jan: Sachenrecht, 3. Aufl., Berlin 2007

Willemsen, Heinz Josef / Hohenstatt, Klaus-Stefan / Schweibert, Ulrike / Seibt, Christoph H.: Umstrukturierung und Übertragung von Unternehmen – Arbeitsrechtliches Handbuch –, 3. Aufl., München 2008

Windbichler, Christine: Gesellschaftsrecht, 22. Aufl., München 2009

Windscheid, Bernhard / Kipp, Theodor: Lehrbuch des Pandektenrechts, Erster Band, 9. Aufl., Frankfurt am Main 1906

Winter, Martin: Mitgliedschaftliche Treubindungen im GmbH-Recht, München 1988

Zöllner, Wolfgang: Die Schranken mitgliedschaftlicher Stimmrechtsmacht bei den privatrechtlichen Personenverbänden, München u. a. 1963

Band 21 Christoph Nawroth: Die steuerliche Anerkennung von Familienpersonengesellschaften bei fehlerhaftem Gesellschaftsvertrag. Zur Anwendung der Lehre von der fehlerhaften Gesellschaft im Steuerrecht. 1999.

Band 22 Kai Litschen: Die juristische Person im Spannungsfeld von Norm und Interesse. Am Beispiel der Gesellschafterhaftung in der GmbH. 1999.

Band 23 Eva Günther-Gräff: Kündigung und Kündigungsschutz von Absatzmittlungsverträgen. Dargestellt am Beispiel des Handelsvertreters, des Vertragshändlers und des Franchisenehmers. 1999.

Band 24 Martin Steiner: Entgelte der Kreditinstitute. Regelungen beim Girovertrag mit rechtsvergleichender Darstellung des anglo-amerikanischen Rechts. 2000.

Band 25 Sven Claussen: Grenzen der Insichgeschäfte im Gesellschaftsrecht. 2000.

Band 26 Sönke Peters: Der gesellschaftsrechtliche Grundsatz der Einheitlichkeit der Mitgliedschaft. 2000.

Band 27 Gabriele Komp: Die juristische Person als Geschäftsführungsorgan einer Kapitalgesellschaft. Betrachtungen zu §§ 76 Abs. 3 S. 1 AktG und 6 Abs. 2 S. 1 GmbHG. 2000.

Band 28 Gunnar Mayer: Das außerdienstliche Verhalten von Arbeitnehmern. Ein Beitrag zu Geschichte, Grundlagen und Erscheinungsformen außerdienstlicher Verhaltenspflichten. 2000.

Band 29 Michael Mönke: Die Sicherung der Bauunternehmer nach § 648 a BGB. Unter besonderer Berücksichtigung der Vereinbarkeit der Regelung mit den Prinzipien des Zivilrechts. 2000.

Band 30 Oliver May: Die Zulässigkeit der Regelung von Lohn und Arbeitszeit in Betriebsvereinbarungen. 2001.

Band 31 Robert Pape: Die tarifvertragliche Unkündbarkeit. Zugleich ein Beitrag zu den Grenzen der Tarifautonomie im Kündigungsschutzrecht und zum partiell zweiseitig-zwingenden Charakter des § 1 Abs. 2 und 3 KSchG. 2002.

Band 32 Wilm-Christian Jaekel: Die Bindung an formnichtige Grundstücksverträge nach Treu und Glauben. 2002.

Band 33 Susanne Müller: Die Gesellschafterklage als rechtsformübergreifendes Institut. 2002.

Band 34 Freia Peters: Treuhand und Unterbeteiligung an Gesellschaftsanteilen. Eine vergleichende Betrachtung für den Bereich des Gesellschafts- und des Steuerrechts. 2003.

Band 35 Mario Nahrwold: Die wirtschaftliche Betätigung von Idealvereinen am Beispiel der Ausgliederungsvorhaben der Fußballbundesligavereine. Eine Untersuchung zu Geltungsgrund und Grenzen des Nebentätigkeitsprivileges. 2003.

Band 36 Henning Plöger: Sonderarbeitsrechte im Pressebereich. Auswirkungen eines institutionellen Grundrechtsverständnisses auf das Arbeitskampf- und arbeitsrechtliche Statusrecht der Presse. 2003.

Band 37 Christian Springmann: Der Betriebsrat und die Betriebsbeauftragten. Ein Vergleich zweier betrieblicher Funktionsträger unter besonderer Berücksichtigung ihres Verhältnisses zueinander. 2004.

Band 38 Holger Meyer: Der Tatbestand des Betriebsübergangs nach der Rechtsprechung des Europäischen Gerichtshofs und des Bundesarbeitsgerichts. 2004.

Band 39 Philipp Christopher Brügge: Das Gesetz über Teilzeitarbeit. Eine Analyse unter arbeitsrechtlichen und beschäftigungspolitischen Gesichtspunkten. 2004.

Band 40 Sebastian Klausch: Unmöglichkeit und Unzumutbarkeit im System des allgemeinen Leistungsstörungsrechts nach der Schuldrechtsmodernisierung 2002. 2004.

www.peterlang.de